集 刊 名：形象史学
主办单位：中国社会科学院古代史研究所文化史研究室
主　　编：刘中玉

2021年春之卷

委员会（以姓氏笔画为序）

主　任　孙　晓（中国社会科学院古代史研究所）

编　委

卜宪群（中国社会科学院古代史研究所）	张先堂（敦煌研究院）
马　怡（中国社会科学院古代史研究所）	陈支平（厦门大学）
王子今（中国人民大学）	陈星灿（中国社会科学院考古研究所）
王月清（南京大学）	尚永琪（宁波大学）
王亚蓉（中国社会科学院考古研究所）	罗世平（中央美术学院）
王彦辉（东北师范大学）	金秉骏（韩国首尔大学）
王震中（中国社会科学院古代史研究所）	郑　岩（中央美术学院）
尹吉男（中央美术学院、广州美术学院）	耿慧玲（台湾朝阳科技大学）
成一农（云南大学历史与档案学院）	柴剑虹（中华书局）
扬之水（中国社会科学院文学研究所）	黄厚明（南京大学）
李　旻（美国洛杉矶加州大学）	谢继胜（浙江大学）
李　零（北京大学）	臧知非（苏州大学）
杨爱国（山东省石刻艺术博物馆）	熊文彬（四川大学）
沙武田（陕西师范大学）	池田知久（日本东方学会）
沈卫荣（清华大学）	渡边义浩（日本早稻田大学）

编辑部主任　宋学立

编辑部成员

王艺　王申　刘中玉　刘明杉　纪雪娟　安子毓　李凯凯　宋学立　杜艳茹　杨宝玉　徐林平　常文相　翟金明

本辑执行编辑

宋学立　李凯凯

总第十七辑

教育部、国家语委甲骨文
研究与应用专项资助集刊

CSSCI 来源集刊

形象史學

中国社会科学院古代史研究所文化史研究室 主办

刘中玉 主编

2021年
春之卷
（总第十七辑）

中国社会科学出版社

图书在版编目(CIP)数据

形象史学. 2021年. 春之卷: 总第十七辑 / 刘中玉主编. —北京: 中国社会科学出版社, 2021.2
ISBN 978-7-5203-7860-4

Ⅰ.①形… Ⅱ.①刘… Ⅲ.①文化史—中国—文集 Ⅳ.①K203-53

中国版本图书馆 CIP 数据核字 (2021) 第 022816 号

出 版 人	赵剑英
责任编辑	刘凯琳　李凯凯
责任校对	朱妍洁
责任印制	王　超

出　　版	中国社会科学出版社
社　　址	北京鼓楼西大街甲158号
邮　　编	100720
网　　址	http://www.csspw.cn
发 行 部	010-84083685
门 市 部	010-84029450
经　　销	新华书店及其他书店

印刷装订	北京君升印刷有限公司
版　　次	2021年2月第1版
印　　次	2021年2月第1次印刷

开　　本	787×1092　1/16
印　　张	18
字　　数	332千字
定　　价	118.00元

凡购买中国社会科学出版社图书, 如有质量问题请与本社营销中心联系调换
电话: 010-84083683
版权所有　侵权必究

目 录

一 汉画研究
栏目主持 练春海

山东汉代石构墓葬形制研究 　　　　　　　　　　　　　　　　刘 骏　　003

西汉鋸镂再讨论 　　　　　　　　　　　　　　　　　　　　　　徐星瑞　　018

汉代熏炉的功能考察
——以海昏侯墓出土铜熏炉为例 　　　　　　　　　　　　　　权弼成　　032

"祭我兮子孙"：沂南汉墓画像的整体配置与图像逻辑 　　王 煜　杜京城　　043

二 器物与造像
栏目主持 韩 鼎

明堂·禁庭·王城
——尺度线索中的东西方圣所空间共性观察 　　　　　　于志飞　王紫微　　065

汉代的金灶与步摇 　　　　　　　　　　　　　　　　　　　　　陈 轩　　102

皇兴五年造像再研究 　　　　　　　　　　　　　　　　　　　　李雯雯　　114

唐宋鱼袋图像考述 　　　　　　　　　　　　　　　　　　　　　高移东　　132

南诏兵器"铎鞘"释考 　　　　　　　　　　　　　　　　　　　郭泰宗　　141

三　地理与图像

栏目主持　成一农

《职方外纪》版本补考　　　　　　　　　　　　　　　　　王永杰　　149

明代人的海外异国想象
　　——以《天下九边分野人迹路程全图》为中心　　　刘雪璠　　158

再议《松潘边图》中的"黑人"与"白人"　　　　　　　　赖　锐　　174

四　文本与图像

栏目主持　王　申

北魏《金城赵安妻房夫人墓志》考释　　　　　　　刘再聪　魏军刚　193

唐瓜州刺史魏远望墓志再研究　　　　　　　　　　　　　　黄　京　　207

宋墓壁画所见舁人形象初探　　　　　　　　　　　　　　　孙丰琛　　221

晚明通俗日用类书插图"跪拜现象"探析　　　　　　　　　刘　耀　　237

清代释道信众联袂参拜敦煌佛窟事迹考论　　　　　　　　　李博雅　　254

古籍所见法律图像辑佚刍议　　　　　　　　　　　　　　　孙小雨　　265

汉画研究

山东汉代石构墓葬形制研究

■ 刘 骙（中山大学社会学与人类学学院）

一 研究回顾

山东地区为汉代石构墓葬的重要分布区。石构墓为使用石材营建的墓葬，主要有石椁墓、石室墓与砖石合构墓[1]。既往研究侧重于形制的划分与演变，其中墓葬形制的分类研究以刘剑[2]、王秀伟[3]、胡赵建[4]与吕凯[5]等人的研究为典型，大致可以划分为石椁墓、石室墓与砖石合构墓。结构演变的分析以张卓远、信立祥与杨爱国的著述为代表，具体可概括为"木椁说"与"石椁—砖室说"。"木椁说"观点的倡导者为张卓远与信立祥，张卓远强调石椁墓与石室墓的差异性，认为木椁墓对石室墓的出现存在影响[6]。信立祥认为山东地区的石椁墓与河南地区的石室墓都由木椁墓发展而来。区别在于，山东一带石椁墓的祖型是较小的木椁墓，河南一带石椁墓的祖型是较大的木椁墓[7]。"石椁—砖室说"观点出现在杨爱国的论著中，文章类比了石椁与石墓形制的共同之处，认识到两者之间的传承性，认为在技术层面，石室墓源自石椁墓；在观念层面，石室墓源自砖室墓。以上为基于墓葬形制的研究成果。

二 墓葬形制的历时性研究

总体而言，既往成果受材料所限，多

1　出于严谨，此处将墓葬中使用石材的案例都包括在内，一并加以介绍。
2　刘剑：《山东地区汉代墓葬的考古学研究》，博士学位论文，山东大学，2012。
3　王秀伟：《山东东南沿海汉墓的初步研究》，硕士学位论文，山东大学，2012。
4　胡赵建：《山东汉墓初步研究》，硕士学位论文，郑州大学，2015。
5　吕凯：《鲁中南地区汉代石椁墓初步研究》，硕士学位论文，山东大学，2011。
6　张卓远：《汉代画像砖石墓葬的建筑学研究》，中州古籍出版社，2011。
7　信立祥：《汉代画像石综合研究》，文物出版社，2000。

停留于形制的对比与概念的推导层面。研究虽然注重形制划分,却对各阶段演变特征的认知有限。具体而言,宏观层面上尚未就各时段特征开展全面系统的分析;微观层面上,前人虽然认识到石椁向石室的质变,却忽视了石椁逐渐完成的量变进程。因此,本文的研究旨在弥补这一现状,现以年代为纲,将石构墓相关特征陈述如下:

(一)西汉早期,在继承先秦传统的同时,石质材料被广泛地运用于墓葬的营建之中:1. 加固夯土。枣庄小山 M3[1](图1-1)的夯土中有铺设石子层。2. 构筑石椁等相关葬具。石板石椁最为常见,该形制出现于战国晚期,例如临淄永流 M132。[2] 由于该阶段尚为石椁发展的滥觞期,因此表现出过渡性特征:滕州东郑庄 M132[3](图1-4)石椁的南椁板部分借用了岩壁。滕州封山 M21[4](图1-5)墓壁与墓底凿于土中,仅墓葬开口处使用石板与石块封盖。因此研究者将这类墓葬称为"类石椁"[5] 或石椁的"简化形式"[6]。就石椁组合而言,使用单体石椁的情况最为常见,除此之外还有墓内两石椁并置的滕州封山 M30[7] 以及石椁与木棺并置的枣庄小山 M3 的情况。除上述的石板石椁外,使用于高等级墓葬的石块构筑石椁的现象也有迹可循。腊山汉墓[8](图1-2)前庭与前室(器物室)、前室与后室(椁室)之间以石块砌筑石墙,前室与后室内部以石块砌筑二层台,总体上构成椁室结构。前室中有三具木箱,木箱之间填充大量石块,被石块构筑的椁室包围。后室底部铺设两层碎石层,中部以石块砌筑方形平台,室内木棺也被石块构筑的椁室所包围。临沂刘疵墓[9](图1-3)的墓椁使用石块垒砌,棺上使用九块形制不规整的石块覆盖。这种以石块构筑椁室、对墓内空间形成类似于石箱的"全包围"结构的做法属于先秦时期山东地区齐国贵族墓葬的既有传统。3. 建造墓内附属设施。营建墓龛较为常见,滕州官桥车站村 M22[10](图1-9)于墓壁

---

1 枣庄市文物管理委员会办公室:《山东枣庄小山西汉画像石墓》,《文物》1997 年第 12 期,第 34—43 页。

2 临淄区文物管理局、齐故城遗址博物馆:《淄博市临淄区永流战国墓的发掘》,《海岱考古》第九辑,科学出版社,2016,第 164—187 页。

3 山东省文物考古研究所:《鲁中南汉墓》,文物出版社,2009。

4 山东省文物考古研究所:《鲁中南汉墓》,文物出版社,2009。

5 王恺:《徐州地区的石椁墓》,《江苏社会科学》1980 年第 1 期,第 19—23 页。

6 山东省文物考古研究所:《鲁中南汉墓》,文物出版社,2009。

7 山东省文物考古研究所:《鲁中南汉墓》,文物出版社,2009。

8 济南市考古研究所:《济南市腊山汉墓发掘简报》,《考古》2004 年第 8 期,第 17—25 页。

9 临沂地区文物组:《山东临沂西汉刘疵墓》,《考古》1980 年第 6 期,第 493—495 页。

10 山东文物考古研究所鲁中考古队、滕州市博物馆:《山东滕州市官桥车站村汉墓》,《考古》1999 年第 4 期,第 22—30 页。

内挖一龛，使用石板封堵。滕州羊庄镇汉墓[1]（图1-7）于二层台上覆盖四块石板为龛。此外，滕州封山 M84[2]（图1-8）于二层台上垒石块，这一做法为先秦时期积石为椁传统的孑遗。4. 封闭墓室。滕州东小宫 M143[3]（图1-9）的洞室与墓室之

（二）西汉中期，高等级墓葬与中、低等级墓葬的用石传统分化明显。前者以巨野红土山 M1[4]（图2-1）为代表。该墓对于石材的运用较为复杂：首先，在墓室上部距墓顶0.8米处以方石铺砌一层石层，其上0.7米处亦以卵石铺砌一层石层，其

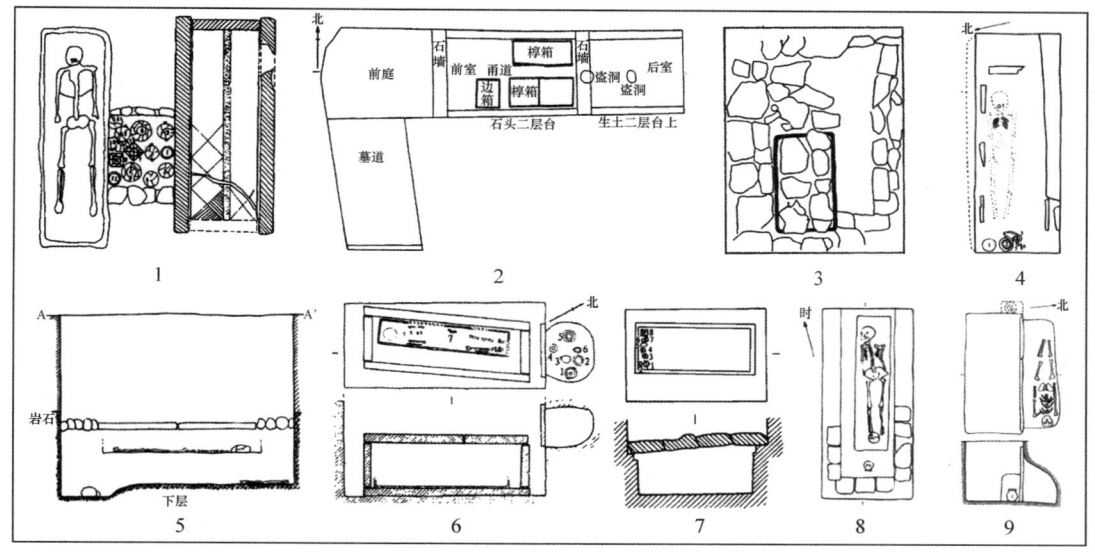

图1 西汉早期石构墓葬形制
1. 枣庄小山 M3　2. 腊山汉墓　3. 临沂刘疵墓　4. 滕州东郑庄 M132　5. 滕州封山 M21　6. 滕州官桥车站村 M22　7. 滕州羊庄镇汉墓　8. 滕州封山 M84　9. 滕州东小宫 M143

间以两块石板间隔。5. 铺设墓底。枣庄小山 M3 墓室底部铺设一层碎石层。该时段内形成了以石椁为中心的用石传统。该时段的石构墓葬分布于鲁南地区，该区域与苏北、皖北共同构成石椁墓分布核心区。

上再于墓口砌筑一层封石层，共同构成三道防盗层。其次，墓道内部以方石平砌两道石墙，第一道高1.7米、厚0.92米，第二道高4米、厚0.92米。最后，墓室外部以石条与方石砌筑高4.2米、厚0.92米的

---

[1] 滕州市博物馆：《山东滕州市羊庄镇对山西汉墓的清理》，《考古》2003年第2期，第86—87页。

[2] 山东省文物考古研究所：《鲁中南汉墓》，文物出版社，2009。

[3] 山东省文物考古研究所：《鲁中南汉墓》，文物出版社，2009。

[4] 山东菏泽地区汉墓发掘小组：《巨野红土山西汉墓》，《考古学报》1983年第4期，第471—499页。

墓门。墓门外以方石与石条砌筑两道石墙，分别高3.9米与4.2米、厚0.92米。石墙前部砌筑五级台阶。墓室的前、后室之间以两层石条分割，石条同时成为后室的二层台。墓室顶部原以木板平铺其上封顶，后塌陷。木顶上砌筑四层方石。所用方石与石条大致存在四种规格：第一种长0.93—0.95米、宽0.91米、厚0.24米，第二种长0.92米、宽0.42—0.49米、厚0.22米，第三种长0.84—0.90米、宽0.31—0.33米、厚0.14—0.16米，第四种长1.4米、宽0.93米、厚0.22米，规格最大的石块用于封顶。综合而言，该时段的高等级贵族墓葬构筑更为考究，摆脱了上阶段相对简易的石椁形制，转而使用石条与石块分别砌筑防盗层、墓门石墙、墓壁与墓顶。这一建筑风格始于上一阶段的刘疵墓，但同时受到了关东地区诸侯墓葬以及日渐兴起的砖构墓技术的影响。具体而言，红土山汉墓虽然室内空间较大，但其墓葬形制仍然处于椁室墓阶段。以石块砌筑椁室空间正是战国时期齐国贵族墓的既有传统。墓道内部的多重封石与邻近区域的曲阜九龙山汉墓、徐州楚王墓较为相似。虽然小砖墓在关中地区已经兴起，但其在关东地区的案例并不多见。因此实心砖墓中以小型建材垒砌墓室的做法对关东地区的影响应该仍停留于概念层面。还有一处

需要特别说明：原报告认为红土山M1的墓室已经出现了前室与后室并存的双室结构，似乎表明该墓葬已经处于室墓的阶段。该说法是值得商榷的，该墓的两室结构其实是主室与器物室的拼合，并非严格意义上的室墓，原因如下：其一，两室的过渡并不自然。前、后室之间是借助于修建沟槽加以阻隔的，而非明确使用墓门与墓壁加以阻隔。此外，两室的顶部并未出现明显的高低落差，仍为统一设计安装。这些做法反映出墓室空间仍处于椁室阶段。其二，前室中放置大量随葬品，后室中安置墓主，这一组合方式与本区域极为流行的"墓椁+器物箱"做法是一致的。综上，红土山M1仍处于椁室阶段，并未呈现出宅第化的特征，室墓的名称并不合适。红土山M1的墓葬形制渊源有自，西汉早期腊山汉墓的前、后室同样属于"器物室+椁室"的结构布局，只是腊山汉墓的建筑方式与先秦时期更为相近，更为久远：两室都采用了石块构筑"全包围墓椁"的做法，类似于两个先秦齐国风格墓椁的套接。

中、低等级的石构墓葬仍然以石椁墓为主，石板构筑椁室仍然是最为常见的做法。与此同时，部分石椁沿用先秦之后并不多见的石块筑椁的做法，如平度界山M1[1]（图2-10）与滕州朱洼M48[2]（图

---

1 青岛市文物局、平度市博物馆：《山东青岛市平度界山汉墓的发掘》，《考古》2005年第6期，第32—42页。

2 山东省文物考古研究所、枣庄市博物馆、滕州市博物馆：《滕州朱洼汉代墓葬发掘报告》，《海岱考古》第十辑，科学出版社，2015，第104—163页。

2-11）。青州东刘镇 M48[1]（图 2-12）甚至以石块构成包裹墓内空间的椁室结构，这是对战国高等级齐墓积石传统的延续与简化。石椁的组合方式多样，枣庄小山 M1（图 2-2）为一墓三椁并排而置。临淄苍山 M4[2]（图 2-3）为一墓两椁，两椁的长边相互连接，共用侧板。这种共用椁板或依存于原生椁板继续修建的做法（两椁可能存在年代差异）与西汉早期椁外拼接器物箱的营建方式是相同的。通过相互连接或套接，墓主在节省了用石成本的同时，增进了墓主之间的亲密性。多椁合葬一室使得多重单室结构相互连接或套接成为可能。诚然，此时也存在多具石椁共存一室却并不连接的情况：一般而言，年代较早的石椁位置较低，较早的墓室有时会被晚期墓葬轻微、有意地打破，相关现象在鲁中南地区的汉墓群中最为常见。

该时段石椁墓的附属设施得到了发展，较多使用器物箱或器物室，较少采用分箱的做法。前者多沿墓椁外壁砌筑，后者于墓内间隔出多重空间。附属设施以器物箱为代表。器物箱的设置较为多样，如枣庄小山 M1 中部石椁的南、北两侧各设置一具石块砌筑的器物箱，滕州寨山汉墓群的器物箱被设置于石椁四周的任何区域。设置器物箱的直接后果便是墓室平面形态的变化：在梁山薛垓墓地中，石椁墓常常于挡板处外接一砖砌器物室，使得整个墓室的平面呈甲字形、刀形或长方形。部分墓葬器物箱较大，甚至将墓室两壁套接于其内，形成半包围结构，例如 M21[3]（图 2-4）。综上可知，一方面，石椁与石椁、石椁与器物室相互连接的现象愈发多见；另一方面，器物箱内部空间扩大并发展为器物室。椁墓在多重墓室将兴之前开始"酝酿"着墓内空间的分化。这一变化发生在非主椁室的附属结构中。以济宁潘庙 M15[4]（图 2-5）为例，该墓的器物室可以划分为前、后两部分，器物室前端底部故意下挖以放置器物，顶部盖石明显高于后端，空间上的高低变化截断了墓室空间在水平层面上的完整与统一，为多室墓兴起的先声。

除墓葬结构演变之外，用材也发生了变化：砖石合构的传统得到了发展。济宁潘庙 M15 于石椁西部以砖块砌筑边箱，济宁潘庙 M47（图 2-6）于椁室南部（足端的挡板外）使用砖块单层砌筑边箱。曹县江海村汉墓[5]（图 2-7）与梁山薛垓 M69（图 2-8）墓壁以砖块错缝垒砌，墓顶以石板封盖。虽然砖块多用于椁室空间的构建，这与小型实心砖墓的特征是相契合的。

1　山东省文物考古研究所、潍坊市博物馆：《青州市东刘镇墓地发掘报告》，《海岱考古》第八辑，科学出版社，2015，第 140—180 页。
2　林茂法、金爱民：《山东苍山县发现汉代石棺墓》，《考古》1992 年第 6 期，第 518—522 页。
3　山东省文物局、山东省南水北调工程建设管理局：《梁山薛垓墓地》，文物出版社，2013。
4　国家文物局考古领队培训班：《山东济宁郊区潘庙汉代墓地》，《文物》1991 年第 12 期，第 48—66 页。
5　孙明：《山东曹县江海村发现西汉墓》，《考古》1992 年第 2 期，第 190—193 页。

但是，小砖构筑券顶的技术优势却并未在该区域得到"赏识"，砖块仅仅被用于砌筑与平铺椁室，本质上仍属于山东地区的传统。因此，砖块只在材料层面开始被山东地区的工匠所接受，却并未得到技术上的认可。该时段的石构墓葬依据不同形制出现了各自的分布范围：石椁墓在鲁南地区（图4-5）中也为四椁并列，但葬具的情况更为复杂，自西向东分别为砖椁、石椁、石椁、砖椁，其中最西部与最东部的两具砖椁的上部都盖以石板。

石室墓自诞生之初便存在两个系统。第一个系统为山东本土墓葬形制演变的结果。该类石室墓由石椁墓演变而来，呈现

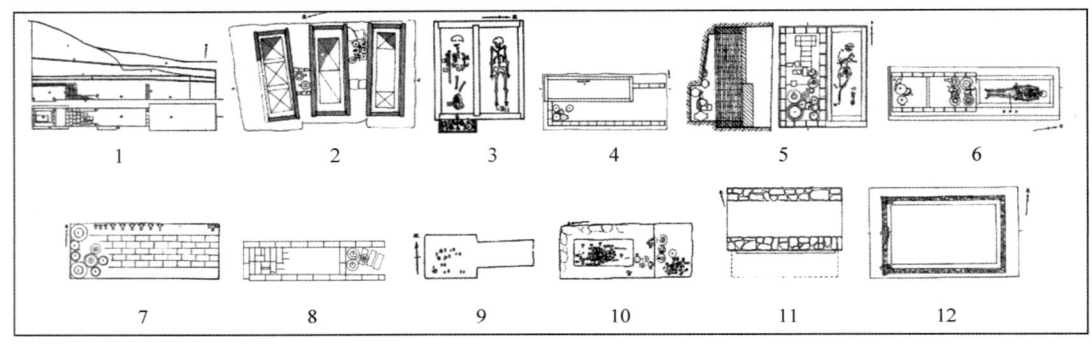

图2　西汉中期石构墓葬形制
1. 巨野红土山 M1　2. 枣庄小山 M1　3. 临淄苍山 M4　4. 梁山薛垓 M21　5. 潘庙 M15　6. 潘庙 M47　7. 曹县江海村汉墓　8. 梁山薛垓 M69　9. 沂水荆山汉墓　10. 平度界山 M1　11. 滕州朱洼 M48　12. 青州东刘镇 M48

继续繁荣的同时开始北扩，最终遍及山东全境。砖石合构墓开始出现于鲁南偏东的区域，揭示出砖构传统由西向东的传播路径，反映了河南地区墓葬传统的影响路径。石室墓的案例较少，但分布范围仍为石椁墓所在的区域，反映出两者的内在关联性。

（三）西汉晚期，石板石椁的组合形态更为复杂，邹城卧虎山 M2 [1]（图4-1）内南北并置四具石椁。济宁师范学校汉墓 [2]

出等级差异。高等级墓葬如染山 M1 [3]（图4-2）。该墓为甲字形竖穴土坑石室墓，石室墓共有前、后双主室，墓室长 12.3 米、宽 6.2 米。前室南、北两侧各有一侧室，后室分隔为五室，室壁以修整后的石块立砌。墓顶为平顶，以成排石条铺设。其中后室的石条规格为长 2.36 米、宽 0.47 米、厚 0.15—0.37 米。该墓表现出早期室墓的特征：1. 石材规格并不统一，砌筑时并未

1　邹城市文物管理局：《山东邹城市卧虎山汉画像石墓》，《考古》1999年第6期，第43—51页。

2　王思礼：《山东济宁发现汉墓一座》，《考古》1957年第1期，第58—60页。

3　滕州市汉画像石馆：《染山汉墓》，齐鲁书社，2010。

按照一定规律，壁面略显凌乱。2. 墓葬用石数量有限，墓壁用石能省则省，仅着重保留了用来间隔各室的墓壁，各室靠近土圹的一侧几乎未砌筑石墙。3. 墓顶四边直接搭建于墓内土圹内收的平台上，表明石构墓室承重能力有限，建筑技术并不成熟。4. 墓顶石板以石条窄边密集立砌，这与本区域使用石板宽边平砌封顶的做法差异明显，是一种新型建筑技术的探索。较低等级的墓葬如枣庄安岭 M10[1]（图4-3）。该墓的结构为前、后两重墓室，前室形制类似于横前堂，后室分为二室。鉴于该墓尚处于石室墓演化的滥觞期，因此同样表现出较为"原始"的特征：1. 墓门沿用墓椁挡板的造型。前室墓门的形制与石椁的挡板是极为相似的。在纹饰上，墓门上的纹饰与挡板纹饰相同，使用穿璧、斜线、菱形纹饰。2. 墓顶为平顶，且前、后室并不存在明显的高低差。墓葬顶部铺设石板封盖的平顶构造与石椁墓的做法是相同的。近乎水平的各室墓顶高度表明各室的空间划分并不彻底。3. 后室并置的两室与共用椁壁的并置石椁极为相似。与年代较晚的室墓空间相比，该墓后室空间较为狭小，并未附带例如耳室等明确的横向或纵向结构。总体而言，该阶段的石室墓其实为多具石椁与器物室在纵、横方向上的拼接

（其中前、后两室的形制是由椁室与器物箱的组合发展而来：椁室的短边挡板拼接器物箱的长边。上一阶段的巨野红土山 M1前、后两椁室在平面上便已初步形成这一布局）。相较于高等级墓葬，该类墓葬的规格较小、室内分化较单一，且所使用的石材形态较为固定，仍以石板为主，极少使用石块或石条。综上，这一系统为多重石椁套接而成，艺术风格上保留了石椁的特征（图4）。

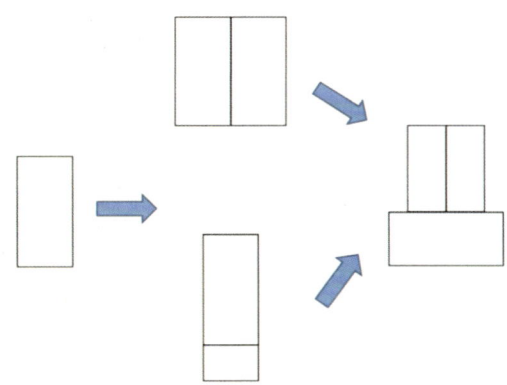

图3　山东本土石室墓（第一系统）来源示意

第二个系统为模仿高等级带回廊木椁墓的石室墓。回廊是汉代高等级墓葬中极为重要的一类外藏椁，较早为长沙国贵族墓葬所采用：西汉早期的庙坡山汉墓[2]内存在单层回廊结构，象鼻嘴 M1[3]墓内设置两

1　山东省文物考古研究院、山亭区文化广电新闻出版局：《枣庄市山亭区安岭汉代墓地发掘报告》，《海岱考古》第十一辑，科学出版社，2018，第346—377页。

2　长沙市文物考古研究所：《长沙"12·29"古墓葬被盗案移交文物报告》，《湖南省博物馆馆刊》第六辑，岳麓书社，2010，第329—368页。

3　湖南省博物馆：《长沙象鼻嘴一号西汉墓》，《考古学报》1981年第1期，第111—130页。

层回廊。在西汉中期的陡壁山汉墓[1]中仍然能见到单层的回廊。及至西汉晚期，回廊出现于更为广阔的区域，结构趋于复杂。以大葆台 M1[2] 为例，该墓的回廊分为内外两层，外回廊长 75.6 米、宽 3.6 米、高 3 米，为环绕题凑构筑的通道，其南端与甬道相通。内回廊长 23 米、宽 1.6 米、高 2.95 米，为环绕后室的通道，其南端与前室相通。气势恢宏的回廊在成为高等级墓葬"竞相追逐"的葬制之时，也影响了较低等级的崖洞墓与砖、石室墓葬。西汉晚期至新莽时期，这一传统为华中地区的画像石墓所传承，其案例如南阳杨官寺画像石墓[3]、唐河针织厂画像石墓[4]、唐河电厂画像石墓[5]与唐河冯孺人墓[6]。山东汉墓在这一时期同样采用了回廊结构[7]，其案例便是平阴新屯 M1（图 4-4）[8]。该墓为平面呈回字形的石室墓。墓顶铺一层厚 0.2—0.4 米的石块。回廊以石板砌筑，西北与东南角各支一根石柱支撑顶部。前室顶为人字坡形，墓室正中支一根石柱。后室有石棺床，后室墓顶为石板平铺，墓底以大石板铺成。由于回廊结构属于"舶来品"，平阴新屯 M1 在技术层面仍然存在欠缺，回廊中支柱的使用便是这一现象的写照。

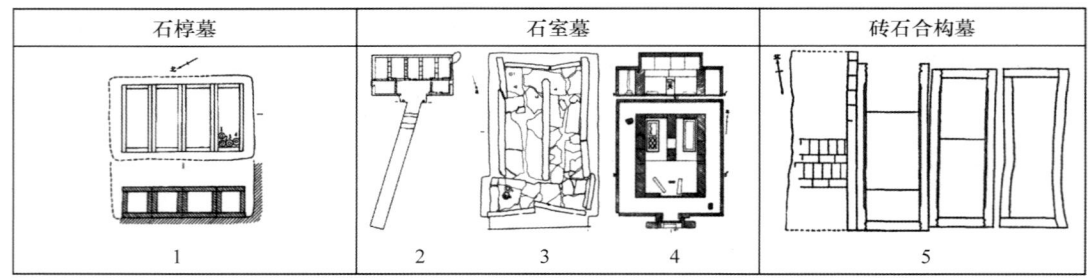

图 4　西汉晚期石构墓葬形制
1. 邹城卧虎山 M2　2. 染山 M1　3. 枣庄安岭 M10　4. 平阴新屯 M1　5. 济宁师范学校汉墓

1　长沙市文化局文物组：《长沙咸家湖西汉曹㜏墓》，《文物》1979 年第 3 期，第 1—16 页。

2　北京市古墓发掘办公室：《大葆台西汉木椁墓发掘简报》，《文物》1977 年第 6 期，第 23—30 页。

3　河南省文化局文物工作队：《河南南阳杨官寺汉画象石墓发掘报告》，《考古学报》1963 年第 1 期，第 111—139 页。

4　周到、李京华：《唐河针织厂汉画像石墓的发掘》，《文物》1973 年第 6 期，第 26—40 页。

5　《南阳汉画像石》编委会：《唐河县电厂汉画像石墓》，《中原文物》1982 年第 1 期，第 5—11 页。

6　南阳地区文物队、南阳博物馆：《唐河汉郁平大尹冯君孺人画象石墓》，《考古学报》1980 年第 2 期，第 239—262 页。

7　济宁市文物管理局：《山东济宁市肖王庄一号汉墓》，《考古学集刊》第 12 集，文物出版社，1999，第 41—112 页。

8　济南市文化局文物处、平阴县博物馆筹建处：《山东平阴新屯汉画像石墓》，《考古》1988 年第 11 期，第 961—974 页。

砖石合构墓延续着上一阶段的砖石墓椁形制，相关案例如济宁师范学校汉墓中居于东、西两端的两具砖椁石盖板墓。

该时段石构墓葬的分布范围与西汉中期相近。值得一提的是，石室墓的案例增多且集中分布于鲁南区域，两者的联系是显而易见的。

（四）新莽至东汉初期，石椁墓的传统在以滕州为代表的地区延续着。石室墓在室内划分与形制复杂化的道路上前行。该时段的石室墓仍然表现出两传统并行的发展态势。山东本土风格的墓葬为前、后双主室墓，例如梁山柏木山汉墓[1]与东平后屯M1[2]（图5-2）。其中东平后屯M1的结构更为复杂，该墓前室为横前堂，后室进一步划分为四个平行并置的墓室。该阶段的石室墓开始出现了新的风格，例如前室高度被抬高，导致前、后室形成了明显的高度差异，室内空间的分隔愈发明确。后室四室空间的存在使用了更为复杂的空间划分。诚然，石室墓在形态上已经逐渐摆脱了椁室的空间结构，但东平后屯M1后室的四个墓室在平面形态上仍然与椁室极为相似，这是室墓在下一阶段需要改变之处。

使用回廊的石室墓继续发展，东平后屯M13为其代表。该墓与同时段内南阳地区带回廊的石室墓极为相近。这些墓葬在回廊的前部设置门框、门楣与门扉等构件，在回廊内部形成了墓的前室与侧室。而前一阶段的平阴新屯M1却并未出现上述的空间划分，导致其前室与主室都"蜷缩"于回廊的范围之内，呈现出墓室分化并不明显的早期特征。因此，带回廊石室墓也发展出自成体系的墓室划分技术。

砖石合构墓得到了进一步的发展。存在两条演变路径，其一在椁的基础上继续发展为砖石墓椁，这是静态的构建替换过程。相关案例如崂山古庙M1[3]，该墓的东、西两壁以砖块砌筑，南、北两壁以石砌筑，墓口覆盖石板。于家埠M6（图5-1）[4]墓底铺设陶片或瓦，而非全部使用石块。正如上阶段中砖材的使用一般，砖只得到了材料层面的认可。其二是转化为室墓，在砖的技术特性上与石构材料形成新的建造风格，这是动态的创新融合过程。相关案例如东平后屯M12，该墓墓室结构为前、后两主室，墓门以石板砌筑，前室为砖砌，顶部结构为券顶，后室又可以划分为两室，石椁与砖椁并列形成。该墓并非一次性建成，而是分为两步修建，首先为构筑石椁，其次构筑墓道、前室以及南部墓室（开挖于洞室中），整体为平顶的"石椁+前、后室"券顶砖石合构墓的组合形态。前、后拼合而成的双室墓在思想层面上体现了汉

---

[1] 苏文锦：《山东梁山柏木山的一座东汉墓》，《考古》1964年第9期，第479—480页。

[2] 山东省文物考古研究所、东平县文物管理所：《东平后屯汉代壁画墓》，文物出版社，2010。

[3] 时桂山：《山东崂山古庙汉墓》，《文物资料丛刊》第4辑，文物出版社，1981，第242—243页。

[4] 济南市考古研究所、章丘市博物馆：《章丘市于家埠汉代墓葬2012年发掘报告》，《海岱考古》第七辑，科学出版社，2014，第181—218页。

人"死则同穴"的生死观,在技术层面上揭示出一套预设的建筑规划。这一设计是有迹可循的,形制直接来源于西汉晚期纵横连接的前、后室石室墓。砖券结构反映出中原地区砖室墓墓顶构造的直接影响。

该时段的石构墓葬与西汉晚期的情况接近,但是砖石合构墓的分布范围进一步扩大,已经扩散至鲁东地区。

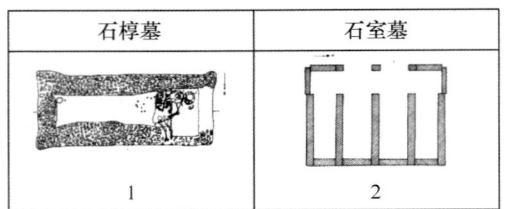

图5　新莽至东汉初期石构墓葬形制
1. 于家埠 M6　2. 东平后屯 M1

(五)东汉中期,山东本土系统的石室墓前、后双主室墓在既有格局下进一步演变:1. 耳室与甬道结构的出现,如济南张庄 M1[1](图6-1)于墓门至前室使用了三块逐渐内收的石板,营造出多重进深的墓内空间格局,这也为此后双室墓向多室墓的演变提供了设计思路。该墓的前室西部设置一耳室,这是在墓室的横向扩展上前进了一步。耳室与甬道的出现为墓室的复杂化,尤其是墓葬空间在纵向与横向两个维度上的扩展提供了建筑蓝图与技术支撑。

2. 墓顶结构趋于复杂,由平顶转变为叠涩覆斗形顶。枣庄渴口 M104[2](图6-2)墓前室顶部以八块三角形石板两层叠涩成菱形藻井。各类墓顶构造还会在同一墓中形成不同组合,如邹城高李村画像石墓[3](图6-3)的前室墓顶用四块三角形石块交错叠涩三层构成菱形藻井,后室墓顶为石板平砌而成。

该时段内砖石合构墓进入了室墓的阶段。其情况与石室墓诞生之初极为相似,同样出现了两个系统并行的局面。第一个系统为山东本土传统的前、后双室墓。以泰安旧县村汉墓[4](图6-4)为例,该墓前室与后室的墓门都使用石材构筑。相较于东汉早期,该墓最明显的变化为耳室的使用:前室东部并置两间耳室。后室北部设置一室。第二个系统为带回廊的形制,属于诸侯王墓的特殊案例。济宁肖王庄 M1(图6-5)的结构较为复杂,墓底以石块铺设,其外使用石块砌筑墓框。前室的甬道边缘以石块竖砌,甬道墓壁靠近夹石墙处砌筑一道石墙。黄肠题凑使用长0.95米、厚0.25米的石块砌筑于回廊外部,构成墓室内壁。"石块单道垒砌,墙顶三排呈叠涩状。南壁中夹甬道券顶。封顶石坍塌,仅北部尚存后室券脚、廊顶支撑的部分石

---

[1] 山东省文物考古研究所:《山东济南张庄汉代墓地发掘简报》,《山东省高速公路考古报告集》(1997年),科学出版社,第297—313页。

[2] 枣庄博物馆:《山东枣庄市渴口汉墓》,《考古学集刊》第14辑,文物出版社,2004,第80—160页。

[3] 邹城市文物管理处:《山东邹城高李村画像石墓》,《文物》1994年第6期,第24—30页。

[4] 泰安市文物管理局:《山东泰安县旧县村汉画像石墓》,《考古》1988年第4期,第307—313页。

块。据此分析,原封顶石一层,周围石块先由石墙向内呈台阶状平砌,叠涩六排约至墓室顶券腰处,券顶之上再平盖石块,后形成覆斗状石顶。"[1]

该时段的石构墓葬形成了椁墓与室墓"平分秋色"的局面。从分布范围来看,石

为复杂:1. 在室内空间上表现为,耳室的增设与主室空间的进一步划分。济南奥体中路 M3[2](图7-2)前室前部的西侧与后部的东侧各设置一间小型耳室,济南闵子骞祠堂汉墓(图7-3)前室与中室的东侧各设置一耳室,济南轻骑模具厂画像石墓[3]

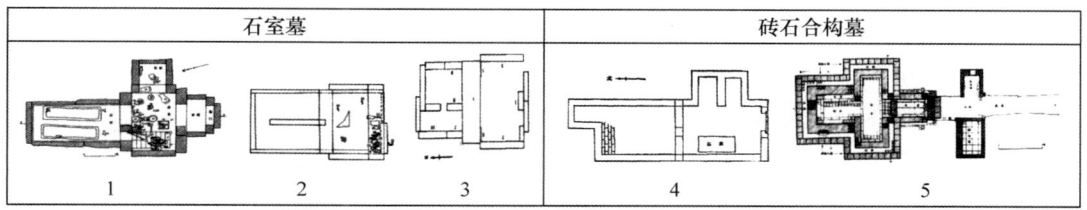

图6　东汉中期石构墓葬形制
1. 济南张庄 M1　2. 枣庄渴口 M104　3. 邹城高李村画像石墓　4. 泰安旧县村汉墓　5. 济宁肖王庄 M1

椁墓传统呈现出衰减的趋势,继续盘踞于鲁南地区,数量与分布范围都有所缩减。石室墓与砖石合构墓的分布范围遍布山东境内,且呈现出重叠现象。室墓对椁墓从分布特征上形成了全面的挤占与压制。

(六)东汉晚期,石构墓葬在砖室墓的影响下最终走向成熟。该时段内石构墓多为砖石合构墓,其建筑风格与砖构墓同步发展,形制上呈现出较大纵深、较多墓室的特点。新出现的三室墓在墓葬形制上更

(图7-4)前室与后室的两侧都设置有一间耳室,章丘女郎山 M284[4](图7-5)后主室被一分为二,划分出两间墓室。2. 墓顶结构多样化。墓顶更多使用小砖砌筑,因此其形制在继承石板平顶与叠涩顶的基础上,开始采用砖构的券顶与穹窿顶。墓顶使用全砖结构的案例如福山东留公村汉墓[5](图7-6)。该墓的前、后两室都为穹窿顶。墓顶兼容石构与砖构传统的案例如新泰南鲍村画像石墓(图7-7),该墓的

---

[1] 济宁市文物管理局:《山东济宁市肖王庄一号汉墓》,《考古学集刊》第 12 集,文物出版社,1999,第 41—112 页。

[2] 济南市考古研究所:《济南市奥体中路画像石墓简报》,《海岱考古》第八辑,科学出版社,2015,第 443—454 页。

[3] 山东省文物考古研究所:《济南市轻骑模具厂画像石墓》,《海岱考古》第二辑,科学出版社,2007,第 407—421 页。

[4] 济南市考古研究所:《章丘女郎山》,科学出版社,2013。

[5] 山东省文物管理处:《山东福山东留公村汉墓清理简报》,《考古通讯》1956 年第 5 期,第 16—20 页。

前室与侧室为石板构筑,前室墓顶为三层石板转角叠涩而成,后室使用砖构券顶。

3. 墓壁外弧。这一特殊的构造是伴随建造技术的发展而产生的,外弧的墓壁有助于增强墓葬的稳定性,较少墓壁在同样单位面积内承受的土壤压强更大,增加墓内的可用空间[1]。在此基础上,墓葬多采用穹窿顶的设计。相关案例如福山东留公村汉墓的前、后室墓壁明显外凸。除上述演变特征外,带回廊的砖石合构墓也表现出新的风貌。以吴白庄画像石墓[2](图7-8)为例,该墓整体上可以划分为东、西两部分,两个区域的墓门各自对应着一条中轴线,前室与门廊相通,从而使整个墓葬结构类似于左右相互套接的两座墓葬,体现出奢华、繁复的墓葬设计理念。

石室墓则延续了两套系统与既有形制。山东本土石室墓保持着之前的室内构造,例如枣庄南常画像石墓[3](图7-1)为前、后两主室的结构,前室墓顶用四块三角形石板交错叠涩三层构成菱形藻井,其上再覆以方形石板为顶,后室为石板平砌的平顶。同时也存在两重侧室结构的梁山馍馍台 M1[4]。相较之下,带回廊墓葬出现了两处新的变化:济宁普育小学汉墓[5]前室短边的两端各增设一耳室,后室顶部使用了叠涩构造。

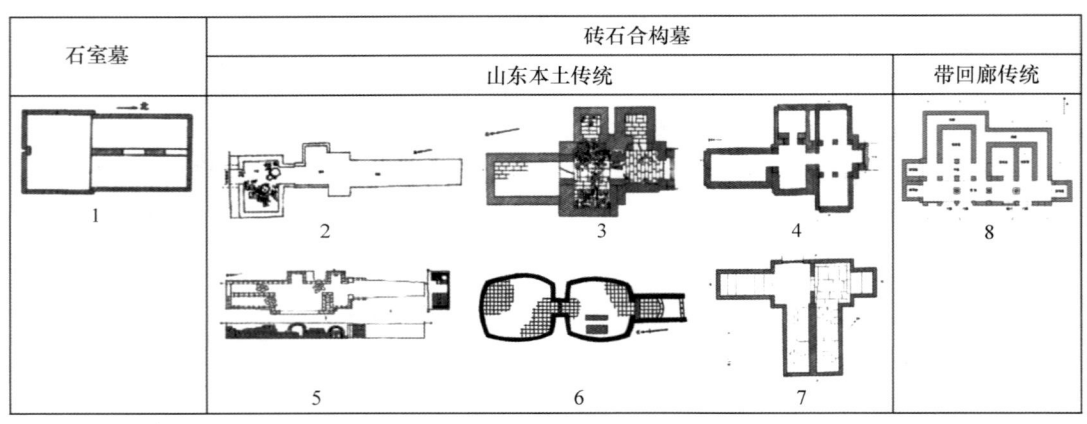

图 7 东汉晚期石构墓葬形制
1. 枣庄南常画像石墓 2. 济南奥体中路 M3 3. 济南闵子骞祠堂汉墓 4. 济南轻骑模具厂画像石墓 5. 章丘女郎山 M284 6. 福山东留公村汉墓 7. 新泰南鲍村画像石墓 8. 吴白庄画像石墓

---

1 李梅田:《中原北方魏晋北朝墓葬分区与分期研究》,博士学位论文,北京大学,2002。
2 临沂市博物馆:《临沂吴白庄汉画像石墓》,齐鲁书社,2018。
3 枣庄市文物管理站:《山东枣庄南常汉画像石墓》,《考古与文物》1986 年第 1 期,第 41—46 页。
4 菏泽地区博物馆、梁山县文化馆:《山东梁山东汉纪年墓》,《考古》1988 年第 11 期,第 975—982 页。
5 济宁市博物馆:《山东济宁发现一座东汉墓》,《考古》1994 年第 2 期,第 127—134 页。

除上述室墓外，石椁仍然见于这一时期，如滕州封山与东小宫墓地。造成这一状况的原因既有可能是地域传统的差异（区域传统的分裂），也有可能和墓主的社会等级与富裕程度有关。

该时段石构墓葬的分布特征显现出新的变化：石椁墓分布区域退居鲁南，继续保持着衰减的趋势。石室墓占据了鲁南与鲁中的大片区域。砖石合构墓的分布范围最广，该类墓葬所在的区域与砖室墓相近，遍布于山东全境。这不仅得益于室墓的兴盛，更是借助砖构传统的持续发展，使得砖石合构墓较之于石室墓具有更广泛的受众。这一状况与邻近的徐州地区存在相似性[1]。

最后将山东汉代石构墓葬发展演变的情况梳理于表格之中，以供参看（表1）。

三 结语

椁墓向室墓的演变是本文的研究亮点。各类墓葬形制分别在不同时段呈现出显著的时代性特征：西汉早期，石椁墓从各类墓葬用石的做法中脱颖而出，逐渐成为主流墓葬形制。具体而言，该阶段的石椁墓包括石块构筑的"全包围"椁室结构、石

表1 山东汉墓墓葬结构演变

年代	特征
西汉早期	石质材料具有多种用途，如加固夯土、构筑石椁葬具、封闭墓室与铺设墓底。其中以石椁为主流。石椁存在石块构筑的"全包围"椁室结构、石板构筑的石椁（典型）与"类石椁"
西汉中期	存在明显等级分化。高等级墓葬中存在铺设石层、石材构筑墓室的现象，但墓葬结构仍处于椁室阶段。中、低等级墓葬中石椁的组合方式愈发多样，出现多椁相互连接或套接的情况，使得多重单室结构相互连接或套接成为可能。石椁墓的附属设施以器物箱与器物室为主。其中体积较大的器物室的出现，表明墓葬空间的分化，为多室墓的流行提供了技术前提。砖石合构墓较少，仍多为椁墓
西汉晚期	石室墓出现，分为两个系统。一类为山东本土传统演变而来，其本质为多具石椁的套接。另一类为外来墓葬形制影响所致，其本质为回廊结构墓葬
新莽至东汉初期	在石室墓中，山东本土传统石室墓室内空间的隔断愈发明确、室内空间划分更为复杂。带回廊石室墓呈现出等级差异，较高等级墓葬在前后室与耳室的划分上更为清晰，较低等级墓葬的前室与主室都"蜷缩"于回廊的范围之内。砖石合构墓由椁墓发展为室墓
东汉中期	石室墓的耳室与甬道增多、墓顶由平顶转变为叠涩顶与覆斗顶。砖石合构墓也出现了两个传统：山东本土传统与带回廊的传统
东汉晚期	砖石合构墓所占比重上升，成为室墓中的主流。出现结构较为复杂的多室墓，墓顶在继承石板平顶与叠涩顶形态的基础上，开始采用砖构的券顶与穹窿顶、墓壁外弧。该时段仍然存在石椁墓

1　周学鹰：《徐州汉墓建筑——中国汉代楚（彭城）国墓葬建筑考》，中国建筑工业出版社，2001。

板构筑的石椁（最为常见）与"类石椁"。西汉中期，虽然石构墓葬仍处于椁室阶段，但是石椁的组合方式愈发多样，一方面，多椁相互连接或套接的情况出现，使得多重单室结构相互连接或套接成为可能；另一方面，以器物箱与器物室为代表的附属设施为复杂室墓的建造提供了可能。西汉晚期，石室墓终于出现，具体可以划分为两大传统，其一为多具石椁套接而成的山东本土传统，其二为使用回廊结构的外来室墓传统。新莽至东汉初期，砖石合构墓较多出现在室墓之中，室墓的墓室增多、结构趋于复杂。东汉中期，石室墓的墓顶结构由平顶转变为叠涩顶与覆斗顶。石室墓的两大传统为砖石合构墓所继承。东汉晚期，砖石合构墓成为室墓的主流，技术特征趋于复杂。综上，山东地区的石构墓葬存在由椁墓向室墓演变的发展路径，室墓出现后，石室墓与砖石合构墓之间相互影响，墓室结构与相关技术特征趋于复杂。与此同时，最早出现的石椁墓并未消失，而是在部分地区沿用至东汉晚期。

通过对山东地区椁墓与室墓的系统分析，我们能够较为清晰地认识到两类墓葬形制的历时性演变与传承关系。此前，学界常引用黄晓芬的观点阐释汉化室墓形成的机制[1]：该过程包含椁内开通、向外界开通与祭祀空间的确立三大阶段。本质上而言，演变达成的前提似乎值得商榷：这是一个融合了墓葬形制与信仰体系的演变模型。墓葬分析是思想研究的基础，在材料愈发丰富的今日，研究中对于墓葬结构的全面性考量可能有待完善。具体而言，文中关注的墓葬等级为大型墓，涉及的案例主要为题凑型墓与回廊型墓。如此，这套模型是否对山东地区的石构墓葬仍然适用呢？以下几点能够帮助我们认识相关传统。

（一）椁上的建筑类纹饰。西汉早期的石椁上便已存在铺首等象征屋宇门扉结构的图像。然而，该情况与黄文关注的楚地存在本质上的差异：该区域并不存在复杂的棺厢构造，椁室内更没有互相开通的墓门与墓窗设施。如此，石椁上的门窗等建筑结构具有的内涵可能并非如此。石椁始终是一个封闭的死亡空间，椁上表现门窗的建筑图像在营造肃穆氛围的同时，更起到界定与隔断的作用：门构成屏障，将椁前的空间与椁后的他界区分为二，标志着判然有别、互不侵扰的阴、阳两域。结合石椁上同时出现的穿璧与常青树图像加以考察，椁内的世界是亡者尸解、升仙以达永生的秘境。因此，在椁墓的阶段，门窗结构似乎并未扮演沟通空间的角色，而是传达出了更为幽静、隐秘的内涵。

（二）合葬葬俗。多重石椁是在合葬传统的影响下相互套接与组合，逐渐发展为双椁并置的石室墓（石室与石椁在室墓出现初期并不存在严格意义上的形制差异，甚至在画像石传统上还存在统一性）。这是依赖合葬传统而发展出来的室墓系统，并

---

[1] 黄晓芬：《汉墓的考古学研究》，岳麓书社，2003。

非单一的寻求椁内开通。黄文认为山东地区室墓的形成为"直接变箱型椁为单玄室型室",这与上述案例所反映的多椁并置情况存在矛盾。

（三）储物空间。在功能层面上,早期石室墓的结构为"器物室＋主室"。追溯其源,更早阶段的石椁墓习惯使用"器物箱＋椁室"的空间构造,两者呈现出继承与发展的关系。因此,这种由存放器物与尸体两种功能合成的室墓与寻求开通（第宅化）而形成的室墓在最初的形态与诉求上也是存在差异的。至少在室墓形成的初期,存放器物的功能区域比可能存在的祭祀空间（至少在石室墓形成初期尚不明确）具有更为确凿的演变逻辑与实证支持。

综上可知,与其他区域的砖构墓或木构墓相比,山东地区石构墓存在独特的室墓演变序列。这一综合了合葬葬俗与储物空间的墓葬传统有助于加深我们对于墓葬结构的认识。

西汉鍂镂再讨论

■ 徐呈瑞（西安美术学院）

"鍂镂"作为一种西汉时期特有的器形名称，在考古领域内已经被广泛认可并使用。伴随着近年来越来越多的相关器物的发表，本文尝试从"鍂镂"形器的名称考定与研究、著录与存世、分型与分式、科学出土器物的分布以及在墓葬中的组合状况等几个方面来重新观察，并对该类器物的名称、功用以及分型分式做进一步的讨论和补充。

一 名称考定与研究

关于"鍂镂"这种器物的定名和研究，有三位专家的研究最为重要。最早对这一器物进行系统考订与研究的当属孙机先生，在其《汉代物质文化资料图说》的《83 饮食器Ⅷ》章节中对这一器形进行了最早的考订和梳理。其证据涵盖了古代文献以及考古学两方面的材料，简要但系统地梳理了这类器物的文献证据、器物著录与遗存。实物证据方面，使用了《陶斋吉金录》中著录的自名器物"阳信家铜鍂镂"，以及河北馒头山西汉墓出土的带有"枃娄"铭文的铜器。进一步又从文献方面使用了《方言》及《广雅》中的记录对器形和定名做了论证。从该书的早期版本到新的增订版，孙机先生对鍂镂的部分有一定的修改，但仍然认为这种器物有别于作为温器的锜，应是用于盛酒的器物。[1] 该书出版之后，很多的考古发掘以及展览介绍中基本沿用这个说法。其后，2008 年台北"故宫博物院"的吕世浩发表的《酒器乎？食器乎？——关于汉代铜鍂镂功能之思考》一文重新审视了《汉代物质文化资料图说》中的论据和论证过程，对每个部分都提出了一定的质疑并做了新的解释。名称方面，吕文中基本同意了孙机先生对这种器物的定名。该文的贡献主要在器物功用方面，结合文献、器形特征的重新解读以及台北

---

1 孙机：《汉代物质文化资料图说》，文物出版社，1991，第 326 页。修订版为上海古籍出版社，章节改为 84，2008 年和 2011 年，第 378—379 页。修订版删掉了"鍂镂却大概只用于盛酒"一句。

"故宫博物院"征集的藏品以及山西榆次出土的器物中残留的骨头,推定这类器物应为盛食器,并对这类器物的具体使用方法做了合理的推断[1]。除以上两文(书)之外,吴小平在《汉代青铜容器的考古学研究》一书的鋞镂章节中对这类器形进行了研究,结合当时有线图发表的十余件器物,对鋞镂进行了初步的分型分式。根据蹄足的差异,该文将鋞镂分为 AB 两型,其中 A 型又根据颈腹特征分为两式。根据墓葬出土物的辅助判断,将该类器形在年代上分为西汉早期和中晚期。[2]

以上三位先生的研究都较为完整。但是随着越来越多的新材料发表,也提供了更多可供再讨论的可能性。笔者试从文字学与器形、自名器物和器物遗存痕迹上的细节观察上,对该类器物进一步探讨。

(一)"鋞""镂""鋞镂"

在汉代文字文献记载中并无"鋞镂"器名的直接记录,而且许慎的《说文解字》中并未收录"鋞"字,之前的研究者多以"鋞"通"䘎"来展开研究。《说文解字》中记录的"䘎"为:"受钱器也。从缶后声。古以瓦,今以竹。"[3] 段玉裁在《说文解字注》中进一步做了解释:"易入难出器也。《史记·酷吏列传》:恶少年投䘎。《汉书》:赵广汉教吏为䘎筩。苏林曰:䘎如瓨。可受投书。师古曰:䘎,若今盛钱藏瓶,为小孔,可入而不可出。说从缶之意也。赵传䘎筩。䘎即以瓦者。筩即以竹者,许云今以竹,则许时用竹者多也。今市中钱筩皆用竹"[4]。除传世文献外,"䘎"字在出土的简牍文献中也有实际使用的例子,如《睡虎地秦墓竹简》的《关市》中有"为作务及官府市,受钱必辄入其钱䘎中,令市者见其入,不从令者赀一甲"[5],以及《张家山汉简》的"官为作务、市及受租、质钱,皆为䘎,封以令、丞印而入,与参辨券之,辄入钱䘎中,上中辨其廷"[6]。这些文字中提及的"䘎筩"和"钱䘎"都是以投入容易取出难为特点的存储类器物,与现存的出土的汉代陶扑满(图1)相对照,也是非常符合文字记述的。

关于"镂"的文献,孙、吕两位先生在研究中都进行了探讨。他们同样都使用了《方言》中的"鍑,北燕、朝鲜、洌水之间或谓之锜,或谓之䥕。江淮陈楚之间谓之锜(或曰三脚釜),或谓之鏤,吴、扬

---

1 吕世浩:《酒器乎?食器乎?——关于汉代铜鋞镂功能之思考》,《故宫文物月刊》第 309 期,2008 年 12 月。
2 吴小平:《汉代青铜容器的考古学研究》,岳麓书社,2005,第 119—122 页。
3 (汉)许慎:《说文解字》,中华书局,2013,第 105 页。
4 (清)段玉裁:《说文解字注》,中华书局,2013,第 228 页。
5 睡虎地秦墓竹简整理小组编:《睡虎地秦墓竹简》,文物出版社,1990,第 42—43 页。
6 朱红林:《张家山汉简〈二年律令〉集释》,社会科学文献出版社,2005,第 248 页。

之间谓之鬲"的记述[1]。文献记述中，在江淮陈楚之间，锜与鏤是可以通称的，都较为明确是一种有柄的三足器。（图2）

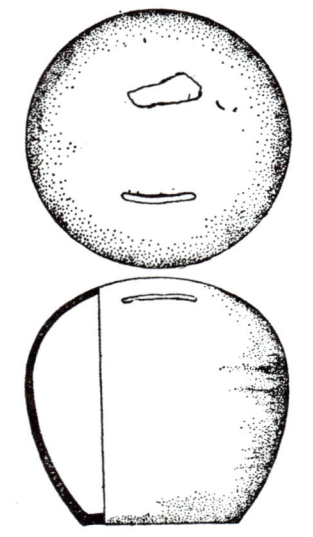

图1　陶扑满（84∶44）（洛阳烧沟汉墓出土）

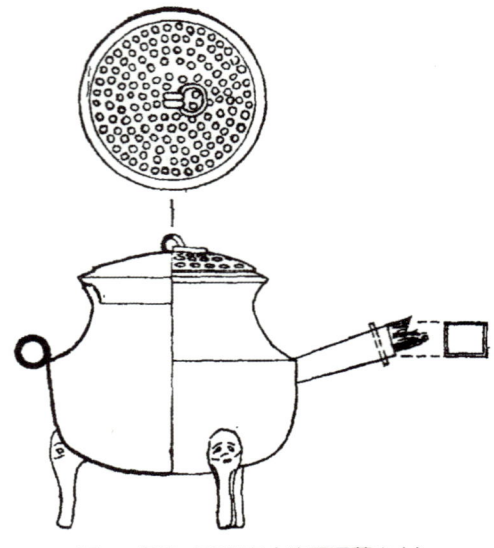

图2　铜锜（广州淘金坑西汉墓出土）

关于"鉹鏤"名称的由来，吕世浩先生推断"鉹鏤"的说法或从郭璞的注里提及"江淮之闲谓釜曰锜鏤"中的"锜鏤"演化而来。从文字的连用上是否也可以推断，"鉹鏤"的器形或是融合了汉代"鉹"与"鏤"两种器物的造型（腹部接近圆形的扑满、颈口满足易入难出的特征，而足部融合了锜的三足），成为西汉中晚期流行的一种器形。

（二）自名器物

带有自名的器物往往是器物定名最为重要且直接的证据。从宋代开始，金石学家就对存世古代器物和碑刻进行收集和著录，除著录相关文字之外，还辅以版刻插图对器形进行记录。经统计，从宋代到民国，金石古籍中著录的"鉹鏤"形器物有八件（见附表1）（图3）。除有铭文自名的三件外，对于这一器形并没有统一的名称，根据器形特征，有连环壶鼎、环梁卣以及鉹鏤等不同的称呼。对于器物时代的认识，不同的古籍也有偏差，尤其是《西清古鉴》将这一器形时代归于周。这八件中明确标注了"鉹鏤"的自名器物只有阳信家铜鉹鏤（器和盖上皆有铭文），另外一件赵鉹鏤在铭文上并没有"鉹鏤"的字样，虽然没有器物的插图，但推断应该也是类似前一件的器形样式。第三件是《金石索》著录的有"王子长镰尊"铭文的"鉹鏤"形器。

1　（汉）扬雄：《宋本方言》，国家图书馆出版社，2017，第69页。

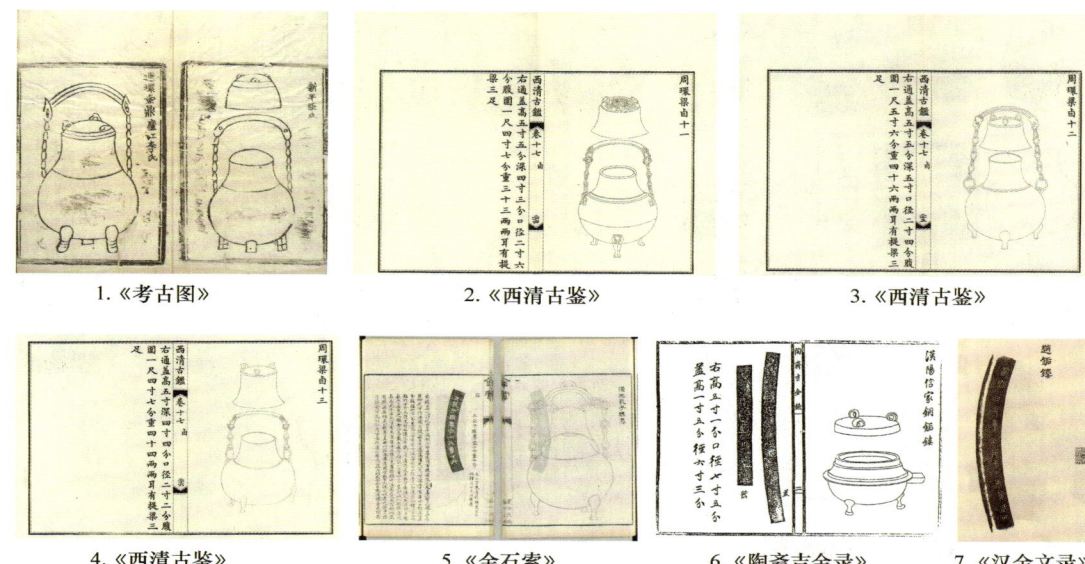

1.《考古图》　　2.《西清古鉴》　　3.《西清古鉴》

4.《西清古鉴》　　5.《金石索》　　6.《陶斋吉金录》　　7.《汉金文录》

图 3　文献中著录的"鍴镂"形器

除了金石古籍的著录之外，笔者还统计了存世和出土的鍴镂形器共 50 件（见附表二，笔者为引用方便，对器物进行了编号）（图 4）。这其中有两件是有铭文的。第一件是在之前研究中被较多引用且作为定名依据的河北隆化馒头山出土残器（hou14），其上带有铭文"大高铜枸镂一，容一斤（应为升）"。另一则材料则较少有人关注，即 2005 年发表的山东青岛市平度界山汉墓中出土的一件。墓中出土的编号为 M1：45 的这件器物（hou17），虽然残破，但是从遗存的部分看，确属鍴镂的标准器形。在盖和器身上分别有铭文"□君孺重一斤七两"（盖）和"□君孺□三升重四斤一两"（器身）（图 5）。

这五件带有自名的器物中，阳信家这件是唯一有明确"鍴镂"名称的器物。从器形上看，这件与现在被称为"鍴镂"的标准器形差别较大，无提梁结构，且有把手，器盖虽有三钮，但是与能够倒置当作杯状容器的样子相去甚远。对于"王子长镌尊"这一件，虽器形为标准的样式，但是孙机和吕世浩两位先生都认为器物上的铭文与汉代的常见风格有异，铭文的真假值得怀疑。细看著录图版上对这件器物上铭文的摹写，确实与常见汉代铜器上的刀刻文字风格不同，若铭文为伪刻，那根据"王子长镌尊"铭文推断这类器物为"镌尊"的可信度就比较低。"大高铜枸镂"一件铭文的字形与阳信家不同，器物残破，从残存器形上推断应是接近鍴镂的器物。第五件器物上的文字并没有器物名称，"□君孺□三升重四斤一两"中刚好残缺了一个字，此处或许会涉及器物的名称。但是比对同墓出土的铜盆上的铭文，此处残缺的一字或为"容"字。

所以，单纯这五件带有自名的器物，都还无法成为十分肯定的直接定名证据。

022　汉画研究

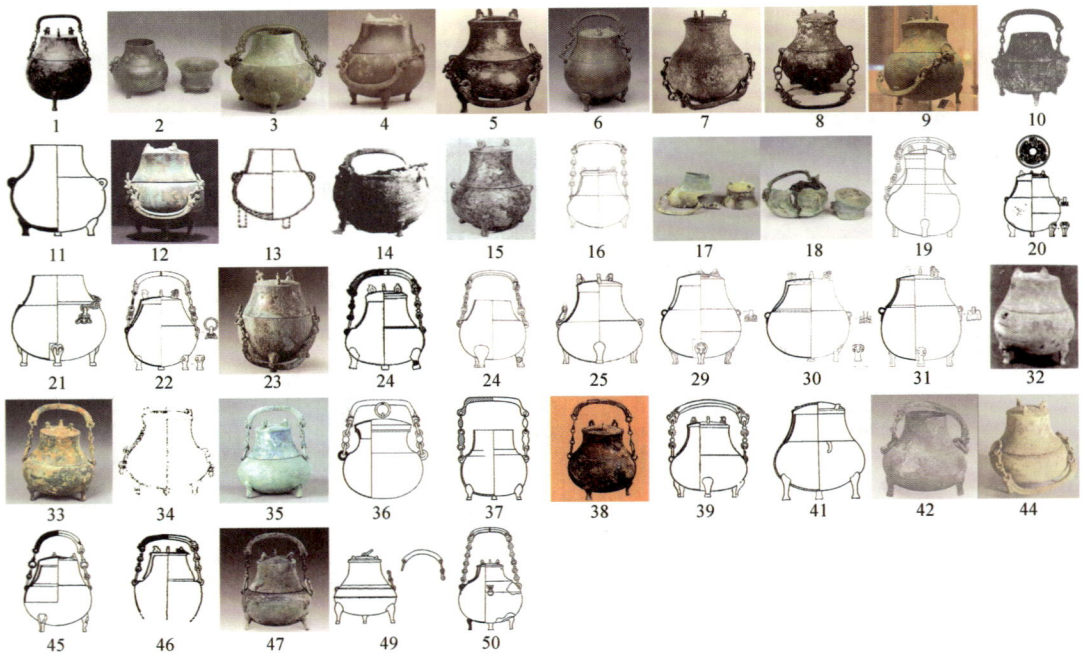

图4　汉代传世及出土"鉝镂"形器（图中编号与附表2对应）

（三）"鉝镂"形器的痕迹与功用

关于"鉝镂"形器的功用除文献的记述以外，出土器物中的残留物成分应该是判断其功用最为直接的证据。

上文中已经提及，关于鉝镂形器的内容物，吕世浩文章中著录了台北"故宫博物院"藏有一件存有明确出土情境的鉝镂，器物中残留有"细碎的骨架，似为鸡骨或鸟禽之骨"。孟耀虎在《三羊开泰话鉝镂》一文中也提及出土于2002年榆次校园东路18号汉墓的铜鉝镂中也残留"不少兽骨"。两位研究者借此都倾向于鉝镂在当时更多是被用于盛装和加热羹类食物。

除这两件之外，统计到的出土器里，还有陕北走马梁墓群集中出土的四件也较为值得注意。这四件编号为hou25—hou28。这组器物虽没有发表正式的发掘报告，但

图5　hou17铭文（M1∶45）
山东青岛市平度界山汉墓出土

是李佳瑜在 2017 年的硕士学位论文《走马梁汉墓相关问题研究》中已经进行了介绍。幸运的是 2019 年在王乃慧的硕士学位论文《基于出土酒残留物分析的汉代发酵工艺研究》[1] 一文中对走马梁汉墓出土的 00M2∶6（本文编号 hou25）和 00M11∶5（本文编号 hou28）的残留物做了详细的记录，其中 hou25 "容器有盖，出土时器盖与容器非密封状态，器内无液体残留。浅绿色块状固体系器内液体在埋藏过程中流失后，剩余沉淀物所形成，质轻，强度低"。而 hou28 的遗存更为丰富，"液体及沉淀：容器有盖，出土时器盖与容器非密封状态，器内残留液体较少，于透明玻璃磨口瓶中存放多年，呈铜绿色，有沉淀。固体：位于器底，液体倒出后残存于底部的沉淀物风干后形成，呈浅绿色块状，质轻，强度低"。文章对 hou28 残留的固体和液体进行了检测。结论是确定两个液体样品是酒类，而且指向中国古代的传统粮食酒。除此之外，在"2019 湖北考古业务成果交流会"上，十堰市博物馆的黄旭初汇报 2019 年郧西杨家坪墓地的发掘情况时，也提及该墓地发掘的铜鋞镂内还存有液体，疑为酒遗存。

从以上种种迹象中也可以看出，这种鋞镂形器不能单纯归为酒器或者食器，在实际的使用中两种可能都有。

除以上器物内的发现外，关于器物外的痕迹也有两点值得关注。hou24 和 hou41 两件的底部都残留有烟炱的痕迹，证明此类器物在实际使用中是可以被加热的。当然也有相反的例子，比如 hou15，这件器物通体鎏金，应该不会在现实中被加热使用，或许也说明有一类可能作为纯粹的容器。

二　西汉鋞镂形器的分型与分式

关于"鋞镂"形器的分型与分式，已经有吴小平先生进行了初步的工作。本文在统计表格中所著录器物器形观察和总结的基础上，对目前鋞镂形器的分型分式做进一步细节上的补充。

标准器形：1. 链和提梁。提梁两端呈龙首形，与器身通过链连接；2. 三钮盖（可以倒置作为杯状容器，用来盛装液体。另外，盖中间有纹样装饰）；3. 圆鼓腹；4. 三足，目前所见的大部分都为蹄足。其中几例在足部装饰有羊首和熊。

除此之外，还有两类器物被称为鋞镂。一类是带有明确鋞镂铭文的阳信家器，是带有把手的无提梁器物。另一类是符合提梁和圆腹特征，但盖非三钮，且无足的例子，附表 1 的注部分也提及《西清续鉴》中著录的类似器形。山东平度界山汉墓（hou17）和盱眙大云山 M9 所出器物（hou36），即属于此类。与标准器形相比较，此两类的差异较大，且年代不明确，暂不列入标准器形的分型分式。

基于以上认识，目前鋞镂形器仍沿用吴小平的分类，即 A、B 两型，但是式的部

---

[1]　王乃慧：《基于出土酒残留物分析的汉代发酵工艺研究》，硕士学位论文，西北大学，2019。

分可以进一步补充。

其中 A 型的西汉中期 I 式样可补充的器物为 hou36，此件器物的墓葬年代在西汉早期的后段，与其他同期器物相比较，器颈较直，提梁与器身的连接不完全用链连接。似为此类器物的早期形态。

B 型的器足样式，除熊足外，可补充羊首形器足，相关器物包括 hou21、hou22、hou30 和 hou31。

尺寸与容量：这批器物通高都在 20cm 左右，器形的主体除提梁外，基本都在汉尺的一尺以内，在体量上属于较小的青铜容器。此类器物的口径多在 10cm 以内，应不适于直接烹饪。另外，在自名器物的铭文所透露的信息中，hou17 明确提示了此件鍸镂形器的容量是三升，加上鍸容一升的铭文，这类小型铜器的容量应在一升到三升，也侧面证明了上面"王子长镳尊"铭文"容十升"不可靠。

时代：此类器物基本都出土于西汉中期到晚期的墓葬或窖藏中。与此类器形造型相似的铜器，最早可追溯到战国，是1933 年出土于安徽寿县朱家集李三孤堆的一件"镳尊"（图6）。此件器物的提梁和盖缺失，但是从器身的造型来看，确实与"鍸镂"非常相似，图录的说明中也强调了这一器物与汉代器物难以分辨。[1] 东汉及之后的墓葬中没有发现此类器物。辽宁北票喇嘛洞墓地出土了一例元康三年带有铭文的铜器，研究者认为文字是"鍸镂"，但其形制应为"鏊"，[2] 关于文字的释读还有待商榷之处。

图 6　镳尊　寿县朱家集李三孤堆出土

三　西汉鍸镂相关墓葬组合与分布

此类出土器物如何使用以及在何种场景下使用，也是值得思考的问题。吕世浩先生结合 hou14 铭文中的"大高"二字考证，认为此件鍸镂形器应是在祭祀场景中使用。并对此类器物的具体用法做出了推测："先将肉羹从镬中取至'鍸镂'内，然后将'鍸镂'提至宴会或祭祀之处，并拿下器盖倒置为盂，再将'鍸镂'内之羹汤盛至盂内，以供餐用。"这些观察都是非常细微和合理的。而除上面提及的一些盛

1　安徽省博物馆：《安徽省博物馆藏青铜器》，上海人民美术出版社，1987，图八七。

2　刘宁：《记喇嘛洞出土的一件元康三年"铜鍸镂"》，《辽宁省博物馆学术论文集（1999—2008）》第 1 册，辽海出版社，2009。

装物和使用痕迹证据之外，该类型器物在墓葬中实际的摆放组合和相对位置关系也是判断的重要辅助渠道。

统计现存器物的表格中很多例子都是征集品或墓葬外的采集品，经科学考古发

棺椁的东南角。从墓葬中器物的相对分布位置上看，鉌镂所在区域与仓储的足箱区域有一定距离，而与棺椁的距离更近。hou16 位于东侧边箱内，与石砚板和左侧四个席镇及铜兽在同一区域。hou17 则将鉌镂

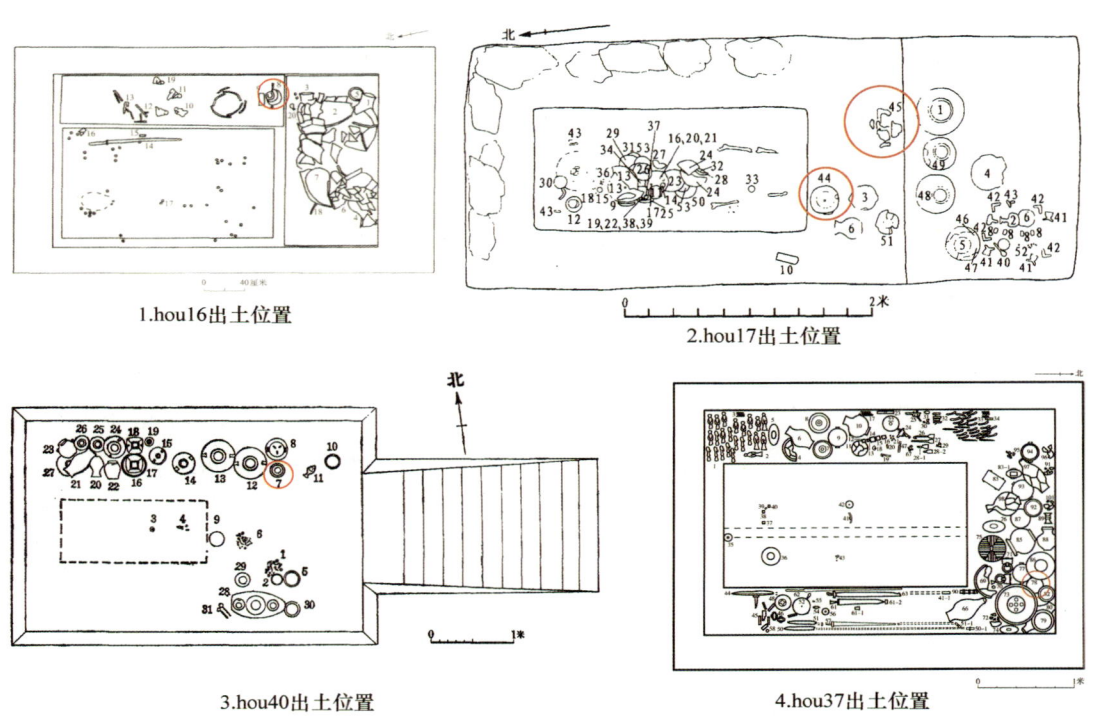

图 7　hou16、hou17、hou40、hou37 墓葬摆放位置图（标红处）

现在墓葬中相对位置未被扰乱，有清晰位置图可资比较研究的数量不多。下面尝试对 hou16、hou17、hou37、hou40（图 7）四例在墓葬中的摆放情况做一些尝试性观察。[1]

hou16 和 hou17 都出自山东省境内，两墓的墓向基本相同，而鉌镂的位置也都在

放置在棺与二层台之间。

hou40 出土于芜湖市贺家园西汉墓 M3，该件器物所处的位置在灶、甑、盆等生活用器的对面，旁边有熏炉，而距离左侧的密集器物有一定距离。

hou37 所属的刘慎墓的年代在西汉早期

1　走马梁墓地的鉌镂出土较为集中，且已有介绍，但是目前发表的情况并不理想。

后段，是该类器形较早的例子。墓葬里的器物摆放较为密集，此件鋗镂被放置在足箱内，足箱内器物以陶器为主。该墓较有特点的是因为器物产生较多的叠压，此件鋗镂被放置在一件陶鼎之下。不知该器物盖缺失，是否与顶部需放置器物有关。

以上都是基于少量可靠案例的初步观察。虽然案例较少，但是笔者认为这些墓葬提示的线索是非常值得关注的。"鋗镂"形器所在的区域有别于集中摆放陪葬品的仓储区的状态，似乎也可以支持吕世浩先生对于鋗镂祭祀功用的猜测。当然，更多的关于"鋗镂"形器在墓葬中位置的探讨还有待未来正式的考古报告提供更多的案例。

四 结语

从目前统计的情况来看，"鋗镂"形器在西汉疆域内使用的范围较广，从北到南都有器物发现，但是从相对数量上来看，处于边疆的朔方地区遗存的器物数量较多，分布密集且类型完整。通过对该类器物名称的考订，器形的分型分式以及在墓葬中的组合关系等问题的观察，笔者认为有以下几个方面的问题值得思考和探讨：

1. 将此类器物定名为"鋗镂"，其关键性的证据还都有可探讨的余地，同时考虑到同一器形在各地方言中又会有所不同，目前称此类提梁型器物为"鋗镂"形器似乎更为谨慎和合理。在具体的功用上，古代器物在使用上也有一定的灵活性，根据已有的考古发现，此类"鋗镂"形器在西汉时期作为温器使用是确定无疑的，盛装物有酒和汤汁类羹食两种可能。

2. 出土此类器物的墓葬级别并不高，从墓葬中摆放的位置看，有用于祭祀的痕迹，但是应该在祭祀类器物中不具有更广泛的典型性。

3. 从考古发现来看，此种器形集中出现在西汉中晚期，造型和尺寸都具有很强的稳定性，但是在此前后却都没有出现此类器物，这种器形的来源及其出现和消失的原因也是值得思考的。

本文初稿经朱青生、梁勇、杨爱国、姜彦文、刘骁诸位老师帮助，修正了文章中的一些观点，并提示了补充材料，特此致谢。

附表1 文献中著录的"鋗镂"形器

本文图序	著录名称	铭文	著录信息
图3-1	连环壶鼎（庐江李氏）	无	《考古图》卷十
图3-1	连环壶鼎（新平张氏）	无	《考古图》卷十
图3-2	周环梁卣十一	无	《西清古鉴》卷十七
图3-3	周环梁卣十二	无	《西清古鉴》卷十七

续表

本文图序	著录名称	铭文	著录信息
图3-4	周环梁卣十三	无	《西清古鉴》卷十七
图3-5	汉王子长镰尊	王子长镰尊容十升重十斤	《金石索》金索三
图3-6	汉阳信家铜鋗镂	阳信家铜鋗镂盖重一斤（盖）	《陶斋吉金录》卷七 《汉金文录》卷四 《小校经阁金石文字》卷十三
		铜鋗镂重四斤八两（器）	
图3-7	汉赵鋗镂	赵容三斗重三斤十二两第武四	《汉金文录》卷四 《小校经阁金石文字》卷十三 《贞松堂集古遗文》卷十三

注：翻检金石学相关古籍中的插图，除以上所列器物以外，还有两件器物与上面所列的标准器形有一定相似性，但是在器盖和足上有些许的差异。一件是《西清续鉴》乙编卷八所著录的"周环梁卣二"，除盖非杯状外，其余皆与其他"鋗镂"形器相似。另一件是同卷的"周环梁卣一"，无足，但是与出土于江苏盱眙大云山江都王陵M9的一件类似。

附表2 汉代传世及出土"鋗镂"形器

编号	省份	著录名称	铭文	尺寸	出土/保存信息	著录信息
hou01	不详	镰壶	无	高23.6cm	哥特堡博物馆藏	陈梦家：《海外中国铜器图录》，中华书局，2017，第139页
hou02	不详	提梁鋗鏤	无	19×17×17cm	台北"故宫博物院"藏	编号：故-铜-001921-N000000000
hou03	不详	提梁鋗鏤	无	缺盖，14×16.8cm 口径7.7cm	台北"故宫博物院"藏	编号：故-铜-001922-N000000000
hou04	不详	提梁鋗鏤	无	高18cm	台北"故宫博物院"藏	编号：购铜38 台购8552
hou05	不详	环梁卣	无	暂缺	台北"故宫博物院"藏	《故宫铜器图录》，图上一四一，（台湾）中华丛书委员会，1958年，第129页
hou06	不详	熊足壶	无	不详	故宫博物院	文物编号：新00074829
hou07	不详	有盖提梁壶	无	高18.5cm	天理参考馆藏	《天理参考馆图录——中国篇》，图79，朝日新闻社，1967
hou08	不详	提梁壶	无	高17.8cm	仓敷考古馆藏	大阪市立美术馆编：《汉代の美术》，图172，平凡社，1975
hou09	不详	鋗镂	无	暂缺	皇家安大略博物馆藏	编号：930.21.111 Bishop William C. White Collection

续表

编号	省份	著录名称	铭文	尺寸	出土/保存信息	著录信息
hou10	辽宁	提梁壶	无	缺盖，高12.5cm，口径8.1cm，腹径16cm	旅顺鲁家村汉代窖藏（西汉中晚期）	北面摆放三面大型铜镜，铜钟残片和铜块。中间提梁壶，壶内装货币、车马饰、珠子和中、小型铜镜，南面摆放十一件铁钁。刘俊勇：《旅顺鲁家村发现一处汉代窖藏》，图五，《文物资料丛刊》（4），文物出版社，1981，第235页
hou11		提梁壶	无	残，缺提梁、盖，高15.9cm，口径8.2cm	辽宁抚顺县刘尔屯西汉墓（西汉中晚期）	采集。抚顺市博物馆：《辽宁抚顺县刘尔屯西汉墓》，图五－3，《考古》1983年第11期，第991页
hou12	内蒙古	提梁卣	无	暂缺	和林格尔县土城子出土	内蒙古博物院藏
hou13		鋗镂	无	暂缺	内蒙古包头召湾汉墓M63	包头市文物管理处：《包头召湾63号汉墓清理简报》，《包头市文物资料》（第二辑）
hou14	河北	提梁钩镂	大高铜枸镂一，容一斤（应为升）	残，高11cm，腹径16cm	河北隆化馒头山西汉墓	杜江：《河北隆化发现西汉墓》，图五，载《文物资料丛刊》（4），文物出版社，1981，第229页
hou15	山东	壶	无	通高17.7cm，口径7.3cm，腹径15.2cm	山东莱西县岱墅西汉木椁墓（西汉中晚期）	烟台地区文物管理组、莱西县文化馆：《山东莱西县岱墅西汉木椁墓》，图一六，《文物》1980年第12期，第13页
hou16		鋗镂	无	暂缺	山东济南魏家庄汉墓（西汉中期）	（M168：8）济南市考古研究所：《山东济南魏家庄汉墓发掘简报》，图二六－2，《华夏考古》2016年第4期，第42页
hou17		提梁壶	□君孺重一斤七两（盖）□君孺□三升重四斤一两（器身）	残，高13cm，宽：15.5cm，盖，高×直径：8×12.8cm	山东青岛市平度界山汉墓（西汉中期）	（M1：45）青岛市文物局、平度市博物馆：《山东青岛市平度界山汉墓的发掘》，《考古》2005年第6期
hou18		提梁壶	无	口径14cm，残高23cm	山东青岛市平度界山汉墓（西汉中期）	（M1：44）青岛市文物局、平度市博物馆：《山东青岛市平度界山汉墓的发掘》，图四－11，《考古》2005年第6期

续表

编号	省份	著录名称	铭文	尺寸	出土/保存信息	著录信息
hou19	山西	提梁卣	无		山西阳高古城堡15号汉墓	[日]小野胜年、日比野丈夫：《阳高古城堡》，图版82.2，六兴出版，1990
hou20	山西	镰尊	无	残，缺提梁，高18.4cm，腹径15.4cm	山西省朔县赵十八庄一号汉墓（西汉中晚期）	山西省平朔考古队：《山西省朔县赵十八庄一号汉墓》，图四-3，《考古》1988年第5期，第444页
hou21	山西	镰尊	无	残，缺盖，提梁部分锈蚀。高15.6cm，口径8.5cm，腹径15.3cm	山西朔县秦汉墓	(3M80:16)平朔考古队：《山西朔县秦汉墓发掘简报》，图五五-10，《文物》1987年第6期，第27页
hou22	山西	鋗镂	无	高18.6cm	山西榆次校园东路M18	孟耀虎：《三羊开泰话鋗镂》，《中国文物报》2003年1月31日第7版
hou23	山西	鋗镂	无	口径9cm，足高3.6cm，通高15.7cm，腹径14.5cm	汾酒博物馆藏	张琰光编：《汾酒博物馆历代酒器选集》，文物出版社，2019
hou24	陕西	提梁壶	无	通高18cm，口径7.4cm，最大腹径15.8cm	陕县东周秦汉墓（西汉中晚期）	(3003:61)中国社会科学院考古研究所编：《陕县东周秦汉墓》，图一四〇-6，科学出版社，1994
hou25	陕西	鋗镂	无	通高18cm，口径10.2cm，足高4.1cm	榆林走马梁汉墓00M2（西汉中期）	(00M2:6)李佳瑜：《走马梁汉墓相关问题研究》，硕士学位论文，西北大学，2017
hou26	陕西	鋗镂	无	腹部破，缺盖，高19.5cm，腹径18.5cm，口径内径9cm，外径10cm，足高6cm	榆林走马梁汉墓00M14（西汉晚期）	(00M14:2)李佳瑜：《走马梁汉墓相关问题研究》，硕士学位论文，西北大学，2017
hou27	陕西	鋗镂	无	通高16.9cm，腹径16cm，口径7.5cm，足高4.4cm	榆林走马梁汉墓99M2（西汉中期）	(99M2:3)李佳瑜：《走马梁汉墓相关问题研究》，硕士学位论文，西北大学，2017
hou28	陕西	鋗镂	无	通高19cm，腹径17.5cm，口径8.3cm，足高3.5cm	榆林走马梁汉墓00M11（西汉中期）	(00M11:5)李佳瑜：《走马梁汉墓相关问题研究》，硕士学位论文，西北大学，2017。器内存液体及沉淀物共5ml
hou29	陕西	鋗镂	无	通高15.8cm，口径8.2cm，腹深14cm	陕西省榆林市红石桥城界村征集	（横山250）征集。陕西省考古院编：《陕北出土青铜器》，巴蜀书社，2009，第269页

续表

编号	省份	著录名称	铭文	尺寸	出土/保存信息	著录信息
hou30	陕西	錔镂	无	缺提链，通高17.8cm，口径8.4cm，腹深14.5cm	陕西省横山县城关镇古水村出土	（横山249）陕西省考古院编：《陕北出土青铜器》，巴蜀书社，2009，第271页
hou31	陕西	錔镂	无	缺提链，通高17.2cm，口径8.1cm，腹深13.8cm	陕西省米脂县征集	（米脂17）陕西省考古院编：《陕北出土青铜器》，巴蜀书社，2009，第275页
hou32		铜汲壶	无	高19cm，盖顶直径9cm，最大腹径15cm，足高4.2cm	西安市大白杨库收购	王长启：《西安市文物中心藏战国秦汉时期的青铜器》，图一–5，《考古与文物》1994年第4期
hou33	甘肃	兽形提梁卣	无	暂缺	镇原县博物馆（时代定为秦）	参见镇原县博物馆官方网站
hou34	河南	铜壶	无	通高17.6cm，口径9.2cm，腹径16cm，足高3.2cm	淅川县程凹西汉墓（西汉早期）	淅川县文管会：《淅川县程凹西汉墓发掘简报》，《中原文物》1987年第1期，图二–3，第18页
hou35	河南	提梁壶	无	高18cm，体口径7.6cm，盖口径12cm	河南淅川李沟汉墓（西汉中期）	（27∶2）湖北文理学院襄阳及三国历史文化研究所、河南省文物局、南水北调中线管理办公室、岳阳市文物考古研究所：《河南淅川李沟汉墓发掘报告》，图三九–8，《考古学报》2015年第3期，第401页
hou36	江苏	錔镂	无	器身口径9.6cm，高12.4cm，带提梁通高17.9cm	大云山江都王陵M9	（M9∶81）南京博物院、盱眙县文广新局：《江苏盱眙大云山江都王陵M9、M10发掘简报》，图六–3，《东南文化》2013年第1期，第55页
hou37	江苏	提梁壶	无	口径9cm，最大腹径14.8cm，壶身高16.2cm，通高24cm	江苏徐州黑头山西汉刘慎墓（西汉早期后段）	（M1∶102）徐州博物馆：《江苏徐州黑头山西汉刘慎墓发掘简报》，图一九–5，《文物》2010年第11期，第26页
hou38		錔镂	无	口径7.5cm，腹径16cm，高15cm	江苏盱眙东阳汉墓群208号墓	南京博物院编：《法老·王——古埃及文明和中国汉代文明的故事》，译林出版社，2016，第256页
hou39	安徽	提梁壶	无	高16.6cm，口径7.6cm，腹径15.5cm	芜湖市贺家园西汉墓M1（西汉后期）	安徽省文物工作队、芜湖市文化局：《芜湖市贺家园西汉墓》，图一–1，《考古学报》1983年第3期，第384页

续表

编号	省份	著录名称	铭文	尺寸	出土/保存信息	著录信息
hou40	安徽	提梁壶	无	高16.6cm，口径7.6cm，腹径15.5cm	芜湖市贺家园西汉墓M3（西汉后期）	（3∶7）安徽省文物工作队、芜湖市文化局：《芜湖市贺家园西汉墓》，《考古学报》1983年第3期
hou41	安徽	鐏	无	高23.2cm，盖口径13.5cm，高7.2cm	安徽六安市汉墓	（LM∶02）李勇：《安徽六安市汉墓的清理》，图二-3，《考古》2002年第9期，第93页
hou42	安徽	鋞镂	无	口径7.5cm，腹径14.8cm，器高15cm，通高22.6cm	安徽芜湖市新塘村附近征集	刘铮：《安徽师范大学博物馆收藏的汉代铜器》，图一，《文物》2019年第8期，第82页
hou43	安徽	鋞镂	无	暂缺	宿淮铁路接线工程汉代墓葬群	王宣波：《宿淮铁路接线工程发现汉代墓葬群》，《中国文物报》2014年5月9日第8版
hou44	安徽	鋞镂	无	暂缺	太和县博物馆藏	
hou45	重庆	镳尊	无	高18.5cm，口径8.8—7.7cm	重庆市临江支路西汉墓（西汉中晚期）	（M3∶18）重庆市博物馆：《重庆市临江支路西汉墓》，图五-6，《考古》1986年第3期，第235页
hou46	湖北	提梁壶（采）	无	底残，腹径16cm，口径7.6cm	光化五座坟西汉墓（西汉中晚期）	征集。湖北省博物馆：《光化五座坟西汉墓》，图六-1，《考古学报》1976年第2期，第157页
hou47	湖北	鋞镂	无	通高18.2cm，腹径15.5cm，口径7.5cm	湖北宜城小河镇胡湾七组征集	宜城市博物馆编：《楚风汉韵——宜城地区出土楚汉文物陈列》，文物出版社，2011，第74页
hou48	湖北	鋞镂	无	暂缺	湖北十堰郧西杨家坪M8	段姝杉：《"2019湖北考古业务成果交流会"纪要（二）》，江汉考古公众号2020年1月8日
hou49	湖南	提梁盉	无	残，通高21cm，口径10cm，最大腹径19cm	长沙汤家岭西汉墓（西汉晚期）	湖南省博物馆：《长沙汤家岭西汉墓清理报告》，图三-9，《考古》1966年第4期，第184页
hou50	江西	提梁壶	无	高约25cm	南昌东郊西汉墓（西汉中期）	（14∶38）江西省博物馆：《南昌东郊西汉墓》，图七-1，《考古学报》1976年第2期，第177页

注：上表中先列出的是流失海外和传世无出土信息的器物，然后将1949年后征集和出土的器物进行了分省排列和编号。其中少部分仅见诸报道，还未见到实物照片或线图的发表。由于早期文献和考古发掘对于这种器形没有固定的名称，提梁壶、提梁卣、鐏、镳尊、汲壶等名称都曾在发掘报告或图录中被使用，所以对于这一类型的器物的数量统计还需要更多的调查和鉴别。另外，应该还有一定数量未发表器物。除铜器以外，还有部分陶器在器形上也接近"鋞镂"形器，孙机先生也对这类做了提示。从器形上看，应为同一类陶器仿铜的类似造型。还未有研究者对此类材料进行搜集和整理。

汉代熏炉的功能考察*
——以海昏侯墓出土铜熏炉为例

■ 权弼成（西北大学文化遗产学院）

作为武帝孙辈，刘贺在西汉昭宣时期的政治活动中具有相当大的影响力。2016年位于江西南昌新建区海昏侯墓的发掘，使这位在地下沉睡两千余年的王室贵族"重见天日"。根据目前公布的材料，海昏侯墓内出土铜器500余件，器类包括食器、酒器、水器、乐器、生活杂器、度量衡器、兵器、车马器、工具等，这些精美的铜器分别放置于主椁室、车马库以及回廊型藏椁的各个区间内。根据报道可知，墓葬中出土博山炉11件，熏炉2件。该墓出土的香薰用器数量之多在两汉时期墓葬中是较为罕见的，通过对这些器物的研究并结合刘贺本人的生活经历，可对汉代熏炉使用做更具体的认识。

一

目前，正式对海昏侯墓出土熏炉进行介绍的主要是《南昌市西汉海昏侯墓》[1]和《江西南昌西汉海昏侯刘贺墓出土铜器》[2] 两篇简报，其中前文记录发现博山炉8件，而后文则更正为博山炉11件，熏炉2件。随着发掘工作的推进，器物的数量势必会予以更正，但是在具体介绍遗物的过程中，前文定名的铜博山炉（图1）炉盖呈圆弧状，并未如一般认识中博山炉（图2）[3] 炉盖呈圆锥状的典型形制，而后文中则又将博山炉、熏炉进行了区分。以上现象可能说明简报编写者对器物分类的理解有所不同，同时亦在某种程度上反映了两汉时期不同形制熏炉之间认识的复杂

---

* ［基金项目］本成果得到国家社会科学基金重大委托项目"海昏侯墓考古发掘与历史文化资源整理研究"项目（项目编号：16@ZH022）资助。
1 杨军、徐长青：《南昌市西汉海昏侯墓》，《考古》2016年第7期。
2 曹斌、罗璇、侯宜斐：《江西南昌西汉海昏侯刘贺墓出土铜器》，《文物》2018年第11期。
3 图1、图2取自江西省文物考古研究所、首都博物馆编《五色炫曜：南昌汉代海昏侯国考古成果》，江西人民出版社，2016，第82—83页。

汉代熏炉的功能考察　033

性。因此在展开讨论前，有必要说明博山炉与熏炉之间的关系。

图1　青铜鎏金熏炉

图2　青铜鎏金博山炉

熏炉在先秦时期已有出现，有学者认为新石器时代的红山文化中已经出现可进行香薰活动的遗物[1]，至迟在战国时期楚墓中出土了可明确视作熏炉的器具，其器形似深腹豆、器盖有镂孔，凤翔地区亦发现此类熏炉。西汉初期熏炉的样式较之前并无太大差别，以豆形熏炉为主。西汉中期开始出现博山炉，其中最具代表性的便是茂陵一号无名冢一号坑出土的鎏金银竹节铜熏炉，该器炉盖为博山形，透雕层峦叠嶂的山峰，并用金银加以勾勒。此后直到东汉末期博山形熏炉一直流行。由于独具特色的博山形炉盖，学者多将此纹饰的出现与西汉中期以后开始流行的神仙思想相互印证，并称此类器具为"博山炉"。以上做法赋予了博山形熏炉相应的文化意义，但同时也可能会导致其文化内涵掩盖了器具本身的功用。例如，从实物资料来看，不仅熏炉上会出现博山形装饰，南越王墓中出土有多个博山形瑟枘，且时代在西汉初期，早于神仙思想广泛流行的时代。从文字资料来看，"博山炉"一词在两汉时期尚未使用，直到东晋葛洪著《西京杂记》"长安巧工丁缓者……又作九层博山炉，镂为奇禽异兽，穷诸灵异，皆自然运动"[2]才开始用"博山炉"一词形容该类熏炉。汉代对博山形熏炉仍是以最基本的"熏炉"命名，之前提到的鎏金银竹节铜熏炉上刻铭"金黄涂竹节熏卢一具"[3]，即表明西汉时期人们对该器的直接称呼。基于以上原因，博山形熏炉首先应作为两汉时期出土熏炉中的一类予以对待。为方便本文论述，

[1] 饶宗颐：《论古代香药之路——郁与古熏香器》，北京图书馆敦煌吐鲁番学资料中心、台北《南海》杂志社编《敦煌吐鲁番学研究论集》，书目文献出版社，1996，第376页。
[2] （晋）葛洪：《西京杂记》，周天游校注，三秦出版社，2006，第60页。
[3] 负安志：《陕西茂陵一号无名冢一号从葬坑的发掘》，《文物》1982年第9期。

上文提到海昏侯墓中出土的博山炉都将被视作熏炉看待。

根据文献记载，刘贺在昭宣之际动荡的政局中被定性为"荒淫迷惑，失帝王礼谊，乱汉制度"[1]，并最终被以霍光为首的权臣官僚们废黜。不可否认上述事件中霍光确实挟带私意为维护自身政治利益而贬损刘贺，但是自昌邑国开始，刘贺其人行事或多或少都显得较为乖戾而不遵循例。刘贺在昌邑国时爱好游猎，经常"驱驰国中，动作亡节"，以至于时任昌邑中尉的王吉劝谏道："大王不好书术而乐趣逸游，冯式撙衔。驰骋不止，口倦乎叱咤，手苦于箠辔，昼则被尘埃，夏则为大暑所暴炙，冬则为风寒之所匿薄。"并对这种不健康的作息行为做出结论："数以更脆之玉体，犯勤劳之烦毒，非所以全寿命之宗也。"[2] 虽然不能仅凭此说判断时人对健康生活的理解，但是至少可以说明刘贺在昌邑国时期日常生活中并不十分注意惜身节劳，于夏冬酷暑极寒之时仍在外奔走，这些举动极有可能为后来刘贺贬黜后身体抱恙埋下隐患。张家山汉简《引书》认为人之所以得病是因为"必于暑湿风寒雨露，奏理启阖食不和，起居不能与寒暑相应，故得病焉"[3]。早在西汉初期人们已经意识到不健康的生活方式是导致身体虚弱乃至生病的重要原因，因而汉代提倡"凡治身养性，节寝处，适饮食，和喜怒，便动静，内在己者得，而邪气因而不生"[4] 等健康的生活习惯。可惜刘贺并没有接受王吉的建议，依旧我行我素。至昭帝崩，大将军霍光征招刘贺到长安参加丧礼。从得知丧事伊始，身为继位人的刘贺却做出一系列不合礼制的行为，诸如奔丧途中不素食且略女子载衣车、参与丧礼而不守哀容等。待到正式成为皇帝更是不加收敛，犯下与孝昭皇帝宫人蒙等淫乱，不尊居丧之礼而举乐、游戏、食肉等严重悖逆汉朝礼仪的罪行。刘贺被废黜后先归于昌邑国，后改封于海昏侯国。有学者指出刘贺本人命途多舛"与其过分张扬、个人品质、缺乏政治经验有密切关系"[5]。更进一步讲，刘贺日常生活中不拘礼节、不重养生与其政治上的心浮气躁是可以相互印证的，这最终也导致他政治上的失败与身体的衰弱。

自被废黜后刘贺身体状况每况愈下，山阳太守张敞监视刘贺后向汉宣帝报告："故王年二十六七，为人青黑色，小目，鼻末锐卑，少须眉，身体长大，疾痿，步行不便。"[6]

---

1 （汉）班固：《汉书》卷六十八《霍光金日磾传》，中华书局，1962，第2944页。

2 （汉）班固：《汉书》卷七十二《王贡两龚鲍传》，第3059页。

3 张家山二四七号汉墓竹简整理小组：《张家山汉墓竹简》，文物出版社，2001，第285页。

4 张双棣撰：《淮南子校释》，北京大学出版社，1997，第1497页。

5 徐卫民：《两重证据下的刘贺研究》，江西师范大学海昏历史文化研究中心编：《纵论海昏：南昌海昏侯墓发掘暨秦汉区域文化国际学术研讨会论文集》，江西教育出版社，2016，第179页。

6 （汉）班固：《汉书》卷六十三《武五子传》，第2767页。

根据这条记录可知，经历政治风波之后，遭到罢黜返回昌邑国居住的刘贺身体状况已经明显欠佳。海昏侯墓发掘后出土大量精美的酒器，有观点推测刘贺可能已经罹患风湿疾病，墓葬中出土的蒸馏器、酒器可能为疗疾所用。[1] 令人在意的是，刘贺在为帝期间便有"与从官饮啖""与从官官奴夜饮湛沔于酒"的行为，此类活动在宣布废黜缘由时便被人指责。鉴于刘贺行事较为放纵不循常理，饮酒对刘贺来说可能是早已有的习惯，海昏侯墓出土酒器似乎不仅与治病相关。然而，海昏侯墓出土的13件铜熏炉却可能为刘贺患病的相关记载提供线索。

熏香用于治疗疾病、疏通空气的功用在先秦两汉之际被人们所掌握。早在先秦时期人们就开始利用熏香祛除卑湿、驱逐蚊虫。《诗·豳风·七月》："穹窒熏鼠，塞向墐户。"[2] 使用熏炉焚烧具有香味的草药可以抗菌杀虫，也有利于室内空气清新。至迟在战国时期，已经明确出现掌管熏香的官员"翦氏掌除蠹物，以攻禜攻之。以莽草熏之，凡庶蛊之事"，"蝈氏掌去蛙黾，焚牡菊，以灰洒之则死，以其烟被之，则凡水蛊无声"[3]。凤翔地区的姚家岗宫殿建筑基址附近还采集到一件凤鸟衔环铜熏炉，除底座为覆斗形外，其形制与西汉以来的豆式熏炉较为相似。到西汉时期，熏炉等遗物开始广泛出现于中高等级的贵族墓葬中，马王堆汉墓 M1、M2 分别出土豆式陶熏炉 2 个，熏炉内还发现有高良姜、辛夷等具有清凉、散气性质的熏香香料。与此同出的帛书《五十二病方》还记录了利用香薰治疗疾病的具体方法："取女子布，燔，置器中，以熏痔，三日而止。"[4] 除了出土资料外，《史记》中亦有汉代名医淳于意曾经使用熏疗法治愈济北王侍者韩女的记录。总的来说，西汉以来采用熏炉燃烧香料治疗疾病的方法已经较为成熟。武帝时期，博山形熏炉出现并开始流行。由于博山形熏炉炉盖顶"山"型装饰与汉武帝时期流行的"仙山"概念相似，现代学者如艾素珊、杰西卡·罗森、扬之水、练春海等先生都先后撰文指出博山形熏炉是汉武帝时期神仙信仰的产物。正如本文开头叙述，博山形炉盖的图像元素的确可能是同时期社会文化、心理等因素的反映，但是这不应当掩盖博山形熏炉本身具有的实用功能。《博物志》："后长安中大疫，宫中皆疫病，帝不举乐，西使乞见，请烧所贡香一枚，以辟疫气。帝不得已听之，宫中病者登日并瘥，长安百里，咸闻香气芳

---

[1] 王刚：《身体与政治：南昌海昏侯墓器物所见刘贺废立及命运问题蠡测》，江西师范大学海昏历史文化研究中心编：《纵论海昏：南昌海昏侯墓发掘暨秦汉区域文化国际学术研讨会论文集》，江西教育出版社，2016，第 314—337 页。

[2] 王秀梅译注：《诗经》，中华书局，2006，第 219 页。

[3] 《十三经注疏》整理委员会整理：《十三经注疏·周礼注疏》，北京大学出版社，1999，第 897—898 页。

[4] 马王堆汉墓帛书整理小组编：《马王堆汉墓帛书：五十二病方》，文物出版社，1979，第 90 页。

积，九月余日香犹不歇。"[1] 直至西晋时期人们的历史记忆中仍保留着汉代熏炉具有治疗疾病的实用功效。

海昏侯墓中出土的大量熏炉显示刘贺可能并不适应当地气候。迄今为止除海昏侯墓中出土多件铜熏炉外，南越王赵眜墓中出土熏炉也高达13件。双方所处时代及身份皆差异明显，但是共同之处在于他们生活的地理环境皆属于广义上的"南方"。在汉代人心目中，南方的气候、地理条件都显得过于卑湿，并不适合长期居住。高后时期汉王朝与南越国发生冲突，"会暑湿，士卒大疫，并不能逾岭"[2]。贾谊在长沙时也产生了"长沙卑湿，自以为寿不得长"[3] 的恐惧心理。司马迁撰写《史记》时提及"江南卑湿，丈夫早夭"[4] 也证明直到西汉中期人们面对南方湿热气候条件的消极态度。事实上，由于生活环境相对恶劣，整个西汉时期长江流域的人口尚不能和黄河流域相提并论。海昏侯国位于当时的豫章，文献记载豫章郡总计仅有民户六万七千四百六十二户，人口三十五万一千九百六十五人[5]。刘贺最初就封的昌邑国环境则相对较好。《尚书·禹贡》将九州土壤根据肥力划分三等九级，其中昌邑所在的兖州"厥土黑坟，厥草惟繇，厥木惟条，厥田惟中下"[6]，该区域的土壤呈黑色，土地肥力中下，即便这样到平帝时"山阳郡户十七万二千八百四十七，口八十万一千二百八十八"[7]。同一时期昌邑国比海昏侯国所在区域人口多出一倍有余，西汉时期黄河流域的生存环境要好于长江流域。刘贺经历了这种生活环境的巨大变化。他从征和年间出生于昌邑国到元平元年（公元前74）奉诏至长安，其人生的大半部分活动经历皆集中于黄河中下游区域，显然对这些地区的气候、环境更为适应。由于受到宣帝排挤，本来历经政治风波而身形枯槁的刘贺不得不面对长江流域更为潮湿闷热的环境。在此基础上，熏炉成为缓解这种苦境的有效工具。《伤寒论》载："阳气怫郁在表，当解之、熏之。"[8] 通过香薰的手法能够排热解毒，海昏侯墓中出土大量的铜熏炉可能正是为治疗与防止疾病侵袭所做的准备。可以佐证的是在更南端的岭南地区，由于气候较吴楚之地更为闷热潮湿且多蚊虫侵扰，广州地区汉墓中多发现有随葬单件熏炉的现象。《广州汉墓》总计发掘汉代墓葬400余座，其中墓葬中出土熏炉数目总计近

---

1 （晋）张华：《博物志全译》，祝鸿杰译注，贵州人民出版社，1992，第59页。

2 （汉）司马迁：《史记》卷一百一十三《南越列传》，中华书局，1959，第2969页。

3 （汉）班固：《汉书》卷十八《贾谊传》，第2226页。

4 （汉）司马迁：《史记》卷一百二十九《货殖列传》，第3268页。

5 （汉）班固：《汉书》卷二十八《地理志》，第1593页。

6 （清）孙星衍：《尚书古文今注》，陈抗、盛冬铃点校，中华书局，1986，第148页。

7 （汉）班固：《汉书》卷二十八《地理志》，第1570页。

8 （汉）张仲景：《伤寒论》，上海人民出版社，1976，第15页。

百件，占到墓葬总数的 1/4。使用熏炉排解体内毒素的风俗至迟在汉代已经形成。

除了刘贺本人经历提供的线索外，海昏侯墓中熏炉出土位置也暗示刘贺与香薰行为有密切的关系。目前西汉时期墓葬保存较为完好且出土多件熏炉的高等级贵族墓葬有满城汉墓 M1、南越王赵眜墓及本文涉及的海昏侯墓。通过比较以上三座墓葬中熏炉分布位置的异同有助于我们理解海昏侯墓中铜熏炉所蕴含的历史信息。满城汉墓 M1 中出土铜熏炉 5 件，其中 2 件位于中室并与帷帐等随葬品共出，后室中部 2 件靠近墓主人，后室南部侧室出土 1 件，报告编写者结合侧室内出土遗物推测该空间可能为浴室[1]。南越王墓出土铜熏炉 11 件，陶熏炉 2 件，其中东西耳室共出土 4 件，其余熏炉则分布在用于殉人的东西侧室中，墓主人所在主室并无熏炉出土。根据目前已经公布的资料来看，海昏侯墓出土熏炉 13 件，已公布出土位置的熏炉有 3 件，这几件遗物无一例外都出土于主椁西室南部。根据以上情况可将墓葬中熏炉出土位置分为三类：特殊空间、左右耳室、墓主人所在空间。特殊空间指满城汉墓中室出土的熏炉，诸多观点认为该墓中室应为墓葬的祭祀活动空间，则该区域出土熏炉也应在此语境下发挥相同的功用。出土于左右耳室的熏炉以南越王墓为代表，其熏炉出土多伴以食器、炊具、水器、杂器、兵器、乐器、工具等材料，更像是墓主人生前财物的集中体现。最后一种则是熏炉靠近墓主人或与墓主人在同一空间，满城汉墓后室中部、南越王墓东西侧室以及海昏侯墓出土的熏炉都属于此类情况，南越王墓主室中虽未见熏炉，但是东西侧室殉人身侧都有熏炉随葬，也符合此类特征。熏炉与墓棺共出同一空间显示出器物与逝者之间密切的关系，结合以上出土熏炉皆为实用器来看，这些遗物应当是墓主人生前使用的重要器具，而并不单纯为墓主人逝去陪葬放置。比较特殊的是满城汉墓 M1 后室南侧出土的熏炉，出土器物组合显示该空间可能为浴室，如何解释浴室中出土熏炉这一现象？《周礼·春官》："掌岁时祓除衅浴"，郑玄注："衅浴，谓以香熏草药沐浴。"[2] 至迟在战国时期，将熏香、沐浴等结合起来祈求安康的方式已经出现。通过考古材料观察，西汉时期高等级贵族墓葬中出土的熏炉根据位置不同其内涵也存在明显的差异，尽管海昏侯墓中剩余的几件熏炉还未公布，从已公布资料看该墓出土熏炉和墓主人的关系还是较为密切的，结合刘贺本人的经历来看，这些器具可能与祛湿排毒的香薰行为有关。

二

基于上述分析可知，海昏侯墓中出土多件铜熏炉可能与其器物本身的实用功能

1　中国社会科学院考古研究所、河北省文物管理处：《满城汉墓发掘报告》，文物出版社，1980，第 30 页。

2　《十三经注疏》整理委员会整理：《十三经注疏·周礼注疏》，北京大学出版社，1999，第 691 页。

有密切关系。熏炉本身也是汉代社会文化中较为流行的器具之一。两汉时期大中型墓葬中多有熏炉身影的出现，一方面显示了熏炉流行人群的主要构成，同时也暗示熏炉在墓葬空间语境下或许有其更丰富的含义。接下来将以"文化"的视角来审视海昏侯墓中出土熏炉的内涵。

在两汉时期各型各式的熏炉中，博山形熏炉是引起人们最多关注，也是被赋予文化意义最多的器具。无独有偶，海昏侯墓正是处于博山形熏炉最为流行的西汉中期至晚期阶段，从简报中 11 件博山形熏炉也可看出端倪。博山形熏炉所具有最大的特色便是其"山形"炉盖，许多观点都指出其特征与武帝时期逐渐成为主流的神仙思想中"仙山"形象重叠进而认为博山形熏炉表明了武帝时期神仙思想在社会中广泛流行。不可否认，博山形象的出现与流行可能是西汉中期以后神仙思想在图像上的反映，但是"博山"文献的提出实际到西晋以后才逐步出现。刘向著《熏炉铭》："嘉此正器，崭若岩山，上贯太华，承以铜盘，中有兰绮，朱火青烟。"[1] 汉代对博山形熏炉的描绘多关注器物的形态与实际功用描述，对山的形象并未直接指向"仙山"。东晋以后博山形熏炉的形象更具文学色彩。鲍照撰诗"洛阳名工铸为金博山，千斫复万镂，上刻秦女携手仙"[2]。《铜博山香炉赋》中的描绘则更为具体而华丽："制一器而备众质，谅兹物之为侈。于时青女司寒，红光翳景。吐圆舒於东岳，匿丹曦于西岭。翠帷已低，兰膏未屏。爇松柏之火，焚兰麝之芳。荧荧内曜，芬芬外扬。似庆云之呈色，如景星之舒光。齐姬合欢而流盼，燕女巧笑而蛾扬。刘公闻之见锡，粤女惹之留香。"[3] 南朝诗人对博山形熏炉的描绘颇具故事性，且在意向上涉及历史掌故、仙人、山岳等多种元素，此外还注意将熏炉燃烧时放出青烟与器物图像相结合。两相比较，魏晋以来关于博山形熏炉的描述更多寄托了作者的个人色彩，"博山"一词似乎已成为具有象征意义的符号。而西汉时期熏炉的使用者以中高等级贵族为主，其内涵与当时文献对其器物的描述仍有相当差距。虽然两汉时期的确流行成仙思想，但是博山形熏炉本身"仙山"形象的成立不免有后世赋予的意味。可以佐证的一点是岭南地区出现博山形熏炉后，其装饰并未出现像中原地区传统的山岳、仙人元素，而是出现了茎叶样式的植物图样，博山形熏炉此时更像是一株植物置于盘中。这固然是博山形熏炉传播到此处后接受本地装饰纹样而发生的改变，但是背后是否也可说明博山形熏炉映射的神仙意趣并不绝对，仅通过装饰图案来解说汉代熏炉的内涵似乎尚有不足。作为实用器，

---

1 （汉）刘向：《熏炉铭》，（唐）欧阳询著，汪绍楹校：《艺文类聚》，上海古籍出版社，1982，第1223页。

2 （南朝）鲍照：《拟行路难十八首之二》，钱仲联：《钱仲联增补集说校》，上海古籍出版社，1980，第226—227页。

3 （南朝）萧统：《铜博山香炉赋》，俞绍初校注：《昭明太子集校注》，中州古籍出版社，2001，第68页。

熏炉所蕴含的文化意义可能与其本身使用功能有关，海昏侯刘贺的经历可以给我们一些启示。

纵览文献中有关刘贺的记载，除了参与政治活动外，对刘贺本人事迹的叙述很大一部分涉及灾异景象。早在昌邑国时，刘贺身边便多次出现暗示不祥的征兆，不仅如此，每当灾异发生后，必然会出现刘贺询问臣下对灾象的解读。以此为节点，在刘贺继位前后共发生过三次这样的事件。第一次为"尝见白犬""后见熊""又大鸟飞集宫中"，此时臣下的回应是"大王位为诸侯王，行污于庶人，以存难，以亡易，宜深察之"。第二次则是"后又血污王坐席"，臣下对此的警戒是"血者，阴忧象也。宜畏惧自省"。待到刘贺继承皇位后，曾发生"后王梦青蝇之矢积西阶东"，第三次面对征兆时臣下直接指出"陛下左侧谗人众多，如是青蝇恶矣"，"如不忍昌邑故人，信用谗谀，必有凶咎"[1]。以上三处虽然灾象不同，但是从臣下的劝谏来看都是要刘贺反省自身行为并甄别身边宵小的警语。然而，刘贺遭到贬黜返回昌邑国后，其灾异景象却为之一变。山阳太守张敞在向皇帝汇报完刘贺的身体状况后，还提到"昌邑多枭"这一现象，刘贺自己也声称"前贺西至长安，殊无枭"。与这一灾象相

映衬的便是刘贺此时身体已经大不如前。不祥征兆中以"枭""鸮"来暗示身体衰弱乃至病亡的情况并非仅此一例。贾谊就任长沙傅期间，曾有飞鸟进入居室，其形"服似鸮，不详鸟也"[2]。此景象发生后贾谊同样因谪居南方，十分担忧自身健康。以上灾异景象中都出现了类似的元素"枭""鸮"等恶鸟形象，这一景象一旦出现就可能昭示目击者身体健康将面临危机。鸮多出现在南方多水的区域，《史记·屈原贾生列传》《索隐》载《荆州记》云："巫县有鸟如此鸡，其名为鸮，楚人谓之服。"[3] 尽管刘贺南迁海昏国后并未记录类似现象再次发生，但是他所在区域闷热潮湿的气候显然更不利于健康。

古人面对较为恶劣的生存环境并产生不适时，会将这些生理变化解释为邪气的入侵，为了恢复健康，除了治疗疾病外还会通过辟邪活动化解心理上的压力。吴楚之地多"信巫鬼，重淫祀"的行为与此有关，其中最为著名的便是傩戏。《后汉书·礼仪志》："先腊一日，大傩，谓之逐疫。"[4] 上文提到作为祛湿除菌的器具，熏炉的使用可以帮助谪居南方的北方人逐渐适应当地环境。焚烧熏香在缓解生理痛苦的同时，可能也逐渐产生了抵御灾异的文化内涵。李时珍描述熏香原料时便指出

---

[1] （汉）班固：《汉书》卷六十三《武五子传》，第2766页。

[2] （汉）班固：《汉书》卷十八《贾谊传》，第2226页。

[3] （汉）司马迁：《史记》卷八十四《屈原贾生列传》，第2496页。

[4] （南朝）范晔：《后汉书》志第五《礼仪中》，中华书局，1965，第3127页。

"兰乃香草，能辟不详，杀蛊毒"[1]。即印证这一点。使用熏炉焚香抵御疾病的行为可能会使器物的实用功能延展出更多的含义，这一现象从考古资料上看更为明显，西汉后期至东汉部分汉墓出土陶质熏炉，此阶段熏炉以明器居多。尽管该时期器物本身已经不具有本来的实用功能，但是其本体衍生出的辟邪驱祟之意可能还在延续。这种含义在汉代画像石中也有所表现。一般观点认为画像石中出现博山形熏炉的图像即意味着海中仙山符号的出现，并寄托着人们对神仙世界与长生的向往。从该图像在画像石墓中分布的位置来看，含义则不止于此。画像石中博山形熏炉图像常出现于墓门左右柱石上下，其出现位置可能说明了熏炉起到的作用。墓门是墓葬的入口，即隔绝生者与逝者的世界，也发挥了阻挡奸邪的作用。汉代画像石墓门上经常出现神荼、郁垒的对称图像，《论衡·订鬼》："门户画神荼、郁垒与虎，悬苇索以御凶魅。"[2] 熏炉图像频繁出现于墓室门口处可能也昭示着该器物同样有避讳驱邪的意味。

三

熏炉是秦汉物质文化中颇具特色的一类器物，尤其是西汉中期以后博山形熏炉的出现，图像元素中山形纹样引起了人们的广泛关注并将之与汉代以来的神仙思想相类比。然而，图像元素的内涵并不能等同于器物自身具有的功能，无论是博山形熏炉，还是其他形制的熏炉，其最根本的用途是进行香薰活动。

目前两汉时期出土的熏炉主要分布在黄河流域和长江流域及岭南地区，少量出土于北方草原地带。根据图3可知，长江及岭南地区出土熏炉的数量整体上高于黄河流域与北方草原。长江流域及岭南地区出土熏炉在西汉早中期之间数量差距较大，这可能与当时天气环境转变有关，王子今指出："自汉武帝时代起，已逐渐多见关于气候严寒的历史记录。"[3] 使用熏炉有助于人适应南方相对潮湿闷热的环境，但是随着大环境的转凉，南方当地对于使用熏炉的需求有可能不如之前那样急迫。当然，刘贺的经历告诉我们当时的北方人到南方后，仍然不能较好地适应当地环境。这也为熏炉在该区域继续流行提供了存在的必要。从整体上看，长江流域及岭南地区熏炉的流行是长期延续的。黄河流域出土熏炉在西汉早期还很少发现，至西汉中期以后数量突然提高。该现象似乎不能简单地从实用角度予以解释。有人关注到熏炉造型在西汉早中期曾发生过一次较大的转变，并指出这种现象反映出熏炉特征出现了由

---

[1] （明）李时珍：《本草纲目》，刘衡如、刘山永校注，华夏出版社，2008，第627页。
[2] 黄晖：《论衡校释》，中华书局，1990，第939页。
[3] 王子今：《秦汉时期气候变迁的历史学考察》，《历史研究》1995年第2期。

实用性转为装饰性的阶段性变化。[1] 这一观点似可为黄河流域及北方草原地区熏炉数量的变化提供解释。从气候条件讲，黄河及更北方的广大区域对熏香的使用并非十分必要，且当地缺乏相应的使用传统，这

炉除了在遗物方面提供丰富的材料外，刘贺本人的遭遇也为我们解读熏炉的器用内涵提供了语境。无论从器物功用，还是依托功能延伸出的文化内涵讲，两汉时期熏炉的价值在地缘上似乎显示出不同的取向。

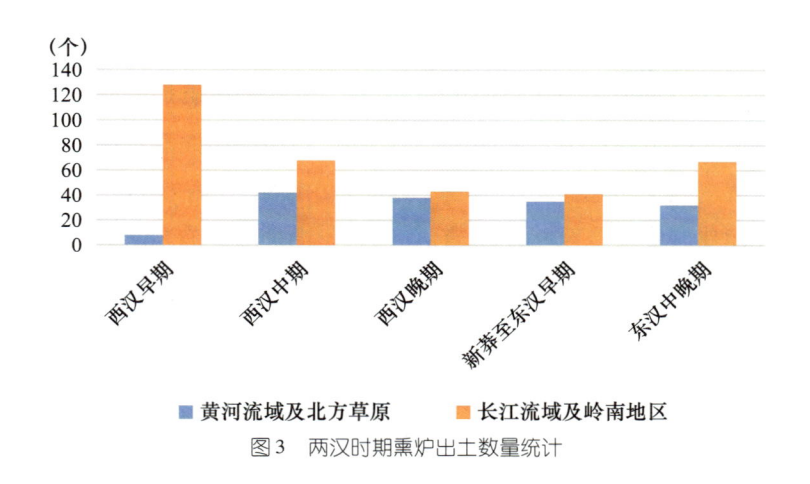

图3 两汉时期熏炉出土数量统计

种器具更多出现在中高等级的贵族墓中，亦显示出该器似乎更是作为一种流行风尚而不断传播，也正因此这种强调装饰的博山形熏炉在西汉中期以后的黄河流域出现。

西汉中期以后，黄河流域、长江流域、北方草原及岭南地区都或多或少开始出现博山形熏炉，这种形制的熏炉最早发现于关中地区，之后向其他区域传播。多数观点认为这类器物的流行是因为熏香时产生烟雾与该器物的装饰相映衬，使用者借此过程表达长生的意愿。正如本文开头叙述，"博山"概念与神仙形象直接用于描述熏炉到较晚才有明确记录。海昏侯墓出土的熏

在长江流域及岭南地区，熏炉最初以实用为主，用于祛湿驱虫，这种功能的不断扩散进而引出了其文化上可用于辟邪驱秽的内涵。黄河流域及北方草原地带并无使用熏炉的紧迫性，但是长江及岭南地区熏炉所流行的文化内涵有可能间接地传播至中原地区，因而熏炉在装饰性上更为加强，成为一种辟邪的象征性符号。这种风尚随着汉文化的传播反过来影响长江及岭南区域，至东汉中晚期后，无论南北方都出现了明器化的熏炉，且出土熏炉的墓葬等级已经下延至中小型墓葬中。换句话说，即便器物本身已经不堪实用甚至在图像元素

1　吕幸玲：《实用与装饰的权衡——论豆式熏炉与博山炉之形制互动与功能消长》，硕士学位论文，台南艺术学院，2005。

上都有所变异，但是熏炉所具有的驱邪除秽含义仍使人们主动在墓葬中随葬该器。

综合以上分析可知，尽管汉代以来熏炉的样式和种类发生了极大的变化，精美的图像符号反映了当时人们思想文化上的变动，但是熏炉本身的器用功能及其引申出的文化内涵与该器的流行、分布也有相当的关系。海昏侯墓中出土多件精美的熏炉，其数量远高于一般中高等级贵族墓中出土的熏炉。刘贺一生跌宕起伏，生于昌邑的他既在长安接受过群臣乃至万民的恭颂，也历经了由政治动荡所造成的挫磨。特别是被贬黜至豫章后，无论是自然环境，还是政治环境，都对这位汉王朝曾经的皇位继位者显得尤为严酷。刘贺不正常的健康状况提示我们，这些数量众多的熏炉有可能是刘贺为应对南方湿热的气候条件而做的准备。另外，刘贺的经历中多次出现灾异现象，其中一部分与其本人的身体健康息息相关，熏炉能够发挥祛湿辟邪的功用，这为解释该器物流行的原因提供了更多文化内涵上的支撑。从更广阔的地域观察，熏炉所具有的实用属性与文化属性，可能存在地理空间上的差异。

"祭我兮子孙"：沂南汉墓画像的整体配置与图像逻辑*

■ 王　煜　杜京城（四川大学历史文化学院）

汉画像石以十分丰富的题材表现了汉代社会生活、物质文化以及思想观念方方面面的内容，在宋代以来就颇受金石学者的关注，近现代以来从考古学、美术史、历史学等角度对其进行的研究更是汗牛充栋。然而，一方面由于出土时往往零散；另一方面受到金石学偏重内容考定的传统的影响，主要的研究仍然集中在个别题材内容的认定和意义的阐释上。随着现代考古学的兴起，对墓葬结构本身的重视，画像石题材的整体配置问题也引起学者注意。尤其是20世纪末，一些学者将美术史的方法引入墓葬研究中，画像石题材内容的"图像程序"等问题受到一定程度的关注。其实，就目前所见而言，完整的画像石墓材料已经有相当数量的积累，也已经具有相当深厚的题材研究的基础，相对而言，对于这些完整画像石墓的图像配置和程序的研究仍然远远不足，需要推进、深化和发展。这一方面固然有上述研究传统的制约；另一方面也有画像石墓既具有一定共性，也具有突出个性的客观限制。因此，先进行较多的具有代表性的个案研究，再在这些个案上进行整合恐怕是必要的途径。沂南北寨村汉画像石墓无疑是山东地区东汉晚期中轴对称多室墓画像配置的一种代表，其墓室结构分明，图像逻辑清晰，在以往研究的基础上对其进行更为深入和系统的解读仍然是探索上述课题的关键步骤。

对沂南汉墓画像整体配置和图像程序的研究已有较好的基础，早在20世纪50年代出版的发掘报告中，不仅对其画像题材作出了基本正确的考定，而且已经注意到了其画像的整体配置和意义，并大致按墓葬结构进行了分类总结[1]。不过囿于将偏重于现实类的题材直接解读为墓主生前生活表现的时代观念，未能形成较为统一完整的叙事。巫鸿和唐琪先生则更注重从丧

---

* 本文得到2018年度四川大学创新火花项目（批准号：2018hhf-35）资助。
1　南京博物院、山东省文物管理处编：《沂南古画像石墓发掘报告》，文化部文物管理局，1956，第30、31页。

葬礼仪和观念的角度，认为画像整体上存在表现安葬死者的葬礼和前往彼岸世界的两个层次和两条线性方向[1]。对于主体人物的两条线性方向的认识应该说是很有见地的，不过由于对出行车马的不同理解，将其始终限定在与送葬队伍有关的解释上，使得整个程序的解释较为复杂（详后）。信立祥先生则主要从祭祀墓主的角度进行阐释，而对于车马出行的理解也更为朴实[2]。杨爱国先生也从总体上讨论墓室结构和画像的多元含义[3]。可见，学界对沂南汉墓画像的整体配置和图像程序研究已经取得了一定成果，这些认识大多是合理的，在图像程序的具体解释及其系统性上仍有一定空间，因此，我们希望能在此基础上更为系统、深入、细致地理解该墓的图像叙事。

一　画像的层次

巫鸿先生在《武梁祠》中将祠堂画像从上到下分为"天上征兆""神仙世界"和"人类历史"三个层次，分别对应祠堂的屋顶、山墙和墙壁[4]。虽然武梁祠画像在墓地祠堂中具有一定特殊性，但祠堂画像总体上确实可以从上到下分为以天神或天象为主体的天界，以西王母、东王公为核心的神仙，以忠臣、孝子、列女为内容的历史故事和以拜谒祠主为中心的人物场景几个部分。由于结构更为复杂且具有更多维度，画幅更为拓展，题材内容更为多样，内涵也更为丰富，墓葬画像的层次及其相互关系比起祠堂更为复杂，但仍然具有总体上的划分，这在沂南汉墓中表现得比较突出。

沂南汉墓是山东地区东汉晚期多室画像石墓的代表，形制规整，中轴对称。墓室坐北朝南，南北中轴线上纵列前、中、后三室，前、中室并附有东西二室，东北有一厕所与中室东侧室相连，总计八室。前、中两室各由两个开间、两个进深构成，后室由两个开间、一个进深构成，室与室之间都有门直通。墓内东西宽 7.55 米，南北长 8.7 米，共用石块 280 方，画像石计有 42 方，画像 73 幅[5]（图 1、2）。

1　巫鸿：《从哪儿来？到哪儿去？——汉代丧葬艺术中的"柩车"与"魂车"》，《礼仪中的美术——巫鸿中国古代美术史文编》，生活·读书·新知三联书店，2005，第 264 页；Lydia D. Thompson. *The Yi'nan Tomb: Narrative and Rtiual in Pictorial Art of Eastern Han (25–220C. E.)*, Ph. D. Dissertation, (New York: New York University, 1998), p. 186.

2　信立祥：《汉代画像石综合研究》，文物出版社，2000，第 249—257 页。

3　杨爱国：《幽墓美　鬼神宁——山东沂南北寨村汉代画像石墓探析》，《美术学报》2016 年第 6 期，第 5—16 页。

4　巫鸿：《武梁祠：中国古代画像艺术的思想性》，生活·读书·新知三联书店，2006，第 91—236 页。

5　南京博物院、山东省文物管理处编：《沂南古画像石墓发掘报告》，第 3—11 页。

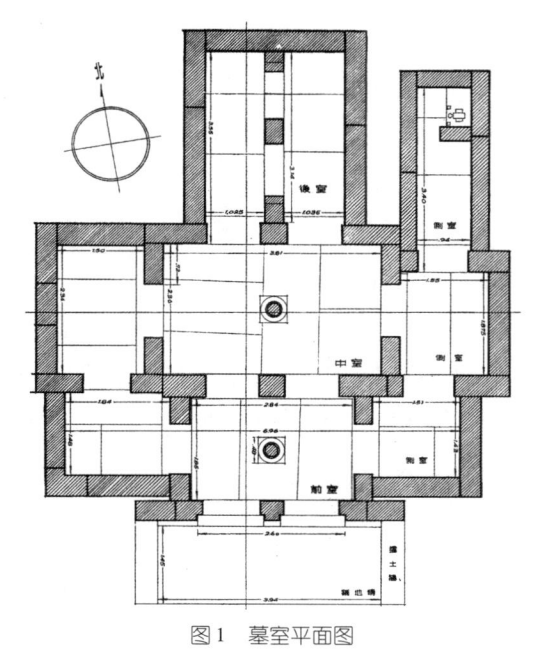

图 1 墓室平面图
（采自南京博物院、山东省文物管理处编《沂南古画像石墓发掘报告》，文化部文物管理局，1956，插图 2）

发掘报告中将每一个墓室中的画像分别分为"表现主题思想""衬托主题思想"和"补充装饰"三类[1]。一方面，已经注意到画像存在不同的层次，并在此基础上讨论问题；但另一方面，即便最后进行综合，这种按墓室分类的做法也容易造成整个图像叙事的割裂，而其实每一类画像都具有一种主题思想，只是是否存在清晰的程序和逻辑问题。我们认为，这些画像总体上可分为三个层次，并与墓葬的结构相配合，大体具有相应的位置，有的还具有较为清晰的图像程序和逻辑。

第一个层次即通常认为表现"现实生活"的人物活动，包括出行、拜谒、宴饮、庖厨、乐舞、百戏、侍从等。当然这里所说的"现实生活"只是表达其题材内容偏向于现实存在，并不是说就是现实的反映，从后文来看，沂南汉墓中这一部分也完全是一种理想中的活动。这部分内容主要连续地表现于前、中室的横额（即墓室中各

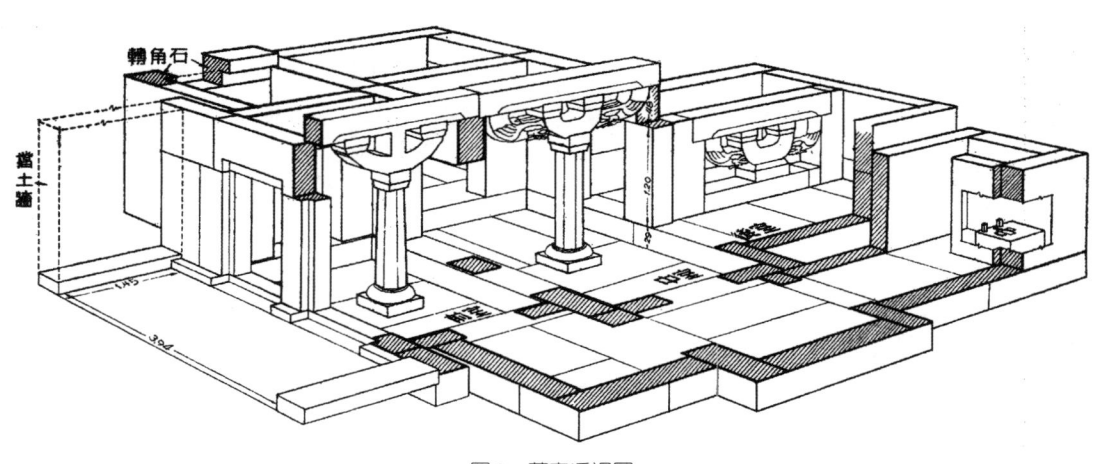

图 2 墓室透视图
（采自南京博物院、山东省文物管理处《沂南古画像石墓发掘报告》，文化部文物管理局，1956，插图 3）

---

1 南京博物院、山东省文物管理处编：《沂南古画像石墓发掘报告》，第 30 页。

门上的门楣、横梁），部分也延伸至与之相接的立柱和隔梁上，具有贯通整个墓室的统一逻辑，程序清晰，内涵明确，我们将在第二部分中专门整理和讨论，兹不赘述。

第二个层次即历史故事画像，全部集中在中室四壁立柱，由于中室四面皆为门洞，实际就是中室四壁。历史故事画像出现在祠堂上较为容易理解。东汉王延寿《鲁灵光殿赋》中就对西汉时期鲁国祠堂中"图画天地，品类群生"的图像有较为详细的描述，其中就包括古代帝王和"忠臣孝子，列士贞女"，认为其意义在于"恶以诫世，善以示后"[1]。正如学者所论，墓地祠堂可能来源于这些更早的宗族祠堂[2]，其图像受其影响自然在情理之中。然而，将历史故事刻画于墓葬之中，如何发挥其示范和借鉴作用？于是有些学者对此产生怀疑，转而从神仙等角度去考虑这些画像的意义[3]。

其实，墓葬中的画像并非完全排斥生人观看，此点学者已有讨论[4]。更重要的是，我们应该从这些历史故事画像的出现及其位置、表现等角度来考察它们的具体功能。

山东地区是历史故事类画像最为流行的地区，但主要集中刻画于祠堂中。墓葬中有些也有集中表现，如沂南汉墓；大多则只是零星的表现，且补充在所谓"现实生活"的画像中，如临沂吴白庄汉墓[5]；许多则完全不出现此种题材，如山东苍山元嘉元年画像石墓[6]。也就是说历史故事题材在画像石墓中本来就是可有可无的，集中刻画的情况更在少数。即便如沂南汉墓中将这些画像集中表现在中室四壁，但自发掘报告发表以来，学界就认识到这些历史故事中存在着许多不同故事的人物"混搭"的现象，以前往往理解为工匠的失误，也有人认为有特别具体而特殊的涵义[7]。然而，根据我们的观察，这些画像往往呈两个主体人物相对，构成一定情节，但该情节中许多并非同一个故事，有些甚至有意拼合了两个故事（这也是沂南汉墓中的历史故事虽然刻画生动而且部分带有榜题，但依然难以判定其内容的重要原因）。根据中室所剩的四壁上满满刻画16幅此种人物对立构图的情况，我们认为应该是制作者

1　费振刚、胡双宝、宗明华辑校：《全汉赋》，北京大学出版社，1993，第527—529页。

2　信立祥：《汉代画像石综合研究》，第71页。

3　罗二虎：《中国西南汉代画像内容分类》，《四川大学学报》（哲学社会科学版）2002年第1期，第89—99页。

4　郑岩：《关于汉代丧葬画像观者问题的思考》，朱青生主编：《中国汉画研究》第二卷，广西师范大学出版社，2006，第39—55页。

5　管恩洁、霍启明、尹世娟：《山东临沂吴白庄汉画像石墓》，《东南文化》1999年第6期，第45—55页。

6　山东省博物馆、苍山县文化馆：《山东苍山元嘉元年画象石墓》，《考古》1975年第2期，第124—134页。

7　如有人根据后世道书中仙鬼品级的迁谪递补标准，将汉画像中不同时代人物题刻在一起的现象解释为他们在冥界中的官职的排序，认为是一种特定知识的准确表达。（姜生：《汉帝国的遗产：汉鬼考》，科学出版社，2016，第273页）

为了容纳更多的故事和人物所采用的一种手法，具体问题我们已有专文论证[1]，兹不赘述。

也就是说中室刻画的历史故事画像一方面在墓葬中可有可无，另一方面即使表现，其具体内容远不如形式重要。我们推测这些画像恐怕并无多少明确而深刻的内涵，或许只是受到祠堂画像等的影响（毕竟同为墓葬画像石，具有共同的制作群体），反映出的更多的是画像石的传统和人们结构性的观念。另外，从整个墓葬的结构和功能来看，如果说后室（棺室）代表内寝，前室为享祭之处（后详），那么中室则为燕居之所，在这里刻画竖幅的历史故事图像，更像是一种室内装饰或围屏装饰。我们知道汉魏六朝时期就特别流行在居所的屏风上图绘孝子列女等历史人物，西汉羊胜的《屏风赋》中就说"画以古列，颙颙昂昂"[2]。这里的历史故事是否具有类似的功能，也值得考虑。

第三个层次即各种神仙和神禽异兽画像，主要分布于墓门和各室壁面的立柱以及前、中室正中的八角柱，在后室中间的隔墙上也有出现。

比较突出的是前室后壁（即北壁）整面，包括立柱和横额，全部为各种神人神兽的画像，这也是横额部分打破所谓"现实生活"类画像的唯一一处，而其画像题材也确实具有较强的系统性。该壁面由三根立柱支撑横额形成两个门洞，东、西立柱上分别刻画青龙、白虎，中间立柱的上部为朱雀，下部为玄武，构成完整的四神组合，中心为手足各持兵器，头上顶弩，胯下立盾的兽首神怪（图3）。在以往的研究中习惯将此种兽首持兵器的神怪认作"方相氏"，认为与打鬼驱邪的大傩仪式有关，且根据"蚩尤作五兵""蚩尤好五兵"及"蚩尤辟兵"的记载将其认作蚩尤[3]。本文的重点不在于讨论具体题材，从该题材的形象、位置来看，具有辟邪守护的功能，则是大家一致认可的。汉镜铭文常见"左龙右虎辟不详（祥），朱鸟玄武顺阴阳"的语句[4]，东汉蔡邕《祖饯祝》中说"阳遂求福，蚩尤辟兵。仓龙夹毂，白虎扶行。朱雀道引，玄武作侣。勾陈居中，厌伏四方"[5]，可见此处将四神刻画于门上确实具有辟邪守护的作用。横额上集中刻画大量神怪和神兽，作人形或半人形的往往手持兵器，结合门柱的部分来看，其意义

1　王煜、庞政：《得象忘意与得意忘象：汉代故事画像中的"错误"》，《美术研究》待刊。

2　费振刚、胡双宝、宗明华辑校：《全汉赋》，第43页。

3　刘铭恕：《关于沂南汉画像》，《考古通讯》1955年第6期，第65—67页；孙作云：《评〈沂南古画像石墓发掘报告〉——兼论汉代人的主要迷信思想》，《考古通讯》1957年第6期，第77—87页；孙作云：《洛阳西汉壁画墓中的傩仪图》，《郑州大学学报》1977年第4期，第94—104页；王子今：《汉代"蚩尤"崇拜》，《南都学坛》（人文社会科学学报）2006年第4期，第13—18页。

4　孔祥星、刘一曼：《中国古代铜镜》，文物出版社，1984，第75页。

5　（宋）李昉等：《太平御览》卷七三六《方术部》一七，中华书局，1960年影印本，第3264页下栏。

主要也在辟邪守护。也就是说前室后壁整个壁面特别强调辟邪守护的意义,这在整个墓室结构和画像程序中是具有明确位置和功能的(详后)。

图3 前室北壁画像摹本
(采自山东博物馆《沂南北寨汉墓画像》,文物出版社,2015,图8、图12、图13、图14)

墓门也由三根立柱构成,东、西立柱的主体分别是坐于三山形平台之上的东王公和西王母,学界较为一致地认为此类平台为昆仑的象征[1],西王母坐于昆仑之上在东汉时期的观念中很容易理解,东王公也坐于同样的平台上,说明这里的东王公显然是西王母的翻版,这从东王公头上也戴着女性头饰的一种,并作为西王母的标识——胜的情况中可以清楚地看出,说明仍是以西王母为中心的神仙信仰的表现。东王公、西王母的下方为兼具方向和守卫意义的青龙、白虎,上方有手拥伏羲、女娲的神人和虎首神怪。中间的门柱上刻画具有守护意义的兽面铺首和引弓的蹶张,及羽人与神兽。门上横额是一幅车马过桥与胡汉交战的画像,我们已经讨论过其与下方以西王母为中心的神仙信仰具有一定关系(详后)。

其他立柱上刻画的主要是繁复的羽人、胡人(许多意见认为与羽人有同样的

---

[1] 王煜:《昆仑、西王母、天门与天神——汉晋升仙信仰体系的考古学研究》,博士学位论文,四川大学,2013,第58—86页。

意义[1]）和神兽，除了总体上表现出辟邪和神仙观念外（孙作云先生认为汉代的辟邪与升仙是一体两面的观念[2]，可从），更多具有装饰功能，缺少具体的图像程序和逻辑。中室八角柱各面刻画从下往上升腾的各种神兽和羽人，最高处为坐于神山平台之上的西王母和东王公，以及可能受到佛像影响的神人形象[3]，稍微具有一些具体的升仙意义（图4）。而后室分隔两个棺室的隔梁上部刻画有两个手持兵器的兽首神怪，就其位置和形象来看，应该具有直接守卫死者的意义。

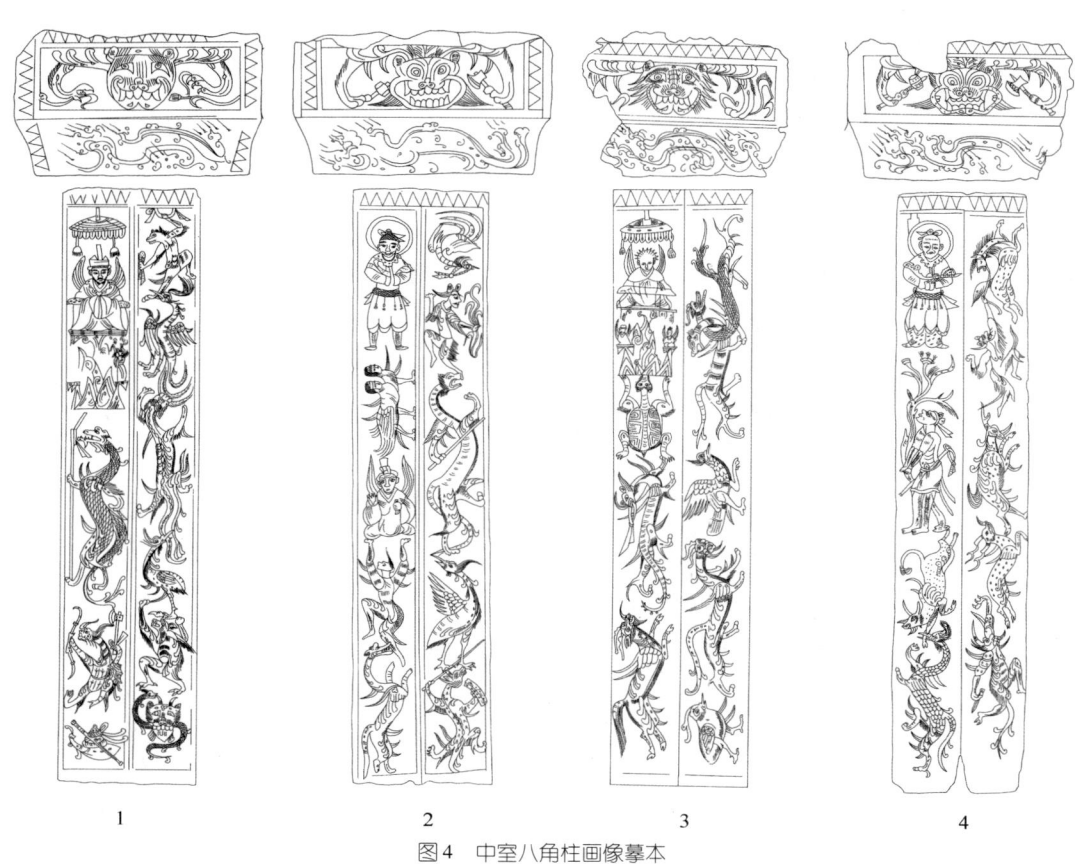

图4　中室八角柱画像摹本

1. 东面　2. 南面　3. 西面　4. 北面

（采自山东博物馆《沂南北寨汉墓画像》，文物出版社，2015，图54、图55、图56、图57）

1　郑岩：《汉代艺术中的胡人形象》，《艺术史研究》（第一辑），中山大学出版社，1999，第133—150页；王煜：《汉墓胡人戏兽画像与西王母信仰——亦论汉画像中胡人的意义》，《中原文化研究》2014年第5期，第102—107页；朱浒：《汉画像胡人图像研究》，生活·读书·新知三联书店，2017，第255—274页。

2　孙作云：《评〈沂南古画像石墓发掘报告〉——兼论汉代人的主要迷信思想》，《考古通讯》1957年第6期，第77—87页。

3　俞伟超：《东汉佛教图像考》，《文物》1980年第5期，第68—77页。

也就是说这一层次的画像除了系统配置和具有特殊位置的四神、西王母、东王公和神怪外，大多不具有明确具体的图像程序和逻辑，只是总体上反映出辟邪守护和神仙升仙的观念，许多繁复的神兽则更多具有装饰意义，这也与它们大多分散地处于前两个连续或集中刻画的画像层次剩余部分的位置是相适应的。当然，如前所述，前室后壁和墓门门柱上较为系统配置的画像应该具有更为重要的位置和意义（详后）。

二　画像逻辑

沂南汉墓中所谓"现实生活"层次的画像具有明确的程序和清晰的逻辑，从发掘报告发表以来学界或多或少也有注意和讨论，但由于对一些具体画像内容的解释不同，对于整体和局部意义的理解也存在较大分歧。我们认为在画像题材和内容已经总体理解的基础上，一些具体问题还要放入整个图像程序和逻辑中才能得到更为准确的定位，整体和局部意义也才能更加清晰。

我们认为，整个画像的逻辑应该从后室开始解读。后室较前、中室低矮，根据其形制和位置毫无疑问为置棺之所，中间有隔墙分割为东、西两个棺室，隔墙由前、后两个隔柱和中间一个斗拱承托隔梁构成。后方隔柱的东、西两面上部刻画守护墓主尸体和灵魂的神怪已如前述。下部东侧为一侍者在干栏式房屋前打扫的画像，旁边还放置一个虎子（图5-2）。这里的干栏式房屋显然就是厕所的形象，而与之相邻的中室东侧室中正有模仿厕所的设施，可为证明。西侧为衣架及放有鞋子的几案，这一部分显然为内寝及其附属设施的形象（图5-1）。前方隔柱东、西两侧同样刻画关于内寝的场景，东侧为镜台、妆奁和女侍等（图5-4），西侧为兵器架和男侍（图5-3），显然从画像的角度来看，东、西两间棺室分别设计为女性、男性墓主的内寝。理解这一特点是其后画像解释的起点。中室后壁（北壁）东侧横额（即女墓主的东棺室门楣）上为一列以三辆车为主体的出行画像，方向向西（图6）；中室后壁西侧横额（即男墓主的西棺室门楣）上也为一队车马出行，方向也向西（图7）。二者的不同之处在于东侧横额上的出行队伍的前方有一对表（阙），并有门吏迎接，而其队伍为轺车、辎车、輂车各一辆；西侧横额上的出行队伍则继续向前延伸至中室西壁横额，在其最前方（也即与南壁的交接处）出现拥彗和捧盾的门吏各一人，这时队伍才算达到终点，而其队伍中除最前的一辆为开道的斧车外，全为轺车（图8）。有意见将后壁东侧横额上不同的三辆车看作送葬时的导车、魂车和柩车[1]，从而将这个出行队伍解释为丧葬仪式的一部分。

---

[1] 巫鸿：《从哪儿来？到哪儿去？——汉代丧葬艺术中的"柩车"与"魂车"》，《礼仪中的美术——巫鸿中国古代美术史文编》，第265页。

图 5　后室隔柱画像摹本

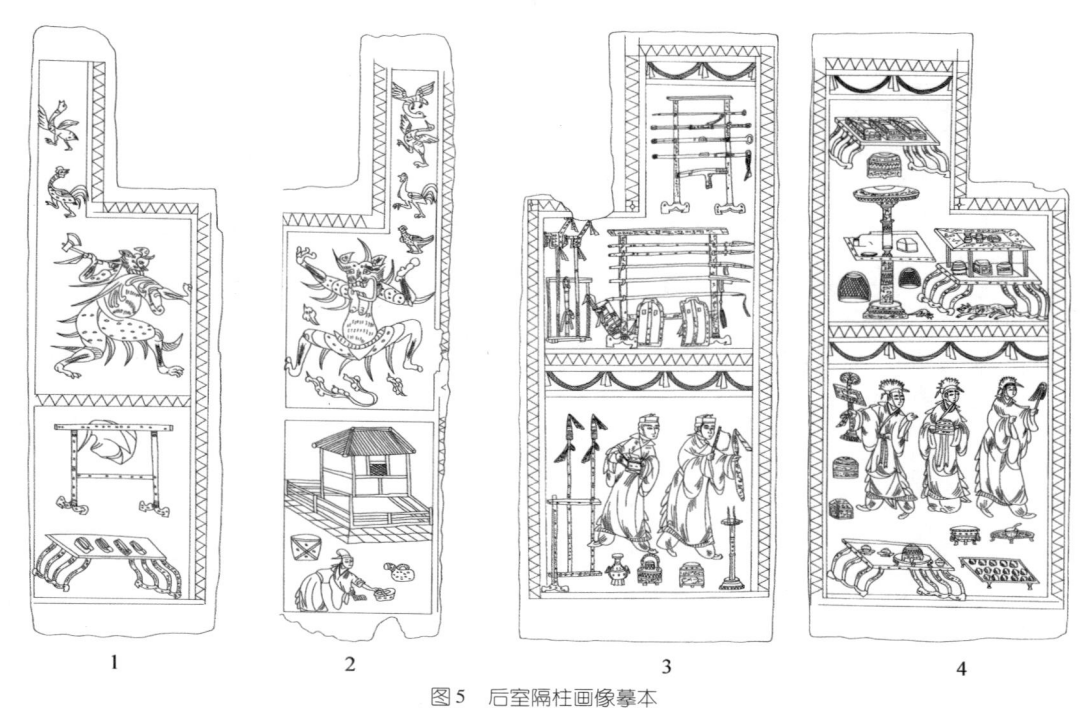

1. 后隔柱西面　2. 后隔柱东面　3. 前隔柱西面　4. 前隔柱东面

（采自山东博物馆《沂南北寨汉墓画像》，文物出版社，2015，图68、图69、图70、图71）

图 6　中室北壁东侧横额画像摹本

（采自山东博物馆《沂南北寨汉墓画像》，文物出版社，2015，图39）

其实，高等级人物的丧礼中运送棺木的柩车虽然总体上呈辇车的形象，但由于棺柩笨重而长，需要四轮车来平稳运送。《周礼·地官·遂师》云"大丧，共丘笼及蜃车之役"，郑玄注"蜃车，柩路也。柩路载柳，四轮迫地而行"[1]。这是说的天子

1　（汉）郑玄注，（唐）贾公彦疏：《周礼注疏》卷一五《地官司徒·遂师》，《十三经注疏》阮刻本，上海古籍出版社，1997，第742页。

图 7 中室北壁西侧横额画像摹本
（采自山东博物馆《沂南北寨汉墓画像》，文物出版社，2015，图 38）

图 8 中室西壁横额画像摹本
（采自山东博物馆《沂南北寨汉墓画像》，文物出版社，2015，图 37）

的葬礼，天子的棺柩规模较大，当然需要四轮车运送，民间的棺柩理论上讲只需一般的载物之车即可。不过山东微山出土石椁上有学界目前唯一公认的反映送葬的画像，其中的柩车确实是一辆四轮车[1]，而这种早期石椁墓往往规模甚小，结构简单，刻画粗糙，一般认为是社会中下层的墓葬。也就是说至少目前可确认为一般送葬队伍的画像，也是用四轮车来运载棺柩的。而且沂南汉墓规模宏大、刻画精美，其墓主身份和财力显然非一般可比。更重要的是关于汉代车制的文献记载和实际应用都比较复杂，恐怕很难确认，我们需要结合墓葬结构和整体的画像逻辑来讨论。从出行队伍前出现的表（阙）和迎接门吏来看，中室后壁（北壁）和西壁上显然有两列出行队伍：一列刻画于后壁东侧横额，在女性墓主的棺室门楣，三辆车应分别为导车（轺车）、女性墓主乘车（軿车）和运载物品的车辆（輂车）[2]；一列刻画于北壁西侧横额和西壁横额，从男性墓主的棺室门楣出发，皆为男子乘坐的轺车，门楣中间该队伍中唯一带有四维的轺车很可能就是男性墓主所乘。而这两列队伍皆分别从男、女性墓主的棺室出发，向前行驶，其意

---

1 中国画像石全集编辑委员会编：《中国画像石全集 2·山东汉画像石》，山东美术出版社、河南美术出版社，2000，第 47 页，图五五。

2 赵化成：《汉画所见汉代车名考辨》，《文物》1989 年第 3 期，第 76—82 页。

义更应该是墓主从象征内寝的居室出行。女性墓主队伍就中止于其棺室门楣，不像男性墓主继续往前延伸，应该是由于此种线性的画幅所限和两性地位的影响，从男性墓主队伍后没有家属乘坐的辎车和载物的辇车的情况来看，两列队伍虽有区分，或许又共同组成一支连续的出行队伍，男性在前，其女眷在后，整体向中室西壁和南壁方向进发。那么，此列出行队伍的目的为何？这便要看接下来中室南壁和东壁上的画像内容。

中室南壁西侧横额上紧接着刻画面向西壁出行队伍跪拜和侍立迎候的人物，后面有一对阙，阙后为"日"字形院落，显然这个院落才是出行的目的地。那么，到达这个院落为何？显然由于形式的限制，制作者将其放在院落之后来表现。院落之后的南壁东侧横额上为庖厨、宴饮、谷仓等画像，虽然如前所述中室立柱上画像往往基本是历史故事，属于另一个层次，但这里南壁中立柱上具体的备马（或卸鞍）、侍者画像显然也是这一主题的延伸，与东、西立柱上的历史故事显然关系不大，而与横额上的院落、"现实生活"题材为一体，观其处于南壁正中的位置，直接连着上面横跨两门的整个"现实生活"题材，这样的"打破"也是可以理解的（图9）。中室东壁横额上为场面宏大的乐舞百戏画像，显然与南壁横额上的院落、庖厨、宴饮等是一以贯之的，都表示墓主的车马来到这个院落而开始享乐的生活（图10）。《楚辞·招魂》和《大招》中都十分详尽地铺陈了为魂魄准备的华美的房屋、丰盛的酒食、曼妙的歌舞和激烈的娱乐活动，甚至还有田原苑囿，并且不厌其烦地介绍美食的制作过程[1]，这显然是汉代墓葬画像中盛行庖厨、宴饮、乐舞、百戏乃至粮仓、苑囿题材的观念传统，这些题材总体上要表达的就是墓主在理想世界中的享乐生活。

中室和前室的交接处，面向中室的一面，即中室南壁画像为上文所说的院落和享乐内容，而面向前室的另一面，即前室后壁（北壁）则为前文所论的以四神和持各种兵器的神怪及各种神兽所组成的一整壁画像。如前所述，这组画像具有十分突出的辟邪守护的功能。在这里我们还看到，它们不但守卫着中室里墓主的享乐生活，而且对于前室的画像及其功能起到了明显的分隔作用，则前室画像应该另有其核心的意义。

前室的北壁完全刻画神兽、神怪，所谓"现实生活"的内容则刻画于东、西、南三壁。东壁横额上众多头戴进贤冠的人物分为六排，躬身肃立，面向北侧的一个曲尺形房屋，屋前有一拥彗门吏（图11）。西壁横额上同样有众多头戴进贤冠的人物，大致分五排面向北侧的一个房屋，房屋仅表现出带有铺首的大门。众多人物前两排跪伏，后三排躬身肃立。房屋前方除有拥

1　（宋）洪兴祖撰，黄灵庚点校：《楚辞补注》，见《招魂第九》《大招第十》篇，上海古籍出版社，2015，第322—373页。

图 9　中室南壁画像摹本
（采自山东博物馆《沂南北寨汉墓画像》，文物出版社，2015，图35、图36、图40、图41、图42）

图 10　中室东壁横额画像摹本
（采自山东博物馆《沂南北寨汉墓画像》，文物出版社，2015，图34）

图 11　前室东壁横额画像摹本
（采自山东博物馆《沂南北寨汉墓画像》，文物出版社，2015，图5）

彗、持杖的门吏外，还有一头戴进贤冠并簪笔的人物长跪捧读简册。跪伏和肃立人

物之后放置两个摆满耳杯的长案和两个圆案，还有一些壶、奁等物品，后有侍者似

在预备物品（图12）。南壁横额（即前壁）中心为一带有阙楼的双层房屋，两侧的众多人物中除房屋本身的门吏、侍者外，皆面向中心房屋。最两侧为朝向房屋的车马，有乘坐人物的轺车和辎车，也有载物的輂车，其前也为头戴进贤冠并向房屋跪伏的人物，其间尚有摆放物品的案和壶、奁，也有牵来的羊，等等。南壁立柱上捧盾、拥彗的门吏、兵器架和正在敲击建鼓的画像如前所述也应该是这一场景的延伸（图13）。

图12　前室西壁横额画像摹本
（采自山东博物馆《沂南北寨汉墓画像》，文物出版社，2015，图6）

图13　前室南壁画像摹本
（采自山东博物馆《沂南北寨汉墓画像》，文物出版社，2015，图7、图9、图10、图11）

可以看到前室东、西、南三壁上的人物活动有一个突出的共同主题，即是向一座房屋跪拜，其间还摆放各种物品，并有一定仪式（如捧读简册、敲击建鼓）。学者们也都同意这些画像是仪式场景的表现，但具体认识不同，有学者认为是葬礼的表现[1]，也有学者认为是祭祀的表现[2]。前者认为该墓中的人物活动整体表现丧葬仪式，这里的画像也为丧葬仪式中的一部分。然而，如前所述，中室画像总体上是墓主从象征内寝的棺室出发，达到一个院落来享受美好生活的表现，可能并非丧葬仪式的反映。另外，学界也普遍认为东汉时期的多室墓中，前室在设计上往往作为祭祀空间[3]。因此，我们更倾向于其表现的是祭祀活动的场景。

虽然曹丕在《终制》中曾说"骨无痛痒之知，冢非栖神之宅，礼不墓祭，欲存亡之不黩也"[4]，但显然是为其薄葬作解。司马相如《哀二世赋》中就说"墓芜秽而不修兮，魂无归而不食"[5]，张衡《冢赋》中也说墓葬"祭祀是居，神明是处"[6]，说的就是灵魂在墓中接受祭祀，而墓祭恰恰是东汉时期十分兴盛的活动[7]。当然墓祭也可以由墓地祠堂来表现，山东地区也是石质墓祠最为流行的地区。但是一方面根据上述文献，在墓中享祭也是当时普遍流行的观念；另一方面沂南汉墓也确实没有发现与之相配的祠堂建筑。而现在可知与石祠共存的墓葬中，墓内的画像似乎都远不如祠堂发达，尤其在表现墓主享乐方面，似乎二者共存时功能有所分化，该问题已经超出本文主旨，容另文讨论，兹不赘述。

值得注意的是，前室东、西壁横额上的房屋皆在最北侧，人们向北跪拜，也就是朝向墓内的方向。南壁横额由于是东西方向，无法表现内外（南北）关系，房屋则居于中心，人物向中心跪拜，结合整体来看，应该也是表现向墓内的跪拜。东、西壁横额上的房屋之后即是分隔前、中室画像的整幅神兽、神怪（前室后壁），而其背面（中室前壁）正是墓主车马到达的日字形院落，而且前室南壁横额中心众人跪拜的房屋也与这一院落隔空相对。并且，非常有意思的是，前室西壁房屋仅表现出门的部分，若往后延伸，穿过后壁的神兽，便可到达中室横额上的院落。显然，前室

1　巫鸿：《从哪儿来？到哪儿去？——汉代丧葬艺术中的"柩车"与"魂车"》，《礼仪中的美术——巫鸿中国古代美术史文编》，第264页。

2　信立祥：《汉代画像石综合研究》，第249页。

3　黄晓芬：《汉墓的考古学研究》，岳麓书社，2003，第92页。

4　（晋）陈寿撰，（南朝宋）裴松之注：《三国志》卷二《魏书·文帝纪》，中华书局，1964，第81页。

5　（汉）班固撰，（唐）颜师古注：《汉书》卷五七《司马相如传》，中华书局，1962，第2591页。

6　费振刚、胡双宝、宗明华辑校：《全汉赋》，第470页。

7　杨树达：《汉代婚丧礼俗考》，上海古籍出版社，2007，第223—235页。

的祭祀画像与中室的墓主享乐画像都是以房屋为中心，而这两部分的房屋既有分隔，又有联系。前室部分的祭祀活动是以生人为出发点的，中室部分的享乐活动是以亡者为出发点的，而二者之间的以四神为核心的神兽、神怪画像显然是一种区隔和守护。汉代人的观念中既有前述联系生人与亡者的祭祀内容，也存在亡者可以危害生人的观念，集中体现在所谓解注瓶上[1]，因此生死两面既需要联系，也需要区隔。而且，在画像表现上前室横额上作为祭拜对象的房屋穿过了这一区隔的神兽、神怪，在中室横额上出现了作为墓主享乐中心的房屋，是否表现这个具有宇宙论意义的四神画像除了区隔和守护的意义之外，还有转化的意义，将前室横额上的祭祀转化为中室横额上的墓主享乐之来源？由于目前仅是一种画像结构观察的猜想，没有进一步比较和论证的材料，仅存此疑问。

从上文的论述中可以看到，沂南汉墓中所谓"现实生活"画像确实具有一个非常清晰的程序和逻辑，现在仅剩下一个"例外"的部分，即墓门门楣（横额）上的画像。这里刻画着学界十分关注的车马过桥和胡汉交战的内容，并将二者结合在一起，即过桥的同时与头戴尖帽、深目高鼻的胡人展开激战，并出现取得胜利，即将顺利过桥的倾向。这幅画像出现在整个墓葬的墓门上方，与其后的画像既不相接，也不相关，显然既有突出的地位，也有独立的意义（图14）。

从突出而独立的意义来考虑。关于车马过桥，巫鸿先生根据苍山元嘉元年画像石墓中"上卫桥"的题记，认为即是渭桥，由于渭水分割长安城和陵墓区，过渭桥则具有象征死亡的意义[2]。也有学者认为与升仙有关[3]。关于胡汉交战，邢义田先生认为胡人为北方匈奴，北方象征幽冥世界，打败胡人有顺利向冥界进发的意义[4]。这些观点均具有很好的启发。不过不论是车马过桥或是胡汉交战都是较为常见和出现在不同场景中的题材。如车马过桥题材中有些是关于所谓"七女为父报仇"的故事场景，这里的桥应该是"渭桥"[5]，而苍山元嘉元年画像石墓中与胡汉交战结合在一起的"卫桥"，显然与七女故事无关，是否也是

1　参见张勋燎、白彬《东汉墓葬出土解注器和天师道的起源》，《中国道教考古》，线装书局，2006，第262—266页。

2　巫鸿：《超越"大限"——苍山石刻与墓葬叙事画像》，《礼仪中的美术——巫鸿中国古代美术史文编》，第217页。

3　李清泉：《上渭桥——汉画中部分车马过桥图像所集中显现的语义关联》，向群、万毅编：《姜伯勤教授八秩华诞颂寿史学论文集》，广东人民出版社，2019，第400—413页。

4　邢义田：《汉代画像胡汉战争图的构成、类型与意义》，《美术史研究集刊》第十九期，台湾大学艺术史研究所，2005，第63—132页。

5　邢义田：《格套、榜题、文献与画像解释——以一个失传的"七女为父报仇"汉画故事为例》，《画为心声：画像石、画像砖与壁画》，中华书局，2011，第92—137页。

图 14 墓门画像摹本
（采自山东博物馆《沂南北寨汉墓画像》，文物出版社，2015，图1、图2、图3、图4）

渭桥，只是根据现代读音相近而做的推测。实际上即便在中古音中"卫"属祭韵部[1]，"渭"属未韵部[2]，二字读音可能有一定差别，如果没有其他通假的实例，直接以现代读音为根据是有一定危险性的。而且胡汉之间从未在渭水附近交战过，所以是否都是渭桥，还值得怀疑。我曾专门讨论过此种将车马过桥与胡人（包括胡人导引和胡汉交战）组合在一起的画像，认为此种头戴尖帽、深目高鼻的胡人应该是西域胡人（"西胡"[3]）的程式化表现，东汉时期的神仙和升仙思想的核心是昆仑山及其上的西王母，而在当时人的观念中昆仑和西王母在西域之外，如《山海经》中就说"昆仑山在西胡西"[4]，那么前往昆仑就要经过西胡之地。所以，车马出行前的胡人出现了胡人导引和胡汉交战两种表达，而车马出行中的胡汉交战又往往与过桥结合在一起，总体上表现经过各种阻碍和关键节点，顺利向昆仑、西王母所在进发的意义。这里的桥可能只具有一个关键、过渡的意义，恐怕没

---

1 （宋）丁度等：《集韵》卷七去声上《祭第十三》，上海古籍出版社，1983年影印本，第28页右栏。

2 《集韵》卷七去声上《未第八》，第16页右栏。

3 王国维：《西胡考上》，《观堂集林》卷十三，中华书局，1959，第606页。

4 袁珂校注：《山海经校注》（增补修订本），巴蜀书社，1993，第381页。

有切实所指[1]。十分"巧合"的是，这一队伍向西行进，而与其连接的西侧门柱上正是前述西王母坐于昆仑之上的画像，可为证明。总之，不论具体意义如何，墓门横额刻画车马过桥和胡汉交战，而立柱上则是十分突出的西王母、昆仑与翻版于西王母的东王公，整个墓门部分表达过渡尤其是升仙意义应该没有太大疑问。

三 结论

综上所述，沂南汉墓中的画像有着整体设计和清晰逻辑，并与墓室结构的功能和意义具有紧密的配合，表现出较为完整的丧葬观念和愿望。

画像内容总体上可分为所谓"现实生活"、历史故事和神仙神兽三个层次。历史故事集中于中室四壁，大多呈现两个人物相互对立的构图，但其中有不少是一幅图中拼合了两个以上故事的人物和场景。其形式意义远大于内容，应该是画像石传统和人们结构性观念的表现。而将历史故事以分隔的竖幅形式表现在象征墓主燕居的中室四壁，或许还受到居所和屏风装饰传统的影响。神仙神兽则主要分布于各种立柱上，除一般的辟邪守护和神仙升仙意义外，大多更具有装饰功能。不过，其中一些较为系统和突出的神仙、神兽组合则具有具体的意义，如前室后壁（北壁）以四神配伍为核心和墓门立柱以西王母和东王公为核心的画像。

所谓"现实生活"画像主要分布于墓葬各壁的横额（门楣）之上，连接为一个整体，有些比较重要之处还延伸至与之连接的立柱上。这部分画像具有清晰的程序和逻辑，表现男、女墓主各自从棺室（后室）出发，沿中室后壁（北壁）和西壁向外行进，最后来到中室前壁（南壁）的院落，并在这里与继续延伸的东壁享用各种财富和娱乐节目，包括粮仓、庖厨、宴饮和乐舞百戏等。中室画像与前室画像之间由前室后壁（北壁）的四神、神兽画像区隔，前室主要表现众多人物对墓主的祭祀，祭祀的中心均为一座房屋。可以看到，墓主从后室由内而外地来到中室前壁（南壁）的院落进行享受，祭祀人物由外而内地对紧接和对应前室后壁的房屋进行跪拜，形成两条相对方向的逻辑线，两条线的交点正在前室后壁（北壁）的四神、神兽画像。其内为以墓主为出发点的画像，其外为以祭祀人物（姑且理解为生人）为出发点的画像，因此整幅的四神、神兽画像显然具有区隔和守护生死两方的意义。而作为祭祀对象的前室房屋又有意识地向中室延伸，连接中室前壁（南壁）墓主享乐中心的院落，说明祭祀与享乐之间存在着联系或转化。张衡在《冢赋》中总结道："存不忘亡，恢厥广坛，祭我兮子孙。"结合山东地区特别流行墓地祠堂的情况来看，祭祀确

1　王煜：《"车马出行——胡人"画像试探——兼谈汉代丧葬艺术中胡人形象的意义》，《考古与文物》2012年第1期，第52—57页。

实是中原尤其是山东地区墓葬的一个核心主题。

如此，画像也很好地配合了多室墓结构的设计意图，后室为内寝，中室为燕居之所，前室为祭祀之处，符合学界对于东汉时期墓葬结构的总体认识。值得注意的是，墓室结构是以空间的形式表现，而画像则是以内容进行表达。因此，在墓室中直接连接的前、中、后三室的意义，在画像上则表现为墓主乘坐车马来到一座院落，这里的院落的意义应当就等同于中室，而祭祀人物也是跪拜一座房屋，这里的房屋则等同于前室，两种表现形式既相区别，又相辅相成。遗憾的是墓室中的随葬品基本被盗掘和破坏，否则或许可以观察到更多形式的表现。

在理想世界中的享乐和祭祀并非汉代丧葬观念的全部，墓门横额（门楣）上的车马出行和胡汉交战以及立柱上突出的坐于昆仑山上的西王母和东王公画像，反映出在上述基础上对升仙的强烈追求，表达了在世俗意义之上的超越意义。虽然，整个墓葬画像中具有清晰逻辑的是上述所谓"现实生活"的部分，但这一部分其实被整体包围在各种神仙、神兽画像中，它们虽多不具有具体的意义，却总体营造出浓厚的神仙意味。而且在整个墓葬的墓门处突出表现这一主题，仿佛也把整个墓葬画像

引向神仙世界（图15）。

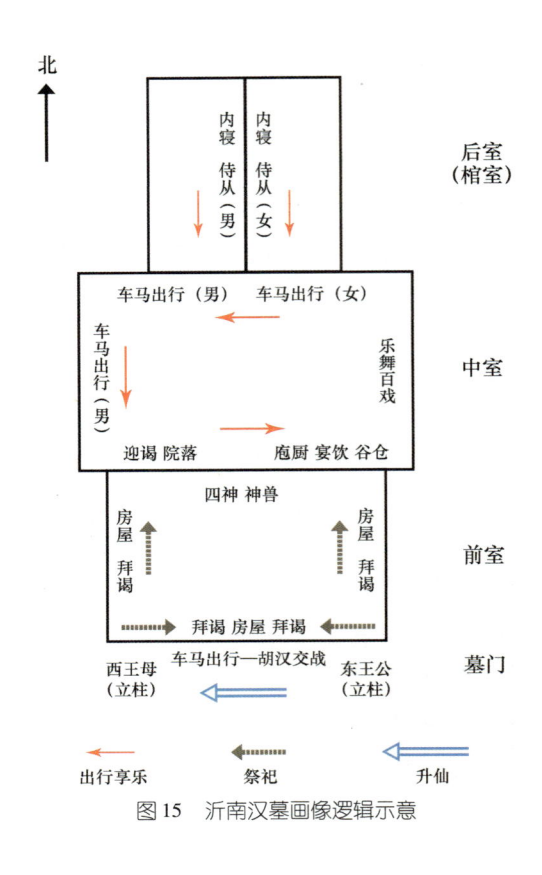

图15　沂南汉墓画像逻辑示意

现代学者往往站在理性的角度，在祭祀、理想世界中的享乐和升仙这几个愿望之间做非此即彼的选择。然而，丧葬观念和死后理想本身就不是理性的，更可能是各种愿望的综合[1]。正如山东苍山元嘉元年画像石墓题记最后写到的"其当饮食就天仓，饮江海。学者高迁宜印绶，治生日进钱万倍。长就幽冥则决绝，闭圹之后不复发"[2]，将

1　王煜：《也论汉墓中的"天仓"——兼谈汉代人有无升天观念》，《四川文物》2019年第4期，第54—76页。
2　山东省博物馆、苍山县文化馆：《山东苍山元嘉元年画象石墓》，《考古》1975年第2期，第124—134页。

死者在理想世界中的享乐、升仙以及安全和生者的升官、发财等都概括进来，未见有任何相互排斥的选择。沂南汉墓的画像不仅是一种综合，更应该理解为一种整合。通过四神画像，将对墓主的祭祀和墓主享乐既区隔又连接起来，似乎在二者之间又形成一个较大的逻辑。墓门的升仙画像和墓内的各种神仙神兽显示，升仙似乎又超越于祭祀—享乐之上，表达整体的更高层次而又更加遥远的追求。值得注意的是，汉代丧葬图像和器物中的这种整合往往是由对宇宙意义的模仿来实现的，如本文中处于关键位置的四神体系画像，这一问题已经超出本文主旨，我们拟另文讨论，兹不赘述。

二

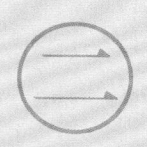

器物与造像

明堂·禁庭·王城
——尺度线索中的东西方圣所空间共性观察

于志飞（中国文化遗产研究院）　　王紫微（北京大学）

一　宫庙陵墓的空间原型创制

汉文经史典籍追溯早期礼制建筑时，常出现"四阿重屋""复庙重檐""四阿反坫，重亢重廊""太室""通天屋"等描述。诸多遗存显示，其要义应是重重廊室或基台环绕中央空间的格局，存在范围超越典籍所述，贯穿于公元前四千纪以降的东西方，包括祭坛、陵墓、庙宇、宫室及大型居所等。各例往往功能异而格局同，时空远隔却常有高度相似的细节设计，蕴含着东西方文化交流错综复杂的脉动轨迹。其常见规模趋近12m×12m、20m×20m、32m×28m、35m×35m、55m×55m、110m×110m、83m×83m几种，构成关键性关联特征（顺序编号为Ⅰ、Ⅱ、Ⅲ、Ⅳ、Ⅴ、Ⅵ、Ⅶ类，图1—5）。

此类建筑约生发于公元前四千纪中后期，自东方的良渚、牛河梁回字格局祭坛（图1-1、图1-10）与西亚两河流域苏美尔文明的乌鲁克（Uruk）城内三重环墙式神庙（图2-7）出现以来，绵延直至近世。典型如古埃及索贝克与哈罗瑞斯（Sobek & Haroeris）庙（图4-1）、中亚蒂尔伯金（Dilbarjin）东北隅庙宇（图3-6）及曼苏尔特佩（Mansur Tepe）庙（图1-3）、秦始皇陵寝殿（图3-9）、尼雅61号佛寺（图1-5）、日本长濑高滨弥生房址（图1-6）、中亚索格底亚纳大型拜火庙库尔干特佩（Kurgan tepe）（图3-8）、卡菲尔卡勒（Kafir Kale）庙（图1-2）、阿克贝西姆（Akbesim）庙（图2-2）、克拉斯纳亚瑞卡（Krasnaya Recka）庙（图1-9）、小昭寺中心殿（图1-4）、明清北京地坛（图3-21、图5-9）等，均显见其原始构成精神。其中库尔干特佩与秦始皇陵寝殿均有一侧凸出的中央空间，是显著的细节相似处。又常有以柱列代墙体者，如奥林匹亚宙斯（Zeus）神庙（图2-9）、雅典帕特农（Parthenon）神庙（图3-5）等古希腊庙宇及北朝大型佛塔（图3-15、图3-16、图3-17）。

公元前二千纪初的古埃及图特荷鲁斯（Thoth Horus）神庙（图2-8）、麦地纳马地（Medinet madi）神庙（图1-8）出现了"前堂"或"前院"空间。相似者后来有秦雍城马家庄宗庙建筑（图 2-1）及中亚哈尔恰扬（Khalchayan）庙（图 2-3）、迪奥斯库尔（Dioskur）庙（图 2-6）、苏尔科塔尔（Surkh Kotal）庙主殿（图 2-5）、中亚古希腊移民城邦艾哈努姆（Ai-Khanoum）宙斯神庙（图 1-11）格局与麦地纳马地神庙尤似。"前院"空间发展出现多重"阙门"，形制亦延及东西方。此外，古埃及申努尔罗马（Shenhur Roman）神庙（图 2-12）"前堂"两侧加长形成凸字形空间，相似者有满城汉墓 M1（图 2-13）、中亚片治肯特（Panjikant）北庙（图 2-10）、桑耶寺三界铜殿洲（图 2-11）等。中亚奇斯特佩（Kist Tepe）庙（图 2-4）则有申努尔罗马庙后部空间特质。周原齐镇云塘西周建筑（图 2-14）与晋都新田北坞古城 25 号建筑（图 2-15）的凸字形虽分散为三栋建筑，但其广度仍为共通性提供了关键线索。

乌鲁克还存在复杂的亚字形宫庙（图 4-4）及小室环绕主室式庙宇。前者成为公元前一千纪中期的阿黑门尼德帝国宫庙的重要范式，如达汉古拉曼（Dahan-i Ghulaman）庙（图 4-6）、苏萨（Susa）波斯宫殿主殿（图 4-2）、波斯波利斯（Persepolis）宫阿帕达那（Apadana）殿（图 4-3）。还出现于纪元初年的汉长安城南郊礼制建筑中（图 4-5、5-4）。小室环绕主室或主院式格局实例如古埃及森沃斯勒（Senwosret）一世孟图（Montu）神庙（图 1-7），偃师商城宫区诸宫院（图 3-10、图 5-13），巴克特里亚绿洲的阿尔丁（Altyn）10 组 1、2 号建筑（图 3-3、图 5-14），古马其顿王国维格纳（Vergina）宫（图 5-2），大昭寺中央佛殿（图 3-18）等。其复合化实例如若干埃及神庙及定陶王陵 M2 "黄肠题凑"（图 3-12）等。秦咸阳宫 1 号殿（图 4-9）的复杂格局中也显现出周边小室环绕中央大室的理念，此殿主室可确认北开二门、东有一门，同于波斯波利斯宫阿帕达那殿主室。日本古坟时代三寺（三ツ寺）I 期建筑（图 5-10）则有似于阿尔丁 10 组 1 号建筑的骈列双院。

中亚阿姆河马尔吉亚纳绿洲的凯莱利（Kelleli）4 号建筑（图 3-4）、巴克特里亚绿洲的萨帕利特佩（Sapallitepe）（图 5-3）被认为存在两河流域建筑特质，均以规则的长形廊室环绕不规则的内部复杂居所，相似的乌鲁格特佩（Ulug tepe）（图 3-7）内部则为长形阵列空间。设计理念延续到波斯波利斯宫百柱殿（图 5-1），内部变为"满堂柱"，意似波斯古经《阿维斯塔》所云宇宙创造者阿胡拉·马兹达曾为斯拉欧加神建造的"千柱神殿"[1]。近似"满堂柱"形制已见于更早的古埃及图特摩斯（Tuthmosis）三世神庙（图 5-15）、四世神庙（图 5-16）、卢克索阿蒙神庙（图 12-7、图 14-5）、周原凤雏甲组建筑（图 3-2）主殿等，与周围小室结合而显现出理念的互通。"满堂柱"后来还见于古

---

[1] ［俄］列昂尼德·R. 科兹拉索夫：《中北亚城市文明的历史学和考古学研究》，商务印书馆，2019，第 176 页。

印度孔雀王朝库姆拉尔（Kumhrar）殿（图4-7）、"王莽九庙"12号中心建筑、唐大明宫麟德殿（图5-5）、撒马尔罕阿弗拉西阿卜（Afrasiab）古清真寺（图5-6）、白居寺措钦大殿（图4-8）等。其中阿弗拉西阿卜粟特宫庙中绘有唐帝后狩猎乘舟壁画，成为其间别样的关联要素。左云县北魏早期陵墓前石堆祭坛（图3-14）则形近推测为匈奴龙城的"三连城"中心建筑（图3-11）。

牛河梁、乌鲁克还出现了阶梯形塔庙，此后尤盛于苏美尔、亚述、巴比伦诸城邦及古埃及，影响到古希腊与阿黑门尼德帝国陵墓造型，战国高台建筑也与之形似。较晚的集安长寿王陵（图3-19）造型与墓室位置仍似埃及萨底斯（Sardis）阶梯金字塔，日本飞鸟时代的石舞台古坟（图3-20）亦与长寿王陵规模相近。

一些实例显著融合了上述多种特质，如古埃及伊德夫荷鲁斯（Edfu Horus）神庙（图3-1）、交河故城东北塔群（图5-11）、桑耶寺中央佛殿（图5-8）、石刻古罗马城古城地图神殿平面（图5-12）等，后两者颇见共性。另有东周王宫主殿（图5-7）、大汉冢墓圹（图3-13）规模亦合此尺度体系，但空间细节未知。

趋同的空间尺度暗示着共同的度量体系起源，公元前20世纪前后的阿姆河绿洲建筑提供了关键证据。其常用泥砖多宽22—24cm，长近其2倍、厚近其半[1]，宽度正接近秦汉1尺（约23.1cm），长度则接近美索不达米亚、古埃及一带常用的"腕尺"，故东西方早期建筑可能长期存在共同营造尺制。其中后文将言及的达什利-3-2建筑总方300尺（按1步＝6尺计为50步）、墙壁外垛间距多合10尺，内部存在30尺×30尺（5步×5步）的基准尺度单元，证据更加显著。以此度量上述建筑规模，可得如下：Ⅰ类外方50尺、内方24尺；Ⅱ类外方84尺、中方49尺、内方24尺；Ⅲ类广140尺、深120尺（周原齐镇云塘西周建筑、新田北坞古城25号建筑横向均有合于140尺之核心空间，总体规模则前者为210尺×150尺、后者为241尺×210尺）；Ⅳ类外方150尺（内部方形边长自外至内分别近120尺、100尺、60尺、15尺）；Ⅴ类外方240尺；Ⅵ类外方480尺；Ⅶ类外廓方360尺。这些尺度趋近具有神圣意义的古代象数——"七"关乎北斗信仰，如"天有七星，地有七表"（《晋书·地理志》），九为阳数之极，十二、十五皆与时令相关，暗示造型共通背后还有设计思想起源的共通。虽东西方后世营造尺制变化纷杂，但23.1cm之尺仍与大量实例契合。阿姆河绿洲建筑还有一种近30cm泥砖尺度，合于隋唐以后常用"大尺"。凯莱利4号主体方29.5m，正合100大尺。秦汉以300步为1里，此规模方形空间自公元前三千纪中叶古埃及的内布卡（Nebka）金字塔陵园起，相继见于古埃及神庙与东

---

[1] МУХАММЕД МАМЕДОВ. ДРЕВНЯЯ АРХИТЕКТУРА БАКТРИИ И МАРГИАНЫ, （Культурный центр Посольства，2003），p. 21；34；44；50；55.

方宫庙陵墓，尤其是西汉帝陵定制，中亚蒂尔伯金、卡纳巴德（Khanabad）方城具有其间纽带意义，13 世纪的铁木哥·斡赤斤王府之巴彦乌拉古城外城边长亦用此制。次为方 250 步，常见于东方，是西汉以太后身份而终的皇后陵的定制，亦见于中亚科斯托别（Kostobe）古城。再次为方 200 步，古埃及、中国之外，还见于古印度帕哈普尔寺（Paharpur Vihara）与超戒寺（Vikramasila）（图 6-17、图 6-16）。

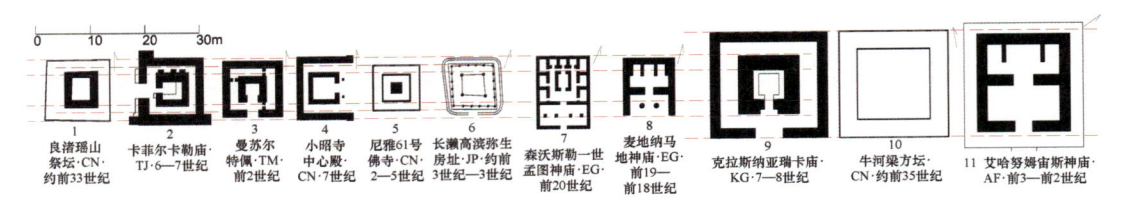

图 1　Ⅰ、Ⅱ类空间尺度建筑实例

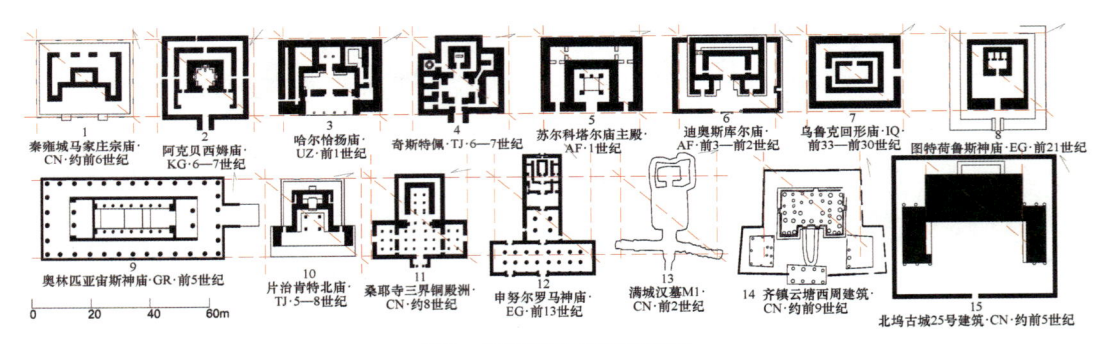

图 2　Ⅲ类空间尺度建筑实例

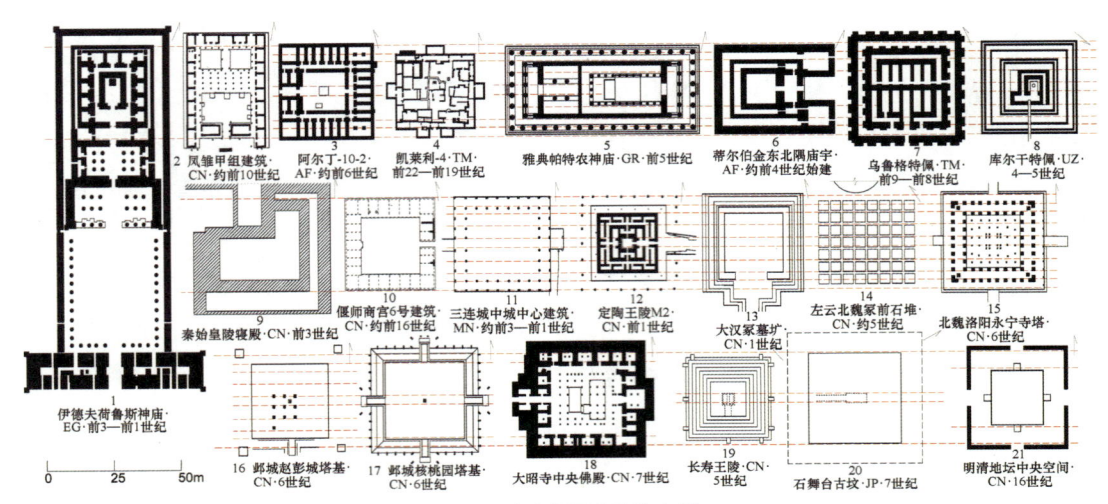

图 3　Ⅳ类空间尺度建筑实例

明堂·禁庭·王城　069

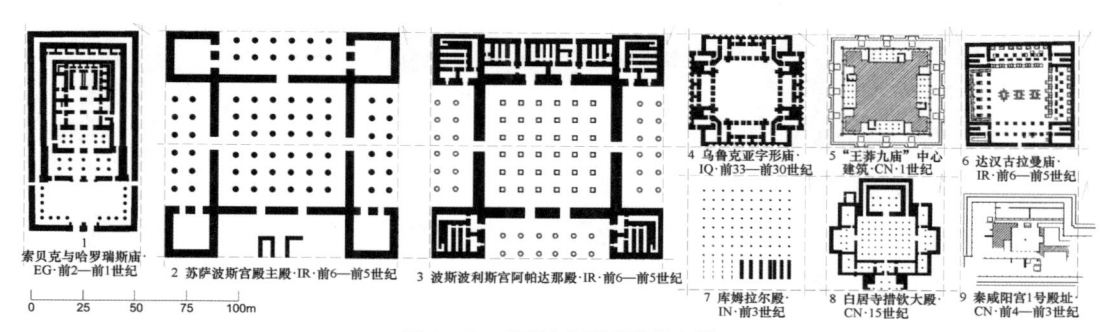

图4　V、VI类空间尺度建筑实例

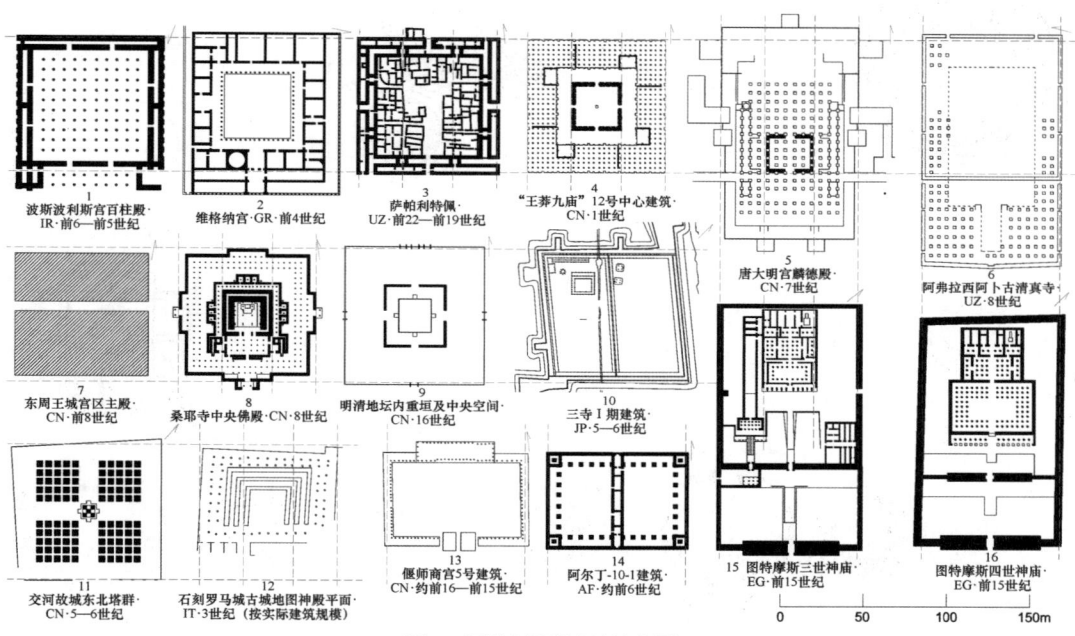

1 索贝克与哈罗瑞斯庙·EG·前2—前1世纪
2 苏萨波斯宫殿主殿·IR·前6—前5世纪
3 波斯波利斯宫阿帕达那殿·IR·前6—前5世纪
4 乌鲁克亚安字形庙·IQ·前33—前30世纪
5 "王莽九庙"中心建筑·CN·1世纪
6 达汉古拉曼庙·IR·前6—前5世纪
7 库姆拉尔殿·IN·前3世纪
8 白居寺措钦大殿·CN·15世纪
9 秦咸阳1号殿址·CN·前4—前3世纪

1 波斯波利斯宫百柱殿·IR·前6—前5世纪
2 维格纳宫·GR·前4世纪
3 萨帕利特佩·UZ·前22—前19世纪
4 "王莽九庙"12号中心建筑·CN·1世纪
5 唐大明宫麟德殿·CN·7世纪
6 阿弗拉西阿卜古清真寺·UZ·8世纪
7 东周王城宫区主殿·CN·前8世纪
8 桑耶寺中央佛殿·CN·8世纪
9 明清地坛内壝垣及中央空间·CN·16世纪
10 三寺I期建筑·JP·5—6世纪
11 交河故城东北塔群·CN·5—6世纪
12 石刻罗马城地图神殿平面·IT·3世纪（按实际建筑规模）
13 偃师商宫5号建筑·CN·约前16—前15世纪
14 阿尔丁-10-1建筑·AF·约前6世纪
15 图特摩斯三世神庙·EG·前15世纪
16 图特摩斯四世神庙·EG·前15世纪

图5　VII类空间尺度建筑实例

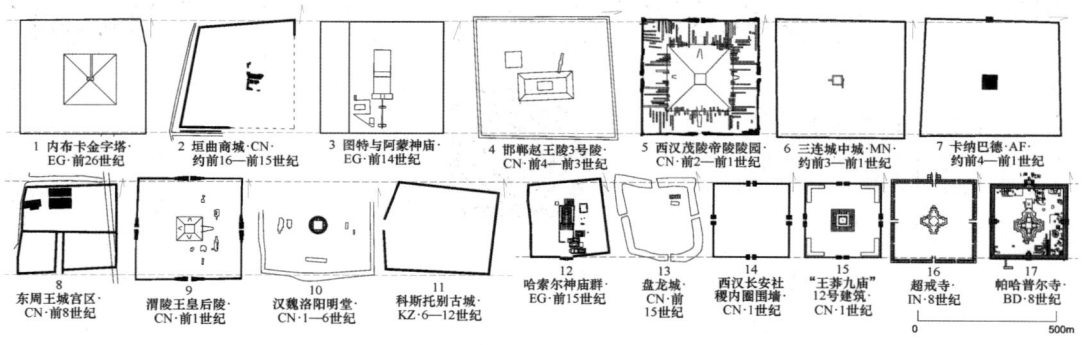

1 内布卡金字塔·EG·前26世纪
2 垣曲商城·CN·约前16—前15世纪
3 图特与阿蒙神庙·EG·前14世纪
4 邯郸赵王陵3号陵·CN·前4—前3世纪
5 西汉茂陵帝陵陵园·CN·前2—前1世纪
6 三连城中城·MN·前3—前1世纪
7 卡纳巴德·AF·约前4—前1世纪
8 东周王城宫区·CN·前8世纪
9 渭陵王皇后陵·CN·前1世纪
10 汉魏洛阳明堂·CN·1—6世纪
11 科斯托别古城·KZ·6—12世纪
12 哈索尔神庙群·EG·前15世纪
13 盘龙城·CN·前15世纪
14 西汉长安城稷内圈墙·CN·前2—前1世纪
15 "王莽九庙"12号建筑·CN·1世纪
16 超戒寺·IN·8世纪
17 帕哈普尔寺·BD·8世纪

图6　方300步、250步、200步正方空间实例

二　圆形圣地的场所精神交融

包含圆形或类圆形的早期"神圣空间"往往具有拟象宇宙以达"人神沟通"的目的，意似班固《西都赋》"据坤灵之正位，仿太紫之圆方"，亦可从中进一步窥见欧亚古代宗教建筑的源流关联。

公元前四千纪中后期至前二千纪前期，东西方相继出现牛河梁三环相套式圆形祭坛（图7-34）、爱尔兰岛纽格莱奇墓（Newgrange）巨型圆冢、不列颠岛营造持续千年的环形巨石阵（图7-5）及同地的

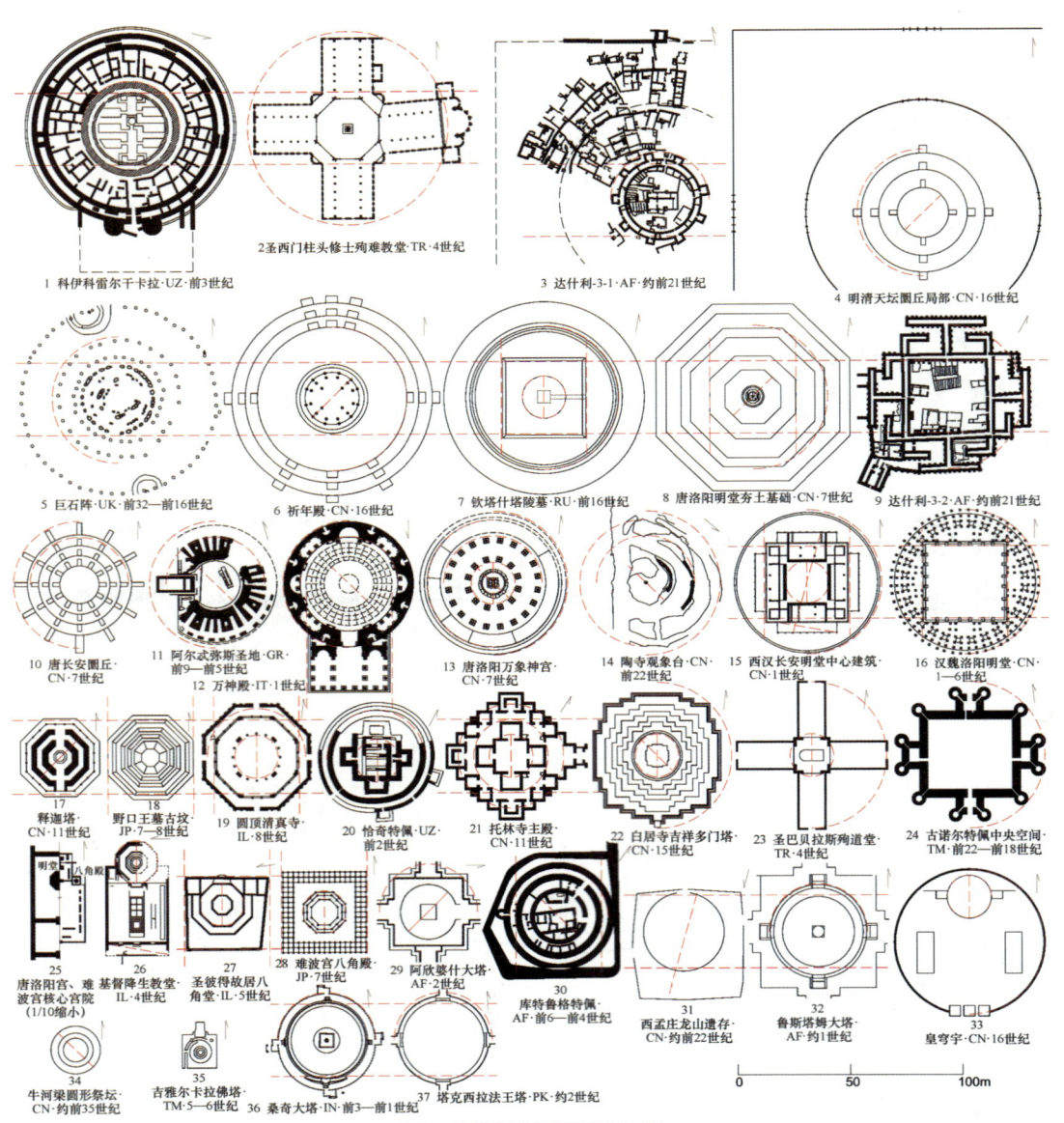

1 科伊科雷尔干卡拉·UZ·前3世纪
2 圣西门柱头修士殉难教堂·TR·4世纪
3 达什利-3-1·AF·约前21世纪
4 明清天坛圜丘局部·CN·16世纪
5 巨石阵·UK·前32—前16世纪
6 祈年殿·CN·16世纪
7 钦塔什塔陵墓·RU·前16世纪
8 唐洛阳明堂夯土基础·CN·7世纪
9 达什利-3-2·AF·约前21世纪
10 唐长安圜丘·CN·7世纪
11 阿尔武弥斯圣地·GR·前9—前5世纪
12 万神殿·IT·1世纪
13 唐洛阳万象神宫·CN·7世纪
14 陶寺观象台·CN·前22世纪
15 西汉长安明堂中心建筑·CN·1世纪
16 汉魏洛阳明堂·CN·1—6世纪
17 释迦塔·CN·11世纪
18 野口王墓古坟·JP·7—8世纪
19 圆顶清真寺·IL·8世纪
20 恰克特佩·UZ·前2世纪
21 托林寺主殿·CN·11世纪
22 白居寺吉祥多门塔·CN·15世纪
23 圣巴巴拉斯殉道堂·TR·4世纪
24 古诺尔特佩中央空间·TM·前22—前18世纪
25 唐洛阳宫·难波宫核心宫院（1/10缩小）
26 明堂、基督降生教堂·IL·4世纪
27 圣彼得故居八角堂·IL·5世纪
28 难波宫八角殿·JP·7世纪
29 阿欣塞什大塔·AF·2世纪
30 库特鲁特佩·AF·前6—前4世纪
31 西孟庄龙山遗存·CN·约前22世纪
32 鲁斯塔姆大塔·AF·约1世纪
33 皇穹宇·CN·16世纪
34 牛河梁圆形祭坛·CN·约前35世纪
35 吉雅尔卡拉佛塔·TM·5—6世纪
36 桑奇大塔·IN·前3—前1世纪
37 塔克西拉法王塔·PK·约2世纪

图7　圆形及类圆形圣所实例

西尔布利山（Silbury Hill）、陶寺圆形观象台（图7-14）、中亚马尔吉亚纳绿洲的古诺尔特佩（Gonur tepe）圣所亚字形中央空间（图7-24）、巴克特里亚绿洲的达什利（Dashly）第3组两处建筑（图7-3、图7-9）、山东西孟庄方圆格局遗存（图7-31）、西西伯利亚钦塔什塔方圆相套的大型陵墓（图7-7）等显著关联后世圆形"神圣空间"规制的重要实例。其尺度设计理念成为后世典范，如牛河梁圆形祭坛及钦塔什塔陵墓之方圆相套比例或造型设计、巨石阵外圈立石及钦塔什塔陵墓之圆形外廓周长近1200尺、陶寺观象台外廓与钦塔什塔陵墓环濠内廓周长近900尺、古诺尔特佩圣所与达什利-3-2建筑及钦塔什塔陵墓的方台边长近150尺、钦塔什塔陵墓中心圆丘径90尺等。又如公元前一千纪间的巴克特里亚绿洲库特鲁格特佩（Kutlug Tepe）（图7-30）、被认为具有天文观测功能的花剌子模绿洲科伊科雷尔干卡拉（Koi-Krylgan-Kala）（图7-1）、内设亚字形空间的塔什干绿洲恰奇特佩（Chach-Tepe）（图7-20）均有近于150尺的"标准尺度"。

达什利-3-2周圈的"L""T"形墙体颇似汉代规矩纹铜镜，其被认为集世俗与宗教权力于一体，似汉地上古明堂具有居寝、布政、祭祀等综合功能，主体九处空间也与"九室"契合。其西南凸出的南向入口合于《史记·孝武本纪》载公玉带献"黄帝时明堂图""从西南入，名曰昆仑，天子从之入，以拜祀上帝焉"，也合于《晋书·天文志》"七政之枢机，阴阳之元本""运乎天中而临制四方，以建四时，而均五行""为人君之象，号令之主也；又为帝车，取乎运动之义也"的北斗在夏至日方位。典籍谓"八尺之表"在"地中"夏至时有1.5尺影长，恰合该建筑中央空间的150尺规模及周圈8间布局，很可能是这一神圣时令的空间表达，契合其"甚或对整个北阿富汗地区执行着同样的特殊职能"[1]。这种设计延绵后世，《吕氏春秋》载天子依时令居明堂不同方位，多座秦王陵四向墓道上存在右旋布局的壁龛（图15-13）；长安"王莽九庙""四堂"内小室呈右置环绕式，桑奇大塔周圈栏楯四面设"Z"形入口，构成顺时针旋转趋势；木鹿吉雅尔卡拉（Gjaur-qala）佛塔（图7-35）西南部设一入口连接顺时针绕塔通道。"明堂"之名既合于原始人类常以火焰、太阳为对象的光明崇拜，也合于佛教图式"曼荼罗"之音，暗示了各地"明堂"式圣所的同源性。

西汉元始五年（公元5年）所建长安南郊明堂（图7-15），外围圆形环濠和方形院落，中心建筑自外至内为周900尺的圆形矮台、方150尺且外出抱厦的复合建筑、方90尺的中心方台，典籍常云明堂"上圆下方"且"通天屋""径九十尺"，故中心方台上应为圆形"通天屋"。汉魏洛阳南郊明堂（图7-16）与之相似，外围

---

[1] M. 托西等：《伊朗与阿富汗的青铜时代》，《中亚文明史（第一卷）》，中译出版社，2017，第196页。

周 900 尺的圆形多柱空间、内有方 150 尺的方台。多部典籍记述明堂"方百四十四尺"即 12×12 尺，亦合方 150 尺建筑之内侧空间，是各例传承最为连续的中央空间尺度，沿用于北魏平城明堂、邺城南郊两座大塔等南郊宗教礼制建筑中。纪元前后的中亚、古印度大营佛塔，巴克特里亚绿洲的鲁斯塔姆（Rustam）大塔（图 7-32）、北印度的桑奇大塔（图 7-36）、塔克西拉的法王塔（图 7-37）直径均近 150 尺。鲁斯塔姆大塔与其北巴克特里亚王都巴尔赫（Balkh）古城、法王塔与其北呾叉始罗王都西苏克（Sirsukh）古城、汉代两京及北齐邺城宫室与南郊明堂均相距近 7 里（图 8），合于典籍常云明堂在"城南七里"。又《魏书·西域列传·乾陀国》云"所都城东南七里有佛塔，高七十丈，周三百步，即所谓'雀离佛图'也"，清刘世珩《南朝寺考》云南朝建初寺"在古宫城南七里……以金陵始有佛寺，故号建初寺，并名其地为佛陀里"。北齐邺城南郊"明堂园"为大庄严寺、大总持寺相夹，可见其与佛教关系紧密。此外，西汉明堂圜水空间规模亦与鲁斯塔姆大塔外围八边形空间相合，周长均近 800 步。八边空间理念或源自达什利-3-2，巴尔赫附近恩史特佩（Emshi Tepe）圆形遗存及希亚格村（Siahgerd）附近三重八边形遗存周长也近 800 步，后来西藏桑耶寺也显然继承了这种规制（图 9）。汉长安城正北方还有一处外缘径近 250m 的圆形天文观测设施（图 11-

29），1—2 世纪贵霜迦腻色迦王建雀离大塔外廓直径，按《大唐西域记》"基趾所峙周一里半"并以唐大里计，亦合 250m（图 11-28）。同时代西方的罗马开始营造方圆结合的万神殿（图 7-12），方形"前堂"广近 150 尺，圆形规模近于斯巴达阿尔忒弥斯（Artemis）圣地圆形祭祀场（图 7-11），后者亦有一方形神庙。4 世纪时的拜占庭出现大型基督教建筑，如圣西门（Saint Simeon）柱头修士殉难教堂（图 7-2）、圣巴贝拉斯殉道堂（图 7-23）均为四面等第的十字对称式。其外接圆一合周长 1200 尺、一合径 150 尺。圣西门教堂中央空间为八边形，居中的是传为圣西门苦行所居之中心柱，高近 80 尺，颇应"八尺之表"理念，"四堂"之广亦近长安明堂抱厦之广。伯利恒基督降生教堂（图 7-26）为八边形主室与方形前堂相接式，前堂之广也与长安明堂抱厦一等。耶路撒冷的传圣彼得故居上所建圣堂（图 7-27）为内部八边、外围方形式，八边外廓一等于长安明堂抱厦，总体规模极似中亚哈达（Hadda）的阿欣婆什（Ahin Push）大塔（图 7-29）。圣巴贝拉斯、基督降生、彼得故居圣堂主室均合 90 尺规模。汉地君主约自周以来称"天子"，长安明堂建成 5 年前的"元始元年"既是后来确立为公元纪年之始的基督教所指"上帝之子"基督诞生年，也近中亚贵霜王者称"天子"、佛教东传之时。中亚阿姆河地带在 2 世纪末即存在基督教[1]，彼时兴盛

---

1 [英] A. 明甘那：《基督教在中亚和远东的早期传播》，《国际汉学》2004 年第 1 期，第 87 页。

的中亚佛教建筑文化显然是这一东西共通现象的关键纽带，并存在某种与纪年有关的"神圣"契机。

与西汉明堂"四堂"规模等第者可溯至前四千纪后半期的大地湾 F901（图 10-22）及达什利-3-1、达什利-3-2 中央空间内主室（图 10-17、图 10-18）。抱厦八间则可溯至达什利-3-2 四面八间、二里头 1 号殿（图 10-6）及凤雏甲组殿院（图 10-3）的面阔八间。与抱厦广度等第者则有召陈西周 3 号建筑（图 10-5）、波斯波利斯宫薛西斯殿（图 10-12）、"王莽九庙" 12 号建筑太室（图 10-13），契合于古明堂源于早期氏族聚落中央"大房子"的推测。比照《周礼》所云三代"明堂"制度，"夏后氏世室"之堂"广四

修一"及"周人明堂"之"东西九筵、南北七筵"均合于二里头 1 号及召陈 3 号的长方形制。在二里头 1 号与达什利-3-1 中还可看到契合"堂三之二、室三之一"及堂"广四修一"的空间划分比例。殷人"四阿重屋"应指正方复合建筑，如偃师宫中东南部方 150 尺的多室环绕式宫院。西汉明堂应是综合古时制度而成，有些晚期建筑也保持了这些传统——日本伊势神宫内宫正殿（图 10-9）规模接近西汉明堂"四堂"，相似者还有古坟时代的三寺 I 期正殿（图 10-7），且其柱列均为外八间、内三间，与西汉明堂"四堂"三间、抱厦八间相合，古坟时代初期的缠向遗迹"居馆"正殿（图 10-15）亦是八间规制。类似三寺 I 期的正方空间还有秦咸阳宫 1 号

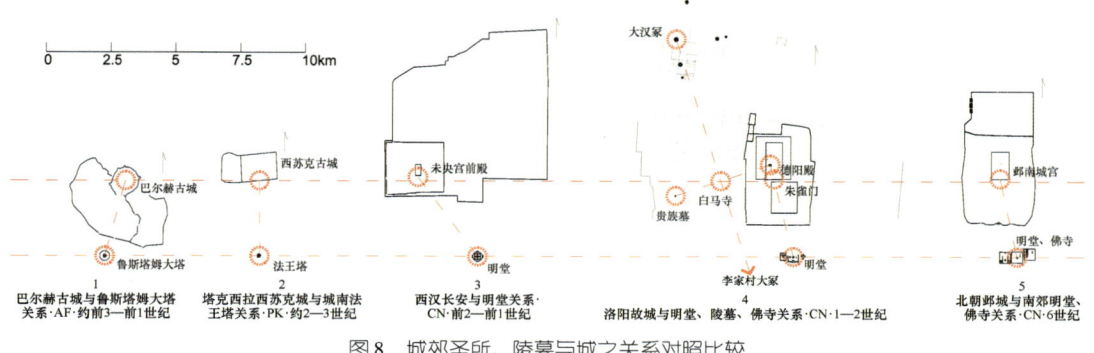

图 8　城郊圣所、陵墓与城之关系对照比较

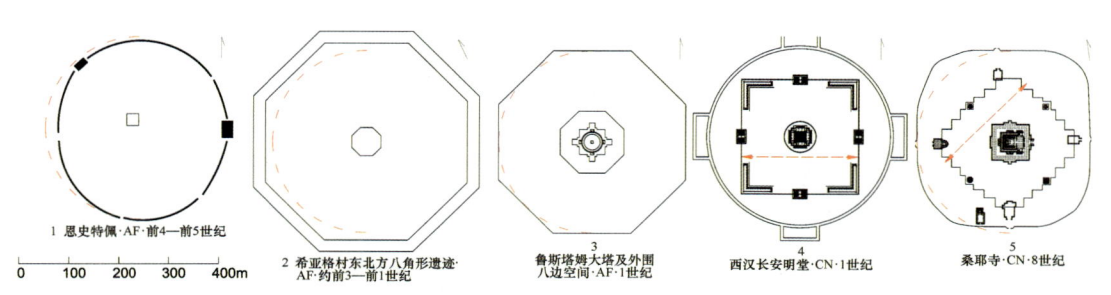

1　巴尔赫古城与鲁斯塔姆大塔关系·AF·约前3—前1世纪
2　塔克西拉西苏克城与城南法王塔关系·PK·约前2—前3世纪
3　西汉长安与明堂关系·CN·前2—前1世纪
4　洛阳故城与明堂、陵墓、佛寺关系·CN·1—2世纪
5　北朝邺城与南郊明堂、佛寺关系·CN·6世纪

图 9　周长近 800 步圆形及类圆形空间实例

1　恩史特佩·AF·前4—前5世纪
2　希亚格村东北方八角形遗迹·AF·约前3—前1世纪
3　鲁斯塔姆大塔及外围八边空间·AF·1世纪
4　西汉长安明堂·CN·1世纪
5　桑耶寺·CN·8世纪

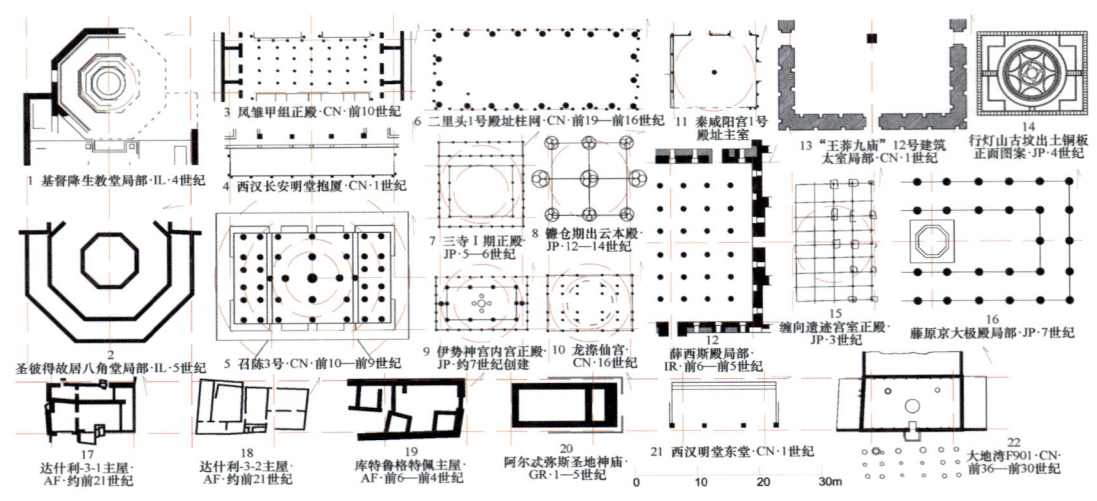

图 10　西汉明堂相关尺度建筑实例比较

殿址主室（图 10 – 11）及镰仓时代出云大社本殿（图 10 – 8），二者皆有中心柱。伊势正殿内传为四柱扶持主柱式的"心御柱"规制已见于召陈 3 号，且正殿面阔近于主室边长。中心柱既是秦汉大型宫庙主室"都柱"，也是十二间的魏晋南北朝前期太极殿中柱，还是早期佛塔"刹柱"。召陈 3 号屋盖被推测为上圆下方式，主室内圈四柱空间一等于基督降生堂与圣彼得八角堂核心八边形空间，外圈八柱则是从"八间面阔"转向"八面空间"的关键实例，"文王演卦"传说正值其时。方圆构图在行灯山古坟铜板图案（图 10 – 14）上也有体现，板上铜镜纹合于伊势神宫以"八咫镜"为祭祀对象的象征意义。福建传统民居仍有正屋脊檩下绘八卦图风俗，与早期明堂一意。福建屏南龙漈仙宫（图 10 – 10）与伊势正殿同规模，屋盖上圆下方，内置八角藻井，坐落于二水汇合之地，颇似天武、持统帝于奈良盆地诸水汇合处"广瀬龙田"祭祀之事。

1—2 世纪时东汉帝陵圆形陵丘的出现，是汉地陵寝制度的巨大变革之一。巨型圆冢此前盛于欧亚北方，冢内往往还有复杂空间。前一千纪间实例，如俄罗斯图瓦的莫格多吉巴拉（Mog-k Dogee-Baara）2 号墓内呈主室—四堂式的亚字形构造，阿尔赞（Arzhan）王墓内为重环阵列式空间。同时期地中海东岸安纳托利亚之吕底亚人、弗吉尼亚人及东北巴尔干半岛的色雷斯人也盛造大圆冢式陵墓，影响至地中海周缘古希腊城邦分布地带，坦塔洛斯（Tantalos）墓中还有重环阵列式结构。与色雷斯相邻的马其顿王腓力二世墓亦为大圆冢，腓力之子亚历山大远及北印度的东征行动及其后续王国的建立，促进了携有古希腊文化元素的圆冢式陵墓与东方文化的融合。一种径近 160m 的大型圆冢规制自西至东延伸，顺次为希腊北部安菲波利斯（Amphipolis）之墓主可能为亚历山大某位亲属的卡斯塔（Kasta）大冢（图 11-17）、安纳托利亚西部的佩加蒙（Pergamon）大冢（图 11-18）、安纳托利亚东部科默金（Commagene）王国安条克（Antioch）一世大冢（图 11-19）、北印度的南丹格尔（Nandangarh）大塔（图 11-20）。此类圆冢周长近关乎象数"七"的 2100 尺，同规模者最早见于约前 24 世纪的西尔布利山圆冢，直径还可能合于古希腊常用于测量旅程的度量单位"Stadia"[1]，故成为最具普适象征的王或"圣者"陵墓尺度。南丹格尔大塔传初建于阿育王时期，即亚历山大东征后不久。此时是佛塔营造的第一次高潮，此后直至贵霜时代的佛塔均带有显著的古希腊风格，佛塔周圈护墙常装饰有爱奥尼或科林斯等样式的柱列，阿玛瓦提（Amaravthi）大塔内还存在重环阵列式结构。被推测为光武帝陵的洛阳邙山大汉冢（图 11-24）周长一等于前述希腊化圆冢与圆塔的 2100 尺，佛教应起到关键作用。《洛阳伽蓝记》云"白马寺，汉明帝所立也，佛入中国之始……帝梦金神长丈六，项背日月光明，金神号曰佛，遣使向西域求之，乃得经像焉……明帝崩，起祇洹于陵上，自此从后，百姓冢上或作浮图焉"。大汉冢、白马寺与可能为明帝陵的李家村大冢三点一线，距离分别约 14、36 汉里；北宫德阳殿（魏晋太极殿前身）、白马寺、寺西贵族墓亦三点一线；北邙三汉冢连线平行于洛阳夏门至黄河关津的古道路，似早期佛塔流行造于四衢道头以供瞻拜的风

俗，均暗示了与佛教的关联（图 8-4）。微观观察，东汉陵冢与"石殿"东西骈列有似早期佛寺常见的塔殿骈列形制，白马寺东汉墓园残存古希腊风凹楞柱残片反映的"石殿"之制有似古希腊石庙式陵墓，诸陵"无周垣，为行马"有似中亚与印度佛塔周圈栏楯之制，大汉冢周圈环形窄沟类似希腊式圆冢及佛塔的护壁石墙基槽。尤其值得注意的是东汉陵园地面建筑聚于东北，极似巴克特里亚绿洲蒂尔伯金（图 11-16）的居中位置径同大汉冢的圆形城堡、东北角位置与东汉帝陵"园省""园寺吏舍"单元尺度近同的神庙格局。蒂尔伯金圆形城堡建于阿黑门尼德时代，但有希腊化时代改造未成遗迹，其尺度暗示可能欲改为王者陵墓或大型佛塔。其外围方城建于希腊化时期，边长合于 1 里，恰可将东汉陵园核心的陵冢、石殿、寝殿括入。《史记》言汉文帝时新垣平云"东北神明之舍，西方神明之墓"，颇合东汉帝陵建筑聚于东北、冢在西侧的规制，或隐喻白日最长的夏至时日出东北或"岁首"冬至时北斗在东北的规律。18 世纪的曼谷大王宫亦在东北隅置佛寺，暗示了该理念在佛教世界中的传承。洛阳二汉冢、郭家岭 M1054（图 11-21、图 11-22）周长也近 2100 尺。

其他东汉陵冢周长则存在近 2400 尺、1800 尺、1400 尺三种尺度规制（图 11），最大的 2400 尺仅见于李家村大冢（图 11-

---

[1] 目前存在 157m、176m、185m、196m、209m 诸说。

25），很可能反映了墓主的特殊身份。1800尺周长还见于巨石阵外濠、北印度凯萨里亚（Kesaria）大塔（图11-8）、爪哇婆罗大塔（图11-7），1400尺周长还见于巴音布鲁克草原祭坛（图11-1）及北魏长陵与永固陵（图11-4、图11-5）等北朝帝陵圆冢。与中国三国时代相当，圆形规模近同东汉帝陵的大型"前方后圆坟"出现于日本列岛，首先营造的箸墓古坟（图11-23）圆丘周长近2100尺，其缓坡五级重台式陵形极似大型圆塔的重台式塔座，亦合于早期佛教流行的五重塔制，各层列置"筒形埴轮"有似佛塔台基壁面列柱或栏楯，顶部置埋葬设施则如多级塔庙及塔形墓的顶室，亦类于《法苑珠林》载魏明帝"系舍利在幡刹之上"。紧接箸墓营造的几座大型古坟，尺度也均与东汉帝陵对应，如行灯山、涩谷向山两古坟（图11-26、图11-27）周长近2400尺，梅斯立山（メスリ山）、西殿冢两古坟（图11-14、图11-15）周长近1800尺，樱井茶臼山古坟（图11-6）周长近1400尺。此外，樱井茶臼山古坟顶部方形空间近45尺×54尺，与汉康陵外陵垣、"王莽九庙"大围墙、洛阳北宫比例一等；梅斯立山古坟顶部外重方形空间近42尺×63尺，与洛阳"九六城"比例一等，进一步暗示了其与东汉建筑文化的关联性。仁德陵古坟（图11-32）规模最大，其圆冢径250m，近于汉长安天井岸圆形遗迹、贵霜"雀离大塔"、北魏平城明堂圜水（图11-30）空间尺度，亦同于集安高句丽好太王陵与长寿王陵之间、可能为未建成坛塔的大型圆形遗迹（图11-31）规模。是以知日本形态独特的"前方后圆坟"之形成，并未脱离欧亚建筑文化背景。

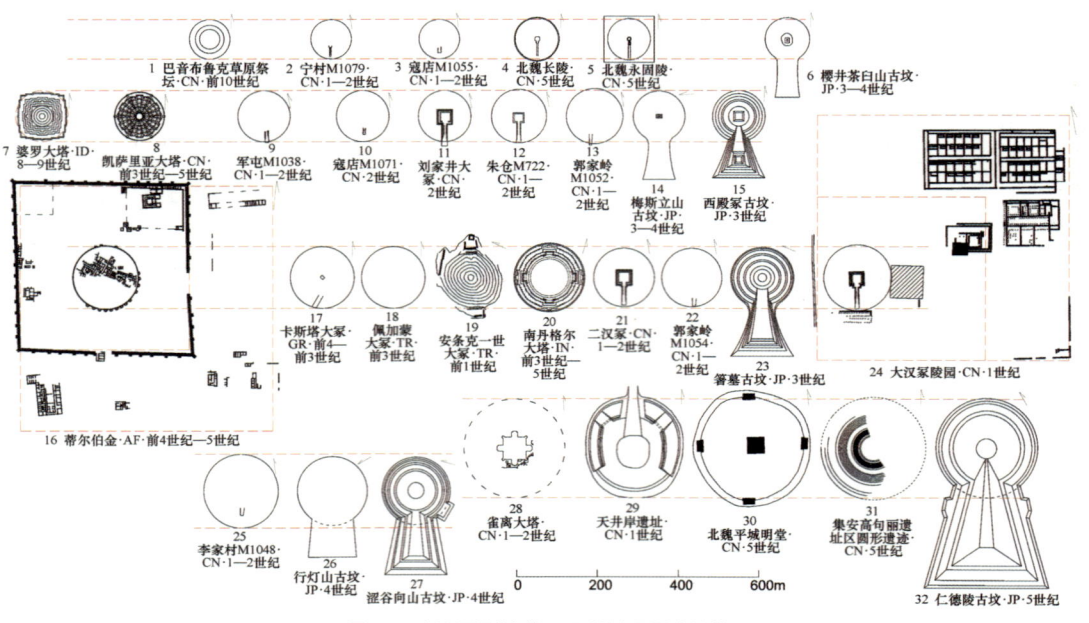

图11 大型圆形陵墓、圣所共通尺度比较

7 世纪时，八边形的"神圣空间"设计理念同时出现于东西方。日本难波宫大极殿院两侧别设八角殿院（图 7-25、图 7-28），空间规模、格局近彼得故居八角堂，八角殿外廊对边距近 90 尺。7 世纪末叶，在唐洛阳宫毁正殿乾元殿而建八边形明堂（图 7-8）的同年，耶路撒冷圣殿山建起八边形圆顶清真寺（图 7-19、图 7-25）。难波宫八角殿院、洛阳宫明堂均位居规模一等的宫中核心廊院北端，构成 10 倍于基督降生堂的相似空间。洛阳明堂内重夯土与圆顶清真寺第二重八边形空间一等，对边距近 150 尺，圆顶清真寺内重八边形对边距近 90 尺。将八边形建筑与宫中方形主殿并置或直接置换，再度印证二者同源。同期的日本藤原京大极殿内置八边形"高御座"（图 10-16），应缘于此时大陆影响下的宫中主殿已为奇数开间、中柱消失，故"高御座"成为中柱的变通形式，也是古老的方圆式屋盖之变身。藤原京郊的皇室陵墓均为八边形，其中天武、持统帝合葬陵之野口王墓古坟（图 7-18）对边距近 150 尺，且位于藤原京正南 7 唐里处的藤原京外接圆上（图 22-3），似乎回归了纪元初期的中亚佛塔与王城关系设计。此时的天武、持统朝廷强化佛教作为国家信仰，该设计符合佛教奉支持佛教的帝王为"转轮圣王"的传统理念。彼岸唐廷明堂营造次年，明堂西北侧新造圆形"天堂"（图 7-13），规模同于长安南郊圜丘（图 7-10）外廊，还与罗马万神殿规模近似，其名号也是意味相似的"万象神宫"。7 世纪后期，东西方再度同时迎来权力与宗教密切结合的"礼制建设"浪潮——唐明堂营造前十余年的高宗与武后获"天皇""天后"尊号，明堂造成次年的武后又获"圣母神皇"尊号，与同年所建"万象神宫"相似的万神殿已于 7 世纪初被赠予天主教皇，更名为同样具有"圣母"涵义的圣玛利亚教堂。同时期，统一伊始的日本列岛启用了"日本"国名与"天皇"称号，并出现多位女帝。在西亚的阿拉伯帝国，地处伊斯兰教创始人"登天"之地的圆顶清真寺由哈里发敕令建造。延至 8 世纪中叶，罗马教皇国因丕平献土而成立。这些"神圣空间"承自相通的建筑文化传统，并借由席卷欧亚的相似历史形势而出现。

8 世纪后，承自远古的"神圣空间"营造理念在东西方余绪绵长。不但有基督教堂的十字平面及圆顶、伊斯兰八边形或"千柱"式教清真寺及周圈小室围合的经学院方院，也有东方的陵塔坛庙——佛宫寺释迦塔（图 7-17）台基对边距近 150 尺，初层主体平面与圣彼得八角堂规模等第；具有佛教背景的西夏王陵八边形陵台（图 18-12）规模近释迦塔与野口王墓；托林寺主殿（图 7-21）设计为十字对称的折角式平面，主室外切圆径 90 尺，四面有"四堂"，外部周圈又有小室，与桑耶寺格局颇似；白居寺吉祥多门塔（图 7-22）五重折角式台基每层有壁 36 面及小室若干，契合典籍常云明堂"三十六户"，塔四正方向深广约合 240 尺、高约合 180 尺合于"九""十二"象数，塔基外切圆径 150 尺、中央圆形空间径近 90 尺，均制同明堂；明北京天坛圜丘（图7-4）总体规模与格局可追溯至达什利-3-1建筑群，皇穹宇（图7-33）是制同明堂的院墙径150尺、主殿径90尺，祈年殿（图7-6）的数圈空间规模可追溯至巨石阵及钦塔什塔陵墓。

三　宫殿组群的多重格局生成

东西方古代宫殿建筑群复杂多样的视觉形象之下，空间组织设计及附会象数的几种稳定化空间尺度是其间交流存在的又一重要例证。

广2700尺外重"禁庭"与广1000尺"前朝"、广1500尺"后寝"空间组合是前3世纪以降东方宫室的制度化设计，其形成历程隐约可追。良渚城址中央方台（图12-1）规模近2700尺×2000尺，台上建筑集中于大莫角山及南侧广近1000尺的区域内，另一侧则有小莫角山建筑群与之骈列。同规模的新巴比伦城中央塔庙建筑群（图12-2）以较大的中央塔院与较小的马杜克（Marduk）神庙骈列，布局理念与良渚方台明显相通。望京楼古城（图12-4）方2700尺，未见内重空间。卢克索阿蒙神庙（图12-7）与两河霍萨巴德（Khorsabad）宫城（图12-3）内凹或外凸设计也存在相似的1000尺—2700尺空间组合。前一千纪中叶以降，出现了外重方2700尺、内重方1500尺或1200尺的空间组合，如中亚花剌子模绿洲阿克恰汗卡拉（Akchakhan-kala）古城（图12-13）、西汉长安南郊社稷（图12-11）、东汉帝陵陵园（图12-15）。类似规模的近正方设计还见于司家庄秦陵内陵园（图12-10）、高句丽安鹤宫（图12-16）与日本藤原京难波宫（图12-18）及渤海上京城核心宫区（图12-19）。前4—前3世纪的严家沟、周陵镇秦陵（图12-8、图12-9）进深变大，延至秦汉帝国宫室陵墓，开始出现广2700尺外重空间与1000尺×2000尺、1500×1500尺两种内重空间前后组合格局。最早见于秦始皇陵内城（图12-5），西汉未央宫前殿周边的断续遗迹（图12-6）也大略显现，汉魏洛阳宫（图12-14）更加显著。未央宫、洛阳宫所见外重空间应是常见于史籍的"禁庭"，前、后两内重空间则是"前朝"与"后寝"所在。唐大明宫中东西对称的南北通路所夹"禁庭"[1]（图12-17）亦广2700尺。几座宫室的南北进深划分尺度亦相通。2700尺即450步，1500尺即250步，附会于"九五"象数。此外，秦汉宫室陵寝东部均存在特别突出的"东阙"通道式空间，极类于卢克索阿蒙神庙及中亚艾哈努姆宫门通道（图12-12），也与波斯波利斯宫（图17-8）的侧面宫门方位及秦咸阳宫顺塬头一线布置朝寝宫室相似。"禁中"模度亦有特例，如楚纪南城宫室、元中都皇城、明清紫禁城之广近2700尺，是以近30cm尺长计得，暗

---

[1] 傅熹年：《中国古代建筑史·第二卷》，中国建筑工业出版社，2009，第402页。

示阿姆河绿洲泥砖所见"大尺"制度也并行其间。

1000尺作为"前朝"殿庭标准，合于"千尺为势"的传统风水理论，延续直至明清北京"前三殿"殿庭规模。其作为独立宫室的若干实例揭示了理念起源，有时为稍小的900尺，内部多见方200尺的内重核心空间。古埃及的左塞（Djoser）、美杜姆（Meidum）、胡夫（Khufu）、哈夫拉（Khafre）、拉杰德夫（Djedefre）、森沃斯勒一世金字塔、赛斯比（Sesebi）城（图13-1至图13-7）均为此制，同时期东方的平粮台古城（图13-8）、陶寺宫城（图13-9）亦为此制。公元前一千纪期间多见于两周城址或陵墓，如鲁故宫（图13-10）、官庄与娘娘寨两古城（图13-11、图13-12）、吴越王陵（图13-13至图13-15）方形环濠、邯郸赵王陵1号陵陵台（图13-16）、西汉帝陵陵庙与南郊明堂（图13-17）。中亚及北方草原地带亦有若干此类小城，如巴克特里亚绿洲扎迪扬（Zadiyan）中心小城（图13-18）、伊特马克西北小城（图13-19）及13世纪的巴彦乌拉古城内城，其中扎迪扬与平粮台古城形制尤似。诸例多近正方，唯左塞陵园与陶寺宫、鲁故宫一侧长2000尺，合于"前朝"规制，益山王宫里百济王宫（图13-20）及日本京都御所（图13-24）亦是该型的独立宫室。较晚的缅甸瑞芝贡塔（图13-21）及北宋诸帝陵陵园（图13-22）、北京太庙及社稷坛（图13-23）等，也延续"千尺"规制。

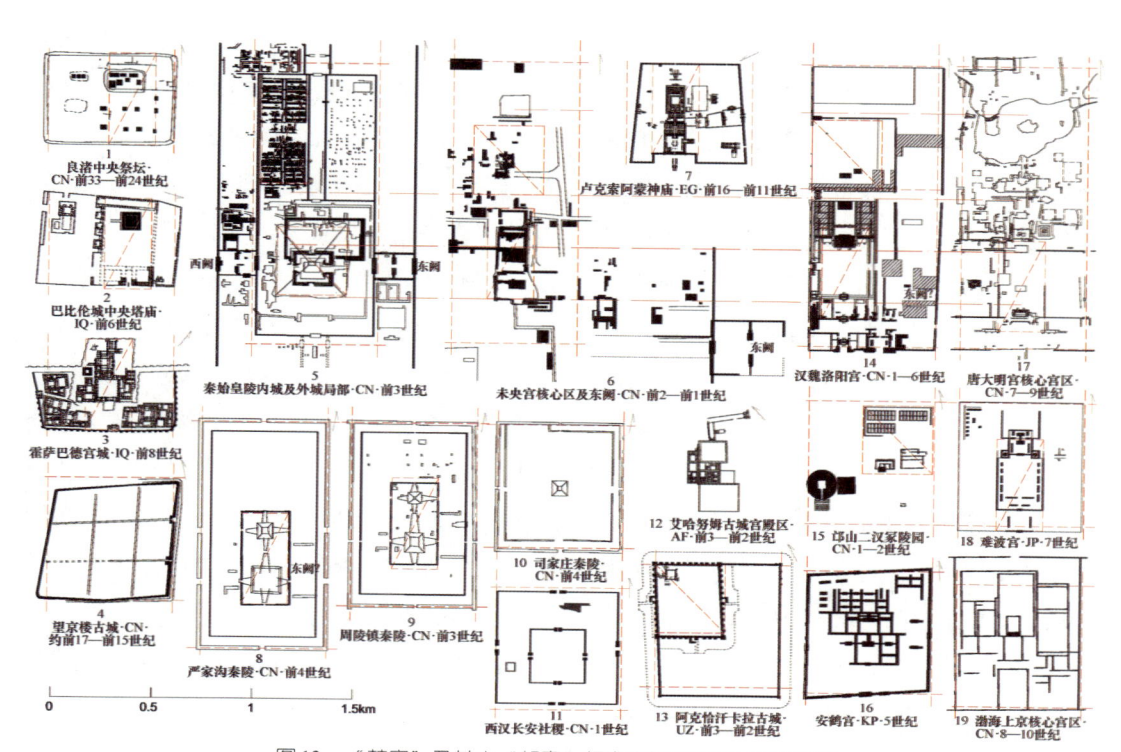

图12 "禁庭"及其内"朝寝"标准空间尺度相关建筑实例

图13 "千尺"标准空间尺度相关实例

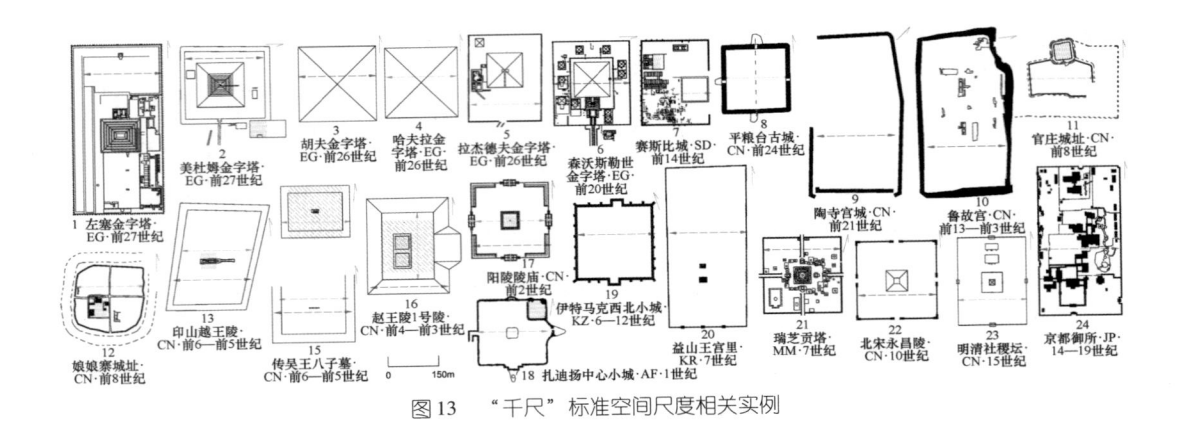

以卢克索古埃及阿蒙神庙（图14-5）为代表的中轴对称、重层阙门、柱列式前殿、周列小室设计，与"前朝"微观格局的形成关联密切。等第于阿蒙神庙后半区者，已见于芦山峁大营盘梁建筑群（图14-1），与神庙主体完工同时代的凤雏甲组建筑（图14-3）格局也多共通。凤雏甲组南侧的3号建筑群（图14-4）则意似阿蒙神庙第一重院落，二者同侧皆有一外凸建筑。与阿蒙神庙多重阙门形制相似者如阿吞（Aten）神庙（图14-10）及阿蒙与雷赫拉克提（Amun & Re-Horakhty）神庙（图14-6），其"满堂柱"式前殿与后部回字形空间组合的早期简约形式亦见于森沃斯勒一世神庙。此后时代，雍城瓦窑头建筑（图14-9）与附近朝寝建筑（图14-12）均与这些格局相似，由前部多重方院与后部主殿院串联构成，并具有相同的进深规模。巴比伦中央塔院建筑群中的马杜克庙（图14-2）是与大营盘梁建筑群相似的简约格局。最与阿蒙神庙相似者是秦栎阳宫（图14-7），前部空间具有相同的规模与进深递进尺度，且前、后宫区间同有三道横向建筑。燕下都4号建筑（图14-13）及西汉未央宫前殿高台上建筑群（图15-15）、阿富汗贵霜时代苏尔科塔尔庙（图14-8）亦属此类。三门—前殿—正殿的组合模式成为1—6世纪的汉地宫室定制，汉魏洛阳宫南部串联阊阖门、止车门、端门（图12-14），太极殿与阿蒙神庙前殿规模一同，殿后连以居寝正殿宫院（图14-14），院两侧及后部近年已发现了有如周圈廊室的廊院。秦汉阙门的"台门"之称合于埃及阙门的平台形象，且二者皆好满布雕饰，"东阙"或"左阙"设计亦是重要佐证。东汉帝陵以"满堂柱"式建筑后方以墓道连接正方墓圹（图14-11），圹中有廊室围绕主室的"黄肠题凑"，与阿蒙神庙核心空间格局也几乎全同。该制度亦见于日本缠向遗迹宫殿（图14-15）与飞鸟宫，尤其是飞鸟宫东南侧宫院（图14-16）与汉魏洛阳太极殿规模一同。这些实例与典籍云"三朝五门"宫殿制度关联密切，构成古代宫殿"前朝"的核心空间。中亚与印度早期佛寺常见形制是前为佛塔、后为方形小室环抱的僧院

格局，奈良东大寺前为金堂、后为廊院环绕的讲堂格局，皆延续了这一特质。

1500尺作为"寝区"标准尺度最早见于前巴比伦宫区（图16-1），其内五院骈列。波斯波利斯宫寝宫区的薛西斯殿后部设有一系列排列整齐的小宫院（图17-8），这亦见于秦汉帝陵寝殿之后的多排成组宫院设计，类似《周礼·匠人》云"内有九室，九嫔居之"。汉魏洛阳宫"寝区"中央南部殿址广度约为此区的1/5（图16-7），暗示其区东西可能也分为骈列的五路宫院，北朝邺城宫区北部亦新发现类似洛阳宫规格的"寝区"空间。唐洛阳宫内西部偏北也已发现了类似宫院组群遗迹，延续至明清紫禁城东、西六宫与乾清宫构成五路空间（图16-13），此区域东西之广仍相当秦汉时1500尺。

"前朝"与"后寝"空间曾存在偏轴、中轴对位两种设计。前者见于偃师、洹北两处商代宫室（图18-8）。后来显著见于西亚霍萨巴德宫（图17-7）、波斯波利斯宫（图17-8）与东方秦咸阳宫（图15-11）、秦始皇陵（图15-12）、汉未央宫（图15-15）、西汉帝陵（图15-17）中，可能是基于帝王正殿具有唯一居中地位的"崇中"思想而设计。中轴对位在赵邯郸、燕下都宫室（图15-9、15-10）中已显著存在。巴比伦宫区中轴向南直对中央塔庙埃特梅南奇方塔（Etemenanki）（图16-1），也契合"明堂"式圣所与太极殿同源于早期神权与世俗权力合一式建筑。桑奇佛教建筑群院落广1500尺，具有明堂特质的1号大塔居中。这正如汉魏洛阳宫方1500尺的"寝区"中轴向南直对太极殿。其中的宗教礼制意味亦在东方延续，如北魏洛阳宫南置永宁寺塔、唐太极宫南置大荐福寺塔、大明宫南置大慈恩寺塔的格局。广而言之，1世纪创立的城南七里置宗教礼制建筑制度可能亦出于这一理念。西亚赞比尔（Zanbil）塔庙（图16-2）、永宁寺塔的方形基础（图16-3）均与巴比伦中央大塔规模同，汉魏洛阳明堂之旁的灵台（图16-4）、日本飞鸟水落计时建筑（图16-5）则为巴比伦中央大塔的1/2、内外重空间划分结构相似，均鲜明体现了其中的神权特质。

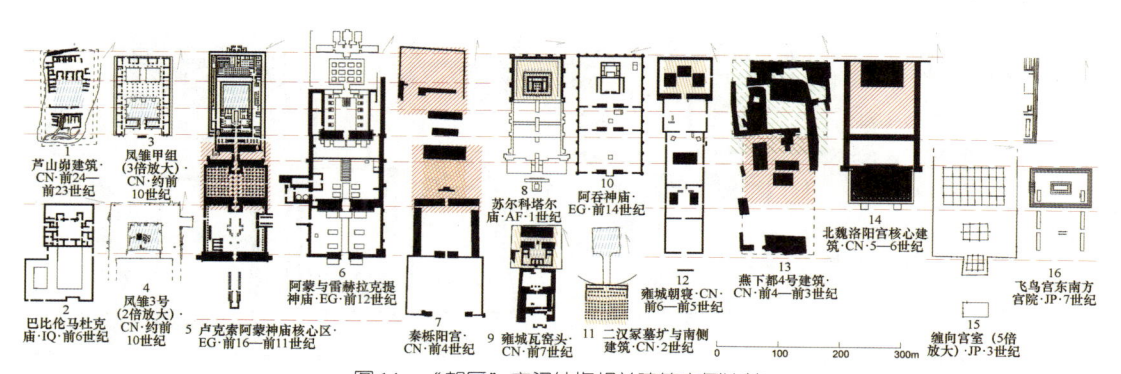

图14 "朝区"空间结构相关建筑实例比较

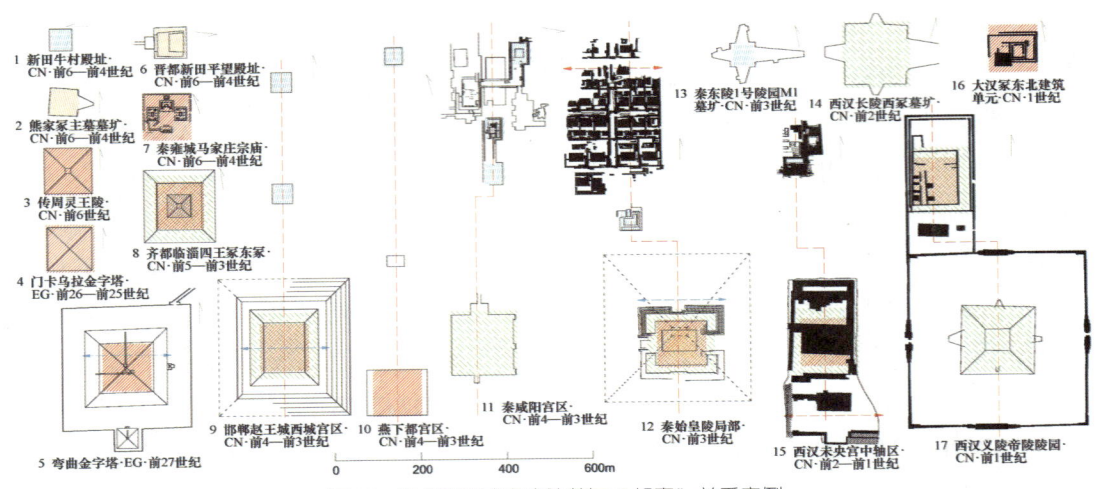

图15 高台建筑式宫庙陵墓与"朝寝"关系实例

以此知宫室空间尺度普适规制为：2700尺"禁中"——1000或900尺"前朝"宫区（图中红、蓝色箭头及左下—右上斜线所示）——500尺"前朝"（图中红色区域）——300尺（图中橙色区域）前殿——200尺（图中蓝色区域）正殿——1500尺（图中左上—右下斜线所示）"后寝"宫区，有时因规模不同而互通。该尺度体系不但显著存在于东方直至15世纪的宫殿，也见于西方文艺复兴时期的圣彼得大教堂的四种关键空间尺度中（图16）。其在战国秦汉宫庙陵墓的存在则暗示当时高台宫室与封土墓同时兴起并非巧合（图15），此类规模的大型方台式陵墓已见于古埃及，如弯曲（Bent）金字塔（图15-5）及门卡乌拉（Menkaura）金字塔（图15-4）。战国秦汉封土墓中不乏趋近尖冢者，如传周灵王陵、周陵镇秦陵北冢、秦始皇陵。

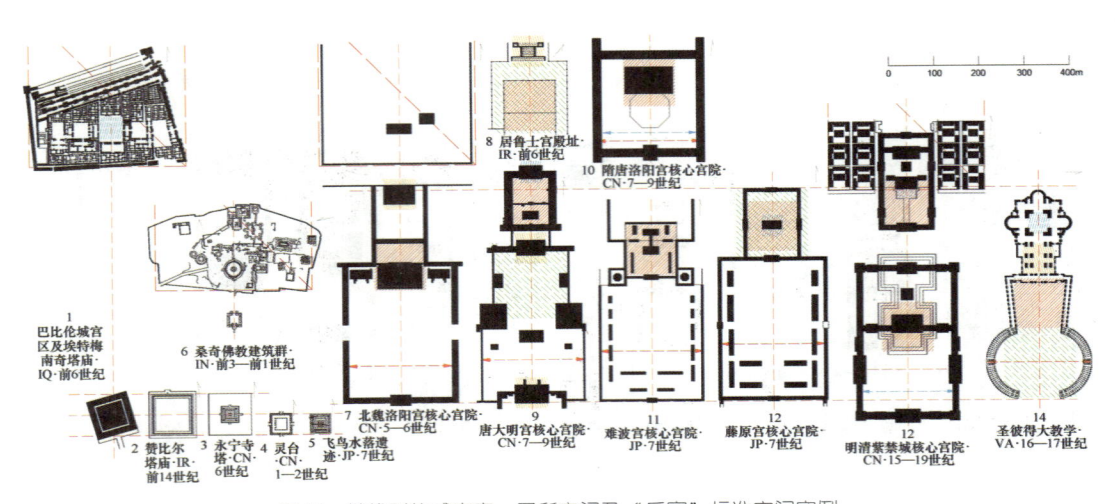

图16 轴线对位式宫室、圣所空间及"后寝"标准空间实例

明堂·禁庭·王城　083

1 二里头宫区·CN·前19—前16世纪
2 巴比伦城埃特梅南奇塔院·IQ·前6世纪
3 希律王时期耶路撒冷圣殿山·IL·前1世纪
4 藤原宫太极殿院及寝区·JP·7世纪
5 杰德卡拉金字塔·EG·前25—前24世纪
6 阿蒙诺菲斯神庙·EG·前14世纪
7 霍萨巴德宫中部宫殿群·IQ·前8世纪
8 波斯波利斯宫·IR·前6—前4世纪
9 石碑地秦行宫·CN·前3世纪
10 邯郸赵王陵2号陵·CN·前4—前3世纪

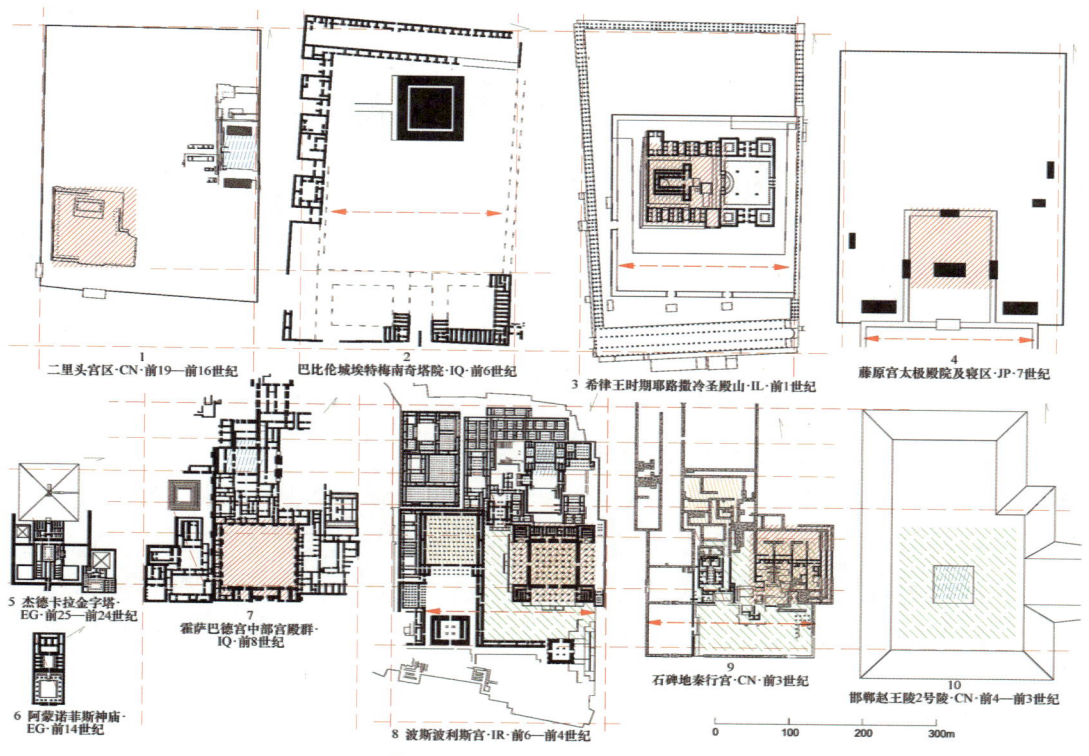

图17　广近1200尺宫庙陵寝实例

"标准"规模之外是两类集约式布局的小型宫室。其一广约1200尺，如二里头宫区（图17-1）、霍萨巴德宫中部宫殿群（图17-7）、新巴比伦城中央塔庙主院外廊（图17-2）与波斯波利斯宫所在大平台（图17-8）、邯郸赵王陵2号陵（图17-10）、石碑地秦行宫（图17-9）、希律王时期耶路撒冷圣殿山大平台（图17-3）、日本藤原宫居寝区（图17-4）也当此规模。空间内部多见方500尺"前朝"与方200尺"后寝"前后组合式布局。尤其是波斯波利斯宫与石碑地秦行宫呈现出极为相似的布局特征，二者各自中部所夹建筑组群中，还可见到与杰德卡拉（Djedkare）金字塔庙（图17-5）及哈普之子阿蒙诺菲斯（Amenophis son of Hapu）神庙（图17-6）相似的T字形布局，二者共有的外廊角部缩进特征还见于赵王陵2号陵。

更小的一类宫室广约700尺，其内多有方300尺的内重殿庭。较早者为偃师商城宫区（图18-1）及洹北商城核心宫院（图18-8）。其后见于中亚，包括花剌子模绿洲托普拉克卡拉（Toprak Kala）古城西北宫区（图18-6）、法拉（Farah Shahr-i Kuhna）遗址（图18-13）、古奇特佩（Guch Tepe）等，托普拉克卡拉宫区西北角的高台要塞式宫庙三面凸出，极类齐都临淄10号高台宫殿（图18-7）。后来又见于东方，日本"飞鸟净御原宫"（图18-4）、西伯利亚博尔巴任（Por-Bajin）城址

（图18-5）、西夏王陵3号（图18-12）与8号陵、萨迦寺（图18-14）亦为此规模，桑耶寺四座角塔相距亦近700尺。飞鸟宫与博尔巴任内存在相似的三面成列方院，应延续了早期宫庙中周圈小室格局，古埃及哈布城（Medinet Habu）庙（图18-11）即存在相似的复杂空间。此外，近于"Stadia"的700尺还常用于较大宫室主殿核心殿庭或台基尺度以至大型宫室、城市空间的单元设计模度（图14—图17绿色区域），尤其是大明宫内空间规划模度约164.7m，计以唐大尺则非整数，显然是从700"小尺"模度传承而来。

偃师宫区内骈列宫院间夹一小宫院格局可能与波斯波利斯宫设计相通，但其多期有规律拆建现象更为特殊。与之规模、比例近同的横向宫院与长屋也出现于飞鸟宫中，后者同样存在多期建筑遗存，是《日本书纪》载8世纪前王者皆一代一宫、同在一地亦须重建习俗的写照。已有研究表明商王与日本王者即位礼中存在相似的、强调传承更新的"真床覆衾"仪轨[1]，契合了建筑的相似性。举行这一仪式的"大尝祭"在双院骈列的"大尝宫"（图18-3）内举行，两院分别进行"夕之仪"与"晓之仪"，具有新旧更替象征意味，有如双院骈列的伊势神宫20年一次的"式年迁宫"，行灯山古坟出土铜板背面图案（图18-10）也有相似表达。传统"大尝宫"空间呈北侧横长连通、南侧对称骈列式，也如偃师宫与石碑地秦行宫中部偏北一组宫院（图18-9）。这种表现"神格永续"的传承理念亦见于藏地宗教与基督教中，结合中亚阿尔丁-10-1与日本三寺I期、偃师宫室与波斯波利斯宫两组骈列建筑的同构现象，推测其中存在共同的原始宗教起源。

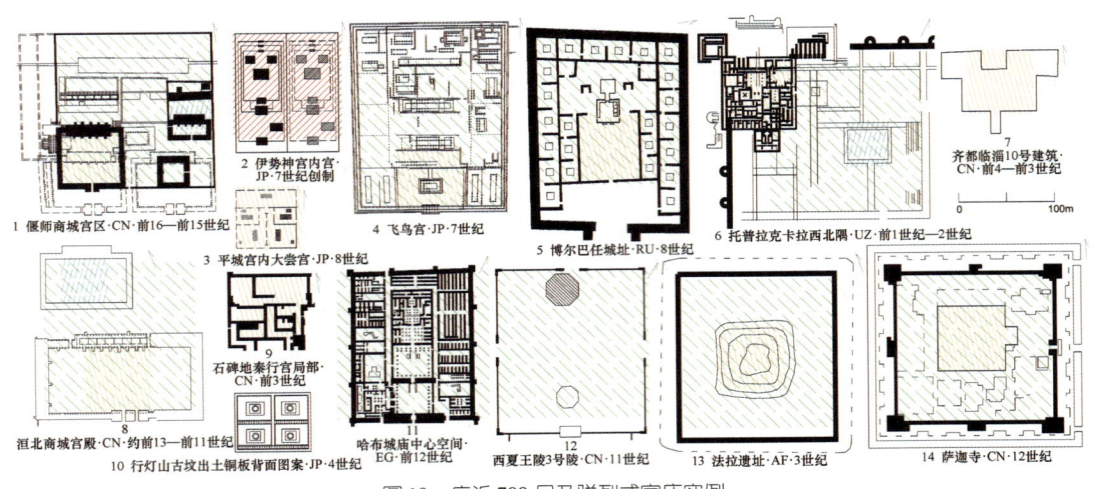

图18 广近700尺及骈列式宫庙实例

1 韩东育：《东亚的"殷"魂》，《读书》2017年第5期，第23—31页。

四　王城制度的神圣比例建构

前述空间模度表明"十五"是最为稳定的"神圣尺度"之一。约前33世纪、推测为河洛地带古国之都的巩义双槐树聚落中央一大型房址亦面阔15间，典籍谓"八尺之表"在该聚落附近"地中"嵩山夏至时影长有1.5尺，嵩山的"太室山"之名也隐喻了其特殊的象征意义。西汉长安亦存在以"十五"为基准的空间模度[1]，司马迁《史记》则有"为天数者必通三五""为国者必贵三五"之说。若干象征意义解读之外，当3∶5作为空间深广比例时，恰接近前6—前4世纪古希腊数学家们总结的1∶0.618之"黄金分割"比例，以这一理念设计为基础的大型"王城"空间也共存于东西方。

前四千至前三千纪间的良渚（图19-1）、乌鲁克（图20-1）、陶寺（图19-3）、石峁（图19-2）四座大型古城空间尺度，可简化为4里×4里（A类）、5里×5里（B类）、4里×6.5里（C类）三种矩形模型——A类空间为C类"黄金比例"矩形空间内第一级分割之正方空间，且其16里周长合于明堂类建筑常见的"八"之模度；B类则与C类面积近同，且边长合1500步。良渚中央方台、陶寺宫城、石峁"皇城台"空间尺度分别近于C类空间中第三级分割之矩形、第四级分割之矩形、第六级分割之正方形。前二千纪间的偃师、郑州、洹北三座商代王都（图20-9、图20-10、图20-2）尺度分别近于C类空间中第一级分割之矩形、A类方形、B类方形。其中偃师商城内西南小城、宫城规模分别近于C类空间中第二级分割之矩形、第六级分割之正方形，洹北商城宫城尺度则近于5里×8.1里"黄金分割"空间中第三级分割之矩形。前文言及"神圣空间"标准尺度规制也多可代入，如宫室模度中的2700尺、1000尺分别合于C类空间第三、五级分割之正方，方形宫庙中的240、150尺模度分别合于C类空间第八、九级分割之正方。"重亢重廊"式原始祭坛最小规格的5丈×5丈与最大城址规格的5里×5里也恰为对应。达什利-3-2还存在与良渚古城空间20倍相似关系，其主室与良渚中央方台相当、中央空间与良渚内城相当，应源于同一模度设计传统。良渚及同时代双槐树聚落外濠皆有西侧凸出空间，很可能也是拟象夏至日北斗方位而作，后者还发现有北斗崇拜的具象遗存。

前一千纪间，以三种矩形模型为基础，东西方大型王城、都邑确立起多种典型特征：

其一，矩形空间进深尺度以四里为主流，兼有千步。如西周洛阳故城（与今汉魏洛阳城内城中段相当）、新巴比伦（Babyon）城（图19-7）、晋新田（图19-

---

[1] 于志飞、王紫微：《经纬圆方——汉长安城及其近畿空间尺度设计研究》，《中国文物科学研究》2015年第3期，第66—75页。

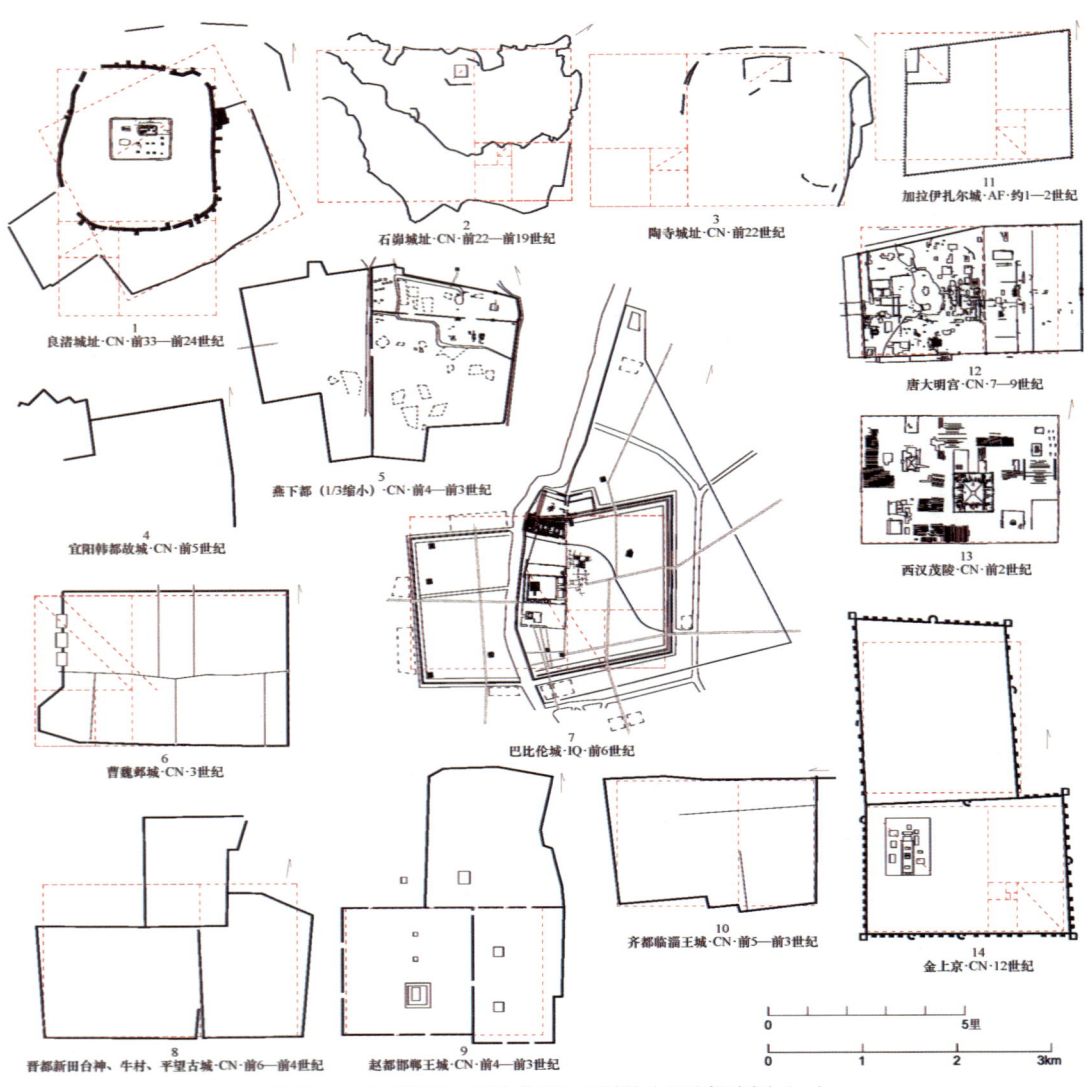

图 19　4—5 里规模"黄金分割"王城等大型空间实例（一）

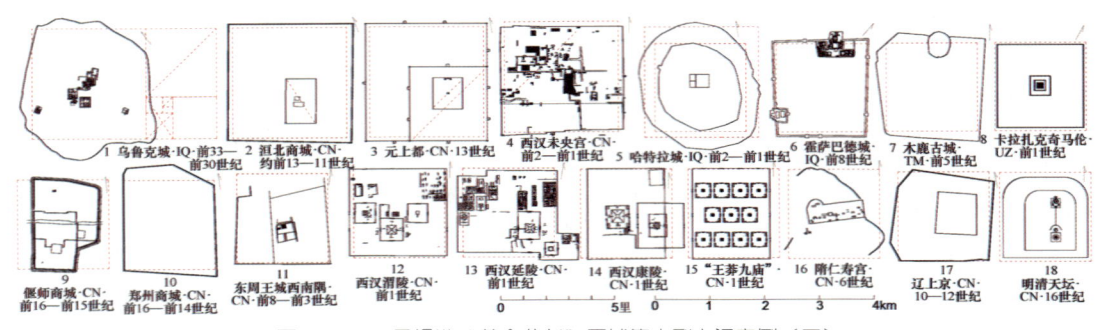

图 20　4—5 里规模"黄金分割"王城等大型空间实例（二）

8）台神牛村古城组合、赵邯郸赵王城东西城组合（图19-9）、齐临淄王城（图19-10）。巴比伦城、晋新田、赵邯郸、齐临淄内均存在趋近正方的空间，显著体现"黄金分割"设计意图。晋、赵、齐三城有缩小之势，遂成《汉书·贾山传》谓阿房宫"东西五里，南北千步"制度，精确符合者为西汉茂陵（图19-13）与平陵（图21-3）。霍萨巴德城（图20-6）、东周王城西南隅宫区（图20-11）、中亚土库曼木鹿（Merv）城（图20-7）与卡拉扎克奇马伦（Kala-i Zakoki Maron）城（图20-8）均近A类空间，西亚哈特拉（Hatra）内外城（图20-5）是径近4及5里的圆形空间，西汉未央宫（图20-4）近B类空间，西汉晚期帝陵（图20-12、图20-13）趋向A类空间，延续至纪元初期平帝康陵与"王莽九庙"大围墙空间（图20-14、图20-15），形成3.3里×4里规制。中亚贵霜时期的加拉伊扎尔（Qal'a-i Zal）城（图19-11）亦为"南北千步"。此后延续，如曹魏邺城、隋仁寿宫、唐大明宫、辽上京、金上京、元上都、明清天坛等（图19、图20），元上都与洹北商城尤多相似，"黄金分割"理念显著。元大都之广亦近3里×5里，延续着"三五"理念。

其二，"品"字与双城设计理念东、西共通。晋新田、赵邯郸的"品"字布局与巴比伦城非常相似，尤其是北城东垣的内凹设计细节。燕下都（图19-5）则与巴比伦相似更甚——格局上，二者主体均为双城式，且有一水道顺隔墙西侧贯穿南北，两城墙体钝角相交；二者宫区均在东城北部，宫南有一西北—东南走向的水道贯穿东城；二者东城东侧均有南北向水道在城东北角折向西北、城南侧亦有东西向水道；二者隔城墙中部、西墙中部均有开口；二者北垣均有折角外凸之形；二者东城内核心区均置一大型高台建筑；二者东城北墙外均置一大型庙宇或高台建筑。尺度上，燕下都约12里×20里，为巴比伦城的三倍，巴比伦城与燕下都南凸空间规模大致相当；巴比伦城中心塔庙与燕下都武阳台均近500尺规制；两者外凸城垣设计均似北斗。燕下都之外，宜阳韩都（图19-4）外凸小城的折角北垣亦类巴比伦城北凸城垣，该空间与燕下都北垣中部外凸处、东周所建汉魏洛阳城北垣外凸处同为陵墓区。此外，东周列国都城中还有一类不规则轮廓设计，以郑韩故城（图21-11）、秦雍城（图21-12）为典型，均建于二水汇流处，略呈三角形，东南部有尖凸高地，郑韩城内有一南北向城垣或道路将城分为东西两部，类于"双城"，西部置宫区与宗庙。此类格局近于中亚希腊化盛期的艾哈努姆古城（图21-9）与阿弗拉西阿卜古城（图21-10），两城内均有一分隔线，一侧置宫庙。艾哈努姆也在二水汇流处，东南部也为一要塞式高地，尤似东周二城。后来西汉长安以安门内大道贯穿南北、未央宫在道西也似此制，未央宫以北阙为尊则意近巴比伦北门为主门的理念。

其三，"居中"的宫殿、"角隅"的宫城及"王城制度"的出现。前述实例中的宫庙多居正中或居中偏北，巴比伦城正中为神庙、偏北为王宫，或是公共典礼议政空间与王族居寝空间的结合形成朝寝格局的先声。赵邯郸、齐临淄（图21-1、图21-2）王城外东北侧有大型居邑空间，形成总体上王城在西南角隅的形制，东周王城瞿家屯宫区亦在城外西南隅（图21-4）。三处实例类似《周礼·匠人》王城制度"面朝后市"格局，大城规模均近A、B类尺度之和的"方九里"，王城内左右骈列空间不排除为"左祖右社"，以赵邯郸最显著。西汉陵邑与陵园关系也往往如此，以平陵（图21-3）最似。相似规模的大城还有传为春秋吴都的苏州旧城（图21-5）、宫在城中的楚纪南城（图21-6）、秦雍城、鲁故城（图21-13）。西汉长安城总规模、朝宫位置及城垣各处折角设计均对应赵邯郸城，且有"旁三门"及契合"左祖右社"的高庙位置，其方近15里恰为赵邯郸6里王城与9里大城之和，亦合于秦时形成的洛阳"九六城"尺度，是王城制度生发于东周、延伸于秦汉的核心线索。角隅置宫庙格局也见于中亚贝格拉姆（Begram）（图21-8）、达尔维津特佩（Dalverzin Tepe）（图21-7）与托普拉克卡拉古城（图23-1），但规模较小。城中多见希腊风遗物，与西亚、地中海城邦高地置卫城制式相通。曹魏邺城与洛阳城、十六国长安城、隋东都城、唐长安城大明宫、元上都格局皆受此制影响。上述各城也多契合160m上下的"Stadia"模度。

其四，规整网格式里坊设计理念形成。西汉平陵邑是迄今所见汉地大规模网格式街区设计最早之例，单元规模590—630m[1]，已与隋唐洛阳里坊相当。更早的临淄大城尚不严整，二里头、新郑望京楼也

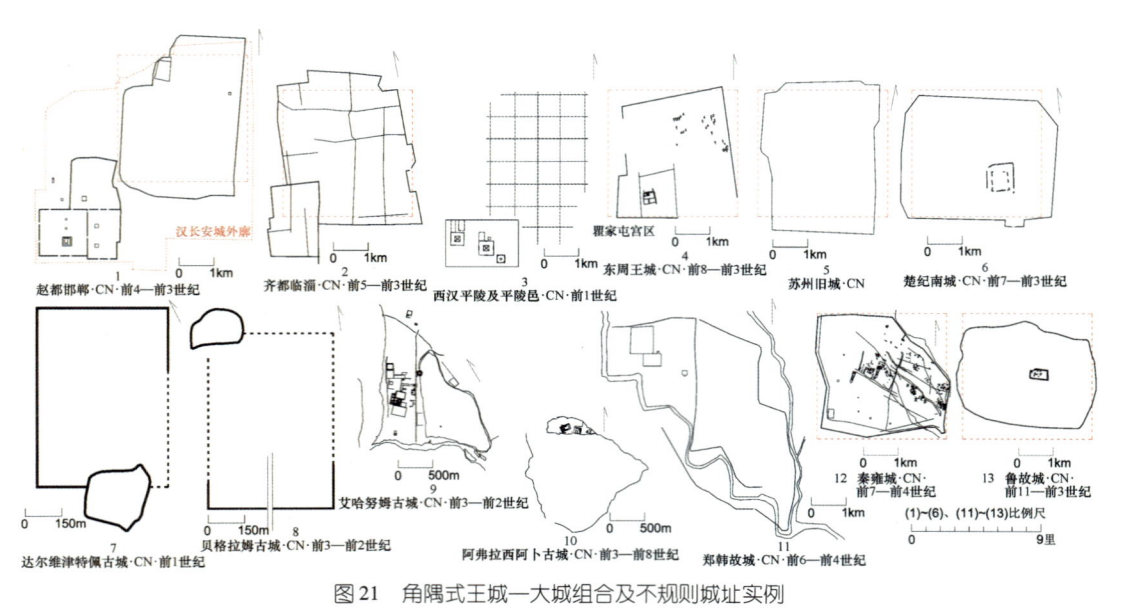

图21 角隅式王城—大城组合及不规则城址实例

1　陕西省文物局：《西汉帝陵考古勘探》，《陕西文物年鉴2014》，陕西人民出版社，2015，第10—11页。

有"井"字道路规划。洛阳邙山东汉陵区则存在平均方约1400尺×1200尺的沟渠网格规划单元，外延合于周代形成的洛阳故城北段西垣、中段东垣（图8-4），暗示其形成或可溯至此时，应与田亩划分有关，影响至北魏洛阳城外郭走向。与两周时代相当的地中海大量城邦已有发达的网格式街区设计，如安纳托利亚中部约前8世纪的泽尔纳基特佩（Zernaki Tepe）街区单元近150尺，西部约前5世纪的米利都（Miletus）街区单元近150尺×250尺，6世纪晚期的伊特鲁里亚城市马萨博托（Marzabotto）存在以近100步为干路间距、近30步为支路间距的街区设计。东方的西伯利亚塔舍巴聚落遗址（前1世纪）也发现有方约150尺的街区单元规划[1]。这些街区尺度均明显可见"三五"之设计理念。至此，隋唐长安城式都城形成历程得以明朗——自内而外是广450步的禁庭、近A类规模的宫区、近C类规模的宫城、有网格式里坊的外郭城。

一般认为，唐长安城形制中的宫城—郭城中轴合一制度肇始于曹魏都城。邺城（图19-6）朝堂区、宫殿区居城内北部，宫殿区中轴向南形成全城中轴大道直对中阳门，宫殿区西连铜爵园，铜爵园西侧西城垣上有要塞式三台，与其南外凸墙段构成拟象北斗之形。曹魏洛阳（图23-2）

宫因东汉北宫旧基，南辟阊阖门并向南形成全城中轴大道，城西北隅造意如三台的金镛城。这些设计理念均已见于纪元前后兴建的花剌子模绿洲古国王都托普拉克卡拉城（图23-1），其西北角隅有要塞式宫庙，庙宇区北端居中而直对全城中轴线，中轴大道两侧列置规整街区。空间尺度上，托普拉克卡拉与洛阳城关键要素多有1∶8关系。后来北魏洛阳新造外郭城，《洛阳伽蓝记》云"永桥以南，圜丘以北，伊洛之间，夹御道有四夷馆"，意味着外郭南部空间外凸，也类似于托普拉克卡拉南凸设计。托普拉克卡拉城内街区尺度统一，每区东西100步、南北30步，同于马萨博托街区。隋唐长安里坊内东西向以50步为划分模度[2]、以30步为两市东西向街区划分模度[3]，且可能为里坊宅院南北向标准进深模度，意同于此。

与托普拉克卡拉同一时代，巴克特里亚巴尔赫城附近建起一处理想化的大型正方城市——扎迪扬（图22-1）。该城十字对称、布局严整，自内而外为方约1000尺的小城，方约180步的外壕，方约2里的正方空间、方约10里的外城，外城内有方约180步的网格空间体系，纵横各16行。这一格局颇似古希腊历史学家狄奥多罗斯·西格斯（Diodorus Siculus）描述的尼尼微（Nineveh）理想化王城（图22-5），

---

1 [俄]列昂尼德·R.科兹拉索夫：《中北亚城市文明的历史学和考古学研究》，商务印书馆，2019，第216页。
2 欧阳恬之：《唐长安里坊之"50步"初探》，《建筑史（第22辑）》，清华大学出版社，2006，第64—74页。
3 李春林、龚国强：《西安隋唐长安城东市遗址考古发掘取得新收获》，《中国文物报》2018年5月4日第8版。

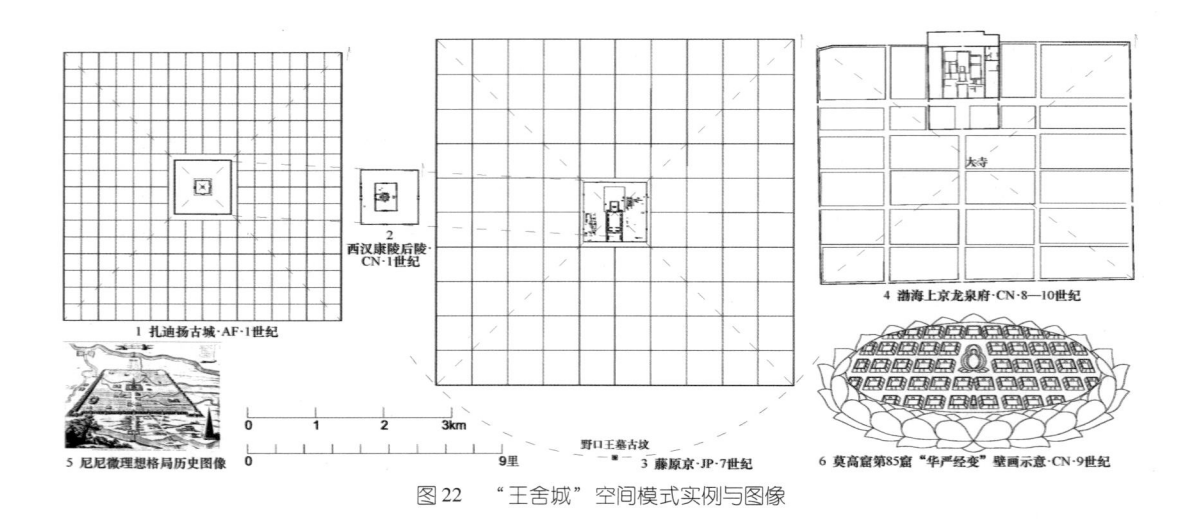

图 22　"王舍城"空间模式实例与图像

1 扎迪扬古城·AF·1世纪
2 西汉康陵后陵·CN·1世纪
3 藤原京·JP·7世纪
4 渤海上京龙泉府·CN·8—10世纪
5 尼尼微理想格局历史图像
6 莫高窟第85窟"华严经变"壁画示意·CN·9世纪

其大城方 10 里，为 B 类模度的 2 倍。巴尔赫地带是《大唐西域记》述及的缚喝国所在：

> 缚喝国，东西八百余里，南北四百余里，北临缚刍河。国大都城周二十余里，人皆谓之小王舍城也……伽蓝百有余所……城外西南有纳缚唐言新僧伽蓝……伽蓝北有窣堵波……伽蓝西南有一精庐……远方辐凑高才类聚……基迹相邻数百余矣……盖亦千计，不树封记。今僧徒百余人，夙夜匪懈，凡圣难测。

扎迪扬周长约 30 大里，远大于该地其他古城规模，应即缚喝都城。彼时贵霜佛教勃兴，缚喝君主按佛教理想空间理念造此王都，也可纳入当时东西方宗教礼制建筑"系列性"营造活动之中。以之比照交河故城东北佛塔群，小塔纵横 10 行对应着扎迪扬纵横 10 里，佛塔群外垣方约 360 尺，为扎迪扬郭城的 1/49，亦为扎迪扬中央方 2 里空间的 1/10。莫高窟第 85 窟窟顶晚唐壁画"华严经变"有表现莲华藏世界的里坊式城市（图 22–6），《晋书·四夷传》云西域佛教重镇龟兹国都城"俗有城郭，其城三重，中有佛塔庙千所"，均合扎迪扬制式。扎迪扬外城每面 16 坊、中重空间周长 8 里，巴尔赫古城亦周长 8 里，应与"八间""八纮"等"神圣空间"营造理念同源。佛教常以"八"为神圣象数，亦令人联想到"八国王子分舍利"传说，或有塑造缚喝新王都为当时佛教世界中心的意图。纵横 16 坊间也形成 15 街，合于"十五"理念。

《周礼》王城制度常被后世解读为十字对称式，颇似扎迪扬空间。扎迪扬外郭方 18000 尺为 B 类二倍，亦合于"九"。与扎迪扬同时代的西汉平帝王皇后陵外陵园（图 22–2）也周长 8 里。古印度孔雀王朝乔底里耶《政事论》述筑城制度曰"城区内必须有三条大道自南至北穿越，三条大道自东向西横贯，12 处城门中的 4 处城门必须是主城门，城内诸建筑物（从王宫、寺庙一直到工匠的住宅）的位置必须遵守严格的规定"，公元4—7世纪的北印度笈多王朝有正方形城市[1]。中世纪阿拉伯人的中亚旅行记描述一中亚城市"有十二座巨大的铁门"[2]。9—13 世纪的吴哥王朝都城则有方 3km 的正方王城，中央置十字对称的巴戎神庙。以上诸例暗示后世解读的王城制度实与佛教理想空间理念多同，与其制度源出的战国王城实例差异较大。

扎迪扬式设计理念对东方都城营造影响深刻——北魏洛阳城（图 23-2）是第一座营造外郭城的东方都城，其核心空间太极殿院广 1000 尺，宫城周长合 8 大里、外郭城广 9—10 大里。隋大兴城（图 23-3）标准里坊为 720 步×360 步，是扎迪扬郭城里坊 8 倍。隋唐洛阳城（图 23-4）宫城周长近 8 大里，核心宫院广 1000 尺；其方约 360 步里坊之 1/4 与扎迪扬郭城里坊一等；洛阳郭城趋近正方，轴线角度偏向东南，及是较前两者更接近扎迪扬处，或与同样的"八方辐辏"传统地理地位不无关系。该三城与扎迪扬对应的三重空间，分别为核心宫院、宫区、外郭城，外郭城的形成显然与佛教"王舍城"空间制度关系密切。该三城中心地带均曾建高耸的大型堂塔，即北魏洛阳永宁寺塔、隋唐长安城大荐福寺塔、唐洛阳城明堂天堂及天枢，直接与尼尼微理想城市设计理念相通。各城宫区居北是另一类"古制"的延续，特殊处是隋唐洛阳城宫城北有"圆璧城"，隋仁寿宫（图 20-16）西北隅亦有一半圆形空间，洛阳宫、仁寿宫之广近巴尔赫圆城，仁寿宫圆形空间同木鹿城北部圆城规模，可能也是佛教熏染下的中亚设计理念影响所致。

最接近扎迪扬者是日本藤原京（图 22-3），其总体为十字对称的正方城市，居

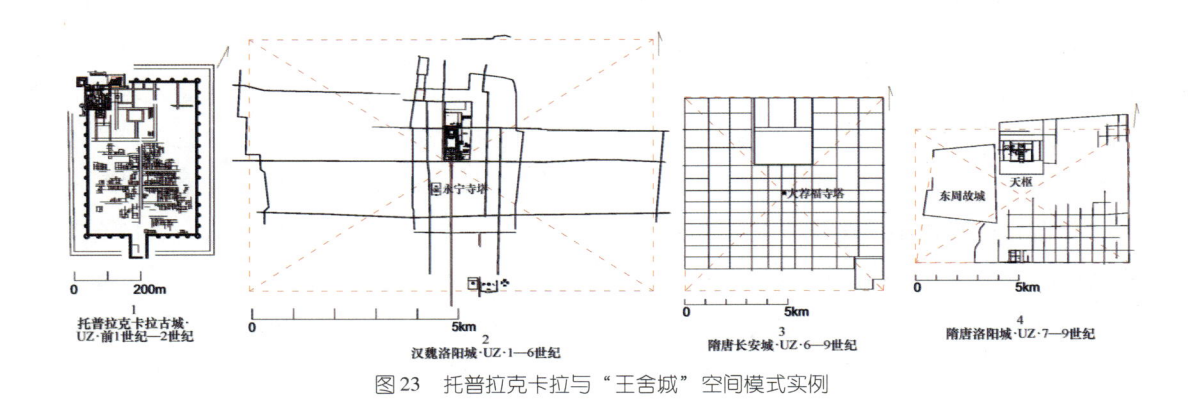

图 23 托普拉克卡拉与"王舍城"空间模式实例

1　托普拉克卡拉古城·UZ·前1世纪—2世纪
2　汉魏洛阳城·UZ·1—6世纪
3　隋唐长安城·UZ·6—9世纪
4　隋唐洛阳城·UZ·7—9世纪

1　[印] K. 查克拉巴尔蒂：《笈多王国》，《中亚文明史（第三卷）》，中译出版社，2017，第 190 页。

2　[俄] 列昂尼德·R. 科兹拉索夫：《中北亚城市文明的历史学和考古学研究》，商务印书馆，2019，第 41 页。

中朝堂院广1000尺、宫城周长约8.4里、郭城方10大里。郭城内布置二倍于扎迪扬的正方形里坊，纵横各10列，亦形成纵横九街。藤原京诞生于佛教被天武、持统帝奉为国家宗教之时，以5世纪以来的东亚历史情势考量，设计理念与大陆南朝不无关系。典籍载南朝建康宫"周八里"，佞佛至深的南朝建康在确立宫室制度时很可能更直接地取法"王舍城"范式，但尚不得遗迹验证。而多似扎迪扬的隋东都城，正是醉心南朝遗风的炀帝所建。

五　余论

东西方数千年来建筑文化连续关联的轨迹，隐现于这些历史的"切片"中。一些设计理念很可能在早期人类文明中就已确立，后来随不同文化表达而形成互异的外在形象。欧亚北方地带可能是早期建筑文化融合的主要舞台，如盛于前一千纪的欧亚北方草原的积石冢可追溯到前七千纪至前六千纪的辽河流域，许多建筑与生活礼俗也共存于东亚、西亚以至古埃及[1]。地处陕北高原、与《史记》所言夏王朝诞生时代相当的石峁城被发现与地中海建筑存在共通特质[2]。与北方频繁接触的中亚阿姆河绿洲文明中存在与后世东方太室—四堂式明堂、曼荼罗式佛塔及基督教建筑十字格局共性甚多的圣所建筑，还出土有种类繁多的十字图案徽章，一些图案堪称建筑格局的翻版，蕴含着某种共同的原始宗教意义。巴克特里亚在《史记》中被称为"大夏"，后来又称为"吐火罗"或"缚喝"，本文列举关键性实例多出此地，是数千年间东西方建筑文化沟通的枢纽之地。宏大精美的神庙陵墓印证着古埃及存续数千年的建筑文化，具有浓厚的北方民族背景的商王朝在前16世纪建立时，古埃及卢克索也开始了阿蒙神庙营造工程。神庙主体完工时正值商末周初，与洹北宫室、凤雏甲组建筑同样具有形似汉字"宫"的空间。"亚"字形四墓道王墓首见于殷墟，这种空间也见于北方游牧民族大冢中。前10—前1世纪是东西方大型宫庙建筑盛期，地中海沿岸的古希腊建筑文化吸收周边文明，生成了自身显著风格。西亚具有游牧特质的波斯人在前6世纪建立起涵盖中亚至地中海东岸的巨大帝国，以驰道通行各地，据称其波斯波利斯宫集当时帝国所及各地建筑文化于一身。前4世纪，马其顿亚历山大大帝东征灭亡波斯帝国，其若干后续王国持续占据地中海至中亚地带数百年，导致希腊、波斯等建筑文化更加深入东方。前9—前4世纪的欧亚北方也是斯基泰人活跃时期，与两周时代相当。斯基泰人与东西方文明均有接触，一些斯基泰金属器被认为是希腊工匠所制，阿尔赞王墓

---

[1]　田广林、周政：《8000年前的中国就开始与西方交流》，《光明日报》2020年6月13日第9版。

[2]　国庆华：《龙山文化晚期石峁东门中所见的建筑文化交流》，《中国建筑史论汇刊》第14辑，中国建筑工业出版社，2017，第367—388页。

放射式结构也见于希腊圆冢及印度佛塔中，斯基泰大墓的大量殉马、殉车风俗则同样见于东周列国王墓。《史记》载周人也有北方民族背景，秦人与戎人互动密切，赵武灵王则"胡服骑射"，契合当时历史情势。是以列国建筑文化皆与地中海共通，如秦雍城瓦件被认为与地中海建筑瓦件多有相似之处[1]，形如多级塔庙的战国高台建筑与陵墓也在当时出现，燕下都还有塔庙形象的瓦饰，战国晚期出现的卷云纹瓦当与古希腊爱奥尼、科林斯柱头构图也颇多共通，其背后是巨大时空维度下错综复杂的人类族群迁徙与交融历程，战国"百家争鸣"也在这种背景下出现。秦汉帝国建筑承此余绪，石碑地秦行宫与波斯波利斯宫高度相似，波斯亚字形宫庙与长安南郊亚字形宫庙设计理念同源，秦汉与波斯帝国大型宫室均为厚墙构筑的复合空间，有异于后来汉地宫室的单体散点式空间，是当时东西方建筑文化关联的集中体现，可印证关于秦与波斯文化存在接触融合的推测[2]。此外，霍去病墓"马踏匈奴"石雕在巴比伦有近乎同型的作品，满城汉墓与埃及神庙的相似空间为探索西汉岩穴式诸侯王陵形制来源提供了启示，汉代石墓中的"斗四"藻井在中亚以至古希腊有更发达的建筑技艺传统。此后在"五胡十六国"时北方民族迁徙浪潮到来前夜，曹魏都城与中亚王都格局再度同构，东汉晚期及曹魏帝王醉心西方风物亦合于时势。北方交流余绪绵延深远直至元代城址，呈现出传统的巨大影响力。

《史记》载张骞"凿空"西域时，在巴克特里亚惊异于蜀地之物的存在，暗示此时西南方也有经由印度而通向中亚的孔道。贵霜兴起时，西汉博士弟子景卢曾受大月氏王使者伊存口授《浮屠经》（《三国志·魏书东夷传》裴注引《魏略》），可见儒生对佛教的接纳态度。这是具有特殊意义的公元1年暨西汉"元始元年"后不久，东亚与中亚同步启动营造"城南七里"的宗教礼制建筑的社会基础，也引发了扎迪扬式"王城制度"的确立及东汉初年官方对佛教的引入。西南部的蜀地很可能在早于明帝时代已有民间佛教存在，蜀地东汉崖墓形制与西亚与地中海崖墓形制的相似与墓内出现的佛陀造像、东汉墓砖上的佛塔形象、汉末三国时襄阳墓中的佛塔造型及笮融造塔的记载、吴地瓷罐与铜镜上的佛像，无不暗示南方早熟的佛教信仰。东汉帝王出身地南阳正当洛阳与蜀地之间，东汉政权在当地豪强支持中建立，应是其主动支持佛教的社会基础。于是方有明帝梦金人而遣使求佛法的传说及楚王英"学

---

1 国庆华：《藉古代地中海地区屋瓦的若干资料之助看秦瓦历史中的几个问题》，《中国建筑史论汇刊》2013年第2期，第147—171页。

2 段清波：《从秦始皇陵考古看中西文化交流（一）》，《西北大学学报》（哲学社会科学版）2015年第1期，第8—15页；段清波：《从秦始皇陵考古看中西文化交流（二）》，《西北大学学报》（哲学社会科学版）2015年第2期，第8—14页；段清波：《从秦始皇陵考古看中西文化交流（三）》，《西北大学学报》（哲学社会科学版）2015年第3期，第8—13页。

为浮屠斋戒祭祀"、桓帝"设华盖以祠浮图"之事，亦促成了东汉帝陵规制向佛塔、佛寺空间的靠拢。以大汉冢为代表的圆冢规模制度，隐含着从地中海王陵经由印度佛塔而至洛阳帝陵的悠久历程。帝陵中的"黄肠题凑"格局源自早期宗教圣所，还要作为"佛陀之陵"的方形楼阁式塔而出现于后世东方。东汉皇室将宗庙祭祖活动变为陵墓"上陵礼"，可能也是借助已流行的佛教习俗而达到将神权与王权结合的目的。与"石殿"一样，东汉兴起的墓前石刻之俗也原盛于希腊风的陵墓与佛塔，后来还盛于地处吴地的南朝陵墓，南朝陵墓墓室与地面石刻组成的总体空间颇似印度大型支提窟。大汉冢南轴线上设石象显然也暗示东汉王权具有佛教背景，出身南阳、曾任职于灵台的天文学家张衡，在《西京赋》中有"白象行孕"等与佛教相关之语。中亚巴克特里亚占星术发达，宗教与科学往往杂糅并为神职人员掌握、与王权密切结合，有似汉地史官职能。比照东汉帝陵存在着以天文观测地灵台为中心基点的布局设计[1]，可知这正是佛教背景下科学与宗教结合的独特产物。西藏佛教虽晚至7世纪才兴起，却保持了诸多早期宗教礼制的物质与精神孑遗，如桑耶寺与白居寺的明堂特质、拟象北斗顺时针旋转的绕佛礼仪、类于"真床覆衾"强调"神格"传承的转世制度等，西藏传统建筑也显著存在中亚早期土木混合式建筑做法与风格。

由飞鸟宫与偃师商城宫区的共通性观察，日本列岛与欧亚大陆的建筑文化交流可追溯到前二千纪。史籍载商末箕子奔朝鲜之事，暗示了商文化向东方的延伸。前6—前3世纪大陆东西方交流频密时代，吉备、山阴、北陆在弥生时代中期以降流行"四隅突出"式古坟，形似四隅置墓道的琉璃河1193号燕墓。大型"前方后圆坟"则与吴越王陵均设宽大环濠、墓冢平缓如自然小丘、墓顶置葬所，或共有冢面贴石及棺侧方形凸起设计，亦同见狭长式粗石砌圹室，如五条野丸山古坟与江阴传吴王八子墓石室构筑方式及规模几乎全同，龙山越王陵狭长陪葬坑形制也见于梅斯立山古坟，箸墓坟丘面积与千尺为度的吴越王陵面积一等，均表明列岛与吴越交往史悠久。古坟时代与汉地三国时代同步启幕可能亦非偶然——《后汉书·东夷列传》云"桓、灵间，倭国大乱，更相攻伐，历年无主。有一女子名曰卑弥呼，年长不嫁，事鬼神道，能以妖惑众，于是共立为王"，箸墓被推测可能为卑弥呼之陵。此时吴地佛教在孙吴政权支持下勃兴日甚，"卑弥呼"音近大乘佛教典籍"六字真言"中"叭咪吽"，其国名"邪马台"或"邪魔堆"音近佛教用语"阿弥陀"，其"事鬼道，能惑众"也类同当时佛教常杂糅本土神仙巫术之风。卑弥呼身份亦似汉地"女巫"，《风俗通》云"《周礼》'女巫掌岁时以祓除疾病'"，东汉洛阳皇女墓与白马寺的特殊关系及

---

[1] 于志飞、王紫微：《经纬圆方——汉长安城及其近畿空间尺度设计研究》，《中国文物科学研究》2015年第3期，第74—75页。

《三国志》所载魏明帝厚葬幼女平原公主并为之立庙、崇信巫女治病及张鲁之母"始以鬼道"诸事表明，当时皇室女性、巫女扮演了政治边缘的独特角色。"前方后圆"造型可能也与关乎巫术的北斗有关[1]，契合早期王权的巫政性质。《后汉书·礼仪志》载东汉柩前继位礼云："三公奏《尚书·顾命》，太子即日即天子位于柩前……以传国玉玺绶东面跪授皇太子，即皇帝位。中黄门掌兵以玉具、随侯珠、斩蛇宝剑授太尉，告令群臣，群臣皆伏称万岁"，三种传国之器与后来日本帝祚传承象征的"三种神器"——玉、镜、剑颇似，后三者常见于古坟随葬品中。其"剑"皆有斩蛇传说，其"镜""珠"则意义互通，《隋书·杨玄感传》云"在璇玑以齐七政，握金镜以驭六龙"，珠形的"轩辕镜"至今可见于明清紫禁城太和殿藻井中。汉末剧变或引发了东渡浪潮，如后来出现的东汉皇族后人东渡传说。大陆思想文化与巫佛杂糅的民间风俗等可能也随之大规模袭来，卑弥呼巫政中隐现的佛教背景为其使用"转轮圣王"规模的圆冢提供了支持。此后列岛又与佞佛甚深的南朝互动频繁，直至6世纪后期佛教正式传入。与汉地大型方塔规模一等的石舞台古坟被认为与奉佛的苏我氏有关，暗示"塔葬"以新的形式延续下来。"飞鸟"读音"Asuka"近于阿育王读音"Ashoka"，其意则与"孔雀"相通，"王舍城"制式的藤原京也在飞鸟京附近诞生。

本文述及种种关联现象难见于史籍，当与长期以来各族群多以自身文化独立为目的而书写自身历史有关，加以近世数百年间东西方交流的式微，终使之成为难以辨识的模糊幻影。

本文插图除 22－5 外均为作者重绘，图名内英文字母为所在国名缩写，插图参考来源如下（以图号排序）：

◆1－1；12－1；19－1——刘斌、王宁远等：《良渚——神王之国》，《中国文化遗产》2017年第3期，第8、10、13页。◆1－2；1－3；1－9；2－2；2－4；2－6；2－10；3－6；3－8——İbrahİm ÇeŞmelİ, "Bronz ÇaĞindan Erken Orta ÇaĞa Orta Asya Tapinaklari", *Art-sanat* 01 (2014)：30；33. ◆1－4；2－11；3－18；5－8；7－21；9－5；18－14——宿白：《藏传佛教寺院考古》，文物出版社，1996，第3、21、61、62、64、107页。◆1－5——新疆维吾尔自治区文物事业管理局：《新疆文物古迹大观》，新疆美术摄影出版社，1999，第70页。◆1－6——杨鸿勋：《杨鸿勋建筑考古学论文集》，清华大学出版社，2008，第63页。◆1－7；1－8；2－8；2－12；3－1；4－1；5－15；5－16；6－3；6－12；12－7；14－5；14－6；14－10；17－6；18－11——Richard H. Wilkinson, *The Complete Temples of ancient egypt*（New York：Thames & Hudson, 2000）, p. 23；37；48；137；139；141；149；152；173；181；186；191；193；205；209；220. ◆1－10；7－34——辽宁省文物考古研究所：

1　于志飞、王紫微：《南郊之丘——从西朱村曹魏墓看曹魏洛阳"王畿"空间设计》，《洛阳考古》2017年第1期，第62页。

《辽宁凌源市牛河梁遗址第五地点1998—1999年度的发掘》，《考古》2001年第8期，第25—26页。◆1-11；2-5；3-3；5-14；7-3；7-9；7-29；7-30；7-32；8-1；9-1；10-17；10-18；10-19；11-16；12-12；13-18；14-8；18-13；19-11；21-8；21-9——Warwick BALL, *ARCHAEOLOGICAL GAZETTEER OF AFGHANISTAN* (Paris：Editions Reherche sur les civilisations, 1982), p. 417；418；419；421；422；425；433；435；436；455；462；469. ◆2-1；15-7——陕西省雍城考古队：《凤翔马家庄一号建筑群遗址发掘简报》，《文物》1985年第2期，第4页。◆2-3——ГА. ПУГАЧЕНКОВА, *ХАЛЧАЯН* (ТАШКЕНТ：ИЗДАТЕЛЬСТВО 《ФАН》УЗБЕКСКОЙ ССР, 1966), p. 46. ◆2-7；4-4；20-1——Zainab Bahrani, *La Mesopotamia-Arte e Architecture* (London：Thames & Hudson, 2017), p. 43；45. ◆2-9——Jaqueline Tyrwhitt, *Doxiadis-Architectural Space in Ancient Greece* (London：The Massachusetts Institute of Technology, 1972), p. 80. ◆2-13——中国科学院考古研究所满城发掘队：《满城汉墓发掘纪要》，《考古》1972年第1期，第9页。◆2-14——周原考古队：《陕西扶风县云塘、齐镇西周建筑基址1999—2000年度发掘简报》，《考古》2002年第9期，第5页。◆2-15；15-1；15-6；19-8——山西省考古研究所侯马工作站：《晋都新田》，山西人民出版社，1996，第17、87、91页。◆3-2；10-3；14-3——陕西周原考古队：《陕西岐山凤雏村西周建筑基址发掘简报》，《文物》1979年第10期，第29页。◆3-4；7-24；20-7——МУХАММЕД МАМЕДОВ, *ДРЕВНЯЯ АРХИТЕКТУРА БАКТРИИ И МАРГИАНЫ* (Культурный центр Посольства, 2003), p. 17；45；88. ◆3-5——[法]罗兰·马丁：《希腊建筑》，中国建筑工业出版社，1999，第95页。◆3-7；5-3——陈晓露：《中亚早期城址形制演变初论—从青铜时代到阿契美尼德王朝时期》，《西域研究》2019年第3期，第117、121页。◆3-9；12-5；15-12——段清波等：《帝国体制下独立陵园制的发展演变》，《考古》2019年第10期，第88页。◆3-10；5-13；18-1——中国社会科学院考古研究所河南第二工作队：《2011年至2016年偃师商城宫城遗址复查工作的主要收获》，《中原文物》2018年第3期，第66页。◆3-11；6-6——吉林大学考古学院等：《蒙古国后杭爱省乌贵诺尔苏木和日门塔拉城址发掘简报》，《考古》2020年第5期，第21、31页。◆3-12——山东省文物考古研究所等：《山东定陶县灵圣湖汉墓》，《考古》2012年第7期，第62页。◆3-13；11-4；11-11；11-12；11-21；11-24；14-11；15-16——洛阳市文物考古研究院：《邙山陵墓群考古调查与勘测第一阶段考古报告（上册）》，文物出版社，2018，第180—185、187、198页。◆3-14；3-20；3-21；5-9；6-7；6-11；6-16；6-17；8-2；8-4；9-2；9-3；11-17；11-18；11-20；11-26；11-31；13-14；13-15；13-17；13-19；13-20；13-22；13-23；16-8；18-5；18-12；19-4；21-5——Googleearth图像。◆3-15；16-3——中国社会科学院考古研究所：《北魏洛阳永宁寺1979—1994年考古发掘报告》，中国大百科全书出版社，1996，第7、15页。◆3-16——邺城考古队：《河北临漳县邺城遗址赵彭城北朝佛寺遗址的勘探与发掘》，《考古》2010年第7期，第34页。◆3-17；8-5——邺城考古队：《河北临漳邺城遗址核桃园一号建筑基址发掘报告》，《考古学报》2016

年第4期，第564、570页。◆3-19——吉林省文物考古研究所：《集安将军坟西南建筑遗址的考古发掘》，《边疆考古研究》第10辑，科学出版社，2011，第446页。◆4-2——The Metropolitan Museum of Art, *ART OF THE FIRST CITIES* (New Have. Yale University Press. 2003), p. 12. ◆4-3；5-1；10-12；12-2；12-3；14-2；16-1；17-2；17-7；17-8；19-7；20-6——[英] S. 劳埃德；[德] H. W. 米勒：《远古建筑》，中国建筑工业出版社，1999，第37、58、61、66页。◆4-5；5-4；6-14；6-15；7-15；10-4；9-4；10-13；10-21；12-11；20-15——中国社会科学院考古研究所：《西汉礼制建筑遗址》，文物出版社，2003，第8、23、106、162、198、199页。◆4-6——Michael Shenkar, "Temple Architecture in the Iranian World before the Macedonian Conquest." *Iran and the Caucasus* 11（2007）: 185. ◆4-7——Richard Ingersoll, *World Architecture-A Cross-Cultural History* (London: Oxford University Press, 2013), p. 144. ◆4-8——张纪平等：《西藏江孜县白居寺调查报告》，《四川文物》2012年第4期，第93页。◆4-9；10-11；15-11——陕西省考古研究所：《秦都咸阳考古报告》，科学出版社，2004，第10、284页。◆5-2——Ministry of Culture, Ministry of Macedonia and Thrace, Aristotle University of Thessaloniki, *Archaeological work in Macedonia and Thrace 18, 2004* (Thessaloniki, 2006), p. 3. ◆5-5；12-17；16-9；19-12——中国社会科学院考古研究所陕西第一工作队：《西安市唐大明宫遗址考古新收获》，《考古》2012年第11期，第4页；中国社会科学院考古研究所：《唐长安大明宫》，科学出版社，1959，第5、35页。◆5-6；7-1；7-20；21-10——[法] 葛乐耐：《驶向撒马尔罕的金色旅程》，漓江出版社，2016，第44、61页。◆5-7；6-8；20-11；21-4——徐昭峰：《试论东周王城的城郭布局及其演变》，《考古》2011年第5期，第69、74页。◆5-10；10-7——若狭彻：《古墳時代の地域社会復元・三ツ寺1遺跡》，新泉社，2008，第17、27页。◆5-11——联合国教科文组织驻中国代表处等：《交河故城1993、1994年度考古发掘报告》，东方出版社，1998，图三。◆5-12——[法] Claue Moatti：《罗马考古——永恒之城重现》，上海书店出版社，2016，第43页。◆6-1；13-1；13-2；13-3；13-4；13-5；13-6；15-4；15-5；17-5——Mark Lehner, *The Complete Pyramids Solving the Ancient Mysteries* (New York: Thames & Hudson, 2008), p. 85; 100; 104; 107; 153; 170. ◆6-2——中国历史博物馆考古部等：《1991—1992年山西垣曲商城发掘简报》，《文物》1997年第12期，第5页。◆6-4；13-16；15-9；17-10；19-9；21-1——段宏振：《赵都邯郸城研究》，文物出版社，2009，第88、142、143、145页。◆6-5；19-13——陕西省考古研究院等：《汉武帝茂陵考古调查、勘探简报》，《考古与文物》2011年第2期，第5—6页。◆6-9；20-12——陕西省考古研究院等：《汉元帝渭陵考古调查、勘探简报，《考古》2013年第11期，图五。◆6-10；7-16；16-4——中国社会科学院考古研究所：《汉魏洛阳故城南郊礼制建筑遗址》，文物出版社，2010，第22、82、97页。◆6-13——武汉大学历史学院等：《2012—2017年盘龙城考古——思路与收获》，《江汉考古》2018年第5期，第7页。◆7-2；7-23；7-26；10-1——[美] 西里尔·曼戈：《拜占庭建筑》，中国建筑工业出版社，2010，第41、46、50页。◆7-4；

7-6；7-33；16-13；19-14；20-3；20-18——叶骁军：《中国都城历史图录（第三集）》，兰州大学出版社，1987，第107、108、133、135、192、196页。◆7-5；16-14——Michael Fazio, Marian Moffett, Lawrence Wodehouse, *Buildings Across Time-an Introduction To World Architecture*（New York：McGraw-Hill Education, 2019），p. 13；347. ◆7-7——［俄］列昂尼德·R. 科兹拉索夫：《中北亚城市文明的历史学和考古学研究》，商务印书馆，2019，第143—144页。◆7-8；7-25；16-10；23-4——中国社会科学院考古研究所：《隋唐洛阳城1959—2001年考古发掘报告》，文物出版社，2014，第5、447、480页。◆7-10——中国社会科学院考古研究所西安唐城工作队：《陕西西安唐长安城圆丘遗址的发掘》，《考古》2000年第7期，第32页。◆7-11；10-20——R. M. Dawkins, *The Sanctuary of Artemis Orthia at Sparta*（London：The Council of the Society for the Promotion of Hellnic Studies），PL. III. ◆7-12——［英］约翰·B. 沃德·铂金斯：《罗马建筑》，中国建筑工业出版社，1999，第81页。◆7-13——洛阳市文物考古研究院：《隋唐洛阳城天堂遗址发掘报告》，科学出版社，2016，第28页。◆7-14——The Shanxi Team, the Institute of Archaeology, Chinese Academy of Social Sciences, *The Large-sized Building-Foundations IIFJT1 on the Walled-town Site of the Mid Taosi Period in Xiangfen County, Shanxi*（Chinese Archaeology, Volume 8），p. 75. ◆7-17——山西省古建筑保护研究所等：《应县木塔》，文物出版社，1982，第2页。◆7-19；7-37；13-21——Francis D. K. Ching, Mark Jarzombek, Vikramditya Prakash, *A Global History of Architecture*（New Jersey：John Wiley & Sons, 2017），p. 181；318；420. ◆7-22；11-7；11-8——Le Huu Phuoc, *Buddhist Architecture*（Grafikol, 2012），p. 180；214. ◆7-25；7-28；12-18；16-11——积山洋：《東アジアに開かれた古代王宮·難波宮》，新泉社，2014，第33；35页。◆7-27；10-2——Robert G. Ousterhout, *Eastern Medieval Architecture*（London：Oxford university press, 2019），p. 73. ◆7-31——高明奎、梅圆圆：《山东滕州西孟庄遗址发现完整龙山文化小型围墙聚落》，"文博中国"公众号2020年1月5日。◆7-35——Barbara Kaim & Maja Kornacka, "Religious Landscape of the Ancient Merv Oasis." *Iran-Journal of the British Institute of Persian Studies*, 13 Jul（2017）：65. ◆7-36；16-6——［意］马里奥·布萨利：《东方建筑》，中国建筑工业出版社，1999，第23页。◆8-3；12-6；15-15；20-4——张建锋：《汉长安城地区城市水利设施和水利系统的考古学研究》，科学出版社，2016，第138页。◆8-4；12-15——严辉：《洛阳东汉帝陵地望问题研究综述》，《中原文物》2019年第5期，第101—102页。◆10-5——陕西周原考古队：《扶风召陈西周建筑群基址发掘简报》，《文物》1981年第3期，第12页。◆10-6——中国科学院考古研究所二里头工作队：《河南堰师二里头早商宫殿遗址发掘简报》，《考古》1974年第4期，第235页。◆10-8；10-9；18-2——梅原猛、稻垣栄三、渡辺義雄：《日本名建築写真選集（第14巻）伊勢神宮·出雲大社》，新潮社，1993，第94、103、110页。◆10-10——陈云娥：《龙漈仙宫与马氏仙姑信仰》，《大众考古》2017年第7期，第84页。◆10-14；18-10；7-18——今尾文昭：《天皇陵古墳を步》，朝日新聞社，2018，第56、327

页。◆10-15；14-15——石野博信：《邪馬台国の候補地・纏向遺跡》，新泉社，2014，第40页。◆10-16——奈良国立文化財研究所：《藤原宮第20次（大極殿北方）調査》，《飛鳥・藤原宮発掘調査概報8》，1978年，第19页。◆10-22——甘肃省文物考古研究所：《秦安大地湾·新石器时代遗址发掘报告（上）》，文物出版社，2006，第416页。◆11-1——王瑟：《新疆巴音布鲁克草原发现约3000年前祭坛》，《光明日报》2017年6月21日第9版。◆11-2；11-3；11-9；11-10；11-13；11-22；11-25——洛阳市文物考古研究院：《洛阳偃师东汉洛南陵区2008年考古勘探简报》，《洛阳考古》2015年第2期，第13—16页。◆11-5——大同市博物馆等：《大同方山北魏永固陵》，《文物》1978年第7期，第29—30页。◆11-6；11-14——千賀久：《ヤマトの王墓—桜井茶臼山古墳・メスリ山古墳》，新泉社，2012，第14、32页。◆11-15；11-23——アジア航測：《箸墓・西殿塚古墳赤色立体地図の作成報道発表》，www.ajiko.co.jp。◆11-19——Miguel John Versluys, Visual Style and Constructing Identity in the Hellenistic World Nemrud Dağ and Commagene under Antiochos I（London：Cambridge University Press，2017），p.57。◆11-27——有馬伸、土屋隆史：《景行天皇山邊道上陵整備工事予定区域の事前調査》，《書陵部纪要》第68号，宮内庁書陵部，第75页。◆11-28——Wikipedia, Kanishka stupa, en.wikipedia.org。◆11-29——西北大学文化遗产学院等：《陕西三原天井岸汉代礼制建筑遗址（天井坑遗址）勘探简报》，《文物》2019年第12期，第7页。◆11-30——大同市博物馆：《山西大同市北魏平城明堂遗址1995年的发掘》，《考古》2001年第3期，第27页。◆11-32——德田誠志：《仁徳天皇百舌鳥耳原中陵第1濠内三次元地形測量調査報告》，《書陵部纪要》第69号，宮内庁書陵部，第129—130页。◆12-4——郑州市文物考古研究：《望京楼二里岗文化城址初步勘探和发掘简报》，《中国国家博物馆馆刊》2011年第10期，第21页。◆12-8——焦南峰等：《咸阳严家沟陵园时代及墓主考辨》，《庆贺徐光冀先生八十华诞论文集》，科学出版社，2015，第266页。◆12-9——陕西省考古研究院等：《咸阳"周王陵"考古调查、勘探简报》，《考古与文物》2011年第1期，第5页。◆12-10——焦南峰等：《秦人的十个陵区》，《文物》2014年第6期，第68页；Googleearth图像。◆12-13；20-8——Michelle Negus Cleary, Social Complexity and Political Capitals in Ancient Eurasia, oxfordhandbooks.com。◆12-14；14-14；16-7；23-2——中国科学院考古研究所洛阳工作队：《汉魏洛阳城初步勘查》，《考古》1973年第4期，第199、203页；钱国祥：《汉魏洛阳城门与宫院门的考察研究》，《华夏考古》2018年第6期，第11—13页。◆12-16——王飞峰：《高句丽大型建筑址试论——从青石岭山城二号建筑址谈起》，《北方文物》2020年第1期，第65页。◆12-19——黑龙江省文物考古研究所：《渤海上京城》，文物出版社，2009，第14页。◆13-7——国庆华：《龙山文化晚期石峁东门中所见的建筑文化交流》，《中国建筑史论汇刊》第14辑，中国建筑工业出版社，2017，第376页。◆13-8——河南省文物研究所等：《河南淮阳平粮台龙山文化城址试掘简报》，《文物》1983年第3期，第27页。◆13-9；19-3——何驽：《关于陶寺早期王族墓地的几点思考》，《三代考古（八）》，科学出版社，2018，第25

页。◆13-10；21-13——韩辉等：《曲阜鲁国故城考古工作取得重要成果》，《中国文物报》2017年3月10日第5版；Googleearth图像。◆13-11——郑州大学历史文化遗产保护研究中心等：《河南荥阳市官庄周代城址发掘简报》，《考古》2016年第8期，第27页。◆13-12——郑州市城市科学研究会：《华夏都城之源》，河南人民出版社，2012，彩版二十。◆13-13——浙江省文物考古研究所：《浙江绍兴印山大墓发掘简报》，《文物》1999年第11期，第6页；Googleearth图像。◆13-24——辻邦生、西和夫、西川孟：《日本名建筑写真选集（第18卷）京都御所·仙洞御所》，新潮社，1993，第94页。◆14-1——陕西省考古研究院等：《陕西延安市芦山峁新石器时代遗址》，《考古》2019年第7期，第32页。◆14-4——周原考古队：《周原遗址凤雏三号基址2014年发掘简报》，《中国国家博物馆馆刊》2015年第7期，第12页。◆14-7——丝路遗产：《商鞅变法的改革之都—秦汉栎阳城遗址渐露真容》，"丝路遗产"公众号2018年4月12日。◆14-9；21-12——田亚岐：《秦都雍城考古录》，《大众考古》2015年第4期，第80页。◆14-12——雍城考古队：《秦都雍城钻探试掘简报》，《考古与文物》1985年第2期，第7—20页。◆14-13；15-10；19-5——河北省丈化局丈物工作队：《河北易县燕下都故城勘察和试掘》，《考古学报》1965年第1期，图一。◆14-16；18-4——鹤见泰寿：《古代国家形成の舞台·飞鸟宫》，新泉社，2015，第48页。◆15-2——荆州博物馆：《湖北荆州熊家冢墓地2006—2007年发掘简报》，《文物》2009年第4期，第6页。◆15-3——洛阳市第二文物工作队：《洛阳西郊周山东周王陵调查记》，《中原文物》2005年第6期，第6页。◆15-13——王学理：《秦物质文化通览》，科学出版社，2017，第538页。◆15-14——焦南峰：《秦、西汉帝王陵封土研究的新认识》，《文物》2012年第12期，第55页。◆15-17——陕西省考古研究院等：《汉哀帝义陵考古调查、勘探简报》，《考古与文物》2012年第5期，第22页。◆16-2——Elizabeth Carter, "ČOḠĀ ZANBĪL" *Encyclopædia Iranica*, VI/1, pp. 9-13, iranicaonline.org.◆16-5——奈良文化财研究所：《奈良文化财研究所纪要2015》，第84页。◆16-12；17-4；22-3——16-5——奈良文化财研究所：《奈良文化财研究所纪要2016》，第61、79页。◆17-1——中国社会科学院考古研究所二里头工作队：《河南偃师市二里头遗址宫城及宫殿区外围道路的勘察与发掘》，《考古》2004年第1期，第4页。◆17-3——Leen Ritmeyer, *Herodian temple plan*, bibleodyssey.org.◆17-9；18-9——辽宁省文物考古研究所：《姜女石—秦行宫遗址发掘报告》，文物出版社，2010，第17页。◆18-3——奈良文化财研究所：《平城宫中央区朝堂院の调查》（现地说明会资料），第3页。◆18-6；23-1——Gairatdin Khozhaniyazov, *The military architecture of ancient Chorasmia (6th century B.C. - 4th century A.D.)* (Paris: deboccard, 2005), p.237.◆18-7——山东省文物考古研究所等：《山东临淄齐国故城10号建筑遗址发掘简报》，《文物》2016年第8期，第23页。◆18-8；20-2——中国社会科学院考古研究所安阳工作队：《河南安阳市洹北商城的勘察与试掘》，《考古》2003年第5期，第4、9页。◆19-2——孙周勇、邵晶等：《石峁遗址的考古发现与研究综述》，《中原文物》2020年第1期，第41页。◆19-6——沈丽华：

《曹魏邺城都城空间与葬地初论》，《芳林新叶——历史考古青年论集（第二辑）》，上海古籍出版社，2019，第311页。◆19-10；21-2；15-8——群力：《临淄齐国故城勘探纪要》，《文物》1972年第5期，第46页；Googleearth图像。◆20-5——UNESCO World Heritage Centre, Hatra, whc. unesco. org. ◆20-9——中国社会科学院考古研究所河南第二工作队：《河南偃师商城西城墙2007与2008年勘探发掘报告》，《考古学报》2011年第3期，第387页。◆20-10——河南省文物考古研究所：《郑州商城外郭城的调查与试掘》，《考古》2004年第3期，第41页。◆20-13——陕西省考古研究院等：《西汉成帝延陵考古勘探调查简报》，《考古与文物》2019年第4期，第25页。◆20-14——陕西省考古研究院等：《汉平帝康陵考古调查、勘探简报》，《文物》2014年第6期，第52页。◆20-16——中国社会科学院考古研究所：《隋仁寿宫·唐九成宫考古发掘报告》，科学出版社，2008，第7页。◆20-17——中国社会科学院考古研究所内蒙古第二工作队等：《内蒙古巴林左旗辽上京宫城南门遗址发掘简报》，《考古》2019年第5期，第21页。◆21-3——杨武站：《咸阳市西汉帝陵》，《中国考古学年鉴2014》，中国社会科学出版社，2015，第442—443页；陕西省文物局：《西汉帝陵考古勘探》，《陕西文物年鉴2014》，陕西人民出版社，2015，第10—11页。◆21-6——闻磊、周国平：《郢路辽远—楚都纪南城宫城区的考古发掘》，《大众考古》2016年第11期，第22页。◆21-7——ДАЛЬВЕРЗИНТЕПЕ, *КУШАНСКИЙ ГОРОД НА ЮГЕ УЗБЕКИСТАНА*（ТАШКЕНТ: ИЗДАТЕЛЬСТВО 《ФАН》 УЗБЕКСКОЙ ССР, 1978）, p. 8. ◆21-11——河南省文物考古研究所：《河南新郑市郑韩故城郑国祭祀遗址发掘简报》，《考古》2000年第2期，第62页。◆22-1——Étienne de la Vaissière, Philippe Marquis, Julio Bendezu Sarmiento, "A Kushan military camp near Bactra", Kushan Histories-Literary Sources and Selected Papers from a Symposium at Berlin, December 5 to 7, 2013 edited by Harry Falk. Bremen, Hempen Verlag, 2015, p. 241-254. ◆22-5——Antoine Augustin Calmet, *A Plan of the city of niniveh according to diodorus siculus and father Kircher*, Het algemeen groot historisch, oordeelkundig, chronologisch, geografisch, en letterlyk naam-en woordboek, van den gantschen H. Bijbel, 1725-1731. ◆22-6——孙儒涧：《敦煌石窟全集21-建筑画卷》，（香港）商务印书馆有限公司，2001，图219。◆23-3——中国科学院考古研究所西安唐城发掘队：《唐代长安城考古纪略》，《考古》1963年第11期，图一。

汉代的金灶与步摇*

■ 陈　轩（北京大学艺术学院）

　　金灶是汉代特有的物件，是以黄金掐丝、焊珠等工艺制成的小巧玲珑的灶的模型，其上镶嵌彩色宝石。目前仅见的三件金灶均发现于墓葬之中，分别出土于西安沙坡村东汉墓、[1] 山东莒县双合村东汉墓[2] 和江苏邗江东汉墓（图1、2、3）。[3] 由此，一些研究者认为金灶是寓意吉祥的明器，专用作陪葬品。[4] 然而，江苏邗江东汉墓中的金灶与一些明显为步摇的构件同出，[5] 这显示了金灶很可能是步摇的构件之一。特别值得注意的是，在江苏邗江东汉墓的发掘报告中，金灶被描述为盾形饰，但其外形其实与同为盾形的西安沙坡村与山东莒县双合村出土金灶完全一致。[6]

图1　西安沙坡村出土金灶
（采自国家文物局主编《中国文物精华大辞典·金银玉石卷》，上海辞书出版社，1996，第92页）

---

* 本文系2019年度国家社科基金艺术学青年项目"丝绸之路视野下的汉代纹饰研究"（批准号19CF180）的阶段性成果。

1　国家文物局主编：《中国文物精华大辞典·金银玉石卷》，上海辞书出版社，1996，第92页。
2　刘云涛：《山东莒县双合村汉墓》，《文物》1999年第12期。
3　南京博物院：《江苏邗江二号汉墓》，《文物》1981年第11期。
4　冉万里：《略论汉代金银器》，《秦汉研究》第七辑（2013年）；武玮：《汉墓出土金灶寓意探析》，《考古与文物》2008年第5期。
5　韦正：《金珰与步摇——汉晋命妇冠饰试探》，《文物》2013年第5期。
6　南京博物院：《江苏邗江二号汉墓》，《文物》1981年第11期。

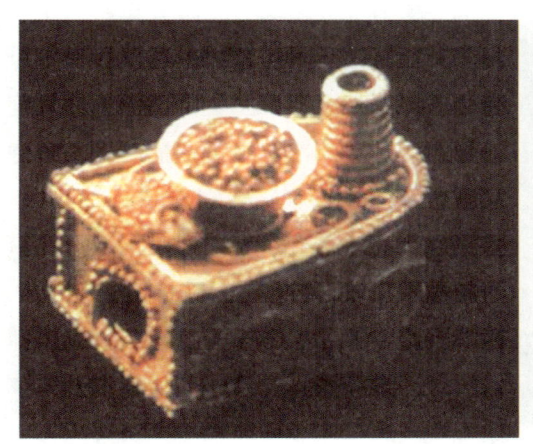

图 2　山东莒县双合村东汉墓出土金灶
（采自刘云涛《山东莒县双合村汉墓》，《文物》1999 年第 12 期，彩版四-3、4）

图 3　江苏邗江东汉墓出土金灶
（采自南京博物院《江苏邗江二号汉墓》，《文物》1981 年第 11 期，图版三-4）

目前还没有汉代步摇的实物出土，但根据汉末魏晋墓葬出土的饰件和《续汉书·舆服志下》的记载，可以基本复原汉代步摇的样式。《续汉书·舆服志下》中描述的皇后头上所戴步摇形制为："以黄金为山题，贯白珠为桂枝相缪，八爵九华，熊、虎、赤罴、天鹿、辟邪、南山丰大特六兽，《诗》所谓'副笄六珈'者。诸爵兽皆以翡翠为毛羽，金题，白珠珰，绕以翡翠为华云。"汉代步摇的形式因此可以推断为在黄金制成的博山形基座上安插树枝，其上悬挂鸟雀、珠子、花朵、瑞兽等物。[1]

本文将金灶作为汉代步摇的悬挂构件进行研究，将金灶的形制特点结合汉代吉祥图案与步摇的发展脉络一同讨论，从而指出金灶作为汉代独具特色的物件但又转瞬即逝的原因。

一　金灶与汉代步摇构件

西安沙坡村与山东莒县双合村出土的金灶没有充分的墓葬环境信息用来帮助判

---

[1] 孙机：《步摇、步摇冠与摇叶饰片》，《文物》1991 年第 11 期。

断其功用，[1] 但江苏邗江甘泉山二号墓出土的金灶与很多同样放置于墓主人头部附近的饰件显示金灶是步摇的构件之一。韦正指出，这种位于墓主人头边、上面有小孔的动物形和其他各种形状的金片、料珠、琥珀饰件等物件可以肯定是步摇的构件，它们都可以悬挂下来，符合步摇的"步则动摇"的特点。[2] 甘泉山二号墓与金灶同出的构件包括桃形金片、钟形金饰、亚形金饰和品字形三联方胜金饰（图4）。这些构件与《续汉书·舆服志下》中所提到的瑞兽、鸟雀、花朵等有所不同，但河北定县43号东汉墓出土的一系列黄金步摇构件印证了文献的记载，包括两件金辟邪还有金羊（图5）。[3] 很可能汉代实际使用的步摇构件超出了《续汉书·舆服志》的记载范围，更广泛地囊括了当时具有吉祥寓意的物件，例如金灶与金胜。尤其目前发现的三件金灶底部都有用黄金掐丝工艺制成的吉祥词语"日利"或"宜子孙"，这些也都是汉代常用于铜镜、书刀、漆器等日常用品或陪葬品之上的祝福词语。

步摇构件可能被作为极为珍贵的饰件组合被拆解并集中保存，例如南昌东吴高荣墓发现的一件放置于墓主人头边的银壶中就存放了桃形、钟形金片，[4] 这也在一定程度上解释了为什么目前没有发现完整的汉代步摇实物。金灶就是作为这样的贵重物件在这一时期结合灶的吉祥寓意被设计和制作出来的。与之类似的还有金胜。在

图4　江苏邗江东汉墓出土金胜
（采自南京博物院《江苏邗江二号汉墓》，《文物》1981年第11期，图版三–3）

图5　河北定县43号墓出土缧丝镶嵌金辟邪
（采自国家文物局主编《中国文物精华大辞典·金银玉石卷》，上海辞书出版社，1996，第96页）

1　刘云涛：《山东莒县双合村汉墓》，《文物》1999年第12期。山东莒县双合村汉墓虽被盗扰，但与金灶一同出土的黄金饰件均尺寸小巧，很多有穿孔。金蟾蜍、金盾等饰件类比江苏邗江二号汉墓出土的饰件，很可能同样为步摇上悬挂的构件，而非发掘报告作者所说的孩童的玩物。

2　韦正：《金珰与步摇——汉晋命妇冠饰试探》，《文物》2013年第5期。

3　定县博物馆：《河北定县43号汉墓发掘简报》，《文物》1973年第11期。

4　江西省历史博物馆：《江西南昌市东吴高荣墓的发掘》，《考古》1980年第3期。

汉代画像和各种墓葬遗存中极具特殊意义的符号被甄选出来,扩充了步摇构件的设计语汇。

二 金灶的寓意与造型

灶在墓葬环境中常常带有祝福子孙繁衍和家族兴旺的寓意,有时以陶制明器的形式出现,有时在画像石刻中的祭灶场景中出现,有时作为墓葬建筑的重要组成部分出现。与灶类似,胜同样是在墓葬中以各种物质形式出现,作为由西王母的头饰演化而来的吉祥符号,与灶和其他一系列吉祥图像共同构筑出墓葬环境中的升仙语汇。灶和胜以及天鹿、辟邪等各种瑞兽共同作为悬挂构件在汉代步摇中的使用,可以由此显示出步摇作为一个独立微缩宇宙的内涵。类似的微缩宇宙在汉代的墓葬空间中有各种规模和物质形式的呈现,例如博山炉以山为基础,在其上构建出瑞兽和仙人活动的微缩宇宙。再例如摇钱树是以树为基础,在树干和枝叶上刻画出以仙境为原型的微缩宇宙。更加宏大的例子则是整个墓葬建筑作为一个服务于墓主人升仙的微缩宇宙。可以说这种设计观念深入汉代各种物件的设计之中。

以四川东汉崖墓建筑当中灶的设置和胜作为符号的使用为例,各种具有特殊含义的图像系统地构建出依托于墓葬建筑的微缩宇宙。由此可以以类似的方式理解灶和胜在步摇中的意义和作用。以四川乐山和彭山的崖墓为例,胜的符号通常出现在崖墓入口处的门楣正中央,标志墓葬作为升仙之地(图6)。[1] 而进入崖墓之后,直接利用山体岩石开凿的石灶是墓葬建筑模仿生人居室的重要组成部分(图7)。[2] 每一处石灶象征生人住宅中的厨房和以家庭为单位、定期举行的祭灶仪式。在汉代,祭灶是"五祀"和"七祀"之一,相关制度见于《仪礼》以及《四民月令》中的详细记载。[3] 作为崖墓建筑组成部分的石灶是一个家庭作为相对独立单元的突出性标志,与崖墓的结构形制以及崖墓随着家族规模的增长不断扩建的特性紧密相关。每开凿一处狭长的墓室就新开凿一处石灶,同时象征一个新的独立家庭单元从大家族中分离出来(图8)。后世的"分灶"仪式正是继承了这一源自汉代的传统。这一仪式将灶里留下的灰烬进行划分,隐喻一个大家庭分裂成数个小家庭。[4] 由此,灶象征着子孙繁衍与家族兴旺。这也进一步印证了所

---

[1] 唐长寿:《乐山崖墓和彭山崖墓》,电子科技大学出版社,1993,第62页;陈明达:《崖墓建筑(上)——彭山发掘报告之一》,《建筑史论文集》第17辑,清华大学出版社,2003,第86页。

[2] 陈轩:《四川东汉崖墓铭文与崖墓结构功能研究》,《考古》2017年第5期。

[3] 杨堃:《灶神考》,《汉学》I(1944年)。

[4] Robert Chard, *Master of the Family: History and Development of the Chinese Cult of the Stove*, PhD Dissertation, University of California at Berkeley, 1990, p. 10.

发现的两件金灶底部都饰有"宜子孙"文字的寓意。金灶用作步摇构件是一个典型的案例，显示在汉代从墓葬建筑到具体的配饰都通用一套吉祥语汇与设计理念。

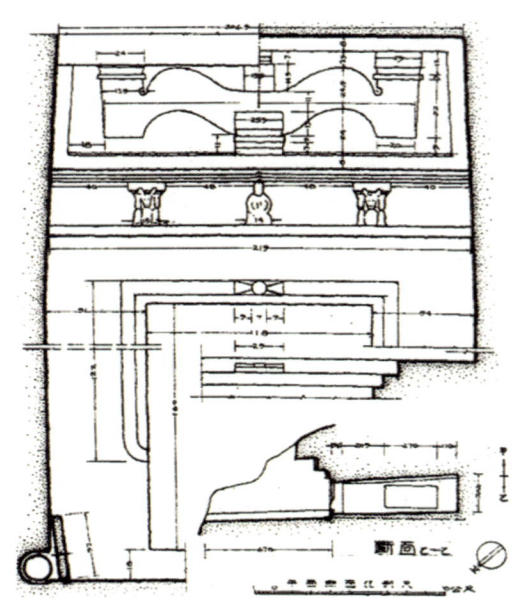

图6　四川彭山豆芽房沟166号崖墓墓门立面
（采自陈明达《崖墓建筑（上）——彭山发掘报告之一》，《建筑史论文集》第17辑，清华大学出版社，2003，第86页）

图7　四川三台紫荆湾3号崖墓内的石灶
（采自四川省文物考古研究院《三台郪江崖墓》，2007，图版111）

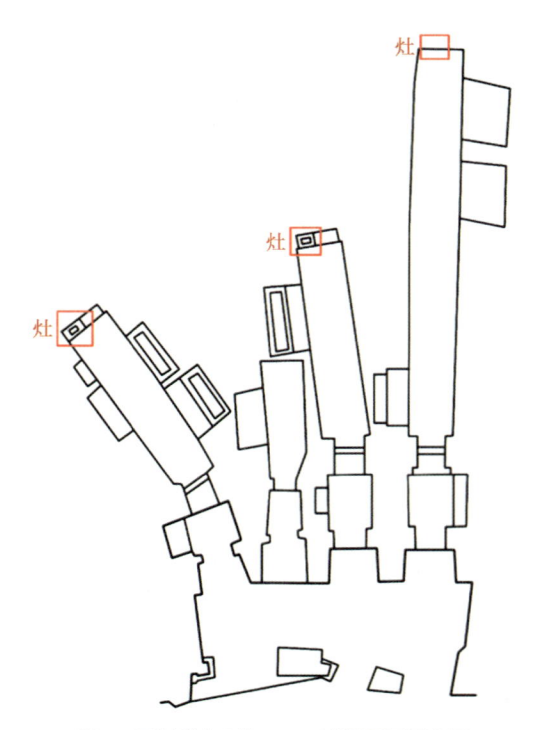

图8　四川乐山麻浩 IIM99 崖墓平面示意图
（采自陈轩《四川东汉崖墓铭文与崖墓结构研究》，《考古》2017年第5期，图8）

金灶的造型主要有两方面特点。一是同时使用了焊珠和掐丝两种有代表性的黄金工艺分别制作灶上的米粒和灶的烟囱部分。焊珠工艺巧妙地再现了米粒的颗粒感。而掐丝工艺使烟囱的造型更加立体生动并富于艺术性。二是使用红色和绿色的宝石对灶的表面进行镶嵌装饰。

在东汉三维立体造型的步摇构件流行时期，焊珠和掐丝工艺广泛运用于各种造型。例如在山东莒县双合村东汉墓中与金灶同出的金盾和金蟾蜍就用焊珠工艺打造了联珠纹纹饰，[1] 河北定县 43 号东汉墓出土的黄金步摇构件中，龙、辟邪和羊的造型都使用了掐丝工艺（图 5）。[2] 这两种工艺也是同一时期中亚草原地区流行的重要黄金工艺。阿富汗蒂拉丘地的大月氏贵族墓中出土的很多黄金制品都广泛使用了这些工艺。使用焊珠工艺的例子包括蒂拉丘地二号墓出土的项链、饰件，一号墓出土的牌饰。同样，大部分焊珠工艺用于联珠纹的边饰，也有像金灶上的饭粒造型一样大面积使用的情况，如一号墓出土的牌饰（图 9）。[3] 同样的工艺在不同的地区巧妙地适用于当地文化传统的造型需求，在中原地区运用于汉代吉祥物件，而在草原地区运用于游牧民族的首饰和服饰配饰，充分体现了技术和文化交流过程当中的本土化。这种黄金工艺在两地的流行源于东汉与大月氏的文化交流，而两地间的这种交流也深刻影响了东汉的步摇造型。这一点将在第三部分进行详细阐述。

黄金的金色和金灶上镶嵌的玛瑙、绿松石的红色和绿色构成了东汉时期金饰流行的基本颜色配置。这种颜色组合普遍出现在东汉的步摇构件、各种其他饰件上以及大月氏的物质文化当中。河北定县 43 号东汉墓出土的金龙、金辟邪、金羊步摇构件就是典型的黄金与红绿宝石配色（图 5）。[4] 另一个典型的例子就是故宫博物院所藏的东汉建武二十一年鎏金熊足铜樽（图 10）。[5] 虽然樽的主体为铜制，但鎏金的金色与其上镶嵌的绿松石的绿色和红玛瑙的红色共同形成了经典三色组合。承盘上的铭文进一步强调了这种用料与配色的关系："建武廿一年，蜀郡西工造乘舆一斛承旋，樽下承盘，雕蹲熊足，青碧闵瑰饰……"铭文中的"青碧"和"闵瑰"分别指熊形足上镶嵌的绿松石和红玛瑙。[6] 这种黄金与红、绿宝石的配色风尚很可能是

图 9　阿富汗蒂拉丘地一号墓出土牌饰
[采自 Fredrik Hiebert and Pierre Cambon（eds.），*Afghanistan: Crossroads of the Ancient World*（The British Museum Press, 2011），p. 236]

1　刘云涛：《山东莒县双合村汉墓》，《文物》1999 年第 12 期。

2　定县博物馆：《河北定县 43 号汉墓发掘简报》，《文物》1973 年第 11 期。

3　Fredrik Hiebert and Pierre Cambon（eds.），*Afghanistan: Crossroads of the Ancient World*（The British Museum Press, 2011），p. 253；p. 251；p. 236.

4　国家文物局主编：《中国文物精华大辞典·金银玉石卷》，第 96 页。

5　方国锦：《鎏金铜斛》，《文物参考资料》1958 年第 9 期。

6　孙机：《先秦、汉、晋腰带用金银带扣》，《文物》1994 年第 1 期。

图10 东汉建武二十一年鎏金熊足铜樽
（采自方国锦《鎏金铜斛》，《文物参考资料》1958年第9期，第70页）

图11 阿富汗蒂拉丘地二号墓出土耳部牌饰
[采自 Fredrik Hiebert and Pierre Cambon（eds.）, *Afghanistan: Crossroads of the Ancient World*（The British Museum Press, 2011）, p. 246]

受到同一时期的中亚草原地区影响。作为有着悠久黄金工艺传统的游牧民族，大月氏对于黄金制品的使用更加深入到物质生活的方方面面。阿富汗蒂拉丘地二号墓墓主人的耳部牌饰就是一个典型的黄金与红、绿宝石的三色组合（图11）。其中绿色宝石为绿松石。红色宝石有石榴石和红玛瑙。[1] 牌饰的主体造型为驭双龙的仙人，其下坠有许多圆形和各种其他形状的饰片。原本的佩戴方式应是一对牌饰分别戴在两耳上方，在走动时随之摇曳，与戴在头上的步摇有异曲同工之妙。绿松石形状各异，主要镶嵌在龙的背脊，仙人的下装以及坠饰当中。石榴石和红玛瑙则大多呈较为规则的圆形或水滴形，镶嵌在龙眼和各种圆形凹槽中。同一时期欧亚草原的黄金匕首也往往使用这种黄金与红绿宝石的搭配，例如黑海地区出土的一件匕首就以红绿宝石相间镶嵌的方式用来装饰把手上以黄金打造的骆驼纹样。[2]

在谈及金灶可辟邪除凶的寓意时，武玮认为其上镶嵌的红绿宝石有除凶辟邪的含义，其主要论据是《急就篇》中的文字"系臂琅玕虎魄龙，璧碧珠玑玫瑰罋，玉玦环佩靡从容，射魅辟邪除群凶"[3]。但关于金灶上镶嵌红绿宝石这一现象更可能的解释是，随着欧亚草原传入中国的黄金制品与黄金工艺的流行，黄金制品上镶嵌红绿

---

[1] *Afghanistan: Crossroads of the Ancient World*, p. 246.

[2] *Afghanistan: Crossroads of the Ancient World*, p. 229.

[3] 武玮：《汉墓出土金灶寓意探析》，《考古与文物》2008年第5期。

宝石的草原风尚也同时在中原风行，结合汉地的文化传统，这一来自草原地区的审美与配色被赋予了本土化的吉祥寓意。

三　步摇的形制与演化

造型精美的金铛目前只发现了三件并仅限于东汉时期，这一现象很可能和步摇本身的发展演变有关。基于东汉到东晋的步摇构件出土资料，韦正指出步摇悬挂构件呈小型化和平面化的发展趋势。[1] 在早期的河北定县 43 号东汉墓中，步摇构件呈体积较大的立体造型，同时较为流行使用宝石镶嵌，例如以缧丝工艺制成的金龙、金羊和金辟邪。西晋时期的步摇构件呈过渡性特点。东晋时期的步摇构件呈现出较强的一致性，在各种墓葬中都发现了桃形、花瓣形、方胜形、壶形金片，并且尺寸十分接近，以南京仙鹤观 M2、M6 和长沙黄泥塘 M3 为重要代表。[2] 这显示东晋时期存在一套女性命服的冠饰制度，对于步摇构件的样式有统一要求。

由此可见，东汉时期的金铛属于步摇构件发展的早期阶段，与定县 43 号东汉墓出土的各类动物造型的步摇构件类似，都属于有宝石镶嵌且体积较大的三维立体构件。随着步摇构件的平面化发展，这种金铛样式的构件便退出了历史舞台。值得注意的是三件现存金铛中，江苏邗江二号东汉墓出土的金铛装饰细节最少，造型最为简洁，很可能处于步摇构件向着平面化发展的过渡阶段。这种简洁的盾形造型也直接导致发掘报告的作者将其认成盾形饰。[3] 另外，一些东汉墓出土的金钟形饰很可能是金铛向平面化演变的产物。例如，安徽合肥东汉墓出土的一件钟形饰的轮廓其实是盾形，正好是金铛俯视平面形状。器身中部以掐丝工艺制成"宜子孙"铭文（图 12）。[4] 铭文的内容、铭文所在平面的构图以及环绕的联珠纹装饰与山东莒县和江苏邗江所出金铛的底部铭文情况完全一致。以金铛为个案可以看出步摇构件最早出现时以开发当时的吉祥图像为主，且以富于细节并且立体的形象呈现，之后逐步向着平面化和抽象化发展，但其形象始终有着吉祥寓意。

从东西物质文化交流的宏观视角进行考察将有助于更加深入地理解这种步摇构件的形式发展与演变。目前学界比较一致地认可东汉至东晋时期的步摇主要受到大月氏步摇的影响，是游牧地区物质文化影

---

[1]　韦正：《金铛与步摇——汉晋命妇冠饰试探》，《文物》2013 年第 5 期。

[2]　南京市博物馆：《江苏南京仙鹤观东晋墓》，《文物》2001 年第 3 期；湖南省博物馆：《长沙南郊的两晋南朝隋代墓葬》，《考古》1965 年第 5 期。

[3]　南京博物院：《江苏邗江二号汉墓》，《文物》1981 年第 11 期。

[4]　国家文物局主编：《中国文物精华大辞典·金银玉石卷》，第 95 页。

图12 安徽合肥东汉墓出土钟形饰
（采自国家文物局主编《中国文物精华大辞典·金银玉石卷》，上海辞书出版社，1996，第95页）

西汉诸侯王墓中常常出现的呈现野兽搏斗场景的鎏金牌饰，充分展示了这种来自异域的草原文化在汉地统治阶层的流行。而到了东汉，统治阶层的草原风尚则由腰带转向了头饰，像前文提到的河北定县43号墓和江苏邗江二号墓这样的贵族墓都发现有精致的黄金步摇构件。这种转向呈现了两个重要的问题。一是来自草原的黄金文化对于汉地的影响主要体现在衣着配饰方面。二是在草原黄金文化对汉地的长期持续影响过程中，不同阶段有不同的具体流行饰件，与草原地区当时的配饰风尚有关，但都能直接凸显其所有者的高贵身份，与衣冠制度相结合。

但草原文化对汉地的物质文化影响并非是单向的，这早在《汉书》中关于公元前65年龟兹王及其妻子的记载中即有所体现。余英时曾引用《汉书》卷九十六中的记载，指出汉代胡人的汉化程度之深。公元前65年，龟兹王和他的妻子——曾在长安学习中国音乐的乌孙公主，一同到汉廷朝贡。这对夫妇从汉朝皇帝那里收到了大量包括精美丝绸以及其他珍贵物品在内的贵重礼物并在中国居住了大约一年时间。

响中原文化的一种现象。[1] 公元2世纪，大量大月氏人在贵霜帝国内乱之际迁居中国内地，带入了大量中亚草原地区的艺术文化、宗教信仰与生活方式。[2]《续汉书·五行志》中所记载的"灵帝好胡服……京都贵戚皆竞为之"，正是大月氏的物质文化对汉地带来重要影响的证明。

比步摇更早影响中原物质文化的草原饰品则是腰带牌饰，可追溯至先秦至西汉时期。腰带牌饰的用法及牌饰上的图案均源自草原文化。[3] 西安北郊战国工匠墓出土的野兽搏斗的牌饰模具说明早在战国时期汉地就开始有这种鎏金牌饰的使用需求。[4]

---

[1] 孙机：《步摇、步摇冠与摇叶饰片》，《文物》1991年第11期；韦正：《金珰与步摇——汉晋命妇冠饰试探》，《文物》2013年第5期。

[2] 林梅村：《贵霜大月氏人流寓中国考》，《西域文明——考古、民族、语言和宗教新论》，东方出版社，1995，第33—67页。

[3] 孙机：《先秦、汉、晋腰带用金银带扣》，《文物》1994年第1期。Jessica Rawson, "The Han Empire and Its Northern Neighbours: The Fascination of the Exotic", in James Lin (ed.), *The Search for Immortality: Tomb Treasures of Han China* (New Haven and London: Yale University Press, 2012), pp. 23 – 36.

[4] 陕西省考古研究所：《西安北郊战国铸铜工匠墓发掘简报》，《文物》2003年第9期。

这对夫妇十分喜欢汉朝的服饰和制度，并彻底"汉化"，在返回家乡之后仍模仿汉朝皇帝的生活方式。[1]

这种对汉地物质文化的欣赏在中亚草原地区的黄金头饰方面也有充分体现。1938 年哈萨克斯坦东南部的卡尔格里（Kargaly）地区墓葬出土的金饰就是一个重要的例子（图 13）。[2] 根据长条形金饰的边缘处一系列小孔可以推断金饰是缝制在某种帽子上的，戴上后位于额头的部位。推定此件金饰的制作年代为公元 1—2 世纪，其主人为乌孙贵族。金饰的中部缺失，整体构图为乘驾着鹿、山羊等坐骑的羽人在云气间分别从两端向中部前行。画面构图和内容呈明显的汉代画像风格。有学者将金饰上的画面与陕北地区的具有剪纸风格的汉画像石进行对比研究。[3] 孙机在谈及此件金饰时指出其图案设计明显模仿汉代，但又缺少"内地同类作品所具有的的夭矫腾踔之气势"，应是当地工匠模仿汉代图像风格制作的。[4] 由此这件金饰成为《汉书》中关于中亚草原地区胡人"汉化"的有力物证，也与战国时期出土于今西安北郊的内地工匠制作的草原风格牌饰形成了跨时空的中西物质文化互动。

黄金头饰与步摇虽然源起于欧亚草原，并在长达几世纪的时间范围内与广阔的地理空间之中在草原游牧贵族的墓葬中作为重要的陪葬品，但其造型和设计却不断地吸收其他地区的艺术风格。上述卡尔格里金饰是一个吸收汉画像风格的例子，装饰部位在额头部位，很可能是步摇基座的组成部分。同样在步摇基座的装饰上吸收外来艺术的案例还有顿河下游新切尔卡斯克的萨尔马泰女王墓出土的金冠，年代为公元前 2 世纪（图 14）。金冠横带上的装饰是典型的希腊艺术风格，镶嵌有紫水晶、珍珠和嵌有石榴石的女神像。横带之上的

图 13　哈萨克斯坦卡尔格里出土金饰
［采自 Katheryn Linduff, "Immortals in a Foreign Land: The Kargaly Diadem", *Antiquity* 88 (2014), p. 161］

1　余英时：《汉代贸易与扩张——汉胡经济关系结构研究》，上海古籍出版社，2005，第 169—170 页。
2　Katheryn Linduff, "Immortals in a Foreign Land: The Kargaly Diadem", *Antiquity* 88 (2014), pp. 160 – 162.
3　Leslie Wallace, "Betwixt and Between: Depictions of Immortals in Eastern Han Reliefs", *Ars Orientalis* 41 (2011), pp. 73 – 101.
4　孙机：《汉代物质文化资料图说》，上海古籍出版社，2019，第 450 页。

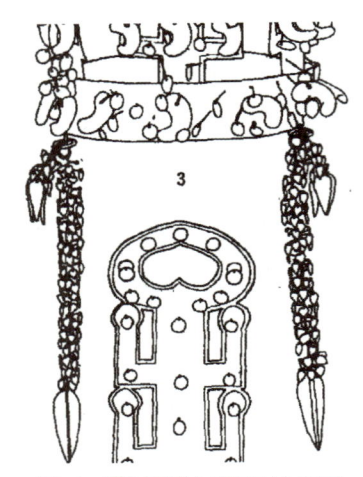

图14 萨尔马泰女王墓出土金冠
（采自孙机《步摇、步摇冠与摇叶饰片》，《文物》1991年第11期，图四-1）

图15 阿富汗蒂拉丘地二号墓出土金冠
[采自Fredrik Hiebert and Pierre Cambon（eds），*Afghanistan: Crossroads of the Ancient World*（The British Museum Press, 2011），p.286]

部分则是鲜明的萨尔马泰艺术风格装饰。金树上缀有可以摇动的金叶，树旁立有一对鹿。鹿的身后各有一只盘角羊。[1] 这种在横带上方以金树为装饰并在树上缀满金叶的步摇在欧亚草原流行了数百年的时间，并且地域跨度十分广大。其中一个更著名的例子则是阿富汗蒂拉丘地二号墓出土的公元1世纪的金冠（图15）。[2] 金冠横带上方的主要装饰是数棵金树，样式与前述萨尔马泰女王墓的金冠十分接近。

以上例子可以看出中亚草原地区的步摇主要在横带的装饰部分吸收外来艺术风格，而横带之上可以摇动的构件则一直是本地传统特色。而受大月氏步摇影响的汉地步摇则主要在可摇动的构件方面融入自身的文化特色，例如将富有各种吉祥寓意的灶、胜、辟邪等物作为构件。不过随着时间的推移，这些一开始十分具象并以立体形式呈现的构件逐渐变得抽象化和平面化，更加接近于中亚草原地区步摇的可以摇动的金叶片。比如一开始富有各种写实细节的金灶就停止了使用，或者演变成为了盾形或钟形的金片。

四 结语

金灶作为步摇构件的使用是东汉时期中西物质文化交流中一个极具代表性的案例，体现了汉地将游牧贵族的佩饰转化为以本土吉祥语汇构建的装饰系统的过程。这一转化过程也是中西方不断吸收对方艺术表现形式和融入本土文化内涵的过程。

1　孙机：《步摇、步摇冠与摇叶饰片》，《文物》1991年第11期。

2　*Afghanistan: Crossroads of the Ancient World*, p.286.

例如哈萨克斯坦卡尔格里金饰利用黄金工艺制造陕北汉画像石的剪纸式表现效果，而金灶的制作者则充分利用源自西方的焊珠、掐丝等先进黄金工艺呈现富于本土吉祥寓意的米粒、烟囱等图像细节。

金灶的造型设计本身就是中西物质文化交流的缩影，从黄金与红、绿宝石的颜色搭配再到焊珠与掐丝工艺的运用都体现了当时社会对西方艺术风格的欣赏。而这种外在形式的西化却始终不改变金灶的本土文化意涵，灶底部的"宜子孙"与"日利"等铭文既富有装饰效果、完美地与草原艺术风格结合在一起，又凸显了金灶在祭灶传统与灶神信仰中的重要地位。

金灶在东汉时期的昙花一现从一个侧面显现了中西物质文化交流的高度活跃。金灶的短暂使用可以说是汉代步摇受到大月氏文化影响后，在初期阶段的一个试验。随着步摇形制发展变化，这一最初阶段的试验品便退出了历史舞台。

皇兴五年造像再研究*

■ 李雯雯（河南大学历史文化学院古代文明中心）

北魏皇兴五年（471）石交脚造像（下称"皇兴五年造像"），陕西省兴平县出土，现藏于西安碑林博物馆（原陕西省博物馆）。高87厘米，宽55厘米，属尖拱舟背屏式石造像。

皇兴五年造像正面雕有一佛，身穿圆领通肩式佛衣，交脚坐于狮子座（图1-1），台座中心处有力士双手托佛足。台座正、背面均雕刻神王，左右两侧刻供养人像，旁有题名。背面图案分为七层，上六层每层分格刻出多幅故事画（图1-2）[1]。画面均附榜题，榜题内容已难以辨识。

有关皇兴五年造像背屏内容的分析，总体来说，目前学界主要有三种观点。

第一种观点认为背屏图像表现的是弥勒经变。以常青的《北魏皇兴造像考》为代表，文中将背屏内容分为15幅画面，分别为：①弥勒出生九龙灌顶。②树下思维。③弥勒降生。④请人为弥勒占像。⑤骑象入胎。⑥⑨礼弥勒佛。⑦七宝图。⑧意义不明确。⑩⑪⑬三幅画面基本相同。⑫一种七获。⑭儴佉王与二大臣商议出家。⑮弥勒往耆阇崛山。整体来说，认为画面内容表现的是弥勒下生经变[2]。该观点直到近年仍然得到不少学者的认同[3]。但此说仍有不尽完善之处，如所参考的《弥勒下生经》为唐代义净的译本，时代差距较大。且文中对其中四幅画面未有解释等。

---

* 本文系2018年国家社科基金艺术学项目"汉传佛教艺术手印研究"（项目编号：18CF186）阶段性成果。

1 [日] 松原三郎：《中国佛教雕刻史论》，吉川弘文馆，1995，图版第42、43。

2 常青：《北魏皇兴造像考》，《文博》1989年第4期，第23页。

3 李凇：《陕西古代佛教美术》，陕西人民教育出版社，2000，第33页；李凇：《陕西佛教艺术》，文物出版社，2008，第36页；西安碑林博物馆：《长安佛韵——西安碑林藏佛教造像艺术》，陕西师范大学出版社，2010，第46页；宋莉：《北魏至隋代关中地区造像碑的样式与年代考证》，博士学位论文，西安美术学院，2011年，第14页；孙英刚：《武则天的七宝——佛教转轮王的图像符号及其政治意涵》，《世界宗教研究》2015年第2期，第50页。

1. 正面　　　　　　　　　　　　　　　2. 背面
图 1　皇兴五年造像

第二种观点将图像理解为与释迦相关的佛教故事。如李域铮[1]、王景荃[2]、李慧[3]、赵超[4]等学者认为：三层是诸天说服释迦修道，五层是儒童买花和阴魔首中见到的铁锅煮人等恐怖场面。六层为释迦在般茶婆上修道，收目犍连、舍利弗为弟子。这样打破画面整体布局，挑选一些场景进行理解的研究，难以全面展示画面内涵。

第三种观点认为背屏图像刻画的是燃灯佛授记与释迦出生佛传故事。如颜娟英[5]、裴建平[6]、刘清香[7]等学者，但三位

1　高峡主编，李林娜、王原茵、王其祎副主编：《西安碑林全集》105 卷，《造像题记》，广东经济出版社、海天出版社，1999，第 2 页；李域铮：《陕西古代石刻艺术》，三秦出版社，1995，第 33 页。

2　王景荃：《天国的灵光》，上海文艺出版社，2001，第 52 页。

3　李慧、柴华：《试析北魏几件造像的艺术特点》，《文博》2010 年第 6 期，第 55 页。

4　赵超：《中国古代石刻概论（增订本）》，中华书局，2019，第 163 页。

5　颜娟英：《生与死——北朝涅槃图像的发展》，《台湾大学美术史研究集刊》（39），2015，第 8 页。

6　裴建平：《碑林藏北朝佛造像所见两种艺术风格及其源流试析》，《碑林集刊》（一），1994，第 166 页。

7　刘清香：《北朝佛教造像源流史》，空庭书苑，2012，第 154 页。

均认为背屏画面表现的是跳跃性构图。石松日奈子只简单提及，并未展开讨论[1]。李静杰整体上对背屏图像进行了全面、系统的理解，并提出造像依据《太子瑞应本起经》（以下称《瑞应本起经》）[2]。对于其中的部分细节以及图像所依据佛经，似有可进一步讨论的空间。

本文在前贤的研究基础上，通过图像与相关佛经文本进行对比，认为皇兴五年造像是严格按照《修行本起经》的文本顺序而制作。虽然《修行本起经》《瑞应本起经》《过去现在因果经》（以下称《因果经》）被认为是同本异译，但从文本细节来

宝图像的意义，展现像主期待弥勒下生时在龙华初会的愿望。

一 背屏图像内容考释

现将皇兴五年造像背屏的17幅画面从下至上标注如图2-1，根据《修行本起经》可将17幅画面的内容做如下理解（图2-2）。

现从第一行（下起）开始，将背屏图像与《修行本起经》相结合，考察二者间的对应关系。

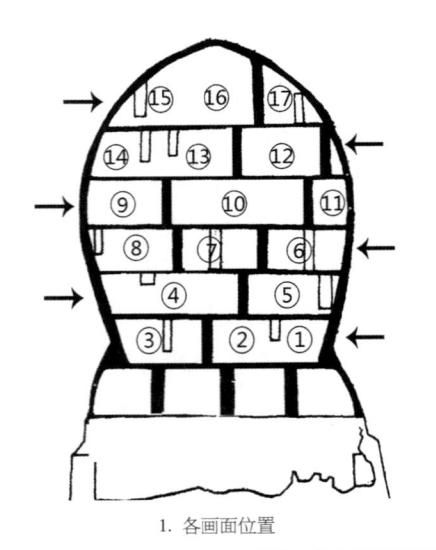

1. 各画面位置

2. 依据《修行本起经》对画面的理解

图2 皇兴五年造像背屏各画面位置及对应内容

看仍有不少差异，笔者认为《修行本起经》更为契合图像内容，也更能凸显背屏后七

第一行画面：

---

1 ［日］石松日奈子：《北魏佛教造像史研究》，文物出版社，2012，第181页。

2 李静杰：《造像碑佛本生本行故事雕刻》，《故宫博物院院刊》1996年第4期，第70页；李静杰：《北朝佛传雕刻所见佛教美术的东方化过程——以诞生前后的场面为中心》，《故宫博物院院刊》2004年第4期，第76页。

1. 画面①山中修行　　2. 画面②辞行开化道经丘聚　　3. 画面③与众人论道说义

图3　皇兴五年造像背屏第一行各画面

画面①：山中修行（图3-1）[1]

画面：一男子身穿交领长袍，下着裤。盘腿而坐，面向左侧。

经文："有梵志儒童，名无垢光。幼怀聪睿，志大苞弘。隐居山林，守玄行禅。"[2]

画面②：辞行开化道经丘聚（图3-2）

画面：右侧山峦，儒童合掌而立，面向左侧。

经文："辞行开化道经丘聚。"

经文："聚中梵志，名不楼陀，盛祀天祠。满十二月，饭食供养。梵志徒众，八万四千人……时儒童菩萨，入彼众中，论道说义。"

第二行画面：

画面④：平治道路，洒扫，问行人（图4-1）

画面：左侧儒童与一男子问答，男子手中握工具。右侧两男子，背对画面者手

1. 画面④平治道路，洒扫，问行人　　2. 画面⑤五百银钱欲买花

图4　皇兴五年造像背屏第二行各画面

画面③：与众人论道说义（图3-3）

画面：左侧两位男子面向右侧跪坐，一人伸出左手作谈论状，一人双手交叠于袖笼。右侧儒童举起左手作谈论状。

握扫帚，做打扫姿势。另一男子举起左手，面前有一水缸。

经文："遂行入国，见人欣然，匆匆平治道路，洒扫烧香。即问行人，用何等故。

---

[1] 拓片图来自李淞《陕西佛教艺术》，文物出版社，2008，第35页。

[2] （东汉）竺大力、康孟详译：《修行本起经》，[日]高楠顺次郎等编：《大正新修大藏经》第3册，财团法人佛陀教育基金会，1990，第461页。

行人答曰，锭光佛，今日当来，施设供养。"

画面⑤：五百银钱欲买花（图4-2）

画面：左侧有头光者为儒童，右侧女子身着长裙，手持七茎莲花，儒童菩萨欲

得成，愿我后世生，常当为君妻。"

画面⑦：女子请求供两支（图5-2）

画面：女子手中二支莲花，儒童菩萨手持二支莲花。

1. 画面⑥买花五支 　　2. 画面⑦女子请求供两支 　　3. 画面⑧散花

图5　皇兴五年造像背屏第三行各画面

将手中一串银钱给女子。

经文："银钱凡五百，请买五茎花。奉上锭光佛，求我本所愿。"

第三行画面：

画面⑥：买花五支（图5-1）

画面：左侧儒童与右侧女子交谈。菩萨手中已买五支花，女子手中两支。

经文："不求释梵魔，四王转轮圣，愿我得成佛，度脱诸十方。"女言："所愿速

经文："今我女弱，不能得前，请寄二华，以上于佛。"[1]

画面⑧：散花（图5-3）

画面：儒童在右侧，右手高举花瓣，五朵花化成佛头上华盖，两朵停佛两肩。左侧有头光人物着裙，手中空空，应当是天女。

经文："便散五华，皆止空中，变成花盖，面七十里，二花住佛两肩上，如根生。"

第四行画面：

1. 画面⑨布发掩泥 　　2. 画面⑩七宝显出 　　3. 画面⑪兜率天为补处菩萨时

图6　皇兴五年造像背屏第四行各画面

---

[1] 画面⑥⑦，李静杰指出："第三排左起第一幅，王女执二枚莲花行。第二幅菩萨执五枚莲花行。第三幅，王女献自留的二枚莲花。第四幅，菩萨执二枚莲花行"。参见李静杰《造像碑佛本生本行故事雕刻》，《故宫博物院院刊》1996年第4期，第69页。

画面⑨：布发掩泥（图6-1）

画面：左侧立佛，手持无畏印。一人衣带飘起，跪拜佛右前方足下处；右侧有一菩萨升空。匍匐在地者与升天者应均为儒童。

经文："菩萨欢喜，布发着地。愿尊蹈之……佛告童子，汝却后百劫，当得作佛。"授记后的能仁菩萨"即时身踊，悬在空中，去地七仞"。

画面⑩：七宝显出（图6-2）

画面：左侧是相师，右手臂弯曲，左手伸前。对面是阙楼内，两位人物跪坐。

经文："于是便召相师随若耶，占其所梦。"

画面⑭：树下诞生（图7-3）

画面：女子左手垂下，右手扶树枝。身后有侍者，太子从右胁生。

经文："明星出时，夫人攀树枝，便从右胁生堕地。"

1. 画面⑫乘象入胎 　　2. 画面⑬相师占梦 　　3. 画面⑭树下诞生

图7　皇兴五年造像背屏第五行各画面

画面：七宝形象。

经文："能仁菩萨，……从上来下，为转轮王飞行皇帝，七宝导从。"

画面⑪：兜率天为补处菩萨时（图6-3）

画面：一人侧坐在束腰座上，左手举起。

经文："能仁菩萨，于九十一劫。……兜术天上……观视父母。"

第五行画面：

画面⑫：乘象入胎（图7-1）

画面：右侧上方圆盘内，一人骑白象下降趋向左侧的建筑。

经文："于是能仁菩萨，化乘白象，来就母胎。"

画面⑬：相师占梦（图7-2）

第六行画面：

画面⑮：七步宣言（图8-1）

画面：太子左手上举，右手下垂。左侧有七朵莲花。

经文："行七步，举手而言，天上天下，唯我为尊，三界皆苦，吾当安之。"

画面⑯：九龙浴佛（图8-2）

画面：太子立于中间，头顶有九龙，两侧是帝释天与梵天。

经文："有龙王兄弟，一名迦罗，二名郁迦罗。左雨温水，右雨冷泉。释梵摩持天衣裹之。"

画面⑰：太子思惟像（图8-3）

画面：菩萨头戴宝冠，右臂曲肘，手指抚面颊，略俯首，左手下抚右足，作思惟状。

1. 画面⑮七步宣言　　2. 画面⑯九龙浴佛　　3. 画面⑰太子思惟像

图 8　皇兴五年造像背屏第六行各画面

经文："太子坐阎浮树下。见耕者垦壤出虫……菩萨见此众生品类展转相吞。慈心愍伤。即于树下得第一禅。"

可见，皇兴五年造像背屏从最下层右侧图像起，各画面布局紧凑，连续完整，呈"S"形依次展现《修行本起经》中的内容，并未呈现跳跃式情节。下四层从第 1 幅到第 11 幅，表现儒童买花献花、布发掩泥后获得升天的场景，七宝图像是儒童菩萨为转轮王时的祥瑞景象。上两层第 12 幅到第 17 幅则表现释迦诞生、树下思惟的场面。燃灯佛授记与释迦诞生是北魏时期中原佛教艺术中的流行题材[1]。除此之外，同一人物服饰不变，利用场景表现的不同主题，以及人物形态的朝向来暗示故事发生的顺序等特点与陕西地区汉画像石相似。

二　皇兴五年造像与《修行本起经》的图文关系

皇兴五年造像碑铭清楚，故事情节完整且每幅画面均曾有榜题，说明背屏画面可能有经典依据。佛教典籍中，有关记述燃灯佛授记与释迦诞生故事的经本较多[2]。不同经本之间的表现内容也并不相同。本文讨论的范围则集中在公元 471 年前的相关译经（表 1）。

1　有关燃灯佛授记的造像有克孜尔 63 窟、114 窟主室的左壁或右壁壁画，库木土拉石窟第 34 窟主室右壁，云冈石窟第 5 窟明窗侧、5 – 10、5 – 11 及 12、19、38、39 窟，麦积山十号造像碑，北齐皇建元年造像碑，北魏和平二年（公元 461 年）造像碑等。

2　燃灯佛授记在《修行本起经》《瑞应经》《六度集经》《异出菩萨本起经》《增一阿含经》《四分律》《因果经》《佛本行经》《佛本行集经》等经典中均有记载。后秦鸠摩罗什译《放光般若经》、唐般若译《大乘本生心地观经》等经中有简略叙述。释迦诞生的故事，从东汉至宋代均有翻译。如《修行本起经》《瑞应经》《普曜经》《佛本行经》《因果经》《异出菩萨本起经》《佛本行集经》《佛所行赞》《佛说众许摩诃帝经卷》等经本。

表1　隋之前佛经记载的佛传故事

佛典	儒童买花	布发掩泥	七宝	乘象入胎	摩耶说梦	太卜占梦	出游观花	树下诞生	七步生莲	浴佛
《修行本起经》	√	√	√	√	√	√	√	√		二龙
《太子瑞应本起经》	√	√	√	√	√	√		√		四天王
《普曜经》				白象					莲花	九龙
《六度集经》	√	√	√							
《异出菩萨本起经》	√	√						√		四天王
《增一阿含经》	√	√								
《四分律》	√	√								
《过去现在因果经》	√	√	√	√	√	√	√	√	莲花	二龙
《佛本行经》										九龙

以上诸经，《修行本起经》《瑞应本起经》《因果经》三部均载有授记与诞生故事。《僧伽罗刹所集经》与《佛说十二游经》记载的诞生故事较为简略。《异出菩萨本起经》并未提及七宝、摩耶说梦、白象入胎等故事[1]。《普曜经》《佛本行经》中并未出现燃灯佛授记的情节。因此，皇兴五年造像所参考的经本最可能来自《修行本起经》《瑞应本起经》或《因果经》。

以上三经历来被认为是同本异译，从图像细节看，笔者认为皇兴五年背屏后图像与《修行本起经》关系更密切。

第一，儒童与女子之间买花交谈，在《瑞应本起经》《因果经》《修行本起经》中均有相似描述，但《瑞应本起经》中重点提及王家青衣贪其银宝，卖花后又犹疑

的对答。而《修行本起经》中二人对答的偈颂分成三个部分与造像第⑤、⑥、⑦三幅图像场景更为对应。这种表现在河南武定元年（543）"道俗九十人造像碑"碑阴处[2]（图9）也可见到。第一层左侧起分别为菩萨右手执银钱，左手执五枚莲花；一菩萨持花；菩萨将莲花交于定光佛。榜题分别为：如童菩萨赍银钱与王女买花、定光佛入国菩萨□□萨花时[3]。构图以及菩萨手持银钱的样式与皇兴五年造像相似。

第二，关于布发掩泥、菩萨飞升上天的情景（画面⑨），《修行本起经》与《瑞应本起经》《因果经》记述顺序均不一样。《修行本起经》中记载儒童散花、布发掩泥、授记、升空。《瑞应本起经》记载儒童散花后，佛即为其授记"实时轻举，身升

1　《普曜经》《佛本行集经》《方广大庄严经》等经典中，菩萨变作白象投胎于摩耶夫人腹中。
2　中国画像石全集编辑委员会：《中国画像石全集》第8卷《石刻线画》，河南美术出版社，2000，图版101。
3　道俗九十人造像碑高200厘米、宽80厘米、厚23厘米，河南省新乡县梁村出土。碑身部分为五层，浅地阴刻上三层分别刻佛本生、佛本行故事，共计12幅。

虚空，去地七仞"，随后才是"见地濯湿，布发掩泥"[1]。与《因果经》顺序相似，即散花、布发掩泥、升空、授记。

皇兴五年造像背屏画面的左侧为立佛，佛足下有较小的跪拜人物，右侧有一升天菩萨。按照背屏画面"S"形的发展序列，造像中的儒童匍匐在地场景应早于菩萨升空，这点与《修行本起经》的记载顺序一致。

第三，七宝图像（画面⑩）。《修行本起经》《瑞应本起经》与《因果经》三部经本中均记载有儒童菩萨为转轮王时"七宝"出现，但其名称与顺序并不同。金轮宝是转轮圣王最重要的特征，固定为第一位。《瑞应本起经》与《因果经》中记载较简单，只提及七宝名称。《修行本起经》中对七宝中每一宝的形象、功能均有大量文字详细描述。

图9　东魏武定元年（543）"道俗九十人造像"（局部）

图10　皇兴五年造像中的七宝图像

---

[1] （三国吴）支谦译：《佛说太子瑞应本起经》卷一，《大正藏》第3册，第472页。

皇兴五年造像背屏的"七宝图像"（图10）分上下两层，上层有四位人物，左侧第一位人物着裙，应为玉女宝。第二位与前述的儒童菩萨装扮一致，但头光更大、更复杂，应是表明"能仁菩萨，……从上来下，为转轮王飞行皇帝，七宝导从"。第三位是典宝藏臣。第四位是典兵臣，从头部的盔甲可以看出为士兵装扮，该形象与莫高窟第331窟、榆林窟第25窟的兵宝相似。

金轮宝与能仁菩萨处于中心位置，以金轮宝为起始，按照佛教礼拜右旋顺序，该图七宝序列可排列为：金轮宝、神珠宝、玉女宝、典宝藏臣、典兵臣、绀马宝、白象宝，而这一顺序正是《修行本起经》中有关七宝的记载顺序。此一点或可作为该造像与《修行本起经》更为接近的又一例证。

第四，关于补处菩萨（画面⑪）[1]。此情节《瑞应本起经》并未出现，只提及菩萨为补处菩萨时，"期运之至，当下作佛，托生天竺迦维罗卫国"。而《修行本起经》《因果经》记述也不相同。《因果经》记载最为详尽，菩萨"观五事""观白净王过去因缘"，随后身现"五种相"、天界"现五瑞"，之后诸天震惊，菩萨释此因缘等[2]。篇幅最长，情节最为复杂。

《修行本起经》云："能仁菩萨，于九十一劫。……兜术天上……观视父母，生何国中教化之宜先当度谁"，见到"拘利刹帝有二女，时在后园池中沐浴"时，"菩萨举手指言，是吾世世所生母也，当往就生"。皇兴造像的菩萨侧坐在束腰座上，左手举起。正是表现菩萨在兜率天为补处菩萨时等候投胎寻找其生母的情景，因此，该画面与《修行本起经》最为贴合。

第五，相师占梦情节（画面⑬）。白象入胎后，摩耶夫人与王说梦，王即召仙人占梦。有关摩耶夫人说梦的情节，《瑞应本起经》并未出现，《修行本起经》《因果经》均有详细记载。占梦后，《修行本起经》记载："王意欢喜，于是夫人，身意和雅，说颂言……"《因果经》云："时摩耶夫人，以其婇女，并及珍宝，亦以奉施。"《瑞应本起经》最为简单："夫人梦寤，自知身重。王即召问太卜，占其所梦"，并未提及夫人。

皇兴五年造像画面左侧为相师，右手臂弯曲，左手伸前。对面是阙楼内两位人物跪坐，显然是净饭王夫妇，画面与《修行本起经》较为接近。相师占梦的情节，云冈石窟第6窟中也有一例（图11）[3]，但并不常见，较多表现的是太子诞生后阿私陀占相的主题。

第六，七步宣言（画面⑮），悉达多太子诞生后独立行走七步，举手而言"天上

---

[1] 第⑪幅与第⑰幅图，二者都是侧面人物坐在束腰座上，但头饰、衣服以及坐姿均不相同，分别表现兜率天宫中等待降生与已经降生后的能仁菩萨，释迦太子在树下思惟。

[2] （南朝宋）求那跋陀罗译：《过去现在因果》卷一，《大正藏》第3册，第620页。

[3] 赵昆雨：《云冈第6窟佛本行故事雕刻内容再识》，《文物世界》2004年第5期，图三。

天下，唯我独尊"。诸佛传经典关于这一情节较多，其叙述大体一致，而在细节上有所不同[1]。

从画面上看，皇兴五年造像中太子举左手宣言，与印度以右为尊的传统不同。应是受到构图的影响。李静杰认为此类样式也有可能与下一场面呼应[2]。《异出菩萨本起经》《瑞应本起经》《因果经》均记述"即行七步，举右手住而言"。佛教造像也以举右手太子像居多，如西安北魏和平二年（461）造像，沁阳东魏武定四年（546）比丘道颖造像（图12-1）[3]、北齐天保十年（559）白石像座以及莫高窟第290窟的释迦诞生图等。

图11　云冈石窟第6窟占梦图

1. 东魏武定四年造像背屏　　　2. 龙门石窟S174龛龛楣（局部）

图12　太子指天宣言像

1　[日]石上善应：《仏伝に现われた「七步」の意味》，《仏教文化研究》1969年，第21—36页。

2　《北朝佛传雕刻所见佛教美术的东方化过程——以诞生前后的场面为中心》，第91页。

3　[日]松原三郎：《中国佛教雕刻史论》，图版第289。

值得注意的是，恰恰是《修行本起经》中并未指明左右手，而是"行七步，举手而言"。从皇兴五年造像的故事发生顺序与构图来看，此处举左手似更为合理。龙门石窟古阳洞 S130 龛、S174 龛龛楣处（图12-2）[1]，太子也是举左手，除此之外，类似样式并不多见。

通过以上细节的对比可以看出，皇兴五年造像背屏图像与《修行本起经》文本最为契合。但需要指出的是，两者间也有两处不同：

第一处是七步莲花（画面⑮）。《修行本起经》《瑞应本起经》中并未提到。《因果经》记载释迦诞生时落在莲花上，与皇兴造像行走留下的七步莲花并不同。最早记载了太子七步生莲的情景是隋时译出的《佛本行集经》。该经时代虽稍晚，但七步莲花的图像却早已出现。除皇兴五年造像以外，还可见和平二年（461）造像（图13-1）[2]、东魏武定四年（546）造像，天保十年（559）惠祖等造白石菩萨像座（图13-2）[3] 等。

第二处是九龙吐水（画面⑯）。《修行本起经》《因果经》中均表述为二龙王一温水一凉水浴佛；《瑞应本起经》提及的是四天王侍佛。犍陀罗雕刻艺术中为太子沐浴的均是二龙王，国内造像可见太和元年（477）阳氏造金铜佛背屏（图14-1）[4]。后秦竺佛念译《普曜经》是最早记载九龙吐水的经典，也是北魏时期佛教造像的常见样式，如太安三年（457）造像背屏（图14-2）[5]、和平二年（471）像、延兴二年（472）释迦坐像背屏（图14-3）[6] 等。七步生莲与九龙浴佛在犍陀罗雕刻艺术中并未见到实例，应是佛教造像本土化的结果[7]。

综上，皇兴五年造像与《修行本起经》的内容最为契合。另外，陕西碑林博物馆藏北魏和平二年（461）造像（图13-1），也是根据《修行本起经》并以"S"形布局雕刻制作的[8]。不仅如此，一百多年后的敦煌莫高窟北周第 290 窟，窟内绘制的 87 幅佛传故事画，同样以"S"形布局表现能

1　刘景龙：《古阳洞》（一），科学出版社，2001，图版 175。

2　李凇：《陕西佛教艺术》，图版第 47。

3　金申：《中国历代纪年佛像图典》，文物出版社，1994，图版 201。

4　孙迪：《新田栋一旧藏北魏太和元年阳氏造金铜佛像》，《荣宝斋》2007 年第 2 期，图版 3。

5　[日] 松原三郎：《中国佛教雕刻史论》，图版第 27。

6　[日] 松原三郎：《中国佛教雕刻史论》，图版第 44。

7　晋代陆翙在《邺中记》石虎作檀车的行像："作金佛像，坐于车上，九龙吐水灌之。"（晋）陆翙：《邺中记》，《丛书集成新编》，台北新文丰出版社，113 册，第 507 页。

8　自下而上第二层画面左侧刻两幅画面，榜题依次为"白请王身"和"王夫人身时"。这一情节可能是根据《修行本起经》《过去现在因果经》的经文。裴建平：《西安碑林博物馆藏"囗平二年"造像考释》，《碑林集刊》（八），2002，第 82 页。

仁菩萨从入梦投胎至悉达太子出家成道的全过程，所依据的主要经典就是《修行本起经》。樊锦诗曾言："以《修行本起经》为文本的绘制，意在表明，这幅佛传故事画的内容是天竺梵本所传、真实可信。"[1]

1. 和平二年石造像背屏

2. 天保十年惠祖等造白石菩萨像座

图13　太子七步莲花像

1. 太和元年阳氏造金铜佛像背屏拓片

2. 太安三年石造像背屏

3. 延兴二年释迦坐像背屏

图14　龙王浴佛像

---

[1] 樊锦诗：《莫高窟第290窟佛传故事画》，《敦煌研究》1983年第1期，第76页。

三 皇兴五年造像参考《修行本起经》的原因

《修行本起经》《瑞应本起经》《过去现在因果经》三经在《历代三宝纪》卷第十四中被称"同本别译异名","大同文少异"[1]。《开元释教录》载:"另有三种异译本,后汉支曜译《小本起经》二卷、后汉康孟详译《太子本起瑞应经》二卷、东晋佛陀跋陀罗译《过去因果经》四卷,惟此三本今皆不存"[2]。上文通过细节对比认为,相比于《瑞应本起经》《过去现在因果经》,皇兴五年造像背屏图像更可能参考的是《修行本起经》,而之所以选择《修行本起经》为本进行刻画,笔者认为主要基于以下三个原因:

首先,《修行本起经》翻译自梵本,是汉地最早的佛传故事佛经[3]。宋代刊刻大藏经,元、明、高丽海印寺均有刊本[4]。《高僧传》中载"汉灵献帝之间,……孟详共竺大力译为汉文"[5]。《历代三宝纪》卷三、《开元释教录》卷一均载:"竺大力以献帝建安二年(197年)丁丑三月于洛阳译"[6]。《太子瑞应本起经》为支谦所译,陈郡谢锵、吴郡张洗等笔受,魏河东王植详定[7]。《出三藏记集》载"支谦从黄武元年(222年)至建兴中(252—253年),所出《维摩诘》《大般泥洹》《法句》《瑞应本起》等二十七经"[8]。《历代三宝纪》卷五则明确《瑞应本起经》二卷为"黄武年第二出"[9]。可知《瑞应本起经》稍晚于《修行本起经》。二百年后,求那跋陀罗于元嘉二十一年至三十年间(444—453年)在荆州

---

[1] (隋)费长房:《历代三宝纪》卷第十四,《大正藏》第49册,第115页下。

[2] 《出三藏记集》载康孟详的《修行本起》是《小本起经》;《高僧传》中明确提及"曜译成具定意小本起等"。此后,《历代三宝纪》卷第四记载:《小本起经》二卷,注:或云《修行本起》。或云《宿行》。《高僧传》《大唐内典录》《开元释教录卷》均为如此。

[3] 《修行本起经》最早出现在《出三藏记集录》中卷第三的《新集安公失译经录》第二中。僧祐注:《修行本起经》二卷,安公言南方近出直益小本起耳。《旧录》有《宿行本起》疑即此经。(梁)僧祐:《出三藏记集》卷三),《大正藏》第55册,第16页下。

[4] 《赵城金藏》《碛砂大藏经》《高丽藏》《永乐北藏》《乾藏》《万正藏经》《中华藏》等均收此经。

[5] (梁)慧皎:《高僧传》卷一,《大正藏》第50册,第324页下。

[6] (隋)费长房:《历代三宝纪》卷第三,《大正藏》第49册,第34页上。

[7] (隋)费长房:《历代三宝纪》卷第五,《大正藏》第49册,第56页下—57页上。

[8] (梁)僧祐:《出三藏记集》卷十三,《大正藏》第55册,第97页下。

[9] 《历代三宝纪》载"瑞应本起卷黄武二年出,一云太子本起瑞应,与康孟详出者小异,陈郡谢锵张洗等笔受。魏东阿王植详定见,始兴录及三藏记"。参见(隋)费长房《历代三宝纪》卷第五,《大正藏》第49册,第56页下—57页上。《开元释教记》记载"《太子瑞应本起》经二卷,黄武年译第四出,与孟详出者小异,见始兴僧祐二录"。(唐)智升:《开元释教录》卷一,《大正藏》第55册,第478页中。

辛寺译出《过去现在因果经》四卷[1]。《开元释教录》中称此为第六译。

《修行本起经》是来自迦维罗卫国的梵本。《高僧传》中载"先是沙门昙果，于迦维罗卫国得梵本"[2]。昙果在《高僧传》中不见记载，《开元释教录》云："沙门昙果西域人，学该内外解通真俗，于迦维罗卫国赍经梵本届于洛阳。沙门竺大力西域人，性好远游无惮艰险。"迦维罗卫国是释迦诞生之地，三本经中都有提及："迦夷卫者，三千日月万二千天地之中央也。过去来今诸佛，皆生此地。"

其次，《修行本起经》内容丰富，篇幅居中，详略得当。从现存的经本来看，三本经虽为同本异译，不同的地方也有许多。《修行本起经》篇幅居中，共有五品，经卷上分现变、菩萨降身、试艺三品，卷下为游观、出家二品。从燃灯佛授记开始至释迦降魔成道结束[3]。《瑞应本起经》篇幅最少，《过去现在因果经》较晚，内容最复杂，篇幅最长。后两经本均以释迦降服火龙收复迦叶三兄弟的故事结束。

从故事情节来看，《修行本起经》中七宝祥瑞景象、母子还宫、国王出迎、宝物悉现、礼拜神庙等场景是独有的。《瑞应本起经》最为简略，经中许多情节并未提及，如《序品》的佛与比丘等说法的场景、燃灯佛为太子经历、燃灯佛授记儒童后的表现、转轮王土、菩萨历劫、兜率天观事、摩耶说梦、出游观花、宝物悉现、回宫占相、阿夷瞻省太子、王与臣议王子纳妃等情节。《过去现在因果经》最晚出，并增加许多新情节，如善慧被授记后得五奇特梦、即将下生投胎时、天地震动的神异景象、摩耶夫人生子后的祥瑞景象等。（见表2）[4]

康孟详译经不多[5]，但译经水平很高。《高僧传》云："又有沙门支曜、康巨、康孟详等。并以汉灵献之间有慧学之誉，驰于京洛。""安公云：孟详所出，奕奕流便足腾玄趣也"[6]。支谦翻译的经

1　（梁）慧皎：《高僧传》卷三，《大正藏》第50册，第344页中。

2　（梁）慧皎：《高僧传》卷一，《大正藏》第50册，第324页下。

3　一般多以《中本起经》作为《修行本起经》的下卷。《中本起经》是献帝建安十二年丁亥译。《内典录》中载"以昙果与孟详共出"。《开元释教录》中：遂与孟详太子本起瑞应合为一本者非也。二经全异不可合之。佑云：《中本起》是康孟详出者，据其共译故耳。《历代三宝纪》卷四记载："太子本起瑞应经二卷初出。亦云瑞应本起经。亦云中本起经。见三藏记及佑录。中本起经二卷亦云太子中本起经。见始兴录。"（隋）费长房：《历代三宝纪》卷四，《大正藏》第49册，第50页中。

4　笔者结合《莫高窟第290窟的佛传故事画》一文中对佛传故事的定名：原表格对九种佛传，以摩耶夫人说梦情节开始对比分析，按照敦煌壁画的顺序。樊锦诗：《莫高窟第290窟佛传故事画》，《敦煌研究》1983年第1期，第74页。

5　《开元释教录》："沙门康孟详（六部九卷经律）、沙门竺大力（一部二卷经）、沙门昙果（一部二卷经）。"（唐）智升：《开元释教录》卷一，《大正藏》第55册，第478页中。

6　（梁）慧皎：《高僧传》卷一，《大正藏》第50册，第324页下。

表2　三本经典记载的相关故事差异

	佛说法	定光佛为太子时	儒童五奇特梦	授记天人赞叹	七宝祥瑞景象	转轮王土	菩萨历劫	兜率天观事	菩萨现五瑞	摩耶说梦	出游观花	母子还宫	国王出迎	宝物悉现	王礼太子	礼拜神庙	回宫占相	白马生驹	阿夷瞻省太子	王与臣议王子纳妃	王命五人追太子
修行经	√	√		√	√	√	√	√		√	√		√		√	√		√	√	√	√
瑞应经														√			√				
因果经	√	√											√								

典较多[1]，大多不是其原创的翻译，而是改译或编译[2]。《瑞应本起经》即是如此，改译后的文字精简许多。由此可知，《修行本起经》明确译自于梵本，是当时最早最为正宗的译本，其译经也得到了当时人们的认可。

《修行本起经》作为最早最正宗的佛传故事经典，在历代典籍中颇受重视。《历代三宝纪》卷第一、《法苑珠林》卷第十云："第十一年，佛在恐怖树下为弥勒说本起经，即是《修行本起》等经。"[3] 敦煌文书中伯3240号《壬寅年报恩寺配经付纸历》中记载敦煌报恩寺的《壬寅年七月十六日付纸历》的89部经典中就有《修行本起经》[4]。敦煌写本P.3022号的道教经典《太上洞玄灵宝真文度人本行妙经》第八，属于东晋末年古灵宝经"元始旧经"之一，其开篇也明显模仿了《修行本起经》[5]。可见其当时的影响之大。

最后，《修行本起经》是佛传经本中最早记载转轮圣王的"七宝"与国土的经本。皇兴五年造像主尊为交脚弥勒佛像，造像记以及背屏最大且居于中心的七宝图像均表明此像受到弥勒下生思想的影响[6]。五世纪《弥勒下生经》《弥勒下生成佛经》等经文表明，七宝是转轮王出现弥勒下生时

1　僧佑记载支谦译经三十六部。慧皎《高僧传》有四十九经。《长房录》中载一百二十九部。《开元释教录》认为房录所载多是别生或异名重载。

2　[日] 佐藤义博：《支謙訳経典の特徴について—特に原始仏教圣典を中心に》，《印度学佛教学研究》，1994，第327—323页。

3　（隋）费长房：《历代三宝纪》卷一，《大正藏》第49册，第23页中。

4　方广锠：《敦煌寺院所藏大藏经概貌》，《藏外佛教文献》第八辑，宗教文化出版社，2003，第155页。

5　王承文：《敦煌古灵宝经〈洞玄本行经〉版本结构论考》，《敦煌学辑刊》2018年第2期，第126页。

6　转轮王与"七宝"的观念来自古印度文化，古印度如公元前1世纪的贾加雅佩达窣堵波、阿玛拉瓦蒂佛塔基坛嵌板，均雕刻有七宝图像。国内则以皇兴五年造像为最早，其他可见北齐洛阳修定寺塔身浮雕、克孜尔石窟第123窟的后甬道处，敦煌莫高窟第331窟、61窟、盛唐第445窟北壁、中唐榆林窟第25窟北壁，宋代第76窟东壁壁画以及敦煌幡画（斯坦因藏品，Stein. Ch. 00114、Ch. xvi. a. 004）等。

的标志，与弥勒佛关联至深。记载这一观念的汉译佛经，在东汉时期除传为支娄迦谶译《杂譬喻经》以外，就是《修行本起经》。而稍晚的《瑞应本起经》未见记载，二百年后的《过去现在因果经》也只是简单提及。

《修行本起经》中"七宝"是能仁菩萨历劫成佛前，为转轮圣王时出现的祥瑞象征。值得注意的是，《修行本起经》中明确叙述当时转轮王的国土："尔时人民，寿八万四千岁。后宫婇女，各八万四千。王有千子，仁慈勇武，一人当千。圣王治正，戒德十善。教授人民，天下太平。风雨顺时，五谷熟成。食之少病，味若甘露，气力丰盛。唯有七病。一者寒，二者热，三者饥，四者渴，五者大便，六者小便，七者意所欲。"《修行本起经》中对转轮王国土的描述，与《长阿含经》中《转轮圣王修行经》中弥勒如来出世时，儴伽为转轮圣王的国土相似。"王有千子""十善治国""寿命具足八万四千岁""后宫婇女，各八万四千"[1] 等情节，也是西晋竺法护译《佛说弥勒下生经》、5世纪鸠摩罗什译《佛说弥勒菩萨下生成佛经》《佛说弥勒大成佛经》等经中弥勒佛下生时转轮王国家的情景。所不同的是，《修行本起经》中的转轮王国家的人们有七病，《转轮圣王修行经》中有九病，而《弥勒下生经》等诸本，弥勒下生时的转轮王国土的人们有三病。

除此之外，《弥勒下生经》诸经中有关弥勒的一生与释迦佛传故事极为相似。晋代僧伽提婆翻译的《增一阿含经》中的《马血天子问八政品》第四十三记载，灯光佛为散花的"弥勒"梵志授记[2]。《弥勒下生经》以及相关的经典也显示出释迦的徒弟，将会往生到弥勒的未来佛国[3]。松本文三郎认为《弥勒下生经》等经本中，弥勒的信仰成为从释迦佛信仰移植而来的形式[4]。

因此，皇兴五年造像背屏图像按照《修行本起经》刻画，意在表明其来自天竺梵本真实的佛传故事，通过展示释迦的一生，来表现弥勒与其相似的成佛之路：儒童菩萨在兜率天，即将要下生成佛为释迦；与在兜率天，人们期待要下生成佛的弥勒是一致的。造像记中说"值逢释迦已经逝去，弥勒下生在龙华树下的华林园说法的

---

1 《转轮王修行经》中称为有寒、热、饥、渴、大便、小仝、欲、饕餮、老九病。《佛说弥勒菩萨下生成佛经》中，弥勒下生成佛时世界有三病：饮食、便利、衰老是也。是从《弥勒下生成佛经》发展来的。［日］松本文三郎：《弥勒净土论》，张元林译，宗教文化出版社，2001，第31页。

2 《增一阿含经》善知识品第二十提及有"超述供养五茎华"是燃灯佛为释迦授记。《大正藏》第2册，第758页上、中。

3 《佛说弥勒下生经》（西晋译）所说的十三种，《佛说弥勒菩萨下生成佛经》（秦译）的九种，《佛说弥勒大成佛经》（秦译）的十一种。参见杨惠南《汉译佛经中的弥勒信仰——以弥勒上、下经为主的研究》，《文史哲学报》1987年第35期，第119—181页。

4 ［日］松本文三郎：《弥勒净土论》，第25页。

时刻尚未来临"[1]，表现的是像主通过雕刻造像，尤其是转轮王国土的七宝图像，暗示在未来的转轮王出现"七宝"同时也是弥勒下生成佛时，能够"共睹龙华初曜，愿在先会"的愿望[2]。

结　语

皇兴五年造像背屏的图像布局紧凑，从下至上"S"形布局严格按照《修行本起经》内容雕刻。买花交谈、布发掩泥、阿夷占相以及七宝图像、左手指天等图像细节均展示出两者的对应关系。

《修行本起经》虽与诸多经本相似，但其翻译最早，又来自梵土，影响颇深。皇兴五年造像背屏图像按照《修行本起经》刻画，意在表明其来自天竺梵本，是真实的佛传故事。通过展示释迦的一生，突出转轮圣王时的"七宝"显现的祥瑞景象，表达像主期待弥勒下生时在龙华初会，能得法忍、有六神通的愿望。

1　造像记原文："自灵羲掩曜而渐广……/唯□而感悟纤弱□……/笼玄宗□隔陵□……/趣是以清信士京……/芳根殖于远着英□……/故能信悟遗日光鲜颂式……/日潜晖华林未即悲恋/慕□拯极于大代皇……/次辛亥为亡父母并……/劫诸师现存眷属□……/像一区，虽复真仪难即……/匠制冀凭斯庆锺……/女大小内外亲族诸……/诸知识神期妙境共□……/华初曜愿在先会得悟……/累消豁获无生忍□□/乘六神通随心任适……/菩萨供养诸佛□□……/一切众生尽三界原又……/类咸同斯庆共阶□□。"

2　侯旭东提及公元 440 年以后，便有少数信徒开始接受龙华会首的观念与祈愿。公元 490 年以后至北朝末期，求登先首者"愿登初首""龙华初会"成为主流。提及"龙华初会"的造像，并不一定雕刻弥勒佛像。如西安出土西魏大统三年比丘法和四面石造像、建武二年（495）石佛像、陕西太和二十三年（499）道教造像碑、偃师藏天统元年（565）姜纂造老君像等。参见侯旭东《五、六世纪北方民众佛教信仰：以造像记为中心的考察》，社会科学文献出版社，2015，第 97 页。

唐宋鱼袋图像考述

■ 高移东（中山大学社会学与人类学学院）

鱼袋是唐宋时期高等级官员用以代表身份等级的佩饰。鱼，最初为鱼符，袋即为囊袋，后演变为鱼饰和仿囊袋的方形木。孙机先生最早以日本《倭汉三才图会》中的鱼袋图像为依据，考证出章怀太子墓壁画中的男侍及莫高窟108、156窟壁画中供养人佩带的长方形、顶面有连续拱形突起物的小囊匣为鱼袋[1]。扬之水、陈丽萍等学者以此为据，辨识出了更多唐代、宋代鱼袋[2]。但诸文对这一时期的玉鱼袋、金鱼（龟）袋、银鱼（龟）袋、涂金鱼袋、铜鱼（龟）袋未有专门的讨论，且诸鱼袋在章服中使用情况尚有余论，笔者不揣浅陋，拟就此问题进行探讨。

一　唐代鱼袋的演变

根据记载，以玉、金、银等饰物附在黑色皮囊之上是唐代鱼袋的基本样式，官员使用时会先将铜符贮藏于长方体的木匣中，木匣用黑韦包裹，垂于腰际，而包裹木匣的皮囊亦会呈现方形。程大昌《演繁露》载："于是案今制以求古，则鱼袋之上设为鱼形者，唐谓以玉、金、银为饰者也。鱼饰之下，有黑韦浑裹方木附身以垂者，唐制谓书其官姓名于木而中分为二者也。"[3] 程大昌记载并对比了唐代与南宋的鱼袋形制。通过文献可知，唐、宋鱼袋存在两点不同：唐代鱼袋上装饰非鱼形金、银、铜等饰物，而宋代却为鱼形饰；唐代鱼袋内的方形木内可以贮藏鱼符，而宋代

1　[日]寺岛良安：《倭汉三才图会》，吉川弘文馆，明治三十九年（1906），第531页；孙机：《中国古舆服论丛（增订本）》，文物出版社，2001，第192页。

2　扬之水：《一幅宋画中的名物制度与宋墓出土器具——春游晚归图细读》，《形象史学研究》2015年下半年，人民出版社，第130页；陈丽萍：《乾陵王宾像三种带饰考》，《文博》2014年第5期，第59—65页。另有拙作《鱼符、鱼袋研究》对现存的鱼袋图像资料进行了系统整理，《文博学刊》2020年第2期，第37—41页。

3　（宋）程大昌撰：《演繁露》卷四，周翠英点校，山东人民出版社，2018，第76、77页。

鱼袋则为一个方形实木，是固定鱼饰的基座。对此，《宋史·舆服志》亦载："鱼袋。其制自唐始，盖以为符契也……因盛以袋，故曰鱼袋。宋因之，其制以金、银饰为鱼形，公服则系于带而垂于后，以明贵贱，非复如唐之符契也。"[1]

但从目前发现的材料看，唐代鱼袋已分为中前期有圆形装饰或无装饰鱼符的鱼袋与晚期袋面连续凸起的两种鱼袋。唐代中前期鱼袋呈长方体，有的外部装饰圆形图案，应是用金、银、铜等材质制成。到了唐晚期，鱼袋仍呈长方体，但袋面出现了三拱形装饰，亦应是金、银、铜等材质制成，与唐代中前期的袋面装饰明显不同。

以皇帝礼仪葬于惠陵的"让皇帝"李宪，其墓道石门的左门扉上线刻有一佩带桃形装饰鱼袋的男侍[2]。男侍头戴软角幞头，身着圆领长袍，袍下加襕，腰束宽带，脚蹬平底靴，双手执笏拱于胸前。鱼袋位于腰部右侧，四角有圆形饰物。条形带上有凸起圆形装饰物，从鱼袋正中穿过，系于腰部右侧（图1-1）。唐代不同品级的官员对应不同颜色的官服，一般通过服色可以判断官员的身份品级。但由于画像石或壁画中刻画出来的官员往往不上彩或因年久色彩剥落，因此身份品级较难确定。而李宪墓道石门上的男侍是作为死后皇帝的门侍，身份必然较高，鱼袋袋面又有图像装饰，所佩应为金鱼袋或银鱼袋。值得注意的是，孙机先生认为章怀太子墓壁画中男侍所佩黑囊为鱼袋，但由于此囊非常见的方形，与鱼袋形制不合，男侍又身穿青衣，属于五品以下的中下级官吏，没有佩带鱼袋的资格，因此，此黑囊虽有装饰，应不属于鱼袋之类。

无装饰的长方体鱼袋见于唐韦洞墓[3]及唐惠庄太子李㧑墓[4]中。韦洞是唐代著名的韦氏家族成员，葬于唐景龙二年（708），墓中出土了一件由十余块石板镶成的大型石椁，其中一块石椁外侧线刻有男子佩带鱼袋的形象。该男子头戴软脚幞头，身着圆领长袍，袍下加襕，束带，双手执笏板拱于胸前，腰部右下侧系有两个条形带，其中一条从长方体鱼袋袋面的正中穿过（图1-2）。从手上执笏来看，该男子亦为石椁外的门侍。而从腰佩鱼袋来看，门侍具有较高的身份，间接反映出韦洞生前身份的显赫。

李㧑葬于开元十二年（724），该墓左、右两扇带有门扉的石门正面分别线刻一名深目、阔鼻、颧骨凸起的胡人男侍形象。两名男侍均戴幞头，身着圆领缺胯袍，双手执笏板，弯腰并相对而立，似在迎接主人（图1-3）。左侧男侍佩带的鱼袋位于

---

1 （元）脱脱等：《宋史》卷一五三《舆服志》，中华书局，1977，第3568页。
2 陕西省考古研究所：《唐李宪墓发掘报告》，科学出版社，2005，第166页。
3 陕西省文物管理委员会：《长安县南里王村唐韦洞墓发掘记》，《文物》1959年第8期，图7。
4 陕西省考古研究所：《唐惠庄太子李㧑墓发掘报告》，科学出版社，2004，第41页。

图1

1. 唐李宪墓石门男侍佩有装饰鱼袋　2. 唐韦洞墓门侍佩鱼袋形象　3. 李㧑墓石门左右门扉胡人形象男侍　4.《步辇图》中禄东赞佩带鱼袋　5. 莫高窟156窟供养人像（均采自孙机《中国古舆服论丛》）

右下腰际，右侧男侍所佩位于左下腰际，式样与唐阎立本《步辇图》中禄东赞所佩相同（图1-4）。韦洞墓门侍、李㧑墓胡人男侍与吐蕃使臣禄东赞所佩鱼袋均无装饰，可能因为作为示意鱼袋而没有详细刻绘图案，也有可能是唐王朝鱼袋的另一种样式。

到了晚唐，鱼袋的形制已经开始发生变化。孙机先生指出莫高窟156、108窟壁画中供养人佩带的长方形、顶面有三拱形突起物的小囊匣即为鱼袋。莫高窟156窟是晚唐河西归义军节度使张议潮主持开凿的功德窟。窟内甬道南壁自西向东绘有两身头戴直脚幞头、身着圆领绯红袍、手执长柄香炉、腰部右侧佩带素面鱼袋的张议潮、张淮深供养人像。从窟中供养人张议潮旁边"金紫光禄大夫"和张淮深旁边"赐紫金鱼袋"的墨书题记来看[1]，所佩鱼袋为金鱼袋（图1-5）。而莫高窟108窟开凿于五代，鱼袋的样式完全继承了156窟。壁画中的供养人曹议金父子均担任过五代时期的归义军节度使，身份亦较高，所佩也应为金鱼袋。

可以看出，唐代中前期，无论是鱼袋，还是鱼符与囊袋的组合，袋面上的装饰物并不突出；到了晚唐，长方体鱼袋上的金、银等装饰物已经占据了整个袋面，装饰手法较唐中前期更为复杂，视觉效果更加明显，体现身份等级的意味更加突出，并直接为五代、两宋的鱼袋形制所继承。

二　五代、两宋鱼袋上的装饰

从目前发现的材料来看，五代、两宋的鱼袋形制继承了晚唐，除了袋面上有三

1　敦煌研究院编：《敦煌莫高窟供养人题记》，文物出版社，1986，第73页。

拱形装饰外，还出现了双拱形装饰。三拱形鱼袋见于莫高窟第108窟曹议金父子供养像[1]、安岳圆觉洞五代造像[2]，继承晚唐；双拱形鱼袋见于前蜀韦君靖残雕像[3]、《文苑图》[4]、《春游晚归图》[5]及《宋包文正公小像宋濂书传真迹》中，以韦君靖残雕像为早。而兰溪市南宋墓[6]、武进村前乡南宋墓[7]，则出土了实物双拱形金鱼饰和涂金银鱼饰。

四川安岳县圆觉洞第58号龛开凿于五代后蜀时期，从榜题"□□□第二指挥使金紫光禄大夫检校司徒使持节普州诸军事守刺史河东县开国男食邑三百户聂"的内容可知，造像主为聂姓高级军事将领，散官正三品。造像主头戴翘脚幞头，身着圆领阔袖长袍，下加横襕，腰束带，双手于胸前持笏；腰部右侧系有一枚三拱形鱼袋，鱼袋长方体底座隐约可见木质纹理（图2-1）。从聂姓造像主的三品官职来看，其所佩应为金鱼袋。

大足县北山佛湾韦君靖残造像上则可能有已知最早的双拱形鱼袋形象。韦君靖是唐末军事将领，死后其部将降蜀，并为其立像。造像中的韦君靖头上幞头的两脚下垂至肩，身着长袍，双手拱于身前似持笏板，腰部左侧佩锥形囊袋等物，右侧佩有拱形鱼袋，根据露出的鱼袋到腰带的距离推测，完整的鱼袋应为双拱形（图2-2）。而其"昌、普、渝、合四州都指挥使"的官职也暗示着其佩带的应是最高等级的金鱼袋。

《文苑图》上也有双拱形金鱼袋形象。此图为五代画家周文矩名作《琉璃堂人物图》的后半部，描绘的是琉璃堂文人雅集的故事（图2-3）。图中四个文人围绕着一棵松树，左边两人坐在石凳上展卷议论，其中一人向旁环顾；右边两人中一人左手执卷，右手握笔托住下巴，撑在石桌上，对面的一人则双手笼袖，伏在折曲的松树干上。左边靠下坐在石凳上的文人头戴翘脚幞头，身着紫色圆领宽袖长袍，束玉銙带，腰部右侧系有金色双拱形饰物。从人物身着紫色官服来看，腰佩之物为金鱼袋。而佩戴金鱼袋的文人无疑是整幅画中身份最为显赫的人。

1　图片见沙武田《归义军时期敦煌石窟考古研究》，甘肃教育出版社，2017，第105页。

2　成都文物考古研究所、北京大学中国考古学研究中心、安岳县文物局：《四川安岳县圆觉洞摩崖石刻造像调查报告》，《南方民族考古》第九辑，科学出版社，2013，第423页。

3　四川省社科院等编：《大足石刻内容总录》，四川省社科院出版社，1985，第2页。由于韦君靖残雕像现未有正式出版图片，文中图片为笔者采集。

4　现藏于北京故宫博物院。

5　现藏于台北"故宫博物院"，该图收录于中国古代书画鉴定组编《中国绘画全集·五代宋辽金》第五册，浙江人民美术出版社，1999，图九六。

6　兰溪市博物馆：《浙江兰溪市南宋墓》，《考古》1991年第7期，图版八—3。

7　陈晶、陈丽华：《江苏武进村前南宋墓清理纪要》，《考古》1986年第3期，图一一。

图 2

1. 圆觉洞五代造像佩三拱形鱼袋　2. 前蜀韦君靖造像　3.《文苑图》中文人佩金鱼袋

宋人的画作中也往往以双拱形金鱼袋来体现身份。现藏于台北"故宫博物院"的宋代《春游晚归图》，描绘了一位年老官员骑马晚归的场景，老官员骑于马上回望，前后簇拥着牵马、搬椅、扛几或挑担等动作的 10 位侍从。老官员头戴直脚幞头，身着圆领宽袖长袍，一腰排方金銙下隐隐露出红鞓，腰部右侧系有附于红色方牌上的金色双拱形饰物，为宋代的金鱼袋（图 3-1）。

现藏于美国史密森学会的《宋包文正公小像宋濂书传真迹》，有明初宋濂题跋，画中北宋名臣包拯也佩有鱼袋。包拯服饰为宋代风格，头戴直脚幞头，身着圆领宽袖绯袍，脚蹬黑色鞋履，双手执笏于胸前，腰部右侧露出双拱形鱼袋，每处拱形上有前后相接的游鱼（图 3-2）。画中上方题记记载包拯"赐紫金鱼袋"，包拯所佩即金鱼袋。

近年鱼袋上的金银鱼饰也陆续被发现。常州前乡武进村南宋 1 号墓出土两件半环形带銙。与此同时，1 号墓还出土了象牙笏、银质鲤鱼革带等随葬品，发掘者据此推断墓主官职品级在五品以上。两件半环形涂金银带銙为鱼袋上的鱼饰，即为宋代涂金银鱼袋上的鱼饰。银鱼饰上的鎏金部分脱落，鱼饰背面均有扣钉，正面内缘排列一圈齿状装饰，中部以凸起的太阳纹隔开前后排列的游鱼（图 3-3）。

除此之外，兰溪市灵洞乡南宋墓出土了一件拱形金鱼饰，金鱼饰正面与武进村前乡墓葬所出土的图案、布局大致相同，当为南宋金鱼袋袋面的装饰。金鱼饰长 11cm、宽 3cm、厚 0.1cm，上面纹饰为捶雕制成（图 3-4）。从精美的金鱼饰来看，墓主应为级别较高的官员，而非报告编写者推测的富有地主或商贾。

唐宋时期的鱼袋主要见于执笏或着红色袍服官员的帝王侍臣、地方节度使、吐蕃使臣以及胡人等身上。唐代中前期的鱼

图 3

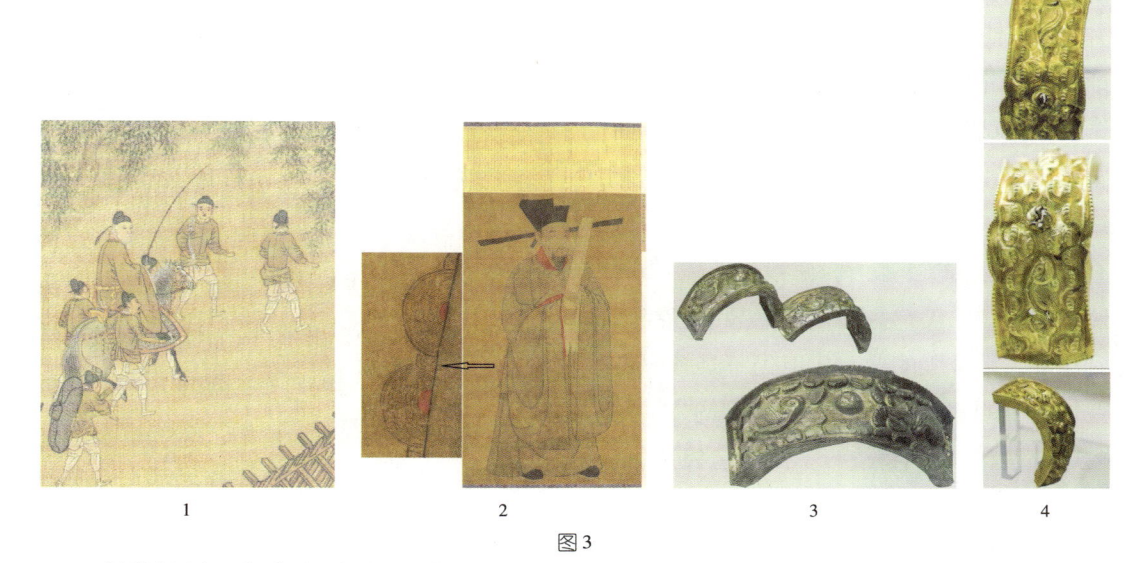

1. 《春游晚归图（局部）》骑马官员佩金鱼袋 2. 宋包文正公小像及细部 3. 江苏常州南宋墓出土鎏金银鱼饰 4. 浙江兰溪南宋墓出土金鱼袋饰

袋有皮囊包裹方形木；两宋无皮囊包裹，鱼饰直接附在方形木之上成为鱼袋。晚唐、五代时期的鱼袋形制缺乏文献记载，但从文物资料来看，已经出现了与宋代装饰相同的双拱形或三拱形鱼袋。由于两宋的鱼袋已经不再贮藏鱼符，因此晚唐、五代相同形制鱼袋的功能也可能已经发生了变化。

三 唐宋时期的五种鱼（龟）袋

自唐高祖始，鱼袋成为唐代舆服制度的重要组成部分。《旧唐书·舆服志》："自武德已来，皆正员带阙官始佩鱼袋。"[1]

而此时鱼袋的主要功能是用来贮藏不同种类、不同功能的鱼符。唐时期则有"明贵贱、应征召"的随身鱼符、"起军旅、易守长"的铜鱼符或"给邮驿、通制命"的传符[2]。由于鱼符尺寸较小且异常贵重，直接佩带容易磨损丢失，将其放置于木匣中以皮革包裹能更有效地保存，这应是唐初鱼袋产生的现实需要。到了唐高宗时期，开始对五品以上官员的随身鱼符赐予金、银鱼袋，以确保宫廷安全。鱼袋在流行过程中，又出现了金、银、铜、玉、涂金等不同装饰。金、银鱼袋在唐宋时期最为常见，一般与紫、绯颜色的官服配合使用，佩带者均为品级较高的官员。

---

[1] （后晋）刘昫等：《旧唐书》卷四五《舆服志》，中华书局，1975，第 1954 页。

[2] 《旧唐书》卷四三《职官二》："一曰铜鱼符，所以起军旅，易守长。二曰传符，所以给邮驿，通制命。三曰随身鱼符，所以明贵贱，应征召。"第 1847 页。

唐代官员三品以上服紫，佩金鱼袋；五品以上服绯，佩银鱼袋[1]。宋代元丰改制前与唐代相同，改制后四品以上服紫，金鱼袋；六品以上服绯，银鱼袋[2]。辽代南面官五品以上服紫，佩金鱼袋；七品以上服绯，佩银鱼袋[3]。金代亦五品以上服紫，佩金鱼袋；七品以上服绯，佩银鱼袋[4]。值得注意的是，宋代有些官员虽然品级已经达到穿紫、绯官服的要求，但仍不具备佩带金银鱼袋的资格。《宋史·舆服志》载："亲王武官、内职将校皆不佩（鱼袋）。真宗大中祥符六年，诏伎术官未升朝赐绯、紫者，不得佩鱼。"[5]

除此之外，实际官职如果没有达到佩带鱼袋的级别，若有恩赐或兼任佩鱼级别的职官，官员仍可以佩带金、银鱼袋，这就是自唐玄宗及以后盛行的章服制度。《旧唐书·舆服志》载："自（开元九年）后恩制赐赏绯紫，例兼鱼袋，谓之章服，因之佩鱼袋、服朱紫者众矣。"[6] 受赐者在官衔之后结入"赐紫金鱼袋"或"赐绯鱼袋"，以示荣宠。在鱼袋结衔的使用方面，若官员已具备金紫光禄大夫的散阶，直接佩金鱼袋，且结衔中不需结入"赐紫金鱼袋"，这是唐宋时期的一个惯例。欧阳修《集古录跋尾》载："今世自以赐绯银鱼袋、赐紫金鱼袋结入官衔，而阶至金紫光禄大夫者，遂于结衔去赐紫金鱼袋，皆流俗相承，不复讨正久矣。"[7] 而唐宋时期壁画中身穿红色袍服的官员，本应佩银鱼，却有"赐紫金鱼袋"结衔，佩有金鱼袋，这正是章服制度的重要体现。

五代、宋、辽、金政权皆承袭了唐代

---

[1] 《新唐书·车服志》："高宗给五品以上随身鱼银袋，以防召命之诈，出内必合之。三品以上金饰袋。垂拱中，都督、刺史始赐鱼。天授二年，改佩鱼皆为龟。其后三品以上龟袋饰以金，四品以银，五品以铜。中宗初，罢龟袋，复给以鱼。郡王、嗣王亦佩金鱼袋。景龙中，令特进佩鱼，散官佩鱼自此始也。然员外、试、检校官，犹不佩鱼。景云中，诏衣紫者鱼袋以金饰之，衣绯者以银饰之。"参见（宋）欧阳修等《新唐书》卷二四《车服志》，中华书局，1975，第526页。

[2] 《宋史》卷一五三《舆服志》："太宗雍熙元年，南郊后，内出以赐近臣，由是内外升朝文武官皆佩鱼。凡服紫者，饰以金；服绯者，饰以银……元丰元年，去青不用，阶官至四品服紫，至六品服绯，皆象笏、佩鱼。"第3568页。

[3] 《辽史·仪卫志》："五品以上，幞头，亦曰折上巾，紫袍，牙笏，金玉带。文官佩手巾、算袋、刀子、砺石、金鱼袋。武官韒七事：佩刀、刀子、磨石、契苾真、哕厥、针筒、火石袋，乌皮六合靴。六品以下，幞头，绯衣，木笏，银带，银鱼袋佩，靴同。"参见（元）脱脱等《辽史》卷五六《仪卫志》，中华书局，1974，第910页。

[4] 《金史·舆服志》载："带制，皇太子玉带，佩玉双鱼袋。亲王玉带，佩玉鱼。一品玉袋，佩金鱼。二品笏头毬文金带，佩金鱼。三品、四品荔枝或御仙花金带，并佩金鱼。五品，服紫者红鞓乌犀带，佩金鱼，服绯者红鞓乌犀带，佩银鱼。"参见（元）脱脱等《金史》卷四三《舆服志》，中华书局，1975，第982页。

[5] （元）脱脱等：《宋史》卷一五三《舆服志》，第3568页。

[6] （后晋）刘昫等：《旧唐书》卷四五《舆服志》，第1954页。

[7] （宋）欧阳修：《集古录跋尾》卷九，《历代碑志丛书》第1册，江苏古籍出版社，1998年影印本，第86页下栏。

的章服制度，使用金、银鱼袋的记载屡见不鲜。五代的王昭诲由于荫补其父王镕而任官，并受赐金鱼袋。《旧五代史·明宗本纪》载："以故镇州节度使、赵王王镕男昭诲为朝议大夫、司农少卿，赐紫金鱼袋，继绝也。"[1] 受赐绯鱼袋的情况也同样见于五代。《旧五代史·高祖本纪》载："戊子，翰林学士李浣赐绯鱼袋。"[2] 唐宋时期一般称银鱼袋为"绯鱼袋"，这是由于绯服官阶所对应的为银鱼袋。紫色官服官阶与金鱼袋对应，故称"紫金鱼袋"。辽代萧绍矩墓志志文的撰写者马贻谋有"赐紫金鱼袋"的结衔[3]，而辽大康七年《宋文通等造经记》中的王致君也有"赐绯鱼袋"的结衔[4]，说明辽代章服制度也沿袭唐代。金代正大改元时（1224年），须城人李昶也被"超授儒林郎、赐绯鱼袋、郑州河阴簿"[5]。不同时期、不同级别的官员受赐鱼袋，说明金、银鱼袋在章服中的分量之重。

除了金、银鱼袋，唐宋时期还出现过铜龟袋、涂金银鱼袋。武则天天授二年曾改鱼袋为龟袋，规定五品官员佩带饰铜的龟袋[6]。铜龟袋在唐中宗掌权后便被废除了。涂金鱼袋即鎏金银鱼袋的简称，仅在两宋政权中流行。元丰改制以前穿绯服的四、五品官员，改制之后的五、六品官员受朝廷恩赐才能佩涂金银鱼袋。宋太宗雍熙元年规定，"凡服紫者，（鱼袋）饰以金；服绯者，饰以银；庭赐紫，则给金涂银者"[7]。佩带涂金鱼袋后，官员品级也自然会上升。从武进村前乡南宋墓出土的涂金银鱼饰来看，墓主受过朝廷恩赐，受赐之前品级当为五品或六品。

诸鱼袋之中，以玉鱼袋最为尊贵，佩带者一般为亲王或皇太子，但也有地方节度使僭越佩带玉鱼袋的现象。《新五代史·安重荣传》载："重荣既僭侈，以为金鱼袋不足贵，刻玉为鱼佩之。"[8] 后晋的安重荣曾为了显示自身尊贵，用玉鱼代替金鱼来装饰鱼袋。宋、金两代也有使用玉鱼袋的记载。《梦溪笔谈·补笔谈》载："元丰中，上特制玉鱼袋，赐扬王、荆王施于玉带之上。"[9] 金代皇太子、亲王也佩带玉鱼

1　（宋）薛居正等：《旧五代史》卷四二《明宗本纪》，中华书局，1976，第581页。
2　（宋）薛居正等：《旧五代史》卷七七《高祖本纪》，第1013页。
3　内蒙古自治区文物考古研究所等：《辽陈国公主墓》，文物出版社，1993，第114页。
4　陈述辑校：《全辽文》卷九，中华书局，1982，第225页。
5　（明）宋濂：《元史》卷一六〇《李昶传》，中华书局，1976，第3761页。
6　（宋）欧阳修等：《新唐书》卷二四《车服志》，第526页。
7　（元）脱脱等：《宋史》卷一五三《舆服志》，第3568页。
8　（宋）欧阳修等：《新五代史》卷五一《安重荣传》，中华书局，1974，第584页。
9　（宋）沈括撰：《梦溪笔谈》卷一《补笔谈》，胡道静校注，中华书局，1957，第284页。

袋，其中皇太子所佩为"玉双鱼袋"[1]。

唐开元九年，施行了章服制度，此后鱼袋在职官中的作用明显增强，五代、两宋时期的鱼袋已经成为高等级官员的主要腰佩，用来代表身份。与此同时，辽、金等少数民族官员也按官阶、服色佩带不同种类的鱼袋，反映了边疆政权与中原王朝舆服制度的密切关系。

四　结语

从目前发现的鱼袋装饰来看，日本《倭汉三才图会》中绘制的唐代长方体鱼袋有三组左右对称鱼饰（图4），并非我国唐代中前期圆形凸起装饰的鱼袋。虽然鱼袋在晚唐发生了变化，但是否有鱼形装饰还需新发现的考古材料证明。而五代、两宋拱形装饰上刻画的游鱼也是上下排列，并非左右对称。因此，日本《倭汉三才图会》中的鱼袋图像不能成为我国唐宋时期鱼袋的参照标准。

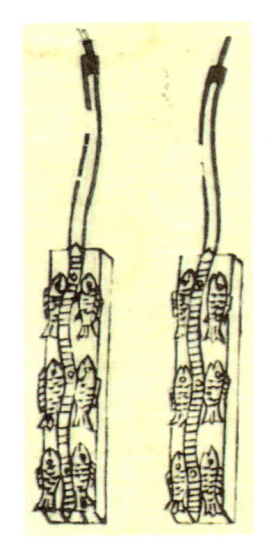

图4　《倭汉三才图会》中的唐代鱼袋

鱼袋自产生之初便有着特殊的政治含义。唐代皇帝的"李"姓与鲤鱼的"鲤"同音，因而"又以鲤鱼为符瑞，遂为铜鱼符以珮之"[2]。为了使鱼袋发挥更大的政治作用，唐、五代、两宋、辽、金等朝在鱼袋的装饰、佩带人群和服饰制度方面不断进行改革，以玉、金、银、铜、鎏金为装饰的鱼（龟）袋进一步细化了官员的等级，从而使鱼袋制度成为确立封建等级、稳定王朝秩序的有效方式。

1　（元）脱脱等：《金史》卷四三《舆服志》，第979、982页。

2　（唐）张鷟：《朝野佥载·补辑》，中华书局，1979，第178页。

南诏兵器"铎鞘"释考

■ 郭泰宗（南京大学历史学院）

唐朝时，以苍洱为核心的滇西地区存在六个大小不一的少数民族政权，统称六诏。唐朝出于制衡吐蕃的战略目的，扶持当时交好的南诏逐一兼并了其他五诏，统一了苍洱地区。此后，南诏内附唐朝，积极学习内地先进技艺，逐渐发展成为一个地区性的军事政权。其军队武器颇具特色，唐人所著史料中多次提及南诏曾向唐朝敬献铎鞘、浪剑等特色兵器，而且盛言铎鞘的神异和不凡。然而因文献记载极简，铎鞘的真实面貌一直不为人所知，南诏伴唐而终，铎鞘也随之销声匿迹。在唐朝之前的文献中从未出现有关"铎鞘"的记载，唐朝以后的文献中除了引用和转述唐朝文献记载，再难寻到有关铎鞘的蛛丝马迹，伴着人们对其形象的想象，"铎鞘"从此消散于史料文字的烟海之中。千年之后，随着云南地区考古工作的推进，为当地历史上的诸多谜题带来了研究的转机。据最新考古报道，考古工作者在云南保山市昌宁县大甸山发现青铜时代贵族墓地，并出土了大量珍贵文物，其中一类被称作"铜弯刀"的青铜兵器引起笔者重视，结合史料中有关南诏"铎鞘"的有限记载，笔者认为实物形象与文字描述较为吻合，二者是否为同一类兵器，即是本文的核心议题。

文献中有关南诏兵器的史料虽少，但明确可知南诏当时已经掌握了较为先进的兵器铸造技术，产出过一批制造精良且颇具特色的兵器，史书中留名的便有铎鞘、郁刀以及浪剑。与郁刀和浪剑不同，文献对于铎鞘的描述有明显夸大之嫌，不但没有如其他兵器一样详述其生产工艺，反而用"天降铎鞘"来神化其来历。对于这样一件"神兵利器"，因为缺乏图像和实物资料，使得后人对这种兵器的具体形象一直无从了解。直到2012年，云南昌宁县大甸山墓地中一种被考古工作者命名为"铜弯刀"兵器的出土，为铎鞘的研究提供了可资比较的实物资料。

一　文献记载中的铎鞘

"铎鞘"之名，最早见于《云南志》，书中有载"铎鞘"乃是南诏通过与越析诏的战争缴获而来。《云南志》卷三："越析一诏，亦谓之磨些诏……于赠提携家众走，（天）降铎鞘……阁罗凤自请将兵，乃击破杨堕，于赠投泸水死，数日始获其尸，并得铎鞘。"[1] 从中可知，越析诏的铎鞘乃是"天降"，"天降铎鞘"进一步解释就是"天命所归"，这反映出与中原王朝"君权神授"一样的观念，于是，越析诏"王所宝铎鞘"[2] 借此来宣示自己统治的合法性，以及越析诏的政权地位。

但是，在南诏扩张战争中，越析诏最终还是被南诏所灭。作为一个代有雄主，并渴望扩张的地方政权，南诏更迫切需要"天命"对其统治的认同，所以当南诏得到铎鞘后，"尤所宝重"[3]。将之视为神兵，自此"得铎鞘，……王出军必双执之"[4]。

南诏自阁罗凤从于赠手中夺获铎鞘后，历代诏王都视之如宝，在蒙异牟寻当政时期，因为与唐朝重修旧好，铎鞘更是以国礼的身份被献于唐皇。《云南志》卷十云："云南王蒙异牟寻，以清平官尹辅酋十七人奉表谢恩，进纳吐蕃赞普钟印一面，并献铎鞘、浪川剑、生金……皆方土所贵之物也。"[5]

既然铎鞘不是工匠锻造，而是"天降"，就应有出世的地点，文献记载"铎鞘，状如刀戟残刃，积年埋在高土中，亦有孔穴旁透朱筩，出丽水，装以金穹铁簜，所指无不洞也"[6]。这段史料在点明铎鞘来历的同时，透露了其他重要信息。不但明确铎鞘出自"丽水"，而且指出铎鞘长期"埋在高土中"，此外，更对其外形有"状如刀戟"的描述，进一步从"旁透朱筩"及"装以金穹铁簜"可知，这应是一类带柄兵器。但因缺乏其他信息，仅凭上述相关史料尚无法对铎鞘进行复原，所以文献记载仅能答其疑，不能解其惑。

二 大甸山墓地中的铜弯刀

昌宁县位于云南省西部，隶属保山市，其东北接大理州永平县、巍山县，东南接临沧市永德县、凤庆县，澜沧江自其境内流过。大甸山位于昌宁县田园镇龙泉村漆树坡小组东南侧，2012 年 10 月大甸山上有古墓被盗掘，并出土有青铜器。获知情况后，由云南省文物考古研究所等单位组成的联合考古队紧急介入，于同年 11 月开始对大甸山墓地进行了抢救性考古发掘，发现墓葬 198 座。

1　（唐）樊绰：《云南志》卷三《六诏》，赵吕甫校译，中国社会科学出版社，1985，第 98、99 页。
2　（宋）欧阳修、宋祁撰：《新唐书》卷二百二十二中《南诏下》，中华书局，1975，第 6294 页。
3　（唐）樊绰：《云南志》卷七《云南管内物产》，第 284 页。
4　（宋）欧阳修、宋祁撰：《新唐书》卷二百二十二中《南诏下》，第 6294、6295 页。
5　（唐）樊绰：《云南志》卷十《南蛮疆界接连诸番夷国名》，第 342 页。
6　（宋）欧阳修、宋祁撰：《新唐书》卷二百二十二中《南诏下》，第 6293、6294 页。

这批墓葬按形制可分为竖穴土坑墓（174座）、斜坡土洞墓（23座）和瓮棺葬（1座）三种。出土随葬品268件（组），包括石器、陶器、青铜器、铁器及琥珀、海贝、麻织品、竹藤物等，以青铜器为大宗。[1] 通过分析墓葬出土遗物以及对比滇西地区其他考古材料，发掘者认为，大甸山墓地属于青铜时代文化，相对年代约在战国中晚期至西汉晚期，根据墓葬规格和陪葬品等级，这里极有可能便是文献所记载的"哀牢国"贵族墓地。[2]

大甸山墓地中出土的268件（组）随葬品中，有23件"铜弯刀"，其器型较大、造型独特、纹饰精美。在此之前，这类兵器在全国各地从未出现过，无论是在博物馆馆藏文物中，还是在发掘过的不同历史时期的墓葬和遗址中都找不到同类型的器物。现将最为典型的三种"铜弯刀"照片、线图的形制特点介绍如下：

器物编号M2∶8（图1），椭圆形銎，曲尺状柄，刃部残，两侧有几字形血槽，刃尖已残，似卷曲。背脊上有三个鸟形装饰，刀身长27.5cm，銎长8.1cm。[3]

器物编号M2∶4（图2），銎部椭圆形，曲尺状柄，刃部残，两侧有几字形血槽，刃尖已残。通体残长17.2cm，銎长8.1cm。[4]

器物编号M179∶4（图3），柄面饰平行线纹和人面纹，刃部有几字形血槽。通体长59cm，銎长14cm。[5]

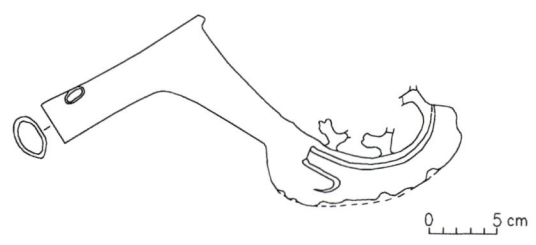

图1　M2∶8的照片及线图

（采自胡长城《寻找"哀牢古国"——云南昌宁大甸山墓地发掘》，《大众考古》2014年第8期）

---

[1] 云南省文物考古研究所、保山市博物馆、昌宁县文物管理所：《云南昌宁县大甸山墓地发掘简报》，《考古》2016年第1期。

[2] 陈思洁、谭世圆：《试从昌宁县大甸山墓地考古成果看哀牢族属》，《保山学院学报》2015年第6期。

[3] 云南省文物考古研究所、保山市博物馆、昌宁县文物管理所：《云南昌宁县大甸山墓地发掘简报》，《考古》2016年第1期。

[4] 云南省文物考古研究所、保山市博物馆、昌宁县文物管理所：《云南昌宁县大甸山墓地发掘简报》，《考古》2016年第1期。

[5] 云南省文物考古研究所、保山市博物馆、昌宁县文物管理所：《云南昌宁县大甸山墓地发掘简报》，《考古》2016年第1期。

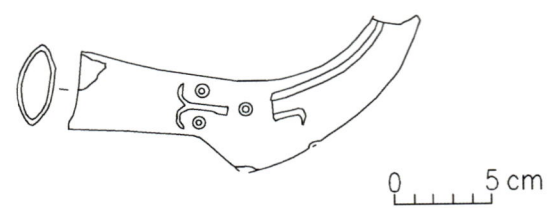

图 2　M2∶4 的照片及线图

（采自云南省文物考古研究所、保山市博物馆、昌宁县文物管理所《云南昌宁县大甸山墓地发掘简报》，《考古》2016 年第 1 期）

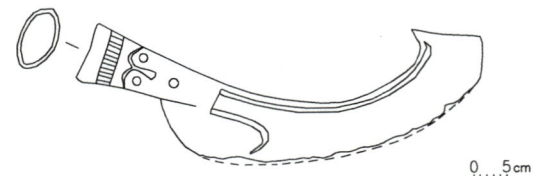

图 3　M179∶4 的照片及线图

（采自云南省文物考古研究所、保山市博物馆、昌宁县文物管理所《云南昌宁县大甸山墓地发掘简报》，《考古》2016 年第 1 期）

从三图中可看出，铜弯刀柄端都有銎无格，显然，所谓"铜弯刀"应是某一类带柄兵器的刀头部分。同时，就铜弯刀本身而言，形制较为特殊。先说刀尖，常见的刀尖形制有矛形、剑形、平头形、斜头形、鸟嘴形、鱼形、羊蹄形、锥形等。无论刀尖形制如何，一般而论，刀背与刀刃（单面刃）或刀刃与刀刃（双面刃）都保持同一弧度，或同一弧度作自然延伸，直至交汇于刀尖。而铜弯刀刀尖形制非常独特，M179∶4 虽刃部有缺，但基本保存较为完好，结合照片和线图可看出，其刀身后端向前延展至稍端时，刃部突然折向刀背，形成了一个中间略凹的截头。由此也可知 M2∶8 和 M2∶4 两件虽然"刀尖已

残"，但残缺面积必然不大。

再看刀身，刀身前段靠近刀背处都有凹形血槽，血槽横截面呈矩形。铜弯刀刀柄与刀身之间存在较大曲度夹角，即所谓呈"曲尺状"，且刀刃弧度偏大。

就其个性而言，上述三件兵器首先是刀面装饰不同，M2∶8 刃背有三个鸟形装饰，而 M2∶4 和 M179∶4 柄面装饰有人面纹。其次是功能不同，M2∶8 因为其刀背部位装饰有浮雕饰件，且作为一件带柄兵器，其刀身较短，刀刃卷曲，不适合作战，应该是一件仪仗兵器。相比较而言，M2∶4 和 M179∶4 两件铜弯刀虽作战性能也不佳，但并未完全丧失此功能，所以既可作为实战武器，又具备仪仗兵器的功能。

三 "铎鞘"与"铜弯刀"的对比研究

将文献记载中的"铎鞘"与考古发掘出的"铜弯刀"放在一起作对比研究，可以发现，两者处于同一空间范围，出现的时间符合逻辑关系，并且在形制细节方面的吻合度较高。吻合度越高，越能说明两者具有同一性。

就铎鞘的形制来讲，史料中相关论述有"状如刀戟残刃""亦有孔穴旁透朱筩"及"装以金穹铁簜"一说。"刀戟"之义，或言铎鞘刀身类似刀戟，或言铎鞘整体形似刀戟，总无差错。就"残刃"来讲，一者可能当时从土中取出时其刃部已经残缺，恰如 M2：8 和 M2：4 所见；二者则可能是史家单对此种独特刀身设计的描述，并不是真的残缺，而是与其他兵器对比，铜弯刀看起来是残缺状，几与 M179：4 一般。

同时，"亦有孔穴旁透朱筩"中的孔穴可以理解为銎柄的孔，符合大甸山铜弯刀刀柄处有銎柄，以及柄身上带小圆孔的特征。而"朱筩"应是銎内残存红色木质杆茎。"装以金穹铁簜"，"金穹"既指杆茎上的铜箍，也可指刀头上的环状装饰，而"铁簜"应指如精铁一般坚硬的木质杆茎。这与"铜弯刀"既无抵牾之处，又可作为佐证。

就铎鞘称谓来讲，尚有别称，"铎鞘……重以名字呼者有六，一曰禄婆摩求，二曰亏云孚，三曰铎苴，四曰铎摩那，五曰同铎（另有一名未知）"[1]，今虽不知其义，但从中可知，铎鞘的不同名称即是肯定了铎鞘存在不同的类型。而 M2：8 的造型明显和 M2：4、M179：4 存在较大差异，且这三件仅是从大甸山墓地出土的 23 件中选取的较为典型者，未选取的铜弯刀与这三件亦有区别。所以，大甸山遗址所出的铜弯刀似也可分为数类。

就铎鞘的来源来看，文献中有"天降铎鞘""出丽水""积年埋在高土中"的说法。"丽水"应是地名，指南诏国的丽水节度，其地在今云南德宏州。德宏州和保山市都位于哀牢古国的核心区域，空间距离很近，这说明，出自丽水节度的铎鞘和出土于保山市昌宁县大甸山的铜弯刀属于同一地理空间范围。

而"积年埋在高土中"则指明了其来源的具体环境背景，滇西地区多山，"高土"一说，应指坝子周边的土丘。大甸山虽名中带"山"字，实际上它也是一处土丘，此类土丘很多是层层垒土所形成的大型墓地。同时"积年"表明埋藏在地下的时间久远，以至于无法得知其具体年限。

综上，通过比照文献中的南诏兵器"铎鞘"与大甸山墓地中出土的哀牢国兵器"铜弯刀"，发现两者的形制与样式基本一致，同时，分析文献中铎鞘的类型及来源，亦与铜弯刀的信息相符合。种种迹象表明，一直被后人所费解，且颇具神秘色彩的南

---

[1] （唐）樊绰：《云南志》卷七《云南管内物产》，第 284、285 页。

诏第一兵器"铎鞘",应该来自与大甸山墓地地貌类似,且属于同一文化的其他墓地。因为当地土壤呈酸性,埋葬在地下的棺木和尸骨常年遭受腐蚀难以保存,只剩下青铜器等随葬品。南诏时人们不知此处为墓葬,更无法追溯铎鞘是何时何地?经由何人所铸?缘何埋在此地?而在中国古代,人们又习惯于将某种无法解释的事物或现象归因于"天",这应是"天降铎鞘"一说的真相。

所以时人不察,以为天降,今人不识,又以"铜弯刀"论之,两者实则为同一类武器。

四 余论

大甸山墓地从文化面貌上讲属于云南滇西青铜时代的文化,而从其族属讲,应该属于哀牢古国的一处重要遗址,年代最晚不出东汉初期。所以,在同一空间维度内的时间轴上,"铎鞘"先后出现了三次,第一次是"出生"在哀牢国,现已不知当时名谓;第二次是"复生"于南诏,那时它被命名为"铎鞘";第三次是"再生"于当代,此时则被称为"铜弯刀"。

作为兵器,铎鞘在南诏的地位超然,因为有"天降铎鞘"这个身份加持,加之自身作为带柄兵器,造型独特,自然形象非凡,是南诏王每次出征必须执之的仪仗兵器。而有意将前人所铸兵器视为"神兵",未尝不是南诏统治者借此宣扬其"受命于天",维护其统治合理性的一种谋略。至于南诏后期是否对铎鞘进行过仿制或再创造,笔者认为可能性很小,理由是对于此类礼仪兵器,其象征意义远大于实用意义,而铎鞘正是因为拥有"天降"这一属性才被赋予象征意义。后来文献中再无记载也佐证了这一观点,所以从某种意义上讲,铎鞘只属于南诏。

三

地理与图像

《职方外纪》版本补考

■ 王永杰（东北师范大学）

《职方外纪》源自"闽税珰"即福建市舶兼管矿务太监高寀向万历进献的西洋地图，后由来华传教士庞迪我（Diego de Pantoja）等人在士大夫协助下进行翻译、注解，最后由艾儒略（Giulio Aleni）在明末著名天主教徒杨廷筠协助下加以增补，由李之藻于1623年在杭州刻印，并被李之藻收进后来的杭州《天学初函》丛书（1630年之前），另有福建刊行的闽刻本（1625—1627年）。其版本可分作杭州五卷本系统、闽刻六卷本系统，且每个系统均曾多次印刷，流传甚广，在东亚及欧美各国有多种藏本存世。这是明末第一部介绍西方世界地理的中文著作，对明清士大夫的传统天下观产生了巨大冲击。《四库全书》将其收入，并撰有提要。现代学界对于《职方外纪》更有丰富的研究成果，特别是中文、意大利文两种注释本，分别对其中西文献渊源进行详细探讨。[1] 学者还对其版本进行深入分析，笔者亦刊文对其版本进行系统整理与研究。[2] 今在现有研究基础上，对于较为独特的牛津大学博德利图书馆（Bodleian Library, University of Oxford）藏本加以辨别考订，并对《职方外纪》在清朝及日本、朝鲜的版本流传与影响进行考证，以求教于方家。

---

[1] ［意］艾儒略著，谢方校释：《职方外纪校释》，中华书局，2000；Giulio Aleni（艾儒略）Ai Rulüe, *Geografia dei Paesi Stranieri Alla Cina: Zhifang Waiji*（职方外纪）, Traduzione, Introduzione e Note di Paolo De Troia（Brescia: Fondazione Civiltà Bresciana, 2009）。

[2] ［日］榎一雄：《職方外紀の刊本について》，《岩井博士古稀纪念论文集》，（东京）东洋文库，1963，第136—147页；Luk, Hung-kay（Bernard）, A Study of Giulio Aleni's "*Chih-fang wai chi*", *Bulletin of the School of Oriental and African Studies*, No. 1（1977）, pp. 58-84；［意］保罗（Paolo DE TROIA）：《中西地理学知识及地理学词汇的交流：艾儒略〈职方外纪〉的西方原本》，《或问》（*WAKUMON*），No. 67, 2006年第11期，第67—75页；黄时鉴：《艾儒略〈万国全图〉AB二本见读后记》，《黄时鉴文集》第三卷，《东海西海——东西文化交流史（大航海时代以来）》，中西书局，2011，第273—280页；谢辉：《〈职方外纪〉在明清的流传与影响》，《广西社会科学》2016年第5期，第111—116页；王永杰：《〈职方外纪〉成书过程及版本考》，《史林》2018年第3期，第100—110页；王永杰：《意大利昂布罗修图书馆藏〈职方外纪〉研究》，《外国问题研究》2018年第3期，第74—77页。

一　牛津大学藏本

牛津大学博德利图书馆中文部馆藏编号 Sinica 971—978 者共八册装为一盒，列属天主教传教士出版物（Catholic missionary publications）。其中编号 Sinica 977 的就是《职方外纪》。今按笔者此前刊文所列各藏本简称命名体例，依馆藏机构西文名之 Oxford 将其命名为 O 本。该藏本用蓝色布面封皮重包，左上角贴有红色题签，封面题签及内里的书名均为后人装订时重写。整书尺幅为 17.5cm×25cm，半叶版面尺幅约为 15cm×20.5cm（图 1）。书首为叶向高等人的 6 篇序跋，有《万国全图》等 9 幅地图，其中《南舆地图》《北舆地图》系在序跋及《万国全图》后和卷五之前重复装订。[1]《万国总图》在卷三首《利未亚图》之前，图形近于《万国全图》，地名亦不出《万国全图》，但所用纸张及图幅远小于其他各图，图外绘有西式旋涡花边修饰，海洋图例则为墨点，而非《职方外纪》中的波浪线（图 2、3）。该图不见于其他明刻本，当为《万国全图》的简略版。

向达在《瀛涯琐志——记牛津所藏的中文书》一文中录有博德利图书馆藏《职方外纪》，称其为"天启刊本"[2]。博德利图书馆中文善本部何大伟（David Helliwell）先生所编书目称："《职方外纪》五卷首一卷，西洋艾儒略增译，明杨廷筠汇记，明天启三年（1623）刊钞补本，一册，S. 977。"[3] 经笔者查阅、比对，该藏本中的李之藻序叶 4 为黑鱼尾，而五卷本系统中无鱼尾；卷一均为黑鱼尾，但五卷本卷一仅叶 5—11、15、17 为黑鱼尾，其他叶为白鱼尾。其卷首、卷一的鱼尾同于闽刻六卷本。卷首、卷一无句读，同于六卷本；卷

图 1　牛津大学藏 O 本封面

1　清末《皇朝藩属舆地丛书》本这两幅图位置亦在卷五之前。

2　向达：《瀛涯琐志——记牛津所藏的中文书》，《国立北平图书馆馆刊》1936 年第 10 卷第 5 号，第 13 页，收入向达《唐代长安与西域文明》，河北教育出版社，2001，第 616 页。

3　Helliwell, David, ed., *A Catalogue of the Old Chinese Books in the Bodleian Library*（牛津大学中文旧籍书目）, Vol. 2, *Alexander Wylie's Books*（Oxford: The Bodleian Library, 1985）, p. 32.

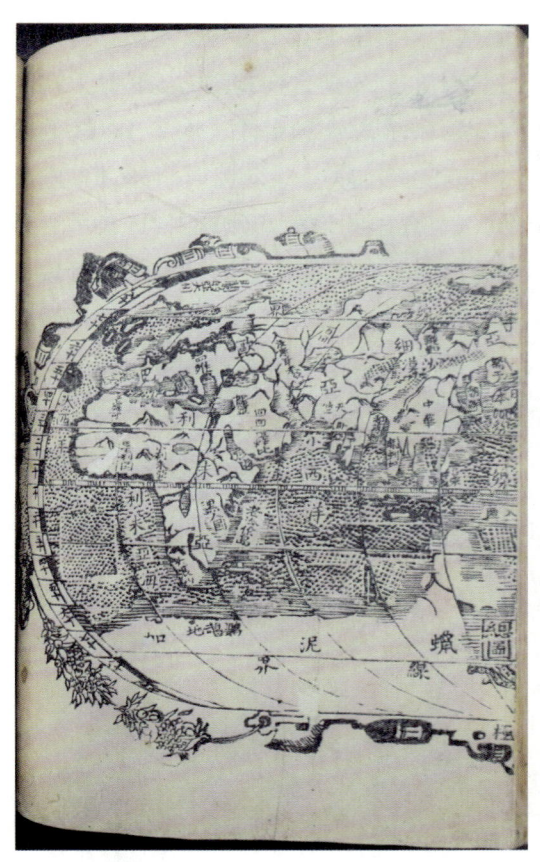

图 2　牛津大学藏 O 本中的《万国总图》（一）　　　　图 3　牛津大学藏 O 本中的《万国总图》（二）

首还有叶向高序，这是闽刻六卷本的标志。而其卷三、四、五均为白鱼尾，同于杭州五卷本，六卷本卷四叶 9、10 却为黑鱼尾。此外，卷三利未亚叶 5、8，卷五四海总说叶 10 等处的边框、墨线瑕疵，均同于杭州五卷本系统各藏本。卷三、四、五有原书印刷的句读，同于五卷本。[1] 而该本的卷一亚细亚末叶（地中海诸岛）、卷二欧逻巴全卷、卷五四海总说末叶（海道），则均系钞补，但卷首叶向高序之首仍缺失半叶未补。

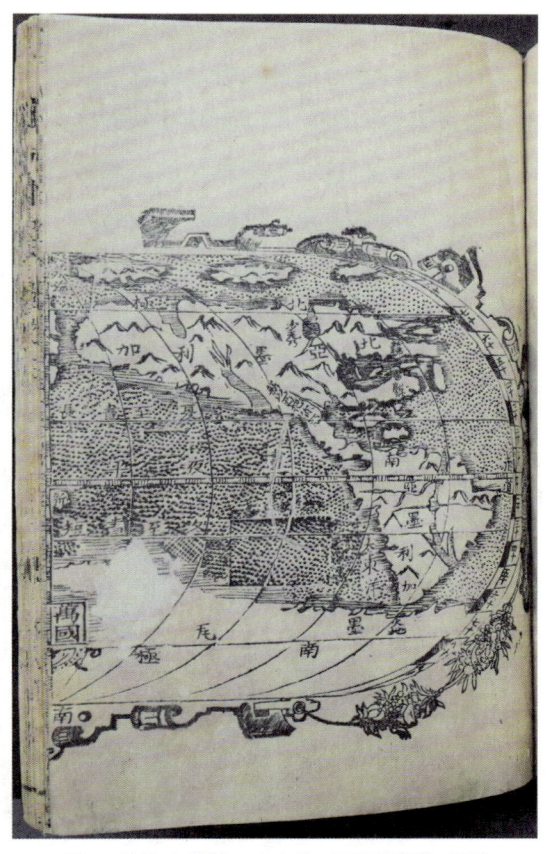

概言之，该藏本实际上大体由三部分组成：卷首、卷一来自闽刻六卷本系统，卷二（另有卷一末叶、卷五末叶）系钞补内容，卷三至卷五来自杭州五卷本系统。在五卷本系统内，除谢方等指出卷一中的景教碑夹注为初刻本所无，而为《天学初函》本所加外，初刻本与《天学初函》各藏本所用的基本为相同的印版，从文字到版式基本相同，区别主要在于序跋的增减及其次序，初刻本的主要特点在于书末的

1　各藏本版本特征细节比对，详见拙文《〈职方外纪〉成书过程及版本考》，《史林》2018 年第 3 期，第 100—110 页。

熊士旂跋文等，[0] 而该牛津大学藏本书末缺佚，故无从确考后三卷的版本究竟是初刻本还是《天学初函》本。而钞补的文字内容在五卷本、六卷本中本就一致，笔者此前主要从刊刻版式的细节来区分五卷本、六卷本相应内容，所以 O 本的钞补内容也无从判断其所据原本。

该藏本属于图书馆的伟烈亚力（Alxeander Wylie）专藏。伟烈亚力是清末著名来华传教士，他购买、收藏了大量与中国相关的中西文著作，其中颇多中文善本。伟烈亚力藏书部分入藏于皇家亚洲文会北中国支会，大部分入藏于牛津大学。前引何大伟所编《牛津大学中文旧籍书目》第二册即伟烈亚力旧藏专册，列有图书 429 种，其中 405 种印本，24 种稿本，均于 1881—1882 年购自伟烈亚力。伟烈亚力于 1867 年出版的《中国文献计略》共录入 1745 种中文著作提要，按经史子集分类，主要是基于其个人私藏，并参考其他目录学著作。其中录有《职方外纪》，称该著核心内容由庞迪我所著，后由艾儒略增补，并于 1623 年出版。[2]

伟烈亚力旧藏中的《职方外纪》当为其在中国搜购所得。其卷三利未亚首有两枚藏书章（"知止书堂""思墨"）。（图 4、5）

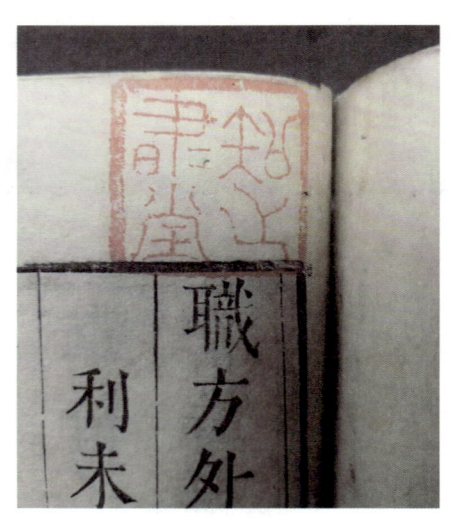

图 4 卷三首的印章（一）

图 5 卷三首的印章（二）

---

1 王永杰：《意大利昂布罗修图书馆藏〈职方外纪〉研究》，《外国问题研究》2018 年第 3 期，第 74—77 页。

2 Wylie，Alexander，*Notes on Chinese Literature*：*With Introductory Remarks on the Progressive Advancement of the Art*；*and a List of Translations from the Chinese into Various European Languages*（Shanghae：American Presbyterian mission Press，1867），p. 47. 书中艾儒略之名拼作"Jules Aleni"，Jules 为 Giulio 的英文转写。另外，伟烈亚力误以为庞迪我是意大利耶稣会士，实际上庞迪我是西班牙人；他还误以为该著缘起乃是作为利玛窦（Ricci）所献世界地图的附属品（an accompoment），实际上它是在利玛窦去世之后，作为 1612 年由福建所进献的另两幅世界地图的文字说明，及后来所作的补充。其成书过程参看王永杰《〈职方外纪〉成书过程及版本考》，《史林》2018 年第 3 期，第 101—102 页。

考虑到该藏本自卷三以降始为五卷本，而全书他处并无藏书章，所以这两枚藏书章可能是后面的五卷本残本原藏家所钤，这三卷是原五卷本的下册。此后该残本或转归他人，与仅存卷首、卷一的另一残本同为某藏家所有，再加上补钞的卷二，合订成册。当然，这两方藏书章的主人，及其后的补钞、合订究竟是何人所为，尚有待进一步考究。

二 清代的流传

博德利图书馆这一钞补合订本及国内外各藏本，说明明刻五卷本、六卷本在清代均多有存世。清代还有多种丛书将《职方外纪》收入，使其在清代流传甚广，而由于《四库全书》的影响，在清代流传的主要是五卷本。

《四库全书》所收的《职方外纪》便为五卷本。《四库全书总目提要·职方外纪》题"《职方外纪》五卷，两江总督采进本"。而两江总督采进书目中没有《职方外纪》，《两江第一次书目》中列有"《天学初函》（五十二卷），西洋利玛窦著，明李之藻编，十二本"，[1] 则两江总督采进五卷本当属于该《天学初函》丛书。浙江另有呈送本：《浙江省第六次呈送书目》列有"《职方外纪》五卷，明艾儒略译增，一本"；《浙江采集遗书总录简目》之"庚集·子部·天文术算类"列有"《职方外纪》五卷（刊本），明泰西艾儒略撰"[2]。所以，浙江、两江总督采进的《职方外纪》均为五卷本，属于杭州刻本系统，其中两江总督采进本应属于《天学初函》本，浙江采进本则未能确定是单行本（初刻本）还是《天学初函》本；考虑到《四库全书总目提要》明确提及两江本，《四库全书》收录的《职方外纪》，依据的底本可能是两江总督进呈《天学初函》本，参以浙江采进本。

明清时期，江浙人文兴盛，学术及藏书均闻名天下。乾隆为推进图书征集，特意强调"江浙为人文渊薮"，命江浙官员着意收集，并直接点名昆山、常熟、嘉兴、宁波等地藏书楼。在四库采进书籍过程中，江浙所进数目远逾他省。而在《四库全书》编纂过程中，江浙文人在其中也起着重要作用。所以，《四库全书》所收的《职方外纪》为五卷本，以杭州五卷本为底本，便在情理之中。此外，闽刻本主事者叶向高，其所著《苍霞草》在清代曾被列为禁书。[3]《四库全书》所录《职方外纪》非据闽刻本，或许与此有关。

在《四库全书》纂成之后，乾隆仍十分重视江浙地区，命人缮写三份，并建起

---

[1] 吴慰祖校订：《四库采进书目》，商务印书馆，1960，第33页；谢辉：《〈职方外纪〉在明清的流传与影响》，《广西社会科学》2016年第5期，第111—116页。

[2] 吴慰祖校订：《四库采进书目》，第120、271页。

[3] 吴慰祖校订：《四库采进书目》，第41页。

扬州文汇阁、镇江文宗阁、杭州文澜阁贮藏，"俾江浙士子得以就近观摩誊录"。因此，嘉庆时张海鹏编《墨海金壶》，以文澜阁《四库全书》传抄本为主；道光时钱熙祚刊刻《守山阁丛书》，召集学人士子寓居西湖杨柳湾，传抄文澜阁本。[1] 这两种丛书收录的《职方外纪》，所据亦应为杭州文澜阁《四库全书》本。

有清一代，《职方外纪》流传和影响广泛的版本便是杭州五卷本。《明史·艺文志》与《钦定续文献通考·经籍考》均列有"艾儒略《职方外纪》五卷"[2]。清代对《职方外纪》的主流评价亦由江浙士人而作。康熙间开始编写的《明史》，其欧洲四国传主要由万斯同（鄞县人）、王鸿绪（华亭人）等分别撰写草稿，称来华西人所著书"其所言风俗物产多夸，且有《职方外纪》诸书在，不具述"[3]。四库馆臣承袭这一论调，称《职方外纪》"所述多奇异不可究诘，似不免多所夸饰。然天地之大，何所不有。录而存之，亦足以广异闻焉"[4]。

《职方外纪》在明末为熊人霖《地纬》[5] 等著引用，清初尚被南怀仁《坤舆全图》及《坤舆图说》、董含《三冈识略》[6]、王宏翰《乾坤格镜》[7] 等所重点引用，而在18世纪著作中则少有提及，盖因此时士人所持的主流态度正如《四库》提要，视之为内容夸大，可姑且存之。而到19世纪，中国重新面临西方列强东来，且承受更为严重冲击之时，《职方外纪》就再度发挥作用，供国人了解西方概况。此时的藏文《世界广说》、魏源《海国图志》，均大量摘引、参考《职方外纪》。[8]

---

1 黄爱平：《〈四库全书〉纂修研究》，中国人民大学出版社，1989，第153—154、275、400页。

2 （清）黄禹稷原编，王鸿绪、张廷玉等册定：《明史艺文志·补编·附编》，商务印书馆，1959，第64、645页。《明史·艺文志》还列有"庞迪我《海外舆图全说》二卷"，应即庞迪我对1612年闽税珰进献地图二幅及缺失二幅所编译的说明，"但未经刻本以传"，此时是以两种形式存世：呈给万历御览的是卷轴与屏风式样；另外则是抄本，"其底本则京绅有传写者"。［意］艾儒略著，谢方校释：《职方外纪校释》，第1、6、17—19页；《明史艺文志·补编·附编》，第53页。

3 张维华：《明史欧洲四国传注释》，上海古籍出版社，1982，第175、194页。

4 四库馆臣编撰：《四库全书初次进呈存目校证》卷二，赵望秦、李月辰、李云飞、孙师师、马君毅校证，陕西师范大学出版社，2016，第609页；四库馆臣撰："《职方外纪》提要"，《文渊阁四库全书》，（台北）商务印书馆，1986年影印本，第594册，史部第11册，第280页。

5 马琼：《熊人霖〈地纬〉研究》，博士学位论文，浙江大学，2008；洪健荣：《西学与儒学的交融：晚明士绅熊人霖〈地纬〉中的世界地理书写》，（台北）花木兰文化出版社，2010。

6 感谢北京外国语大学谢辉博士提供董含《三冈识略》的信息与资料。

7 马智慧：《王宏翰中西汇通研究》，博士学位论文，浙江大学，2013。

8 许序雅、陈向华：《〈海国图志〉与〈职方外纪〉关系考述》，《福建论坛·人文社会科学版》2004年第7期，第65—69页；魏毅：《〈世界广说〉与〈职方外纪〉文本关系考》，《历史地理》第二十九辑，2014年，第297—316页。

三 日本、朝鲜的流传

《职方外纪》还在日本、朝鲜广为流传，影响较大，但在中、日、朝三国却有着不同的境遇。

日本所藏的《职方外纪》刻本既有杭州五卷本（主要是《天学初函》本），又有福建六卷本，更藏有为数可观的钞本，笔者所见的钞本均抄自闽刻本。日本流传的《职方外纪》以闽刻本为盛，这应当与明末清初的中日贸易区域特点有关。在这一时期，福建的对日贸易特别活跃，超过广东和江浙。隆庆初年在漳州月港开禁，虽然"严禁贩倭奴"，但海商还是想尽办法通过月港赴日贸易。而后，郑氏海商集团以福建为基地，垄断了东南沿海的对日贸易。[1] 在《职方外纪》成书、刊刻的年代，对日贸易正是以福建各港为主要基地。而书籍一直是出口日本的重要货物。所以，《职方外纪》闽刻本便在日本影响较大。

江户时代，日本实行禁教，查禁天主教图书，包括《天学初函》《职方外纪》等。[2] 但是，《职方外纪》仍为许多日本著作所参考，如西传见《华夷通商考》，森岛中良《红毛杂话》《万国新话》，新井白石《西洋纪闻》《采览异言》等。[3] 一些钞本亦为江户著名学者所藏，如明治大学图书馆庐田文库藏日本钞本《职方外纪》，为水户藩学者长久保赤水藏书，系"安永三年上京时请江村北海转写之"[4]。享保五年（1720），幕府将军德川吉宗下令缓和禁书制度，长崎当局据此而从禁书目录中删去十二种，包括《职方外纪》。[5] 藤正斋《好书故事》卷七十四引"向井家日记云"，享保十六年（1731），《职方外纪》已准许买卖。[6]

朝鲜的西学传播源自燕行使团携回的利玛窦世界地图、汉文西学著作及西方科学仪器。崇祯三年（1630），朝鲜陈奏使郑斗源赴北京途中，在登州结识来华传教士陆若汉（Jean Rodriguez）。陆若汉向郑氏赠送《职方外纪》等书。次年郑斗源回朝鲜，携带了一些汉文西书，包括《职方外纪》，

---

[1] 荆晓燕：《明清之际中日贸易研究》，博士学位论文，山东大学，2008，第116—132页。参看韩振华《一六五〇—一六六二年郑成功时期的海外贸易和海外贸易商的性质》，厦门大学历史系《郑成功研究论文选》，福建人民出版社，1982，第182页；陈自强：《略论明代后期福建的对日交通》，《海交史研究》1985年第2期，第46—50页。

[2] 王勇、[日] 大庭修主编：《中日文化交流大系·典籍卷》，浙江人民出版社，1996，第97—98、125页；戚印平：《东亚近世耶稣会史论集》，台湾大学出版中心，2008，第258—301页。

[3] [日] 鲇泽信太郎：《地理学史研究》，(东京) 原书房，1980，第139—154页。

[4] 明治大学图书馆主页提供了庐田文库展览的图片，其中包括该抄本的首、末两张，参见http://www.lib.meiji.ac.jp/perl/exhibit/ex_search_detail?detail_sea_param=110,3,0,a，2019年8月1日。

[5] 戚印平：《东亚近世耶稣会史论集》，第294页。

[6] [日] 鲇泽信太郎：《地理学史研究》，第151页；王勇、[日] 大庭修主编：《中日文化交流大系·典籍卷》，第132—133页。

被珍藏在王室密库。时为朝鲜仁祖九年（1631），这是《职方外纪》传入朝鲜的开端。此外，《天学初函》丛书在朝鲜的流传也较为广泛。[1] "朝鲜实学鼻祖"李瀷（星湖先生）曾在英祖年间查阅这批图书，发现其多已佚失，仅余《职方外纪》等数种。李瀷还将该著介绍给同辈学者及弟子。其弟子慎后聃所著《西学辨》，对《职方外纪》多加引述、评议，不过其评议基本上是对书中内容的批判。慎后聃认为："而彼欧罗巴等诸国，不过穷海之约域，裔夷之偏方，不能自进于华夏。今乃徒以其土地之大小，略相仿佛，而辄敢并列，查混称之者，固已不伦之甚矣。"还认为墨瓦蜡尼加洲（即南极洲）"无传说"，世人对它一无所知，因此《职方外纪》将它当作一个大洲与其他四大洲并列欠妥当。由此处可推知慎后聃所读的可能是五卷本，若他读了将"墨瓦蜡尼加"的内容抽出、增列为一卷的六卷本，恐怕更会明确批评。慎后聃总结称，"此可见，其书之多涉荒诞也"。这与《四库全书总书》的论调基本一致。慎后聃还在《西学辨》中直书其中华中心的世界观。同为星湖弟子的安鼎福后来撰有《天文考》《天学问答》，也是批判西学的著作。[2] 可以说，朝鲜在批判西学、回归中华传统世界观的路上，比康乾士人走得更远。而与日本对《职方外纪》及至整个西学的接受程度相比，中、朝则在总体上较为接近，均以不以为然，甚至拒斥的态度为主。

结　语

《职方外纪》是西方地理学东渐的一部重要著作，影响深远。笔者所见中日及西方多种藏本，说明其在明末多次刷印，流传广泛。清末流传入牛津的这一钞补本更可说明这点。它在清代被收入《四库全书》，进一步推进其传播。自其刊行后，也有诸多明末清初士人引用。不过遗憾的是，士人对它的引述在清中叶基本中断。这与清朝闭关锁国、西学整体消退的情形是一致的。《四库全书总书》视其为"奇异不可究诘""多所夸饰"，显然对其内容并不以为然，《四库全书》将其收录，也仅为"广异闻"而已。朝鲜士人在接触到《职方外纪》以后，对该著所持态度与四库馆臣非常接近。而它在日本江户时代的影响则是持续的，尽管曾被查禁，也未有和刻

---

[1] 杨雨蕾：《十六至十九世纪初中韩文化交流研究——以朝鲜赴京使臣为中心》，博士学位论文，复旦大学，2005，第100、104、107—110页；谭树林：《西洋传教士与朝鲜赴京使行交往考论》，《西夏研究》2014年第1期，第81—89页；胡树铎、白欣：《明清之际地圆说在朝鲜的传播与反响》，《自然辩证法通讯》2019年第2期，第45页。

[2] [韩]李元淳：《朝鲜西学史研究》，王玉洁等译，邹振环校，中国社会科学出版社，2001，第242—252页；文纯实：《職方外紀と朝鮮の知識人——その受容と影響について》，《骏台史学》2007年8月第131号，第23—44页。

本，但有多种明刻本藏本及日本钞本，在17—18世纪，也不断有学者引用。这也与日本兰学一直维持到明治的脉络一致。可以说，《职方外纪》乃至整个西学，在江户日本不断生根发芽，而在明清中国，仅是保留一些种子，几乎未曾根植。清朝士人后来对它们的无视，使得清朝在天朝上国的观念中失去了一次开眼看世界的机会。朝鲜士人在批判该著、回归中华中心观上，甚至走得更远。《职方外纪》在中日朝三国的流传及影响所形成的不同路向，便是明清之际的西学东渐在三国不同命运的一个缩影。

感谢牛津大学博德利图书馆何大伟（David Helliwell）先生、Mr. Minh Chung、崔璀女士在笔者查阅资料时提供的帮助；感谢复旦大学邹振环教授对本文提出的修改建议。

明代人的海外异国想象
——以《天下九边分野人迹路程全图》为中心

■ 刘雪瑽（北京大学中文系）

一　前言

在民间文学研究领域，地图一向是被忽视的材料。但事实上，在古代地图尤其是世界地图中，包含了不少古人对于世界的想象，这方面的研究应该被划入神话学的范畴。正如葛兆光所言："地图作为一种书写，它却只是给了阅读者一个绘制者眼中的世界，这世界的大小、上下、方位、比例，都渗透了绘制者的观念。"[1] 受限于地理认知与测绘技术，古人无法客观地了解整个世界的形状与构成，因此他们在绘制地图时，大量依靠了想象。这种想象并非来自绘制者一人，而是源自当时时代集体所共有的、社会约定俗成的世界观。这种对于世界的想象通过民间神话、传说、民间读物、官方典籍，以及包括官方及坊间地图在内的各种载体而传播，并在传播的过程中不断被强化。因此，研究古代地图中的世界观对于民间文学而言，是具有一定的价值与意义的。

很少有学者从民间文学、神话学的视角研究中国古代地图，去关注其中蕴含的思想观念。王树连的《中国古地图上反映的宇宙观》一文提及了普遍的天圆地方宇宙观与同心圆宇宙观，但未关注"我国"与"他国"的关系。[2] 葛兆光的《宅兹中国——重建有关"中国"的历史论述》关注到古舆图与思想史的问题，认为地图绘制中除了知识的传统之外，还存在着想象的传统。[3] 文中提到了华夷之间中央与四方、大国与小国的对比，但只是点到为止，并未展开论证。管彦波《明代的舆图世界："天下体系"与"华夷体系"的承转渐变》一文提到，在明朝人地理知识体系中仍以中国为中心，并将"山海经"式的世界想

---

[1] 葛兆光：《"天下""中国"与"四夷"——作为思想史文献的古代中国的世界地图》，王元化主编《学术集林》卷16，远东出版社，1999，第44—72页。

[2] 王树连：《中国古地图上反映的宇宙观》，《中国测绘》2004年第5期，第42—45页。

[3] 葛兆光：《宅兹中国——重建有关"中国"的历史论述》，中华书局，2011，第98页。

象加入真实的海外诸国，形成了多元的"世界图像"[1]，但遗憾的是缺乏细致具体的分析。学界对《天下九边分野人迹路程全图》的研究不多，目前仅见陈健的《〈天下九边分野人迹路程全图〉图说》与李孝聪的《传世15—17世纪绘制的中文世界图之蠡测》，但对此图都仅是简略介绍，另有一些舆图研究专著、古代地图集中也收录此图[2]。

地图一向被划入历史地理学、地图学的研究领域。历史地理学关注的是不同历史时期的地理环境及其演变规律；地图学关注的是地图的绘制历史、方法与技术。这两个学科都未从人的角度出发，去探讨地图中反映的古代思想观念。本文尝试从民间文学、神话学的视角来观察古地图，探索其中蕴含了怎样的海外异国想象。

之所以选择明代，是因为这个时代是中、西世界观产生激烈碰撞的时期，明代人对海外的想象具有丰富的层次性。郑和下西洋与西方传教士带来的地理新知丰富了中国人对于世界的想象，对中国人的世界观进行了一定程度的重塑。而且，明代是我国地图出版的高峰期，相对于前代而言，这一时期绘制、刻印并传世至今的地图，在数量上有一个飞跃。

选择《天下九边分野人迹路程全图》进行研究，其原因与合理性有如下三点：

第一，此图是崇祯十七年（1644）由坊间制作的世界地图，能在一定程度上反映明代人关于海外异国的想象。图中央为大陆，四面环海，海中分布着众多岛屿。其中海外国家虚实夹杂：既有日本国、琉球国等真实的国家，又有长人国、三身国等想象中的国家。

第二，此图在明代众多世界地图中，是具有代表性的。这体现在三方面。首先，此图与明清时期的多幅地图有相互继承的关系，可以判断它们属于同一系统[3]。而既然这一系统的地图被反复翻刻，可进一步推断，它们在当时应该产生了不小的影响。其次，这一系统的地图中既有官刻，也有坊间刻印。而且时间从16世纪中叶跨度到18世纪中叶，流行了近200年的时间。可见这一系统地图的受众包括了官员与普通士绅、民间知识分子，并且在较长的时段中发挥了影响。最后，几乎完全翻刻自此图的《大明九边万国人迹路程全图》（1663），目前已知共有五幅传世，其

---

[1] 管彦波：《明代的舆图世界："天下体系"与"华夷秩序"的承转渐变》，《民族研究》2014年第6期，第101—126页。

[2] 如曹婉如等编的《中国古代地图集 明代》及成一农汇编的《中国古代舆地图研究》，都对此图进行了简要介绍。

[3] 关于此图所隶属的系统，学界普遍认为《古今形胜之图》（1522—1566）影响了《乾坤万国全图古今人物事迹》（1593），这两幅图又共同影响了本文的研究对象——《天下九边分野人迹路程全图》（1644）。《大明九边万国人迹路程全图》（1663）又是目标地图的翻刻本。此外，有研究认为一幅近年新发现的地图《九州分野舆图古今人物事迹》（1583）也属于同一系统的地图。而笔者认为大英博物馆藏《乾隆天下舆地图》（1743—1795）也是属于这一系统的世界地图。

中三幅藏于海外：京都大学图书馆、早稻田大学图书馆、哈佛大学图书馆。其中日本的两幅是在19世纪上半叶由日本书商梅村弥白重新刻印的，美国的一幅可能是由传教士带去的。时过境迁，一幅300年前由坊间刻印的地图至今仍有数幅存世，可见当时的印刷量不少，能在一定程度上代表当时中国人普遍的世界观。

第三，笔者手中有此图较为清晰的细节图，为研究提供了便利。

本文将以《天下九边分野人迹路程全图》为中心，从民间文学、神话学的视角切入研究，细致分析与论证这幅明代世界地图与时人对海外异国的想象之间的关系。探讨在西方地理新知传入中国的背景下，该地图中蕴含了明代人怎样的海外异国想象，并尝试找出域外知识的来源，进一步分析地图的功能。以下从中央与四方、大国与小国、正常与异常三个方面进行讨论。

二 《天下九边分野人迹路程全图》概况

《天下九边分野人迹路程全图》，1644年（崇祯十七年）由金陵曹君义刊行，为木刻墨印，由12块拼接而成。学界多认为此图翻刻自《乾坤万国全图古今人物事迹》，是明朝末期坊间刻印的世界地图。除去上下文字、表格部分外，地图高92cm，宽116cm，为椭圆形构图。目前已知的两幅原图分别藏于中国国家图书馆、英国不列颠图书馆，中国国家图书馆另藏有一复印件。

图中四周为文字边框，中间为地图。地图上部正中题有"天下九边分野人迹路程全图"几字，上部两侧是六百余字的"万国大全图说"，地图下部为"天下两京十三省府州县路程图"，标出了省建置数目、距其余各省里程数、户口、物产情况。地图右侧记述了"九边"29处关镇至北京的路程。地图左侧记述了域外33个国家的习俗、物产，以及距离两京的里程。图中大明位于全图中央，占据了面积的1/2以上，而世界的其余部分所占不到全图之半。全图包括了欧亚大陆、非洲、北美洲、南美洲，以及传说中的南方墨瓦蜡泥加大陆，但是形状与实际情况出入较大。海外诸国以大小不一的椭圆小岛形状散布在四周海域中，地图中用少量文字介绍了一些国家的地理位置、历史、风俗、物产以及与我国交往的情况。

三 中央与四方

图中反映了方形大地的宇宙观，并体现了"我国在中央，诸夷在四方"的世界秩序。在地图中，"我国"不偏不倚位于正中心位置，而海外诸国被想象为围绕中央大陆的小岛，分布在周边海域中。

中国传统世界观是以"我"为中心的，胡厚宣认为早在殷商时期就已经有"我族"

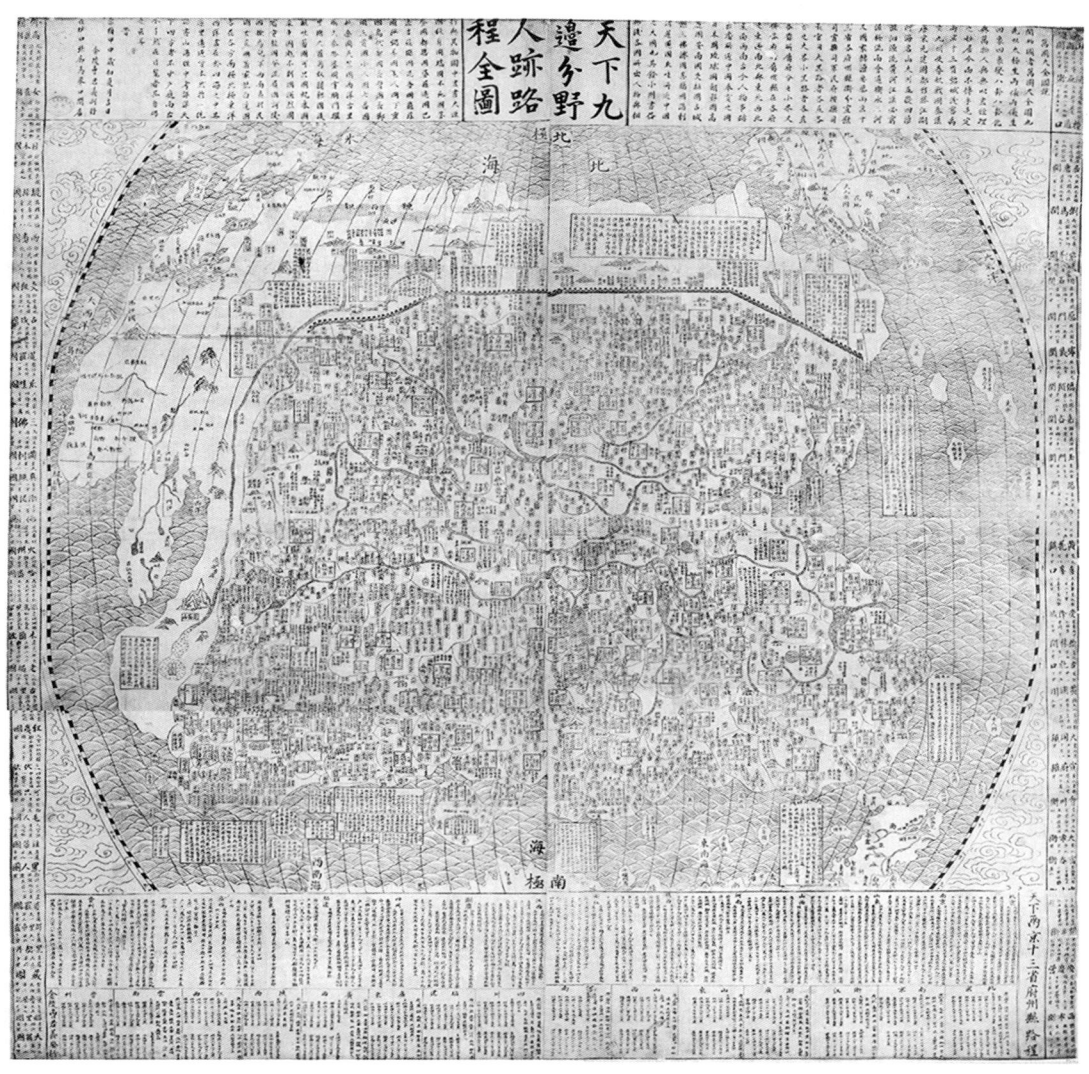

图1 《天下九边分野人迹路程全图》

在中央的观念了。[1] 由《山海经》等上古文献可知，古人心中的世界图式是充满对称性的，九州之外有四海，四海之外有八极，而在如此对称、规整的世界之中，"我国"位于中央。《天下九边分野人迹路程全图》中，不仅"我国"位于中央，而且四周也呈现对称的形状。地图上部中央写有北极、下部中央是南极。中央大陆四周环海：上有北海，下有南海；左有大西洋，右有大东洋；左下有西南海，右下有东南

---

[1] 胡厚宣：《论五方观念及"中国"称谓之起源》，《甲骨学商史论丛初集》，齐鲁大学国学研究所，1942，第383—388页。

海。如此对称的构图，体现中国人传统审美观的同时，也隐含着世界呈现四平八稳的结构，"我国"安稳位于中央的民族心理。

几千年来，中国人心中的世界图式都是"我在中央"的，16世纪西方传来的"地圆说"于国人而言是一记重击。将大地理解为球形破坏了中国几千年来建构的心理秩序，中心地位的丧失似乎意味着某种优越性的失去，这对于"天朝上国"的国民而言是无法接受的。对于西方已通过环球航行证实的"地圆说"，直到清朝初年仍有大批知识分子提出异议。如官员李光地曾说："自西人利玛窦辈入中国，言地原无上下、无正面，四周人着其上，中国人争笑之。"[1] 清初的知识分子尚不能接受，想来明代的多数知识分子与普通民众对"地圆说"的排斥之感就更为强烈了。而且，球形意味着没有绝对的中心，多数明代知识分子是无法接受"我国"不在中央的。

16世纪末，传教士利玛窦计划依靠世界地图来获取进入中国的资格。为了尽可能地获得认可，他将欧洲位于中心的世界地图进行了调整，重新选择将地球切开的经度，绘制了一幅中国位于世界中心的地图。但这依然令当时的文人大为不满。大臣魏濬曾撰文批判利玛窦地图，认为其将中国画得"居稍偏西，而近于北……其肆谈无忌若此"，"直欺人以其目之所不能见、足之所不能至，无可按验尔"。[2] 魏濬看到的地图中，中国位于北半球，而南半球按实际比例绘制的汪洋大海也占据了面积的1/2，中国自然是"近于北"的。而为表现完整的美洲大陆，利玛窦选择在西经20度处对地球进行切割，这样绘制的世界地图是以东经160度为中心的，于是造成了中国"居稍偏西"。可见，利玛窦做出的妥协依然没有获得一些文人的认可，在他们心中，中国的位置哪怕稍稍偏离了中心都是无法接受的。显然，在明代中国人制作的世界地图中，"我国"的中心地位是无法撼动的。

在几幅由明代人制作的世界地图中，中国无一例外地被放置于世界中央。《天下九边分野人迹路程全图》中，中央是包括了亚、欧、非的大陆，明朝的地理范围北以长城为界，西以黄河为界，东、南以海岸线为界。有趣的是，图中的大陆并没有位于整图的正中心，而是稍向西北偏移，这样一来，才能使明朝的疆域位于整图的正中心。可见，在明代人心中，不是大陆位于四海的中心，而是"我国"位于世界的中心。为了达到这个目的，地图上北面与西面的海域就远比东面、南面的海域显得狭长，客观上造成了构图上的不和谐感。但为了保证"我国"位于中心，地图的制作者放弃了对称的审美观，这也一定程度上反映出了地图制作者对于"我在中央"

---

[1]（清）李光地：《榕村语录 榕村续语录》上册卷二六，陈祖武点校，中华书局，1995，第470页。

[2]（明）魏濬撰：《利说荒唐惑世》，（明）许昌治编：《圣朝破邪集》卷三，金程宇编：《和刻本中国古逸书丛刊》32子部·杂家类，凤凰出版社，2012，第245、248页。

的执念。

观察图中出现的海外国家，南方最多，东方次之，北方更次，西方最少，虽然数量上分布不均，但均处于边缘地位。这体现了中心与边缘二元对立的华夷秩序。在传统华夷观中，"夷"在血缘上的"低劣"是不可更改的，依据生活的不同区域他们被称为不同种类的"夷"，拥有各有不同但同样"低劣"的文化。他们尚未为"礼"所规训，仍处于"野"的状态。相对于"夷"而言，"华"具有绝对优势的血缘、地域与文化地位。在华夷秩序中，中心等同于优越的地位，边缘等同于低劣的地位。而有趣的是，地图的绘制者显然见过利玛窦绘制的世界地图或其仿制品，知道海外诸国的具体位置与真实形状[1]（当然中国人未必相信西方地图是更接近真实的），却依然将海外国家绘制成一个个简单的长圆形，让他们分布在中国周围的海域中。显然，地图中体现出来的世界图式，反映的是古人心中"我国"地位优于他国的思想观念。

四　大国与小国

图中明朝的面积与其他国家的面积形成鲜明对比，明朝所在的中央大陆占到整幅图面积的 1/2 以上。在包括欧、亚、非的大陆中，明朝的面积也占到了 2/3 以上。用如此夸张的比例烘托出"我国"的优势地位，同样体现了时人心目中的华夷秩序。

中国自古喜好自称为"大国"，"大"显然不只是疆域面积上的大，更包含着地位高、文化优越之意；"四夷"之小，同样不仅限于面积上的小，还包含着地位低下、文化低劣之意。于是，为避免使"四夷"的地位得到突显，在地图上自然不会将它们画得过大。从实证角度而言，以《大明九边万国人迹路程全图》为代表的中国传统世界地图中，中国的面积之大已经到了夸张的地步，是十分荒谬的，但这样的画法正是明代人对于华夷关系的心理认知的体现。在"庞大"中国的对比之下，海上小国自不必说，就连图中所绘的欧洲、非洲、南美洲和北美洲这样的大陆，都小得毫不起眼。我们看到非洲的面积几乎仅与四川省相等，整个欧洲的面积也不足明朝的 1/10，美洲大陆甚至被画成了两个小岛，作为附属品围绕在中国四周。明清时期的知识分子对于利玛窦地图中所绘的中国之"小"感到愤愤不平。知府王泮曾对利玛窦地图表达过不满："世界唯中国独大，余皆小，且野蛮。"[2]《皇明职方地图》的制作者陈组绶甚至将此现象的出现归罪于罗洪

---

[1] 此图的母本《乾坤万国全图古今人物事迹》中有言："近观西泰子之图说，欧罗巴氏之镂版，白下诸公之翻刻有六幅者，始知乾坤所包最钜。"可知地图绘制者见过利玛窦及其他西方传教士带来的世界地图，或至少见过其仿制图。

[2] 安田朴、谢和耐等：《明清间入华耶稣会士和中西文化交流》，巴蜀书社，1993，第 230 页。

先在绘制《广舆图》时将中国画得不够大，因此"使教外别传，诡而披地球，以神其说，小中国而大四夷也。嗟乎！此《广舆》之过也。……以此无稽之言，得小吾中国，是大可痛也！"[1] 这也是为何在西方地理学新知传入之后，中国的世界地图哪怕付出"失真"的代价，也要固执地将"我国"放在最显著位置的原因。

事实上，无论是中心、大国，还是边缘小国，它们在地图中都是具有隐喻意义的。如果用符号学理论来进行说明，中心与大国是能指，所指在于"我国"的绝对优越的地位；边缘与小国是能指，所指在于其余海外诸国都处于相对低劣的地位。在图中通过朝贡体现出了华夷秩序，海外诸小国要向中土大国朝贡。朝贡制度一直是古代中国外交政策的重要面向，并在明代达到了顶峰。[2]《天下九边分野人迹路程全图》上部的"万国大全图说"中列出了部分朝贡的国名：

所近中国奉贡之国：日本国、琉球国、朝鲜国、高丽国、安南国、交趾国、占城国、三佛济国、真腊国、满剌国、暹罗国、爪哇，所近中国之大国也。其余小国书俻与后。各国所出人物，与相行，与异物，图中尽书。大汉国、纹身国、瑞国、不死国、婆登国、都播国、婆罗捺国、巴赤吉、猴揿国、昆吾国、龟兹国、沙弼茶国、毛人国、丁灵国、乌伏部国、长臂国、长脚国、三首国、小人国、七番国、扶桑国、天竺国、西洋古里国、大秦、哈蜜国、穿胸国、摆里国、大罗、匈奴、鞑靼国、后眼、吐蕃国、可只国、蛇鲁国、采牙国、彪不剌国、深烈国、宾童龙国、登流眉国、诃陵国、撒马儿罕、西南夷、羽民国、女直国、莆家龙、白达国，各在各方。

"万国大全图说"中共列出了中国的奉贡之国58个，其中大国12个，小国46个。我们看到，12大国均是位于中国东部、南部的邻国或者东、南临近海域中的国家，其中朝鲜、安南等国自古即与中国建立了朝贡关系。地图的制作者显然对这些大国也更为了解，一般都在其图中实际位置旁边附有方框，对其地理位置、与中国的交流史、行政区划、物产等情况进行了介绍。至于其余46个小国，则是"各在各方"，并非每一个都在地图中画出了详细地理位置。显然对于地图的制作者而言，这些小国位于何处并不重要，是否真实存在也无

1　引自《皇明职方地图》。
2　李云泉：《万邦来朝：朝贡制度史论》，新华出版社，2014，第51页。

关紧要，只要知道他们作为中国的贡奉之国，巩固着持续了千年的华夷秩序就可以了。而且，小国中的不死国、毛人国等10个国家[1]皆为想象中的海外异国，绝不可能真的给大明贡奉，因此这里的"贡奉之国"可以理解为一种修辞手法，是将该国纳入华夷秩序中的体现。图中文字内容也屡次提到海外之国是否奉贡，如真腊国处写道："洪武初奉贡，今不至"，其西提到另外几个图中不见的小国："海内有百花、彭亨、日落多国，皆朝贡。"可见对于明朝而言，一个海外国家是否朝贡是判断两国之间关系的重要指标，而朝贡则代表着两国已建立交往。换言之，周边小国与中土大国的建交方式就是要向"我国"朝贡，以示归顺。

五 正常与异常

图中出现了大量的海外国名，其中不少都是想象中的国家，而且这些国家的国名往往体现出国民肢体上的异常，是一种海外异人"非人"观念的体现。

最早在远与异之间建立联系的应为《山海经》。在《海经》与《荒经》中记录的遥远国家之中，很多国民的形象颇为怪异，而他们的国家也往往由其国民的怪异形象来命名。先民对于远国异人肢体变形的想象，体现了华夏的自我中心主义，也能从中对比看出先民对于"自我形象"的认知。事实上，古代中国人不仅从未将"夷人"置于平等的地位，甚至不认为他们是人。如盛行于明代的《蠃虫录序》中所言：

> 鳞虫三百六十，而龙为之长。羽虫三百六十，而凤为之长。毛虫三百六十，而麟为之长。介虫三百六十，而龟为之长。蠃虫三百六十，而人为之长。蠃虫者，四方化外之夷是也。何则人为蠃虫之长？《书》曰：生居中国，故得天地之正气者为人；生居化外，不得天地之正气者为禽、为兽。故曰蠃虫。孔子曰：治夷狄如治禽兽。其说有自矣。原其无伦理纲常，尚战斗，轻生乐死，虎狼之性也。贪货利，好淫僻，麈麈[2]之行也。故与人之性情，实相远矣。[3]

---

[1] 这10个想象中的海外异国分别为不死国、毛人国、丁灵国、长臂国、长脚国、三首国、小人国、穿胸国、后眼、羽民国。

[2] 疑为"麈"，形近而误写。

[3] （明）武纬子：《新刊翰苑广记补订四民捷用学海群玉卷》卷十，万历三十五年序潭阳熊冲宇种德堂刊本，第1页。

由此可见，古人将世间生物分为鳞虫、羽虫、蠃虫等种类，每个大类中各包含着360（言其多）种动物，人也被包含在内。每个大类中均有"长"，意为最优越的物种，鳞虫中以龙为长，羽虫中以凤为长，蠃虫中以人为长。那么，蠃虫这一大类中除了"人"之外，其余物种为何呢？（其余不是人吗？）"四方化外之夷是也"。可见"夷人"与"华人"虽然同属"蠃虫"，却绝非同一物种，无论是外貌特征，还是文化、生活习性，都是有所差异的。甚至对于"华人"而言，"夷人"是"为禽，为兽"的，他们比起人而言，似乎更接近禽兽，因此天生要低劣于"华人"，需要为"华人"所教化、管理。至于海外四夷为何天生为禽为兽呢，是由于他们"生居化外，不得天地之正气"。美国亚裔学者邓津华认为，在中国传统观念中，"华"与"夷"之间的种种差异是由环境决定的，其中的决定性因素是"气"。气随地方而异，或优或劣，它不仅可以决定人天生的体质差异，而且可以决定风俗、文化差异。处于世界中心的"我国"拥有最优越的中原之气，因此产生了绝佳的华夏文明；距离世界中心愈远则气愈劣、愈邪，因此才会在"远国"产生"异人"[1]。

我们将《天下九边分野人迹路程全图》中的海外国家尽可能全面地进行了梳理，从"万国大全图说"中、地图左侧的文字说明中，以及地图上的文字标注中共梳理出114个国家。我们发现，图中的海外国家可以分为两类：真实的与想象的。其中想象中的国家有17个，占到了国家总数的约15%。可见地图中的海外国家，是真实与想象互相掺杂的。值得注意的是，称其为"想象中的国家"是站在今人的角度。对于古人而言，传说中的海外国家也是真实的。那么，这些想象中的国家又是从哪里来的呢？

关于远国异人的记载最早可上溯至《山海经》，此图中的海外异国也几乎都出自《山海经》。同时，晚明时期日用类书大量出版，其中"诸夷门"中对海外异国有图文并茂的介绍，这对于塑造民众的世界观起到了一定的作用。以目标地图为代表的一系列世界地图中包含的大量海外异国，与"诸夷门"中的记载相辅相成，共同构建了明代人对于世界的想象。鹿忆鹿研究认为，"诸夷门"中的异国记载多出自《异域志》及《蠃虫录》，此二书同为明初流行的记录诸夷人物形象、风俗的图文书，后在流传过程中有了不同抄本与刻本，内容大同小异。而这二书中的内容也多出自《山海经》，并在此基础上有所补充。[2]

成书于1609年的《三才图会》，虽由

---

[1] 邓津华：《台湾的想像地理：中国殖民旅游书写与图像（1683—1895）》，杨雅婷译，台大出版中心，2018，第131—133页。

[2] 鹿忆鹿：《〈蠃虫录〉在明代的流传——兼论〈异域志〉相关问题》，《国文学报》2015年第1期，第129—166页。

属于精英阶层的王圻编纂，但内容却充分吸收了民间文化的精华，是图文并茂的百科全书。此书在明朝晚期十分流行，影响很大，其中的"人物篇"中收录了大量的海外异国人物形象，学界普遍认为其图文皆源于《异域志》及《嬴虫录》。我们可以将地图中出现的海外异国与日用类书中的相关记载、人物形象进行简单比对，以获得更全面的结论。

表1对地图中的17个海外异国进行整理，厘清其是否出自《山海经》，在《异域志》《三才图会·人物篇》中是否有载，或最早出自何处。

表1　《天下九边分野人迹路程全图》想象中的国家

	图中国名	图中位置	《山海经》中的相关记载	《异域志》中的名称	《三才图会》中的名称
1	女人国	日本以东	《海外西经》：女子国在巫咸北，两女子居，水周之。一曰居一门中。 《大荒西经》：有女子之国。	女人国	女人国
2	毛人国	日本以南	《海外东经》：毛民之国在其北，为人身生毛。一曰在玄股北。 《大荒北经》：有毛民之国，依姓，食黍，使四鸟。禹生均国，均国生役采，役采生修鞈，修鞈杀绰人。帝念之，潜为之国，是此毛民。	长毛国	长毛国
3	小人国	日本以南	《海外南经》：周饶国在东，其为人短小，冠带。一曰焦侥国在三首东。 《大荒东经》：有小人国，名靖人。	小人国	小人国
4	穿胸国	万国大全图说	《海外南经》：贯匈国在其东，其为人匈有窍。一曰在载国东。	穿胸国	穿胸国
5	川心国	日本以南	同上	穿胸国	穿胸国
6	三首国	琉球国以东	《海外南经》：三首国在其东，其为人一身三首。	三首国	三首国
7	金齿国	琉球国以西		凿齿国	
8	三身国	琉球国以西	《海外西经》：三身国在夏后启北，一首而三身。 《大荒南经》：有人三身，帝俊妻娥皇，生此三身之国，姚姓，黍食，使四鸟。	三身国	三身国
9	长人国	南美洲西岸	《海外东经》：大人国在其北，为人大，坐而削船。一曰在䃂丘北。 《大荒东经》：有波谷山者，有大人之国。有大人之市，名曰大人之堂。有一大人踆其上，张其两耳。	长人国	长人国
10	矮国	在疑似英国的岛屿北部			

续表

	图中国名	图中位置	《山海经》中的相关记载	《异域志》中的名称	《三才图会》中的名称
11	丁灵国	万国大全图说	《海内经》：有钉灵之国，其民从䣛已下有毛，马蹄善走。	丁灵国	丁灵国
12	长臂国	万国大全图说	《海外南经》：长臂国在其东，捕鱼水中，两手各操一鱼。一曰在焦侥东，捕鱼海中。	长臂国	长臂国
13	长脚国	万国大全图说	《海外西经》：长股之国在雄常北，被发。一曰长脚。《大荒西经》：西北海之外，赤水之东，有长胫之国。	长脚国	长脚国
14	羽民国	万国大全图说	《海外南经》：羽民国在其东南，其为人长头，身生羽。一曰在比翼鸟东南，其为人长颊。《大荒南经》：有羽民之国，其民皆生毛羽。	羽民国	羽民国
15	不死国	万国大全图说	《海外南经》：不死民在其东，其为人黑色，寿，不死。一曰在穿匈国东。《大荒南经》：有不死之国，阿姓，甘木是食。	长生国	不死国
16	后眼	万国大全图说		后眼国	后眼国
17	木兰波	地图左侧文字		木兰皮国	木兰皮国

经过梳理可知，以上17个国家实际应为16个，其中"穿胸国"与"川心国"一个出现在"万国大全图说"中，一个出现在图中日本的南面，实际上是一个国家。其中除了金齿国、矮国、后眼、木兰波4个国家，全部可追溯至《山海经》。而且地图中标明了位置的国家中，除了"女人国"，均与《山海经》中记载的大致方位相符。我们看到《山海经》中有两处对"女子国"的记载，均在西方。后世《淮南子·地形训》中有"女子民"的记载，也是在西方[1]。但到了《三国志》与《后汉书》中记录的海外"女子国"，则是收录在"东夷"的部分。[2] 由此可见，"女子国"的传说分为东女国与西女国两个体系，南宋时期的《岭外代答》中也是将"女子国"收录到"东南海上诸杂国"中。《天下九边分野人迹路程全图》中采取的是"东女国"的方位，但是国名最早源自《山海经》。此外还有两个国家，在《山海经》中各有两处记载且位置相互矛盾，为毛人国与三身国。毛人国（毛民国）见于《海外东经》《大荒北经》，在地图中画在了中国东方的海域上。三身国见于《海外

---

[1] 《淮南子·地形训》："凡海外三十六国。自西北至西南方，有修股民、天民、肃慎民、白民、沃民、女子民、丈夫民、奇股民、一臂民、三身民。"

[2] 《三国志·魏书·东夷传》："耆老言：有一国亦在海中，纯女无男。"《后汉书·东夷传》："又说，海中有女国，无男人。或传其国有神井，窥之辄生子。"

西经》《大荒南经》，在地图中画在了中国南方海域上。以上二国的地理方位虽在《山海经》的记载中有所矛盾，但是地图中取了二者之一来确定方位。

再看以上 17 国与《异域志》《三才图会》的关系。对于这 17 个海外异国的名称，除不死国在《异域志》中被称为"长生国"外，其余名称几乎一模一样。而且 17 国中，除"矮国"外，其余诸国在这两本书中都有收录，可见虽然多数异国最初源自《山海经》，但应该更直接地受到了同时代类书的影响。而先秦时期的《山海经》与明代的《异域志》《三才图会》等文献之间，则有《淮南子》《神异经》《博物志》《岭外代答》《事林广记》等文献，它们记录了中国人对海外四方的想象，也对源自《山海经》的海外异国形象不断进行继承与发展。

我们观察《异域志》或《三才图会·人物篇》中这些海外异国人物的形象，可以对地图中所体现的明代人的海外异国想象进行补充。以《三才图会》为例，女人国中之人虽然身体特征正常，但不少女子光天化日之下赤身裸体，这是处于化外之地不懂礼教的表现，体现了明朝人对于海外异国怪异、不知礼数的想象。仔细观察，《三才图会》中的海外异人形象，裸露身体者众多。虽然未必都如女子国人一般不着寸缕，但丁灵国、穿胸国、三首国等国民，都是赤裸上身，而下身围着一块布或兽皮的男性形象。这都体现出了未进入文明、不懂礼教的海外异人想象。此外，他们多有肢体上的残缺、多余或不正常，充满了视觉上的怪异。残缺如穿胸国，图中国民

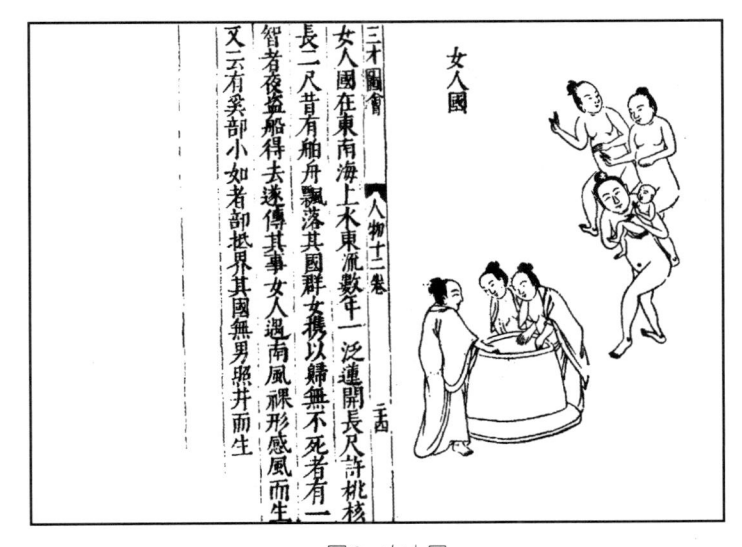

图 2　女人国
［采自（明）王圻、王思义编《三才图会》，上海古籍出版社，1988，第 827 页］

图 3　穿胸国
［采自（明）王圻、王思义编《三才图会》，上海古籍出版社，1988，第 860 页］

图4 三首国
[采自（明）王圻、王思义编《三才图会》，上海古籍出版社，1988，第856页]

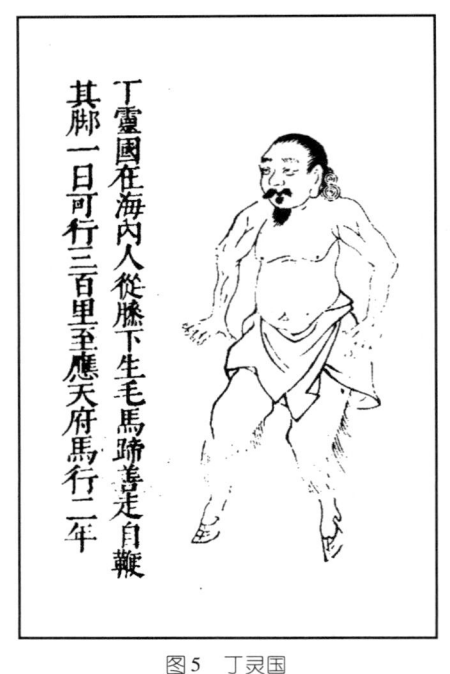

图5 丁灵国
[采自（明）王圻、王思义编《三才图会》，上海古籍出版社，1988，第847页]

胸前有一大洞，国中地位高贵者被地位低下者抬着走，抬的方式是一根竹竿贯穿胸口大洞。正常人若胸口有洞必死无疑，穿胸国人却生来具有这样的肢体残缺，是怪异的体现。肢体上的多余如三首国，图中之人一具躯体上长了三个头颅，分别看向不同的方向。肢体上的不正常如丁灵国，图中之人膝盖以上与常人无异，膝盖之下长出长毛，脚如马蹄一般，体现出他们像马一样善于奔跑的特性，而进一步分析则是将他们想象成兽类一般的存在。

由此可见，地图中的海外异国大多可上溯至《山海经》，而更直接的影响应是《异域志》《蠃虫录》《三才图会》等晚明类书。或者可以说，这些类书中"诸夷门""人物篇"与目标地图所属的系列地图一起共同建构了明代人关于海外异国的想象，他们在视觉上的形象怪异，与常人不同，因此被明代中国人列入"非人"的范畴。

六　结语

本文以晚明坊间刻印的世界地图《天下九边分野人迹路程全图》为中心，探讨明代人心中的海外异国想象。经过以上论述可知，明朝时期，利玛窦等西方传教士已经将更为真实的世界地图传入中国。人们逐渐意识到世界是球形，而中国也并非处于绝对的世界中心。而且除了"我国"之外，世界上还有成百上千的其他国家与地区。但是即便如此，人们依然固守着传统的世界观,并将海外万国都纳入中国固有的华夷秩序之中。《天下九边分野人迹路程全图》中,中国被放置于中央,其面积也被绘制得极其广大,而其余诸国则呈小岛形状分布在四周海域,二者面积比例与实际比例出入甚大。而这样的绘制方法背后隐含的是华夏远优越于其余诸国的华夷观念。此外,"我国"的正常与他国的异常这组对比,也强化了这种固有的华夷观念与海外异国想象。图中的海外国家虚实夹杂,想象中的国家其国民形象多十分怪异,甚至近似于"非人"的存在。我们看到,在春秋战国时期甚至更早就建立的世界想象图式,直到明朝末期仍在沿用,并在民间具有重大影响。尤其是最早可上溯至《山海经》中的远国异人形象,在晚明日用类书中以图像配合文字的形式得以重述,这些类书在民间广为流传。本文所探讨的目标地图与这些类书一起共同塑造并强调了民间对于海外异国的想象。

至于地图中的域外知识,可分为两部分,一是真实存在的国家,二是时人想象中的国家。其各自的来源也有所不同。

在真实存在的国家中,一部分是自古即知晓的,如朝鲜国、日本国等,它们与中国在地理位置上相邻,又很早就建立了外交关系,因此它们的地理位置是十分清晰的,在地图上也得到明显、清晰的体现。

第二类真实存在的国家位于南洋及西洋海域内,在前代文献中早有提及,但位置一直不明。明永乐三年(1405)至宣德八年(1433)郑和七下西洋,到达了东南亚、南亚、非洲的300余个国家和地区,不仅发现了很多前所未知的地区,而且证实了一些传说中的地名确实为真,也验证了它们的真实位置。地图中记录有10个东南亚、南亚国家的详细地点[1],或在图中标示,或注明了具体位置与路程。而且图中还标出了这几个国家的相对位置,如"安南即交趾国,地在广西云南界滨海"、"满剌国,在占城国南"等,大致正确,此外地图中左侧还注明了一些东南亚、南亚国家与中国之间的路程。如"占城国,放详[2]风顺,半月抵崖州[3],至京师水路共有八千里"、"暹罗国,发洋至京师,水路一万五百里"等。从以上词条中皆能看出到达这些国家走水路的实际航程与距离,应该是总结自实际航行经验。而且标注了"放详风顺"("详"应为"洋"),顺风的情况下,半月抵崖州,可见是实际经验的积累。这些知识与经验的来源都可能间接与郑和航海经验或《郑和航海图》有关。

第三类真实存在的国家是中国自古不知,由西方传教士传入的。将《天下九边分野人迹路程全图》与它的母本——1583年季名台刻印的《九州分野舆图古今人物

---

[1] 此10个国家分别为安南国、交趾国(安南、交趾皆为越南)、占城国(越南)、三佛济国(印尼)、真腊国(柬埔寨)、满剌国(马来西亚)、暹罗国(泰国)、爪哇(印尼)、天竺国(印度)、古里国(印度西南部)。

[2] 疑笔误,应为"洋"。

[3] 崖州,今海南省三亚地区。

事迹》及 1593 年官刻的地图《乾坤万国全图古今人物事迹》[1] 进行比对，可以看出地图中哪些新出现的国家、地名，是源自意大利传教士利玛窦于广东肇庆 1584 年制作的第一幅中文世界地图《山海舆地图》及其摹本。《乾坤万国全图古今人物事迹》中已经表现出了南美、北美的一些地名，例如在图右上部分有两个小岛，分别注名为加拿大、亚伯尔耕[2]；右下部分也分布着伯西儿（巴西）、孛露（秘鲁）等几个小岛，不过这些地名在此图中都作为明朝周围海洋中的岛屿被标绘。[3] 南美、北美的地名显然源于利玛窦世界地图，图中文字部分有言："近观西泰子之图说，欧罗巴氏之镂版，白下诸公之翻刻有六幅者，始知乾坤所包最钜。"可见梁辀在绘制该图的时候就参考了利玛窦的世界地图，以及在南京翻刻的西方传教士地图。

而《天下九边分野人迹路程全图》中出现了北美、南美两个岛屿（而且不再像《乾坤万国全图古今人物事迹》一般将每个美洲国家都画为一个小岛，而是绘成北美、南美两个大岛），分别位于明朝东北角与东南角的海域中。其中南美有智勒国（智利）、金加西蜡（哥伦比亚、委内瑞拉、巴拿马）、孛露（秘鲁）、伯西儿（巴西）等，北美有亚泥俺国、加拿太国、沙尼乃国、摩可沙国、大人尔国、多朵德亚国（以上 6 国皆属今加拿大、美国、墨西哥）等，这些都是从前中国人并不知晓的，其名称多直接承袭自利玛窦世界地图。此外，欧洲的国家也增添了不少，目前已辨析出来的有：如德亚国（以色列）、以西巴尼亚（西班牙）、鲁西亚（俄罗斯）、翁加里亚（乌克兰）、波罗尼亚（波兰）、意大利亚（意大利）、弗朗察（法国）、谙厄利亚（英国）、卧兰帝亚（冰岛）等。这些国家的名称多为音译，且在此前的世界地图中从未出现过。观察利玛窦世界地图，图上音译也与目标地图的音译文字大致相同，因此可以判断其为直接来源。另外，传教士艾儒略依据庞迪我、熊三拔的抄本写成的《职方外纪》中，系统介绍了世界六大洲的地理概况与国家位置。此书于 1623 年由李之藻刻印，1644 年刻印的《天下九边分野人迹路程全图》很可能也受到此书的影响。

至于当时人想象中的国家，除去前文所述的间接源自《山海经》的国家之外，其余的奇异国名可在《三才图会》及晚明日用类书的"诸夷门"中找到，可以说，这些国家属于当时民间普遍流传的知识体

---

[1] 参考韦胤宗《加拿大英属哥伦比亚大学亚洲图书馆藏〈九州分野舆图古今人物事迹〉》，《明代研究》第二十七期，2016 年 12 月，第 189—219 页。文中研究认为，《九州分野舆图古今人物事迹》为《乾坤万国全图古今人物事迹》的母本，而《乾坤万国全图古今人物事迹》又是《天下九边分野人迹路程全图》的母本。因此可以说《九州分野舆图古今人物事迹》是《天下九边分野人迹路程全图》的母本。

[2] 参考李兆良《谁先发现美洲新大陆——中国地理学西传考证》，《测绘科学》2017 年第 10 期，第 5—13 页。认为亚伯尔耕，英文 Apalchen，实际上就是指的美国。

[3] 任金城：《国外珍藏的一些中国明代地图》，《文献》1987 年第 3 期，第 123—234 页。

系。另有一部分想象中的国家同样源自西方地图。如地图中的"矮国",位于地图西北海域中疑似英国的岛屿北端,并不见于中国本土文献记载。我们在利玛窦绘制于1602年的《坤舆万国全图》中找到了它,位于芬兰地区。图中有文字介绍:"国人男女长止尺余,五岁生子,八岁而老。常为鹳鹳所食,其人穴居以避。每候夏三月,出坏[1]其卵。云以羊为骑。"这让人联想到《太平广记》所记载的鹤民国:"西北海戌亥之地(地字原阙。据陈校本补)。有鹤民国。人长三寸。日行千里。而步疾如飞。每为海鹤所吞。"[2] 这两处记录都提到矮人会被鸟吃,而北欧地区也流传有侏儒神话,因此,此处的"矮国"很可能是传教士带来的欧洲传说在中国本土化的结果。

总之,明朝以"地圆说"为核心的西方地理学新知传入,中国人也逐渐接受了这些观念,并在地图中有所体现。但对西方地理学观念只是进行了选择性吸收,传统世界观的核心是没有改变的。我们看到,《天下九边分野人迹路程全图》只是将世界装入配有经纬线的球形的框架中,但这套西方地理观念实则是一个壳子,套在了传统地图的外面。壳子中的内容反映的仍然是可上溯至先秦时代的传统世界观与华夷观,以及对于海外异国的种种想象。中国人心中的世界秩序仍是由"中央的华夏"与"四方的蛮夷"构成的,为使这样的心理秩序不被破坏,地图中必须保证大陆的方形、"我国"位于世界中央,而且四周小国要前来朝贡。不断被补充的新的大陆名、远方国名,可以被纳入"我国"固有的世界秩序中。因此,无论是欧洲,还是美洲,都与长人国、三首国一般,作为小小的岛屿环绕在中国四周的海上。

---

[1] 疑为笔误,应为"怀"。

[2] (宋)李昉等编:《太平广记》第四百八十卷,中华书局,1961,第3958页。

再议《松潘边图》中的"黑人"与"白人"*

■ 赖 锐（军事科学院战争研究院）

罗洪先所编的《广舆图》是明代最为重要的地图集，其中不仅绘有十三布政司的地图，还有多幅边防图和海防图，对了解明代政治地理和军事地理有很大帮助。此书第二卷收有一幅《松潘边图》（图1），主要反映了明代中叶川西北地区的边防形势。因图中标有许多"黑人""白人"的字样，故很早便引起中外学者的兴趣，而关于"黑人""白人"含义的讨论至今聚讼纷纭。

早在20世纪40年代，德国汉学家福华德（Walter Fuchs）就对此图做过研究，他认为"黑人"与"白人"是当地的族群分类。[1] 此后闻宥又提出图中的"黑人"与"白人"可能与羌族传统有"以善恶分黑白，心善者为白，心恶者为黑"有关。因此，他认为"黑人"与"白人"同"黑羌"与"白羌"的族群分类有关系。[2] 到了20世纪70年代，陈宗祥开始注意到《松潘边图》中的寨落名在道光《茂州志》和民国《松潘县志》中也可以找到，他通过将方志中记载的"大姓"和"小姓"寨落与《松潘边图》中所绘的"黑人"与"白人"寨落进行详细比对，发现其中"大姓"与"黑人"、"小姓"与"白人"寨落可以一一对应。因此，他认为"《松潘边图》关于黑、白寨落的划分，实际上就是指大姓、小姓两个部落群体。这与'其俗以白为善，以黑为恶'的说法毫无关系"。《松潘边图》中的"黑人"与"白人"是指两大部落群体，同时该图也是一幅非常珍贵的部落分布图。[3] 此说影响很大，

---

* 本文获国家社科基金重点项目"清代西南地区土司地理考释及地图编绘"（19AZS017）资助。

1　Walter Fuchs, *The "Mongol Atlas" of China* (Peiping: Monumenta Serica, 1946).

2　Wen You, "Black and White People in the Legends of the Kuang Yu Tu", *Studia Serica* 9 (1950): 66–67.

3　陈宗祥：《明季〈松潘边图〉初探——试证图中黑人、白人为两大部落群体》，《西南民族学院学报》（哲学社会科学版）1979年第2期，第48—59页。

图1 《广舆图》中的《松潘边图》

得到了许多学者的认同,似乎已经将此问题盖棺定论。

近年来又有学者对陈宗祥的观点提出质疑。旷天全、黎小龙通过将明人易文所著《筹边一得》中记载的明代松潘地区"大姓""小姓"寨落名与《松潘边图》中"黑人"与"白人"寨落名进行比对后,发现"大姓"与"黑人"、"小姓"与"白人"之间并没有严格的对应关系。他们又回到羌藏民族"以白为善,以黑为恶"和以"心之顺逆"自划为"心白人"与"心黑人"等当地风俗的研究思路,认为"黑人"与"白人"是明王朝因俗而治的边疆政策,"黑"与"白"基本反映了与明王朝之间的顺逆关系。同时,还提出"黑人""白人"与"生番""熟番"的划分依据基本相同,二者甚至可以相互指代。[1] 此说建立在翔实的史料基础之上,尤其是通过影印出版的《筹边一得》[2] 中的记载与《松潘边图》比对分析,对陈宗祥观点的立论基础冲击很大。

"白人"与"黑人"问题对于理解明帝国在川西北地区的统治有着非常重要的意义。笔者细读相关史料之后,发现前辈学者的研究结论仍有可以商榷之处,故在此就部分问题提出申论,希望能有助于继续深化对这一问题的研究。

一 《威茂边防纪实》中的"黑寨"与"白寨"

前辈学者已经开始怀疑"黑人"与"白人"不只出现在《松潘边图》中,因此广泛收集各类明清史料,不过似乎还没有找到另外一幅绘有"黑人"与"白人"的地图。笔者在翻阅史籍之时发现藏于台北"中研院"历史语言研究所傅斯年图书馆的《威茂边防纪实》一书,其中所附地图中的番寨也有"黑白"之分。

此书为曾任明代四川威茂兵备副使的郭应聘所著,刻印于嘉靖四十三年(1564),稍晚于《广舆图》嘉靖四十年(1561)的初刻本。当然,《广舆图》的实际编纂时间和地图反映的年代可能还要更早,其《松潘边图》中有"归化、普安二关,旧甚窄狭,嘉靖十七年展拓"[3] 一语,说明该图的主体部分反映的情况可能要早于嘉靖十七年(1538),或许后来有所增补,才特别写出,以示说明。

《威茂边防纪实》卷首有四幅地图,分别是《威茂一带治境总图》《灌县起至松潘道界止南北叠四路分图》《威州起至杂谷界止西路分图》和《茂州起至安绵道界止东路分图》,其中每幅地图中所标境内寨落都有黑白之分。通常为长方形的边框,里面

---

[1] 旷天全、黎小龙:《明代松潘的"黑人"和"白人"》,《民族研究》2017年第2期,第98—106页。

[2] (明)易文:《筹边一得》,《中国公共图书馆古籍文献珍本汇刊》丛部《罗氏雪堂藏书遗珍》第8册,全国图书馆文献缩微复制中心,2001,第3—27页。

[3] (明)罗洪先:《广舆图》卷二《松潘边图》,上海图书馆藏明万历刻本,第55页a。

图 2 《威茂边防纪实》中的地图

书写寨落的名字，框内分为白底黑字和黑底白字两种类型。如图 2 所示，白底黑字的寨落即为"白寨"。反之，黑底白字的寨落则为"黑寨"。同时，《威茂边防纪实》卷七《羌番》中还将当地寨落分为三类，即防守熟番、羁縻近番、梗逆生番。"其有里民所辖，土司所部，秃头夷服，而协护疆场者，谓之防守熟番；有名虽食粮认守，而实冥顽无忌，向背无常者，谓之羁縻近番；又有岁赏虽行，月粮间给，而恃强凭险，时肆侵轶者，谓之梗逆生番。"[1] 并详细记载了每个寨落的类型。

因所绘区域相对较小，仅有威茂地区，加之所绘图幅更多，所以这四幅地图比《松潘边图》中对应的区域更为详细。其中不少寨落与《松潘边图》中威茂地区所标出的寨落也有重合。表 1 以《威茂边防纪实》中的寨落为基础，对比《松潘边图》中相应的寨落。

表 1 《松潘边图》与《威茂边防纪实》中的"黑"与"白"对比

寨名	《松潘边图》	《威茂边防纪实》		备注
牛脑寨	白人	白寨	羁縻近番	
曲山三寨		黑寨	羁縻近番	
龙山寨	黑人	黑寨	防守熟番	
白水寨	白人	白寨	防守熟番	
白水上寨	白人	白寨	防守熟番	
必力三寨		白寨		
巴索寨		白寨		
绵族寨	黑人	白寨	防守熟番	边图作"棉族"
崖头寨		白寨	防守熟番	

---

1 （明）郭应聘：《威茂边防纪实》卷七《羌番》，"中研院"历史语言研究所傅斯年图书馆藏明嘉靖刻本，第 29 页。

续表

寨名	《松潘边图》	《威茂边防纪实》		备注
脊鱼寨	黑人	白寨	羁縻近番	
木渣寨		白寨		
茶山寨	白人	白寨	防守熟番	
勒舌寨		白寨	防守熟番	
斜卜寨		白寨	防守熟番	
通山寨		白寨	防守熟番	
萝葡寨		白寨	防守熟番	
谋托寨		黑寨	防守熟番	
打喇寨	黑人	黑寨	防守熟番	边图作"打蜡"
打喇上寨	黑人	黑寨	防守熟番	边图作"打蜡"
半坡寨		黑寨	防守熟番	
罗山寨		白寨	羁縻近番	
安香九寨		白寨		
半族寨		黑寨	防守熟番	
高山族寨	黑人	黑寨	防守熟番	边图作"陡族"
平头寨	白人	白寨		
鹁鸽寨	黑人	白寨	防守熟番	
鹞子寨	白人	白寨	防守熟番	
小寨子		白寨		
沙湾寨		白寨	羁縻近番	
十里沟寨	黑人	白寨		
岐山寨	黑人	白寨	梗逆生番	
水磨沟		白寨	羁縻近番	
罗打寨		黑寨	羁縻近番	
赖子寨	黑人	白寨		
魏磨寨	黑人	白寨	羁縻近番	
北桐寨		白寨		
浑水沟		白寨	羁縻近番	
浅沟寨		白寨	羁縻近番	
深沟寨		白寨	羁縻近番	
碉房寨		白寨	羁縻近番	
遮花寨	黑人	白寨		
如骨寨	黑人	白寨	羁縻近番	
小留寨		白寨		

续表

寨名	《松潘边图》	《威茂边防纪实》		备注
罗得寨	黑人	白寨	羁縻近番	边图作"罗多"
鸡公寨	黑人	白寨	羁縻近番	
竹木坎寨	黑人	白寨	羁縻近番	
黑虎寨	黑人	黑寨		
章桂寨		白寨		
粟渴寨		黑寨		
乌都寨		白寨	羁縻近番	
后沟寨		白寨		
鹫儿寨	黑人	白寨	羁縻近番	
窄溪沟		白寨		
刁农寨	黑人	白寨	羁縻近番	边图作"力农沟"
韩胡碉	白人	白寨		
刁农沟	黑人	白寨	羁縻近番	边图作"力农沟"
高黄寨	黑人	白寨	羁縻近番	
塔花寨		白寨	羁縻近番	
脊鱼寨	黑人	白寨	羁縻近番	
马路寨	白人	白寨	防守熟番	
小关上寨	白人	白寨	防守熟番	
七族寨		白寨	防守熟番	
小关下寨	白人	白寨	防守熟番	
排栅营寨	白人	白寨	防守熟番	
巴猪寨	黑人	黑寨	梗逆生番	
历日寨		黑寨	梗逆生番	
三姐寨		黑寨	梗逆生番	
列角寨	黑人	黑寨	梗逆生番	
白卜寨		黑寨	羁縻近番	
双马寨	黑人	黑寨	梗逆生番	
鱼儿寨	白人	黑寨	梗逆生番	
勒骨山寨		黑寨	梗逆生番	
索多寨	白人	黑寨	梗逆生番	
龙池寨	白人	黑寨	羁縻近番	
洁白沟寨		白寨	梗逆生番	
石灰沟寨		白寨	防守熟番	
石灰小寨		白寨	防守熟番	
葫芦寨	黑人	白寨	防守熟番	

续表

寨名	《松潘边图》	《威茂边防纪实》		备注
坎上寨	白人	白寨		
老虎寨		白寨		
皮袋沟寨		白寨	防守熟番	
萝葡沟寨		白寨	防守熟番	
和尚寨		黑寨	梗逆生番	
白泥寨	黑人	黑寨	梗逆生番	
吞儿小寨		黑寨		
吞儿大寨		黑寨		
杨柳沟寨	黑人	黑寨	梗逆生番	
麻谷寨	黑人	黑寨	梗逆生番	
道士族寨		黑寨		
牛尾巴寨	黑人	黑寨	梗逆生番	
扐山寨		黑寨		
竹打寨		黑寨	羁縻近番	
猪如寨	黑人	黑寨		
杨柳沟寨		白寨		
大寺寨	黑人	黑寨	防守熟番	
小寺寨		黑寨		
龙里寨		黑寨		
卜南村寨	黑人	黑寨	梗逆生番	《边图》为"卜南"
星上寨	黑人	黑寨	防守熟番	
星下寨	黑人	黑寨		
龙山寨	黑人	黑寨	防守熟番	
月上下寨		黑寨	羁縻近番	
鹁鸽寨	黑人	黑寨	羁縻近番	
文山寨		白寨		
三岔寨		黑寨		
尕云寨	黑人	黑寨		
水毡寨		黑寨	羁縻近番	
牛心寨		黑寨	羁縻近番	
九子寨	白人	白寨	羁縻近番	《边图》为"九子王"
龙窝寨		白寨	羁縻近番	
箭上寨		白寨		
南瓦寨		黑寨		
昂集寨		黑寨		

续表

寨名	《松潘边图》	《威茂边防纪实》		备注
日上六寨		黑寨	梗逆生番	
鲁力寨		黑寨		
旗上寨		黑寨		
日对寨		黑寨	梗逆生番	
上草坡寨		黑寨	梗逆生番	
草坡下寨		黑寨	梗逆生番	
两河口寨		白寨		
法虎寨		白寨		
插旗寨		白寨		
得胜寨		白寨		
核桃沟寨	黑人	白寨	防守熟番	《边图》为"核桃"
白若寨	黑人	白寨	羁縻近番	
松坪寨	黑人	白寨	防守熟番	《边图》为"松平"
松坪庄	黑人	白寨	防守熟番	《边图》为"松平"
玉亭寨		白寨		
曹磨寨		白寨	防守熟番	
上关子寨	白人	白寨	防守熟番	《边图》为"关子"
下关子寨	白人	白寨	防守熟番	《边图》为"关子"
神溪沟	黑人	白寨		《边图》为"神溪"
朱包村		白寨		
羊母鱼村		白寨		
任村寨	黑人	白寨		《边图》为"仁村"
麻练村	黑人	白寨		
梭罗魏沟	黑人	白寨		《边图》为"索洛"
齐桶村		白寨		
通化村		白寨		
铁野里	黑人	白寨		《边图》为"铁野碉"

如表1所示,《松潘边图》与《威茂边防纪实》共有65处寨落相对应,其中29处寨落的黑白标识完全相同,而另外36处寨落的黑白标识不同,主要是从《松潘边图》中的"黑人"变成了《威茂边防纪实》中的"白寨"。仅有3处寨落,是从《松潘边图》中的"白人"变成了《威茂边防纪实》中的"黑寨",分别是鱼儿寨、索多寨和龙池寨。此三寨皆分布于叠溪千户所附近,地域相连,《全蜀边域考》中亦有记载:"大约番寨环列,易与为非,近来不惮者,不独巴猪等寨为然。如龙池、索

多、结别、鱼儿、勒骨、和尚等寨，皆属强悍，而龙池为甚。"[1] 可见这三处寨落，此前可能一度是"白寨"，后来变为"黑寨"，直到万历年间《全蜀边域考》成书之时仍是黑寨。《威茂边防纪实》中也将鱼儿寨、索多寨归入"梗逆生番"之列。

其他诸如白若寨、神溪沟等33处寨落在《松潘边图》中标为"黑人"，而《威茂边防纪实》中则标为"白寨"，可见这种黑白身份标签并不固定。据《全蜀边域考》记载："关子堡，近白若、水磨等寨，常于马蹄溪、白泥沟打劫。神溪堡，近箐山堕才主，常出神溪沟、玉亭嘴各处打劫。"[2] 前文已经提及，《松潘边图》反映的年代可能要更早。因此，从嘉靖年间的《松潘边图》到《威茂边防纪实》，再到万历年间的《全蜀边域考》，同一寨落黑白的身份可能会发生转变。四川巡抚徐元太在奏疏中曾记：

> 据叠溪所千户陶克孝禀，据土舍郁从礼带领大小麦儿、和尚、石嘴、白泥、白腊等六寨番牌，缚绑真番一名刻六赴所。禀说：我们先已投降，今见大兵将松潘河东河西恶番尽杀，我各寨不比牛尾实有助恶之情，惧恐相邻受累，情愿再誓埋奴，大愿认守地方，永为白人。[3]

其中土舍郁从礼所言"先已投降""永为白人"等语，便是要与"助恶"的牛尾等寨相区分。叛逆王朝者即是"黑人"，归顺王朝者即是"白人"。四川巡抚张时彻也曾在奏疏中写道：

> 本月十一日有高黄、脊鱼二寨番牌秀儿等，令番人和尚儿子、瘸子儿子来堡报说：有青片、板舍番蛮说是坝底等堡，将他为白的蛮子杀了几个，他们大大小小在寨杀牛撧心，聚齐要来实大关、新堡子、马路等堡报仇，大做一场等语。[4]

可见其中"为白的蛮子"便是已经归顺明王朝的人群。而区分"白人"与"黑人"也是明王朝对川西北非汉族群分而治之的策略，正如张时彻所言："四川地方原

---

[1] （明）袁子让：《全蜀边域考》册四《茂城叠溪千户所图说》，邱仲麟主编："中研院"历史语言研究所傅斯年图书馆藏未刊稿钞本·方志》第14册，"中研院"历史语言研究所，2016，第13—14页。

[2] （明）袁子让：《全蜀边域考》册四《茂城东路土地岭等六关堡图说》，邱仲麟主编："中研院"历史语言研究所傅斯年图书馆藏未刊稿钞本·方志》第14册，第62页。

[3] （明）徐元太：《抚蜀奏议》卷三《再报松茂捷音疏》，李竞主编：《中国文献珍本丛书》，全国图书馆文献缩微复制中心，2006，第399页。

[4] （明）张时彻：《芝园别集》奏议卷之一《番情疏》，《四库全书存目丛书》集部别集类第82册，齐鲁书社，1996，第388页。

系开通山谷,深入不毛,番戎错居,负固弗率,种类既难尽殄,而恩信莫可招来。故设兵戍以控制之,驯熟番以联属之,时赏犒以羁縻之,要皆为不得已之计耳。"[1]

此外,黑白之分,与"防守熟番""羁縻近番"和"梗逆生番"之间的对应关系也值得注意。《威茂边防纪实》卷首所绘制的寨落名和卷九《羌番》中所列的寨落名,并不完全对应。据笔者统计,一共有90处寨落相对应。其实有53处"白寨",但并非所有白寨都是"熟番"。如表2所示,仅有一半的白寨是"防守熟番"。此外,还有24处白寨是"羁縻近番",甚至还有2处是"梗逆生番"。而37处相对应的"黑寨"中"梗逆生番"也仅占半数左右,甚至还有10处黑寨是"防守熟番"。可见"黑""白"之分,与"生番""熟番"并不完全对应,"黑白"与"生熟"可能是当地两套不同的族群身份标签。

表2 《威茂边防纪实》中的"黑白"与"生熟"对比表

寨落	防守熟番	羁縻近番	梗逆生番
白寨	27处	24处	2处
黑寨	10处	9处	18处

当然,"生番"与"熟番"也是可以转换的。正德年间曾任四川巡抚的胡世宁曾言:"国初松城内外,地皆熟番,为我服役,故有八郎等四安抚之设,有北定等十七长官之司。其南路至叠溪千户所,又有郁郎等二长官司之属,再南至茂州卫又有静州等三长官司之隶,其东路小河千户所,再东至龙州,则近至白马路长官司,而皆受我约束,为我藩篱者也。暨后承平法弛,任用非人,而抚御失宜,熟番多叛,而寇我内地,戕我军民。松城四外,尽皆仇敌。"[2] 但即便如此,也不能将黑人、白人等同于"生番""熟番"。认为两者可以相互指代的说法值得怀疑。

二 建昌地区的"黑人"与"白人"

之前关于"黑人"与"白人"的讨论主要集中于川西北,也就是明代羌藏族群活动的区域。因此,学者容易将"黑人"与"白人"的划分与羌族民族"以黑为恶,以白为善"的风俗联系起来。比如嘉靖十五年(1536)深沟、浅沟、浑水沟等寨发生叛乱之时,时任威茂兵备道副使的朱纨在奏折中写道:

> 今不问何寨何番,穿甲持兵即系为黑,必要擒斩。若脱去兵甲,背卖柴草,即系为白,并不

---

[1] (明)张时彻:《芝园别集》奏议卷之一《番情疏》,第389页。
[2] (明)胡世宁:《胡端敏奏议》卷三《急处重边以安全蜀疏》,《景印文渊阁四库全书》史部诏令奏议类,第428册,台湾商务印书馆,1986,第594页。

究问……各贼埋怨魏磨寨蛮子：你哄我们出来，你又不穿军器，又要为白。[1]

史料中"为黑"与"为白"二元对立的表述，的确容易让人联想到"为善"与"为恶"的风俗。但如果我们将更大的地域纳入研究视界，就会发现在其他地方也有"黑人"与"白人"。万历三十九年（1611）川西南建昌地区发生动乱，四川巡抚吴用先立即率军前往平叛，他在奏疏中写道：

> 本日只见对河山岗有夷二人喊叫，当令乡导面译，回称系宰猡耆宿歪衣厢、左咖，称彼原系白人，众后生不学好，今已杀的杀了，溺的溺了，我们饥饿不过，情愿投降，保守地方。[2]
>
> ……
>
> 又据金城呈，据罗文才呈奉本镇令票，前去招抚桐槽逃夷，安插保守地方。奉此，该文才径抵易咱罗唤腊威王氏、马氏前去凉山，马兴、纸灰、上下沈喳、桐槽九村传谕，随据各夷前来铁桥田坝歃血，自愿投降，并招出四十八马站火头，腊咱、写字、安元儿火头，脚什、白魁、马兴、咱依、普咱等三十二村寨，并前招过洗、阿回等九村寨，俱已钻皮发誓，剪立木刻，当差保守地方，永无紊乱。田地悉听丈量，又奉发白旗、号片前去散给降过各寨夷猓，以分黑白。本役径抵各寨，查照册内招抚姓名给散，洗密窝、阿回村、沽泸桥、铁桥、铁厂堡、罗村、猫骆、安翟窝、阿得桥及桐槽等村，每村给白旗一面，每名各给号片一块，共二百八十三块，俱经逐名给与悬带，照旧安插住种。遵候明示，输差纳土，不致再紊，各夷已经挽首投见本役，捐银制造花牌，买备牛、酒、盐、布犒赏。[3]

从奏疏可以看出，在川西南建昌地区的非汉族群也有"黑人"与"白人"之分。而且与川西北地区一样，"黑人"与"白人"也是相互对立的身份标签。若要成为"白人"，按照川西南的建昌地区则是"钻皮发誓，剪立木刻"，同时必须接受王

---

[1] （明）朱纨：《甓余杂集》卷十一《茂边纪事》，《四库全书存目丛书》集部别集类第78册，齐鲁书社，1996，第286—287页。

[2] （明）吴用先：《征蛮疏草》卷二《五报捷音疏》，中国国家图书馆藏明万历刻本，第25页b—第26页a。

[3] （明）吴用先：《征蛮疏草》卷二《五报捷音疏》，第29页b—第30页b。

朝纳粮当差之义务，正式编入户籍册内。地方官府则会按照各寨村落登记的招抚姓名给想要成为"白人"的人户发"号片"，给归顺的村落"白旗"。而川西北的风俗首先要"埋奴砍狗，歃血盟誓"，万历年间四川巡抚李尚思平定川西北番乱之后，当地番寨牌头也是"绑解番牌二名，埋奴悔罪，乞恩饶死"[1]。再以张时彻平定川西北白草番的处置奏疏为例：

> 据守备指挥耿垚呈称白草降番靴保、罗哲、千万山、四保、李从新等埋奴砍狗，对天盟誓，永为白人。各寨每年共认折粮黄蜡三百二十斤，花椒一百五十七斤，茶一百九十三斤，鹿皮二十四张，并立番牌，四保、李从新递年催纳及退还石泉县地土。河东自是走马岭迤南锐子坪起，河西自木门架起至枇杷岭止，又自射溪沟起一带至永平堡止，俱还石泉县乡民耕种等因。为照各番巢穴既扫，渠魁就擒，尽灭遗育，势亦不难。但残番靴保等乃能矢心降附，情愿退还地土，认办粮差，似可闵恤。合无俯从所请，将一十八寨遗番各立一牌头，给以牌面，开写本寨群番姓名，务要各安生业，认守地方，输纳前项蜡茶、椒斤、鹿皮。仍将四保李从新立为酋长，责令催办，并约束诸寨。先年牌头月粮岁给赏，需通行革去。各番但有出境为盗者，酋长举报掌堡等官，量治以法。若酋长有谋为不轨者，许各寨报官擒捕，则黑白自分，可免连合之患矣。[2]

嘉靖年间张时彻平定白草番之后，当地归顺各寨"每年共认折粮黄蜡三百二十斤，花椒一百五十七斤，茶一百九十三斤，鹿皮二十四张，并立番牌"。此外，对于那些之前被掳入番寨的当地汉人，也通过"白旗"来招抚。"本院案验访得虏入番寨男妇多因日久头面改变，惧怕官军妄杀要功，以致进退无门，填委沟壑。合行下令招抚，即便制造白旗数面，大书招抚汉人字样，于各经行路口插立，选委信实官员监守，但有投至旗下汉人男妇，就便押赴营中，亲审明白，解院发落。"[3] 在通过军事镇压川西南地区叛乱的同时，巡抚也会派官前去招抚，剿抚并用：

> 又复移会按臣备牌，仰建昌道移行总镇，转行该边将领等

---

1 （明）李尚思：《督抚奏议》卷四《剿平番蛮叙功疏》，中国国家图书馆藏明万历十九年刻本，第69页b。
2 （明）张时彻：《芝园别集》奏议卷之三《处置平番事宜疏》，第431—432页。
3 （明）张时彻：《芝园别集》奏议卷之二《平番捷音疏》，第411—412页。

官，多出招抚，榜文偏发各寨，晓谕诸夷，令其悔过自新，各保身寨，速归巢穴，安心住种。如果真心听抚，给以白旗安插，永作良夷，一切旧过，俱不追论，如或执迷不悟，定行增兵剿处，毋贻后悔。"[1]

显然，插有"白旗"之处便是已经纳粮当差之村寨。这种做法在很多文献中都有写到，并非个案。尤其是运用于招降的过程，比如吴用先在平定建昌叛乱时曾"差指挥张威武等传谕樟木箐、麻柳、阿普架等三村，各夷欢呼，献出夷贼七名，皮盔一顶，甲二副，马二匹，愿纳差役，给与白旗安插"[2]。《全蜀边域考》中也提到会在平叛的过程中招降"番人"，并给以白旗，以示羁縻。"各番积恶年深，非一日之故。大征之时，预为罗拜，准给白旗，贯以不死。"[3]

"白旗"后来也成为纳入帝国管控的标志。万历七年（1579），四川巡抚王廷瞻在平定川西北白草等番的奏疏中写道："白草等寨生番，商量齐心，亦出马甲器械投降，愿做百姓，望赏白旗，任守地方。"时任威茂兵备道副使的黄德洋前去审查投降的二十八寨羌番户口，共计"男妇八千四百九十四口"。这些非汉族群甚至愿意更改汉族姓名，并且每年"输纳蜡一斤"，以供灌烛之用。[4] 同时，白旗并非临时招降之举，朝廷对于曾经发过白旗的村寨都有明确记录。万历十四年（1586），四川巡抚徐元太再次平定川西北白草番的奏疏中即提道："据各番牌赴禀，愿领白旗安插。随查得原降二十八寨先年已给，止将新降独坪等四寨照例制旗四面，便宜给领。"[5]

以上可知，明王朝划分"黑人"与"白人"并非是明代川西北地区独有的现象。至少在川西南彝苗等非汉族群聚居之地，也有黑白之分。因此，认为黑白之分源于羌藏民族"心善者为白，心恶者为黑"习俗的说法也值得商榷。

三 "番牌"与"白人"

虽然《松潘边图》和《威茂边防纪实》中的地图标识都是"黑白分明"，但细读史料便会发现，督抚奏议中出现较多的是"白"，包括"白人""白旗"等。但却很少出现"黑"，仅在作为"白"的对

---

[1] （明）吴用先：《征蛮疏草》卷二《报进攻机宜疏》，第3页。

[2] （明）吴用先：《征蛮疏草》卷二《叙录文武官员疏》，第72页b。

[3] （明）袁子让：《全蜀边域考》册三《松潘南路西宁等六关堡图说》，第13册，第498—499页。

[4] （明）王廷瞻：《处置风村白草投顺等番奏议》，乾隆《茂州志》卷四《武备志·边防》，故宫博物院编：《故宫珍本丛刊》第221册，四川府州县志第17册，海南出版社，2001，第178页。

[5] （明）徐元太：《抚蜀奏议》卷四《白草羌夷归顺疏》，第572页。

立面时才会偶尔出现，甚少有"黑人""黑寨"等词语。也就是说，明王朝是通过"白"来区分"黑"，以达"黑白自分"的效果。那么到底何为"白人"？

其实上文已经有所提及，万历年间四川巡抚吴用先在建昌地区用兵时，当地非汉族群也有一些自称"原系白人"，后起兵作乱，见到官军大兵压境时，又再次表示"情愿投降，保守地方"。想要成为"白人"并非只是投降而已，还要"剪立木刻，当差保守地方，永无紊乱，田地悉听丈量"。剪立木刻主要是为了登记户口，田地也要载入册籍，就是说要和内地汉人一样，成为明帝国纳粮当差的编户齐民。"每村给白旗一面，每名各给号片一块"，"逐名给与悬带，照旧安插住种"，白旗和号片都是帝国身份的象征。

嘉靖年间四川巡抚张时彻在川西北善后的奏疏中也写道，"将一十八寨遗番各立一牌头，给以牌面，开写本寨群番姓名，务要各安生业，认守地方"。可见，制作牌面登记牌面时需要剪立木刻。牌也是明代最基本的户籍单位，王阳明曾创立十家牌法，十户为一牌，牌设有牌长。没有更详细的史料说明当地番寨的编排是否实行十户一牌的规格，不过由于当地番寨都位于山区，明帝国对其管控有限，可能难以严格按照十户一牌的制度执行。而是将每一个番寨设立为一牌，并各立一牌头。被编入番牌系统的番寨，也就相当于纳入了明帝国的户籍管理体系。比如前文提及的高黄寨即设有番牌，在《松潘边图》上高黄寨还被标为"黑人"。不过，到了郭应聘纂修《威茂边防纪实》之时，已经将其列为白寨，并提到"高黄诸寨昔为吾敌，今为吾役。刁农诸寨，昔为祸首，今为输夫"[1]。既叙述了高黄寨由"黑"变"白"的转变，也说明是否纳入明帝国的户籍管控体系，才是区分黑白的关键因素。

为了笼络当地族群，明帝国还给各寨牌头分发月粮和岁赏，并让他们定期到附近卫所关堡中去领取。正如威茂兵备道副使朱纨写道："其年例大赏，给发各堡，区别黑白，分投颁惠，以安反侧之心。"[2] 此外，余子俊也曾记载："其来我关堡，醉之以酒，饱之以食，赂之以金银、布帛，以按其好，以诱其心。向此，则曰某寨番牌。"[3] 如此一来，编入番牌的非汉族群也就成为了"白人"。在当地发生动乱的情况下，这些"白人"还要承担向附近卫所关堡通风报信的任务。嘉靖年间川西北动荡之时，高黄、脊鱼二寨番牌秀儿等，便令番人和尚儿子、瘸子儿子来堡报信。[4] 这种报信行为在明代奏疏中经常见到，曾

---

1 （明）郭应聘：《威茂边防纪实》卷十一《勘定》，第41页b。

2 （明）朱纨：《甓余杂集》卷十一《茂边纪事》，第284页。

3 （明）余子俊：《余肃敏公奏议》卷三《本兵类》，《四库禁毁书丛刊》史部第57册，北京出版社，1997，第579页。

4 （明）张时彻：《芝园别集》奏议卷之一《番情疏》，第388页。

任威茂兵备道副使的朱纨曾在汇报番情的奏疏中说：

> 据竹木坎番牌波能小夥子一名，在深沟寨讨钱。回报说：深沟等几寨蛮子喊，那一日端端来抢大哨粮运，不想军家知道了，如今不散，说已是齐心出来。[1]

可见"牌"与"黑人""白人"这种身份标签有重要关系。那么，为什么名字写在牌面上的人就被称为"番牌"，就相当于"白人"呢？笔者以为这可能与"牌"的颜色有关。在明代前中期，州县用于民事的信牌多为白色，又被称为"白牌"。四川巡抚李尚思在平定川西北番乱之时，就曾用白牌传谕各寨，时任兵科给事中的张栋曾有记载："大兵经过，疑是打伊寨子骤激为变，则闻抚臣李尚思已预有白牌传谕，凡附近诸寨俱各输心为用矣。"[2] 而到了明代晚期，这种白色木牌的形制开始发生变化，纸牌、火牌开始出现，入清以后便取代了白牌的地位。[3] 这与"白人"在史料中出现的时间点也基本吻合。

前人在讨论"黑人"与"白人"问题时，认为其源于羌藏民族的风俗"以白为善，以黑为恶"。这可能和明代史料记载导致的误解有关，比如《威茂边防纪实》中写道：

> 今之松叠，古称氐羌，夏之西戎，唐之吐蕃，梁州之域，维州之地。有大姓小姓，有生番熟番，日务耕猎，夜宿碉房，炙羊膀以卜吉凶，分善恶以为黑白，以战死为善终，以相杀为撕打。[4]

从这段记载来看，似乎黑白之分，就是羌藏民族的善恶之分。但如前文所述，首先，"黑人"和"白人"不只是出现在川西北羌藏民族主要活动的区域，在川西南建昌地区也有黑白之别的身份标签。其次，更值得注意的是"黑人"与"白人"并不见于明代早期的史料之中，而主要集中出现在明代中期的史料之中，尤其是嘉靖至万历年间，到了明代末年也很少出现。如果"黑人"和"白人"与羌藏民族的善恶习俗相关，为何在明代早期，甚至其他时代都没有出现黑白之分。另外，史料中类似容易误解的模糊记载还有很多，譬如四川巡按钱恒曾记载：

---

[1] （明）朱纨：《甓余杂集》卷十一《茂边纪事》，第281页。

[2] （明）张栋：《张可庵先生疏稿》卷三《看详四川番乱疏》，"中研院"历史语言研究所傅斯年图书馆藏明刻本，第27页a。

[3] 阿风：《明代的"白牌"》，《安徽史学》2018年第4期，第24—25页。

[4] （明）郭应聘：《威茂边防纪实》卷十二《巡抚都御史宋公沧献图册制西番以安全蜀疏》，第42页b。

万历十八年，随众功劫新桥堡，擒献正罪，今见改土舍郁从智管辖。夫二长官司之设，原无他事，惟令铃束各番耳。今如土官郁孟贤则令管辖河东大姓熟番八寨，土舍郁从智则令管辖河西小姓生番六寨。而两土司各设吏目一员，一无所事，徒靡俸粮，此亦边方之所当革者。[1]

其中有"大姓熟番"和"小姓生番"之语，但却并不能因此而认为"大姓"为"熟番"，"小姓"为"生番"。此前，已经有学者详细考证过此问题。大姓、小姓与生番、熟番没有严格对应关系。[2]

嘉靖年间，编立番牌开始在四川边地推行。到了万历年间，当地非汉族群在编入番牌时甚至开始更换汉族姓名。万历初年担任四川巡抚的王廷瞻就曾感叹："威茂诸羌议封纳款，一旦倾心甚众，愿为编氓者有之矣，而变易番姓则前此未开。愿贡方物者有之矣，而从习汉仪至今始见，此二百余年蜀川之仅有者也。"成为"白人"也就等同于"愿为百姓"[3]。

综上，笔者以为明代四川地区出现"黑人""白人"这类族群标签的起源与羌族民族"分善恶以为黑白"的习俗没有关系。"白人"的出现可能与明代中期之后，在四川边地推行类似十家牌法，将当地归附的非汉族群纳入帝国户籍管理体系有很大的关系。"白人"即为已经被编入番牌的当地非汉族群，而与"白人"相对的则是"黑人"。到了明代晚期，随着编入番牌的人数越来越多，以及牌制本身的变化，"白牌"也就显得不那么重要了，明帝国不再需要通过黑白之分这种二元对立的族群标签来治理四川边域地区。于是，"白人"很少出现在史料之中。到了清代，更是难以觅见"白人""黑人"的踪迹。

---

[1] （明）钱恒：《按蜀疏草》卷十《题条议地方切要欵开疏》，中国国家图书馆藏清抄本。
[2] 旷天全、黎小龙：《明代松潘的"黑人"和"白人"》，《民族研究》2017年第2期，第106页。
[3] 乾隆《茂州志》卷四《武备志·边防》，第178页。

四

文本与图像

北魏《金城赵安妻房夫人墓志》考释

■ 刘再聪　魏军刚（西北师范大学河西走廊研究院、历史文化学院）

2004年，赵君平《邙洛碑志三百种》[1]首次公布了北魏《故尚书主事郎金城赵安妻房夫人墓志》拓片图版。据介绍，墓志发现于河南省洛阳市偃师县境内，但具体出土时间、地点和志石收藏情况不详，仅有拓本流传于世。墓志呈方形，拓本长、宽各49厘米，志文17行，满行17字，凡计286字。志文记述了墓主人房文姬的籍贯郡望、家世生平情况，涉及其丈夫金城赵安及诸子女的婚宦信息，弥补了史书记载的不足，为研究十六国北朝时期金城赵氏家族的迁徙发展，提供了重要的史料依据。笔者管见，目前学界对该墓志的关注和研究，除刊布墓志拓本图版、志文释读及个别论著[2]略有涉及外，尚未见有专文进行讨论。本文以墓志记载为主，结合其他文献，分析十六国后期在河西任职的外来士族的婚姻形态，再以墓志反映的金城赵安家族迁徙、仕宦、婚姻、卒葬地选择等问题，通过个案形式考察北魏时期"平凉户"的政治生存状态。

一　墓主人籍贯辨误与家世考补
——兼论五凉后期外来士人官僚集团婚姻圈

赵君平《邙洛碑志三百种》最先收录该方墓志的拓片图版，但未附录文。韩理洲《全北魏东魏西魏文补遗》[3]、杜莹《〈汉魏六朝碑刻校注〉未收北魏碑刻整理与研究》[4]依据赵氏提供拓片图版进行录

1　赵君平：《邙洛碑志三百种》，中华书局，2004，第18页。
2　陈楚羚：《十六国三省官职考》，硕士学位论文，兰州大学，2016，第68页；朱艳桐：《北凉史新探——多元史料的交错论证》，博士学位论文，兰州大学，2017，第101页。
3　韩理洲等辑校编年：《全北魏东魏西魏文补遗》，三秦出版社，2010，第224—225页。
4　杜莹：《〈汉魏六朝碑刻校注〉未收北魏碑刻整理与研究》，硕士学位论文，西南大学，2014，第72页。

文和标点工作，为进一步研究提供了便利。兹先据墓志拓片图版，参考韩、杜二人释文，重新按行迻录志文如下：

1. 故尚书主事郎金城赵安妻房夫人墓志
2. 夫人讳文姬，清河清人也。祖晷，[1] 沮渠氏尚书
3. 左丞。父沮渠吏部郎中、湟河太守恩成之次
4. 女，河东裴敏之外孙。夫人弱岁早华，体懿贞
5. 菀。及登笄醮，四德光备。[2] 中表钦其令，两族贻
6. 其则。太和中辛厘，居丧执礼，哀泄行李，抚育
7. 四子，慈训二女。示四子以反古，严恩不失其
8. 操；导二女以莝[3]莒，俭积珍其性。树何不允，瘿
9. 兹不豫。春秋八十有七。正光五年二月廿六
10. 日，卒于洛阳中堂之寝室。西戎乱常，未即乡
11. 坟，权葬北芒[4]香峪之西岗。[5] 聊书外姓内讳，刊
12. 之泉石。 惟大魏孝昌二年岁次丙午，正月
13. 辛丑朔，廿三日癸亥。长子汲郡丞令孙，字子
14. 诠。次子兖州左将军府长流参军孝孙，字子
15. 谦。弟（第）三子营州安北府主薄（簿）庆孙，字子咏。弟
16. 四子冠军府录事参军季孙，字子谐。长女神
17. 姜，适陇西彭氏。次女令姜，适安[6]定皇甫氏。

依据墓志，墓主人房文姬为北魏尚书主事郎金城赵安之妻，北凉尚书左丞房晷孙女，吏部郎中、湟河太守房恩成次女，后凉中书郎河东裴敏外孙女，是十六国后期西迁凉州的清河房氏分支的后裔。北魏孝明帝正光五年（524）二月廿六日，房文姬卒于洛阳家中，享年87岁，推其生年在太武帝太延三年（即北凉沮渠牧犍永和五

1　韩理洲作"略"，误；杜莹改作"晷"，可从。
2　韩理洲作"被"，误；杜莹改作"备"，可从。
3　韩理洲、杜莹均作"筐"，误，据拓片改作"莝"。
4　韩理洲作"邙"，误；杜莹改作"芒"，可从。
5　拓片作"𡺪"，或"岗"异体字，韩理洲、杜莹均作"岗"，可从。
6　拓本字迹模糊，但基本可辨，韩理洲、杜莹均作"安"，可从。

图1 《金城赵安妻房夫人墓志》拓片
（采自赵君平《邙洛碑志三百种》，中华书局，2004，第18页）

年，437）。她出生在北凉都城姑臧（今甘肃省武威市凉州区），两岁时（439）北魏太武帝灭北凉，随家人与沮渠氏臣僚一起东迁平城（今山西省大同市），后因丈夫赵安任官调动，再南迁至洛阳（今河南省洛阳市），并卒葬于此。

（一）墓主人籍贯郡望订误

墓主人出身清河大族，志文开篇记载"夫人讳文姬，清河清人也"。如前所述，房文姬出生在北凉都城姑臧，故墓志记其为"清河清人"是指郡望而言，并非实际的籍贯。关于房氏郡望，《新唐书》记载有清河、河南二望，[1]《广韵》记载有清河、济南、河南三望。[2] 清河房氏来源与籍贯郡望的形成，据《新唐书·宰相世系一下》记载："出自祁姓，舜封尧子丹朱于房，朱

---

1 （北宋）欧阳修等撰：《新唐书》卷七十一下《宰相世系一下》，中华书局，1975，第2397—2403页。
2 《宋本广韵》卷二《下平声·十阳》，中国书店，1982年影印本。

生陵，以国为氏。陵三十五世孙钟，周昭王时食采灵寿。生沈，沈十二世孙汉常山太守雅，徙清河绎幕。"[1] 到唐代，清河房氏仍被列入官方颁布的姓氏书中，敦煌文书S2052《新集天下姓望氏族谱一卷并序》记载贝州清河郡十九姓，房氏排在第二位；又北图8418《姓氏录》记载贝州清河郡七姓，房氏排在第三位。[2] 从唐代姓氏书记录的清河郡大族来看，房氏排位相对靠前，在地方的社会影响仅次于崔、张二姓，亦因唐初房玄龄任宰相的关系，备受统治者的重视。

墓志记房文姬为"清河清人"，即清河郡清县人。清河郡（治今山东省临清市东北），西汉高帝时设，后世沿袭。《魏书·地形志上》记载，司州清河郡辖领清河、贝丘、侯城、武城四县，[3] 不见"清县"的名称。笔者推测，"清县"当是"清河县"书写漏误。

目前，已经公布的北朝清河房氏家族成员的墓志中，尚未发现有将郡望籍贯书写为"清河（郡）清（县）人"的例子，但有"清河（郡）清河（县）人"的记载。1972年，山东省聊城市高唐县出土的东魏《房悦墓志》记载："公讳悦，字季欣，清河清河南乡阴晋里人。"[4] 2019年公布的济南市"泉水人家民俗馆"所藏北齐《房智墓志》有"君讳智，字景临，清河清河人也"[5]。房悦卒于东魏兴和三年（542）六月十一日，房智卒于北魏永熙元年（532）二月五日（葬于北齐天统元年十一月廿四日，565），与房文姬卒年分别相差18年和8年，三方墓志有关清河房氏郡望籍贯的书写能相互参证。房悦墓志和房智墓志对籍贯郡望的记载，恰好证实了《魏书·地形志上》内容的正确性，也反过来说明房文姬墓志籍贯郡望书写之讹误问题，志文"清河清人"当改补成"清河清河人"。

（二）墓主人先世考补

前揭北凉末年房文姬出生在姑臧城，而墓志记载的其祖、父辈诸人，在十六国后期河西诸凉王国中担任重要官职。该墓志的发现，能证史、补史者甚多。

1. 墓志补正房晷、裴敏的籍贯郡望信息。史书记载，房文姬祖父房晷在后凉吕

1　（宋）欧阳修等撰《新唐书》卷七十一下《宰相世系一下》，第2397页。此外，（唐）林宝撰《元和姓纂（附四校记）》卷二（岑仲勉校记，郁贤皓、陶敏整理，孙望审定，中华书局，1994，第591页）、（宋）郑樵撰《通志》卷二十六《氏族略二》（中华书局，1987年影印本）、（宋）邓名世撰《古今姓氏书辨证》卷十三（王力平点校，江西人民出版社，2006，第189页）、《宋本广韵》卷二《下平声·十阳》（中国书店，1982年影印本）等追溯清河房氏的起源和先祖世系，皆与《新唐书》相同。

2　郑炳林：《敦煌地理文书汇辑校注》，甘肃教育出版社，1989，第325、344页。

3　（北齐）魏收撰：《魏书》卷一百六《地形志上》，中华书局，1974，第2461页。

4　毛明远：《汉魏六朝碑刻校注》第七册，线装书局，2008，第294页。

5　高继习：《济南发现北齐〈房智墓志〉考略》，《中国国家博物馆馆刊》2019年第2期。

光、吕纂时期任侍中职，[1] 深得吕氏父子二人信任。后因吕隆政变篡位，投奔北凉政权，因参与推戴沮渠蒙逊称王，再得到重用，历任左长史、尚书左丞。[2] 志文记载"祖晷，沮渠氏尚书左丞"的信息，正好与传世文献相印证。尚书左丞，是房晷出仕北凉生前的最后官职。他在任上最大功绩是，与征南将军姚艾共同"撰朝堂制"，并收到"行之旬日，百僚振肃"[3] 的效果，从而有力推动了北凉王国的政治建设和封建化进程。但是，房晷作为后凉、北凉政权重臣，在诸史中却未见对其籍贯郡望的任何说明，该墓志出土则解决这一问题，明确了他作为十六国后期入迁河西的清河大族身份。

房文姬外祖父裴敏的仕履情况，在传世文献中出现两次：一是《太平御览》卷四三九《人事部八十·贞女上》引崔鸿《后凉录》记载："吕绍之死也，美人敦煌张氏，年十四，为沙门，清辩有姿色。吕绍见而说之，遣中书郎裴敏说之，张氏善言明理，敏为之屈。"[4] 中书郎，当是中书侍郎省称，"职副掌王言，更入直省五日，从驾则正直从，次直守"[5]。裴敏任中书郎，表明他与房晷一样，都获得了吕氏重用，属于后凉统治集团的核心成员。二是406年八月后秦姚兴放弃吕氏旧土，南凉秃发傉檀据有姑臧后，金城大族宗敞趁机向他举荐了包括裴敏在内的众多集聚姑臧城内的大族名士。宗敞称裴敏是"中州之令族"[6]。但是"中州令族"的说法，只是裴敏身份的模糊性描述，最多说明他来自河西以外并非本地大族，但仍不能确认其籍贯郡望信息。该墓志明确了裴敏作为河东大族的身份。

2. 补充墓主人父亲房恩成的官职资料。房恩成，传世文献阙载，墓志内容可补史书记载的不足。依据墓志，房恩成先后任北凉吏部郎中、湟河太守之职，亦属于沮渠氏统治集团重要成员。吏部郎中，隶属尚书系统，掌官吏铨选之任，历代对其任职者要求甚高。《山公启事》称"吏部郎主选举，宜得能整风俗、理人伦者"[7]。北凉时期，史书记载的吏部郎中还有敦煌大族宋繇。《魏书·宋繇传》记载，沮渠蒙逊攻灭西凉、占据酒泉（今甘肃省酒泉市肃州区）后，拜宋繇"尚书吏部郎中，委以

1　（唐）房玄龄等撰：《晋书》卷一百二十二《吕光载记》，中华书局，1974，第3061、3065页。

2　（唐）房玄龄等撰：《晋书》卷一百二十九《沮渠蒙逊载记》，第3192、3198页。

3　（唐）房玄龄等撰：《晋书》卷一百二十九《沮渠蒙逊载记》，第3198页。

4　（宋）李昉撰：《太平御览》卷四百三十九《人事部八十·贞女上》第四册，夏剑钦、劳伯林校点，河北教育出版社，2000，第465页。

5　（唐）杜佑撰：《通典》卷二十一《职官三》，王文锦等点校，中华书局，1988，第563页。

6　（唐）房玄龄等撰：《晋书》卷一百二十六《秃发傉檀载记》，第3149页。

7　（唐）杜佑撰：《通典》卷二十三《职官五》，第632页。

铨衡之任"[1]。房恩成任吏部郎中，或许与其父房晷作为北凉朝廷重臣有关，但也是沮渠蒙逊看重他的政治才干，才会"委以铨衡之任"。

湟河郡，前凉时期分西平郡而置，后凉、南凉、北凉、西秦等政权因袭之。北凉时期，湟河郡是北凉、西秦长期激烈争夺的焦点，湟河太守任职者，除志文提到房恩成外，还有沮渠汉平、王建二人。[2] 沮渠汉平是北凉王室成员，王建则任殿中将军负责王宫宿卫安全，他们都是北凉王沮渠蒙逊亲近之人。房恩成出任湟河太守的具体时间和原因，虽不得而知，但他若非如沮渠汉平、王建一样，为北凉统治者亲近信任之人，且才干能力出众，恐难胜任湟河太守之职。

（三）五凉后期外来士族官僚集团的婚姻圈

综上所述，十六国后期，流寓河西的清河大族房晷父子，受到后凉、北凉统治者的重视和优待，或执中枢大权，或成地方郡守，先后属于吕氏、沮渠氏统治集团的重要成员。河东大族裴敏在后凉时期担任了中书郎，吕氏亡国后滞留后秦凉州刺史统治下的姑臧城，宗敞将他推荐给秃发傉檀，但史书未见他在南凉任官或活动记载。依据墓志，裴敏可能进入北凉，他活

跃于淝水战后在河西建立的后凉、南凉、北凉诸国，与西晋永嘉乱后河东裴氏家族迁居河西有关。376年，苻坚消灭前凉，先前流寓凉州的裴诜、裴暅兄弟的后裔回到河东解县。[3] 裴敏可能是河东裴氏返回故乡时在河西的遗留者，但也不排除他与房晷父子一样，因前秦后期追随吕光西征而滞留河西地区。

十六国后期，清河房氏、河东裴氏作为播迁河西地区的中原大族，均凭借家族声望和政治才干获得后凉、北凉统治者的亲任和重用。但作为外籍官员，他们在河西当地缺乏社会根基。相比凉州大族而言，外来士人对诸凉王国统治者的政治依附性更强，选择效忠王室和凭借个人才干做官，通常是他们用来维护政治利益的主要途径。清河房氏、河东裴氏相似的政治境遇，加上长期同朝为官，通过婚姻手段加深彼此联系，巩固既得政治利益和壮大家族力量，是非常容易理解的。

当然，外籍官员为获得河西当地大族的认同和接纳，也会寻求与他们联姻。例如，北凉时期，弘农杨氏就与金城赵氏之间存在婚姻关系。北魏《赵昞墓志》记载："祖讳斌，凉敦煌太守；祖亲恒农杨氏，父讳穆，西平郡功曹。"[4] 弘农杨氏，是前秦末年随吕光西征而滞留河西的，先后出仕后凉、南凉、北凉诸政权，并与后凉王室

---

[1] （北齐）魏收撰：《魏书》卷五十二《宋繇传》，第1153页。

[2] （唐）房玄龄等撰：《晋书》卷一百二十九《沮渠蒙逊载记》，第3195、3196页。

[3] （北宋）欧阳修等撰：《新唐书》卷七十一《宰相世系一上》，第2180、2184页。

[4] 赵君平、赵文成编：《秦晋豫新出墓志蒐佚续编》第一册，国家图书馆出版社，2015，第58页。

联姻而关系密切，[1] 与清河房氏、河东裴氏政治经历相似。因此，北凉时期，流寓河西做官的外来士族之间，以及他们与河西大族之间，因同朝为官，在相互交往中形成一个政治婚姻圈。

北凉灭亡后，沮渠氏臣僚以"平凉户"身份进入北魏，而他们在北凉时期已然形成的互婚传统，在一个时期内仍会延续下来。北魏《房文姬墓志》记载的金城赵氏和清河房氏结成婚姻关系，正是这一历史现象存在的最好证据。

二 墓志反映的北魏时期金城赵氏迁徙、仕宦、婚姻和埋葬地诸问题

两汉魏晋南北朝时期，金城赵氏作为河陇地域重要的豪族大姓，在各类史籍中留下了许多活动的踪迹。439年，北魏太武帝出兵灭北凉，完成统一北方的大业，并"徙沮渠牧犍宗族及吏民三万户于平城"[2]。金城赵氏成为"平凉户"的一员，除正史记载的北凉金部郎赵柔东迁平城外，制作于北魏末年的《赵安妻房夫人墓志》《赵晒墓志》也都反映了他们由凉入魏的政治经历。以下，主要利用房文姬墓志，并结合传世文献和其他出土碑志记载，分析讨论金城赵氏迁徙、仕宦、婚姻和埋葬地等问题，进而通过个案研究揭示北魏时期"平凉户"家族的政治生存问题。

（一）金城赵氏家族的迁徙

金城赵氏，源出天水赵氏，[3] 能追溯至西汉时期赵充国，[4] 东汉中后期正式形成了金城籍贯。[5] 魏晋十六国时期，金城赵氏人物出仕曹魏、前凉、前秦、北凉等北方政权，活动地域以河陇为主。他们的任官地，自西向东分布在河西、陇右和关中各地，并呈现出依次减少的趋势。再联系下文表2、表3，北魏时期金城赵氏成员除在凉州（武威、酒泉郡）、泾州等西北州郡活动外，

---

1 魏军刚：《弘农杨氏与五凉王国》，《河西学院学报》2017年第4期。

2 （宋）司马光等撰：《资治通鉴》卷一百二十三，南朝宋文帝元嘉十六年（439）十月条，中华书局，2011，第3941页。

3 （唐）林宝撰：《元和姓纂（附四校记）》卷七，第1005页；（宋）邓名世撰：《古今姓氏书辨证》卷二十五，第388页。

4 （汉）班固撰《汉书》卷六十九《赵充国传》记"赵充国字翁孙，陇西上邽人也，后徙金城令居"（中华书局，1962，第2971页）。《魏故积弩将军中黄门赵君之墓志铭》记载："君讳晒，字虎生，金城郡金城县西乡归清里人。汉征西大将军、大司马、营平侯充国即其十二世祖也。"（赵君平、赵文成《秦晋豫新出墓志蒐佚续编》第一册，第58页）

5 魏军刚：《青海乐都出土东汉〈赵宽墓碑〉再考》，《中国国家博物馆馆刊》2018年第10期。

表1　魏晋十六国时期金城赵氏成员任职（地点）情况

姓名	官职	时代	活动地点	资料出处[1]
赵基	敦煌太守	曹魏	敦煌	《三国志》卷十六《仓慈传》，513页
赵颢	？	前凉		《元和姓纂》卷七，1005页
赵凝	西平太守	前凉	西平	《资治通鉴》卷一〇四，3326页
	金城太守	前秦	金城	
赵盛之	秦州主簿	前秦	天水上邽	《晋书》卷一百一十四《苻坚载记下》，2917页
	建威将军、少年都统	前秦	长安	
赵柔	金部郎	北凉	姑臧	《魏书》卷五十二《赵柔传》，1162页
赵护	殿中侍御史	北凉	姑臧	《秦晋豫新出墓志蒐佚续编》第一册，58页
赵斌	敦煌太守	北凉	敦煌	
释玄畅		北凉	金城、姑臧	《高僧传》卷八，314页

在北方的营州、兖州、司州（河内、汲郡）以及都城平城、洛阳等地，因任职或居住迁徙，均有分布。有墓志还提到，北魏后期金城赵氏家族中部分成员在死后就近埋葬于洛阳邙山，反映了他们的活动范围较魏晋十六国时期明显扩大，任官地和居住地亦呈现"东移"之势。这与另一个"平凉户"家族——陇西辛氏在十六国北朝时期迁徙发展的历史轨迹基本一致。[2]

北魏时期，金城赵氏突破河陇地域限制，实现家族的大规模东迁，是以439年北魏灭凉为起点和契机的。史书记载，沮渠牧犍归降后，太武帝"徙沮渠牧犍宗族及吏民三万户于平城"[3]。金城赵氏作为河西大族、沮渠氏统治集团核心成员，在随迁北魏平城的北凉"吏民"之列。《魏书·赵柔传》载："赵柔，字元顺，金城人也。少以德行才学知名河右。沮渠牧犍时，为金部郎。世祖平凉州，内徙京师。"[4] 清河大族出身的墓主房文姬，因其祖（或已亡）、父都在北凉王国身居高官要职。我们推测，虽然史书没有记载他们东迁平城，

---

[1] （西晋）陈寿撰：《三国志》，中华书局，1959；（唐）房玄龄等撰：《晋书》，中华书局，1974；（北齐）魏收撰：《魏书》，中华书局，1974；（宋）司马光等撰：《资治通鉴》，中华书局，2011；（南朝梁）释慧皎撰：《高僧传》，汤用彤校注、汤一玄整理，中华书局，1992；（唐）林宝撰：《元和姓纂（附四校记）》，岑仲勉校记，郁贤皓、陶敏整理，孙望审订，中华书局，1994；赵君平、赵文成编：《秦晋豫新出墓志蒐佚续编》第一册，国家图书馆出版社，2015。表中只出书名、卷次和页码。

[2] 牛敬飞：《地方大族与王朝扩张：论汉隋间陇西辛氏之发展》，常建华主编：《中国历史社会评论》第19卷，天津古籍出版社，2017。

[3] （宋）司马光等撰：《资治通鉴》卷一百二十三，南朝宋文帝元嘉十六年（439）十月条，第3941页。

[4] （北齐）魏收撰：《魏书》卷五十二《赵柔传》，第1162页。

但作为北凉沮渠氏集团的重要成员，亦当在迁徙之列。前文推测房氏出生时间为437年，她在北凉亡国及其家族东迁平城时（439）尚是孩童，当随父一起迁徙。因此说，金城赵氏与清河房氏家族，在北凉时期的同僚情谊和北魏时代被徙平城的相似生活经历，是促成二者实现联姻的重要因素。

墓志末称，房文姬"正光五年（524）二月廿六日，卒于洛阳中堂之寝室"，表明北魏后期赵安家族再从平城迁居到洛阳。促成赵安家族再度迁徙的最主要原因，是北魏孝文帝旨在深化改革的迁都之举。《魏书·高祖孝文帝纪》载，太和十九年（495）"九月庚午，六宫及文武尽迁洛阳"[1]。由此可见，北魏定都洛阳随迁人员所涉范围甚广，曾经作为北凉"俘虏"的金城赵氏家族，也有可能在随迁之列，当然这主要得益于赵安在北魏中央尚书省机构谋得了低级职位，从而完成从"北凉俘虏"向"拓跋臣民"身份的过渡。从平城南迁洛阳的金城赵氏成员还有赵盛、赵昞及其家人，出土墓志显示他们死后埋葬于洛阳邙山，赵昞在北魏朝廷任官，担任中黄门一职。

总而言之，北魏时期金城赵安家族经历两次较大规模的迁徙，迁徙路线大致是：金城（或武威）→平城→洛阳。虽说两次迁徙的时代背景、人员身份颇有差别，但无论是作为北凉俘虏，还是北魏臣民，金城赵氏家族终于借助历史契机突破了河陇地域限制。从赵安诸子任官营州、兖州、司州等地来看，北魏末年他们辗转迁徙，将家族的活动地域范围进一步扩大到北方各地。

（二）金城赵氏成员的仕宦

墓志记载了北魏时期金城赵安父子任官名称和地点的基本信息。开篇题名，即点明赵安生前的尚书主事郎官职。志文末尾，依次排列诸子赵令孙、赵孝孙、赵庆孙、赵季孙的官职名字信息，反映了墓主人下葬、墓志制作时（大魏孝昌二年正月廿三日，526）他们的基本任职情况。按照中央、地方、军事职官分类原则，赵安父子任职主要包括中枢属吏、地方佐官、军府幕僚三类（详见表2）。

据表2，赵安任尚书主事郎，为尚书系统从六品的低秩官员。诸子，或担任地方郡县上佐，如汲郡丞赵令孙；或充当将军（有的兼带刺史号）开府属官，如兖州刺史左将军府长流参军赵孝孙、营州刺史安北将军府主簿赵庆孙、冠军将军府录事参军赵季孙等。他们基本都属于低级官吏，或第七品，或从第七品，但却是地方和军府重要职位的承担者。我们再看北魏时期金城赵氏其他分支[2]的任官情况，作进一步比

1　（北齐）魏收撰：《魏书》卷七下《高祖孝文帝纪下》，第178页。

2　正史《魏书》《北史》记载赵柔父子，出土碑志所见赵昞曾祖以下四代、赵安夫妇诸子女、赵盛夫妇诸子、赵忻等，虽然都出于金城赵氏家族，但尚无法判断彼此之间的明确关系。为方便论述，本文暂作同一家族不同分支处理，特此说明。

表 2 《房文姬墓志》所见赵安家族成员任职情况

职官分类	姓名	任官名称	官阶品秩（据《魏书·官氏志》）[1]
中枢属吏	赵安	尚书主事郎	从第六品上
地方佐官	赵令孙	汲郡丞	
军府幕僚	赵孝孙	兖州刺史左将军府长流参军	从第七品
	赵庆孙	营州刺史安北将军府主簿	从第七品
	赵季孙	冠军将军府录事参军	第七品

表 3 北魏时期金城赵氏其他家族成员任职情况

职官	姓名	任官名称	官阶品秩	资料出处[2]
军事系统	赵盛	平西将军府司马	从第五品	《秦晋豫新出墓志蒐佚》第一册，18 页
	赵忻	平西将军府外兵参军	第七品	《汉魏六朝碑刻校注》第六册，142 页
中央系统	赵晒	积弩将军	第七品	《秦晋豫新出墓志蒐佚续编》第一册，58 页
		中黄门	第九品	
	赵柔	著作郎	从第五品	《魏书》卷五十二《赵柔传》，1162 页
		河内太守	第五品	
地方系统	赵默	武威太守	第五品	
	赵德	酒泉长史		《秦晋豫新出墓志蒐佚续编》第一册，58 页
	赵成	酒泉子都司马		

较说明（见表 3）。

首先说明，表 2、表 3 只是金城赵氏成员任官的部分统计，而且墓志出土本身就带有很大的偶然性，但在一定程度上也能反映北魏时期该家族的仕宦情况。据表 3，赵柔、赵晒、赵盛、赵忻各支成员，在北魏中央、地方、军事等各级各类机构也都有任职。赵柔父子官至正五品太守，于诸人中品秩最高，这也是他们能进入正史、

史官为之立传而其他人员却仅见于墓志的原因之一。其他成员则主要担任从五品以下的低级官吏，赵德、赵成兄弟任酒泉长史、子都司马之类的地方属吏，虽然品秩不详，但也不会很高，与赵安诸子任职情况相似。须注意，赵柔做著作郎、赵安为尚书主事郎、赵晒任中黄门，虽然官阶品秩较低，但从金城赵氏入仕北魏角度来看，能入职中枢任职，政治意义重大。

---

1 （北齐）魏收撰：《魏书》卷一百一十三《官氏志》，第 2971—3003 页。

2 （北齐）魏收撰：《魏书》，中华书局，1974；毛明远：《汉魏六朝碑刻校注》，线装书局，2008；赵君平、赵文成编：《秦晋豫新出墓志蒐佚》，北京图书馆出版社，2012；赵君平、赵文成编：《秦晋豫新出墓志蒐佚续编》第一册，国家图书馆出版社，2015。表中只出书名、卷次和页码。

综上论述表明，北魏时期金城赵氏社会地位和政治声望，虽然相较太原王氏、荥阳郑氏、清河崔氏、范阳卢氏、陇西李氏等海内名族，难以望其项背，即便入职中枢也仅能担任较低品秩的官职，但他们当中大多人却是地方或军府重要职官的担任者，并以此参与到北魏的政治活动中。

（三）金城赵氏的婚姻

房文姬墓志所涉家族婚姻关系，按照时间划分，包括北凉时期清河房氏与河东裴氏的婚姻关系，北魏时期金城赵氏与清河房氏、陇西彭氏、安定皇甫氏的婚姻关系。前文已述北凉时期清河房氏与河东裴氏的婚姻关系，现在主要分析北魏时期墓志反映的以金城赵氏为中心的婚姻网络及其特点。

有关十六国北朝时期金城赵氏家族的婚姻情况，检索传世文献，其记载几乎是空白，但不断发现或出土的碑志材料却提供了较为丰富的信息。前已述及，北魏时期金城赵氏与清河房氏婚姻关系结成，仍继承了北凉官僚集团内部的互婚传统。但是，随着北凉灭亡和河西吏民被徙往北魏统治中心，而且各家族由于做官等原因分散到北方各地，政治环境的变化使原有交往圈被打破，北凉时代沮渠氏集团内部的政治婚姻圈随之解体。墓志没有记录赵安诸子的婚姻情况，但从赵神姜、赵令姜所适陇西彭氏、安定皇甫氏情况来看，赵安家族婚姻对象的选择目标基本锁定在河陇大族，已出现放弃"北凉传统"的痕迹，似乎有意强化他们作为河陇大族的"地域"性格，墓志提到房文姬死后欲归葬原籍即"乡坟"的信息也提供了佐证。我们再分析赵安家族以外的其他分支成员婚姻情况，来综合认识北魏时期金城赵氏婚姻关系中异于十六国时期的特征（详见表4）。

据表4，北魏时期赵安家族以外的其他金城赵氏成员的婚姻对象，共计5例。其中，男性所娶者有3例，既有敦煌大族索氏（2例），也有太原大族郭氏（1例）；女性所适者2例，陇西李氏、天水杨氏各1例，全部属于陇右大族。虽然表4的统计结果不能涵盖北魏时期金城赵氏婚姻交往的全部内容，而且出土墓志本身也带有很强的偶然性，但是从中也能发现金城赵氏婚姻对象的选择，相比十六国时期出现的新变化：即从坚持北凉互婚传统向选择河陇大族的转变。前者是基于对沮渠氏官僚集团政治利益的维护，后者则是出于地域观念的现实考量。另外，据《赵晒墓志》记载，"叔讳德，酒泉守长史，叔亲太原郭氏，父讳兴，福禄县令"[1]。正是由于赵德与岳父郭兴同地任官，才促成两个家族的相互交往乃至联姻，实际上也是"地域"因素作用的结果。

---

[1] 赵君平、赵文成编：《秦晋豫新出墓志蒐佚续编》第一册，第58页。

表4　墓志所见北魏时期金城赵氏家族婚姻对象

墓志	姓名	婚姻对象	资料出处[1]
《杨济墓志》	金城赵氏	天水杨济	《汉魏六朝碑刻校注》第六册，18页
《赵盛夫妇墓志》	赵盛	敦煌索始姜	《秦晋豫新出墓志蒐佚》第一册，18页
《赵晒墓志》	赵成	敦煌索氏	《秦晋豫新出墓志蒐佚续编》第一册，58页
	赵德	太原郭氏	
	赵晒姊	陇西李养	

（四）释墓志所见"乡坟"问题——兼论北魏末期金城赵氏的埋葬地选择

依据墓志，墓主房文姬死后，因"西戎乱常，未即乡坟，权葬北芒香峪之西岗"。虽然记载简单，但涵盖的历史信息非常重要，涉及北魏末年秦陇民变事件和孝文帝迁都后汉人官僚死后归葬原籍两个问题。

北魏正光五年（524）六月，在秦陇地区爆发了羌人莫折大提领导的大规模反叛北魏政府的活动，此即墓志所谓的"西戎乱常"。《资治通鉴》卷150，梁武帝普通五年（524）六月条载：

> 魏自破六韩拔陵之反，二夏、豳、凉寇盗蜂起。秦州刺史李彦，政刑残虐，在下皆怨。是月，城内薛珍等聚党突入州门，擒彦，杀之，推其党莫折大提为帅，大提自称秦王。[2]

正光五年（524）二月廿六日，墓主房文姬卒于洛阳家宅寝室时，尽管秦陇地区尚未发生大规模变乱，但破六韩拔陵领导下的北镇起义战火已然蔓延至夏、豳、凉诸州地境。秦州刺史李彦"政刑残虐，在下皆怨"，最终激起了城内民变。六月，羌豪莫折大提获得了反魏势力的领导权，开始建号称王，公开宣布与北魏政府决裂。秦陇变乱发生，使河西很快卷入战乱的旋涡。《魏书·氐传》云："秦州城人莫折念生反，河西路绝，凉州城人万于菩提等东应念生，囚刺史宋颖。"[3] 正因都城洛阳与河西金城之间的交通被阻断，即史书所称"河西路绝"，才使房氏诸子在其母"未即乡坟"情况下，于两年后的孝昌二年（526）正月廿三日将她权葬于洛阳附近的北芒山。

1　毛明远：《汉魏六朝碑刻校注》第六册，线装书局，2008；赵君平、赵文成编：《秦晋豫新出墓志蒐佚》第一册，北京图书馆出版社，2012；赵君平、赵文成编：《秦晋豫新出墓志蒐佚续编》第一册，国家图书馆出版社，2015。表中只出书名、卷次和页码。

2　（宋）司马光等撰：《资治通鉴》卷一百五十，南朝梁武帝普通五年（524年）六月条，第4680页。

3　（北齐）魏收撰：《魏书》卷一百一《氐传》，第2240页。

所谓"乡坟"者,当指金城赵氏在故乡的家族坟地。虽然墓志没有提到赵安夫妻合葬的情况,但先于房氏而卒的赵安,很可能在死后被葬在故乡金城郡(治今甘肃省兰州市东)的家族坟地。墓志既称"权葬"者,或许是想表达有朝一日北方政局稳定,房氏诸子会运送母亲棺柩回金城"乡坟"与其父合葬。但是,随着北方政治动乱愈演愈烈,这一愿望终究没能实现,却牵涉出北魏时期活动在中原的金城赵氏成员与故土之间的联系,以及他们死后埋葬地的选择问题。

日本学者室山留美子《北魏汉族官僚及其埋葬地的选择》一文考察北魏时期汉族官僚埋葬地位置选择及其社会背景,注意到北魏迁都洛阳后汉族官僚埋葬地的变化问题,认为"汉族的上层氏族逐渐将墓从代迁回原籍,重建了原籍的族墓,从他们的这种行为中可以看到他们和作为他们存在基础的故乡的关系"[1]。北魏迁都以后,金城赵氏是否重建原籍族墓,由于史料阙载尚无法判断,但墓志揭示房文姬死后有归葬"乡坟"的观念,只因北魏末年北方政局动荡没能实现。而且,金城赵安家族在当时并未跻身"汉族的上层氏族"行列,这恰好说明归葬原籍的意识行为,存在于大多数汉族官僚家庭,而非室山氏所说的仅限于少数上层氏族中间。

室山氏还提到北魏迁都后出现的埋葬都城的家族,指出:"这些家族间有着明显的相似之处,这就是他们都与皇帝有着密切的关系,同时他们与原籍(故乡)的以礼为中介的关系意识十分淡薄。生前居于都,死后葬于都,表现出他们的存在基础就在北魏政权之中。"[2] 就金城赵氏而言,也有部分成员选择死后埋葬邙山,《赵盛夫妇墓志》载:"熙平二年(517)二月廿三日,卜迁于邙山之阳,去金墉八里。"[3]《赵昞墓志》载:"正光五年(524)四月十八日,春秋五十有一,遘疾,卒于洛阳之修人里。粤以八月己卯朔四日三午卜窆于亶甫之西岗。"[4] 因此,金城赵氏家族内部不同分支成员之间,在埋葬地问题上各有选择,并非全部都想归葬于故土"乡坟"。赵盛夫妇埋葬时间明显较墓主房氏早,亦无"西戎乱常"阻断河西交通问题,但却选择埋葬在洛阳邙山。赵昞卒葬时间较房文姬稍晚,也可能受"西戎乱常"河西交通阻断的困扰,但墓志并也提及任何有关他想归葬金城族墓的信息,而且从死亡到埋葬时间甚短(仅有四个月),与房氏死后停棺两年的情况也明显不同。

---

1 [日]室山留美子:《北魏汉族官僚及其埋葬地的选择》,《日本中国史研究年刊》刊行会编:《日本中国史研究年刊(2007年度)》,上海古籍出版社,2009,第92—93页。

2 [日]室山留美子:《北魏汉族官僚及其埋葬地的选择》,《日本中国史研究年刊》刊行会编:《日本中国史研究年刊(2007年度)》,第93页。

3 赵君平、赵文成编:《秦晋豫新出墓志蒐佚》第一册,第18页。

4 赵君平、赵文成编:《秦晋豫新出墓志蒐佚续编》第一册,第58页。

三　结论

综上所论，第一部分，我们首先对北魏《金城赵安妻房夫人墓志》中涉及的墓主人籍贯郡望之误进行订正，认为墓志中"清河清人"是"清河清河人"书写的漏误。其次，补充了传世文献阙载的墓主人祖父房罿、外祖父裴敏的籍贯郡望、婚姻关系，以及父亲房恩成的世系官职信息。最后，以该墓志为基础，联系其他墓志资料，考证出北凉时期外籍官僚之间及其与河西大族之间，在相互交往中结成了政治婚姻圈。墓志记载的清河房氏与金城赵氏在北魏时期结成婚姻关系，正是原有"北凉传统"在入魏"平凉户"家族之间的延续。

第二部分，立足房文姬墓志，结合其他出土和传世文献记载，分析讨论金城赵氏家族迁徙、仕宦、婚姻、埋葬地选择等问题，进而通过个案考察揭示北魏时期"平凉户"的政治生存状态。具体结论如下：

第一，金城赵氏在魏晋十六国时期主要活跃在河陇地域，以 439 年北魏灭凉为起点和契机实现向外迁徙发展。其家族成员任官和居住地明显呈现"东移"之势，而且他们因做官或居地迁徙，将活动范围进一步扩大到北方各地。

第二，北魏时期进入中原的金城赵氏各支成员，在中央、地方、军事等各级各类机构都有任职。虽然，他们入职中枢仅能担任较低品秩的官职，但却是地方或军府重要属官的担任者，以此参与到北魏政治生活中。

第三，随着北凉灭亡和河西吏民被迁往北魏统治中心，政治环境的变化，打破了沮渠氏官僚之间原有的交往圈，北凉时代的婚姻关系网络随之解体。金城赵氏成员择婚对象倾向于河陇大族，而相应的北凉时代沮渠氏集团的互婚传统逐渐消失。

第四，墓志显示房氏死后想要归葬原籍，只因"西戎乱常，未即乡坟，权葬北芒香峪之西岗"。但是，并非所有金城赵氏成员都想归葬"乡坟"，而是就近葬在洛阳邙山，反映了北魏末期进入中原的金城赵氏家族因内部分化，埋葬地观念也在发生变化。

唐瓜州刺史魏远望墓志再研究

■ 黄 京（武汉大学历史学院，敦煌研究院敦煌文献研究所）

《唐瓜州刺史魏远望墓志》（下文简称《墓志》）收录于《秦晋豫新出墓志蒐佚续编》[1]，为便于说明，兹转录如下：

　　唐故安西大都护府长史瓜州刺史上柱国钜鹿魏府君墓志铭并序

　　公讳远望，字云期。盖周之同姓，分珪祚土，其来尚矣。曾祖利贞，皇昌平县令，祖宝，皇妫州刺史，考操，皇幽州良乡县丞。公生而惠和，幼则齐敏，年才志学，经史尤精。文可以济时，武可以静难。长寿初，有诏旁求，时登科，授左执戟，从其志也。累迁营府别驾，檀、蓟、砂（即沙）、瓜四州刺史，凡历职一十八政，未展其足也。三副节制，再秉戎旃，凡理军使十三政，虽执兵权，耻在攻袭，伐谋以智料敌，未尝劳师。芳声益闻，政颂尤著。中年妄遭流谤，谪居陇外。朝廷知其非罪，寻授安西大都护府长史，转沙、瓜二州刺史。公以悬车之岁，屡乞骸骨。有诏许留长安，惜其老也。其年遘疾，薨于长安胜业里之私第，春秋七十有一。朝野感叹，羌胡恸哭。夫人安平郡君李氏、广平郡夫人程氏，令淑素著，德行早闻。自公谪居，忧心成疾。郡君夫人李氏先公云亡，时年五十有二。夫人程氏后相次亡殁，合葬于定州恒阳县之南原。以大历九年夏五月四日壬寅，改葬于洛阳邙山之东原，礼也。息八人，广之、敏、端、演、崛、峋、直、坚等，象其贤也。气殒苴裳，悲缠荒圮，恭惟休烈，咸

---

[1] 赵文成、赵君平：《秦晋豫新出墓志蒐佚续编》第四册，国家图书馆出版社，2015，第880—881页。

愿鼎铭，惧陵谷之迁移，刊贞石而为固。铭曰：

奕奕魏宗，侯王继轨；爰洎府君，将复其始。且武且文，知足知止；天不愸遗，永居蒿里。哀哀八子，令问不已；刻石铭勋，永存厥美。[1]

图 1　唐瓜州刺史魏远望墓志
（采自赵文成、赵君平《秦晋豫新出墓志蒐佚续编》第四册，第 881 页）

---

[1] 录文参考：赵文成、赵君平《秦晋豫新出墓志蒐佚续编》第四册《唐故安西大都护府长史瓜州刺史上柱国钜鹿魏府君墓志铭并序》的拓片以及王庆昱、杨富学《新见唐瓜州刺史魏远望墓志考屑》对该墓志的录文。见赵文成、赵君平《秦晋豫新出墓志蒐佚续编》第四册，第 881 页；王庆昱、杨富学《新见唐瓜州刺史魏远望墓志考屑》，《敦煌研究》2018 年第 5 期，第 86 页。

此志已有学者研究。[1] 同时，关于《墓志》所涉之魏远望家族问题，也有学者在讨论魏哲墓志和神道碑之内容时有所论及。[2] 前贤之作，对于了解《墓志》内容和志主的生平颇有助益，但是仍有一些《墓志》所关涉的史事没有被充分发掘，如魏远望是如何被"流谤"贬官？其中暗含了怎样的历史背景？另，前贤所论有关魏远望登科入仕、生卒年等问题还有进一步商榷和考证的必要，是故，笔者不揣鄙陋，对《墓志》再做研究，以就教学界。

一　魏远望登科入仕问题

《墓志》称魏远望因"长寿初，有诏旁求，时登科，授左执戟"。有学者认为是长寿元年（692）一月，武则天擢拔的存抚使所举人。[3] 其依据是《资治通鉴》（下文简称《通鉴》）载："（长寿元年）春，一月，丁卯，太后引见存抚使所举人，无问贤愚，悉加擢用，高者试凤阁舍人、给事中，次试员外郎、侍御史、补阙、拾遗，校书郎。"[4] 然细观史料，魏远望登科授左执戟很可能与这次十道举人并非一回事。首先，时间上有误差。上揭《通鉴》所记"存抚使"，是指天授元年（690），武则天革唐命称周，于九月"令史务滋等十人分道存抚天下"。[5] 司马光《通鉴考异》引《统记》曰："'天授二年二月，十道举人石艾县令王山龄等六十人，擢为拾遗、补阙，怀州录事参军霍献可等二十四人为御史，并州录事参军徐昕等二十四人为著作佐郎及评事，内黄尉崔宣道等二十二人为卫佐。'疑与此只是一事。"[6] 关于天授十道举人事，《通典》[7] 和《唐会要》[8] 均有记载。很显然，所谓存抚使举人，是天授元年的制令，《墓志》明言"长寿元年，有诏旁求"，时间上不对。其次，此次十道存抚使举人所授官，与魏远望授官不符。天授年间这次十道举授官，分别是拾遗、补阙、御史、著作佐郎、评事、卫佐，退一步说，即使长寿元年（692），又有存抚使举人，所授官依前揭《通鉴》来看，是

---

[1] 王庆昱、杨富学：《新见唐瓜州刺史魏远望墓志考屑》，第85—91页。

[2] 张存良：《新出〈魏哲墓志铭〉及其相关问题》，《敦煌学辑刊》2014年第1期，第83—84页。

[3] 王庆昱、杨富学：《新见唐瓜州刺史魏远望墓志考屑》，第87页。

[4] （宋）司马光：《资治通鉴》卷二〇五《唐纪二十一·则天后长寿元年》，中华书局，1956，第6477页。

[5] （后晋）刘昫：《旧唐书》卷六《则天皇后纪》，中华书局，1975，第121页。又见《资治通鉴》卷二〇四《唐纪二十·则天后天授元年》，第6468页。

[6] 《资治通鉴》卷二〇五《唐纪二十一·则天后长寿元年》，第6477页。

[7] （唐）杜佑：《通典》卷一九《职官一》，王文锦、王永兴、刘俊文、徐庭云、谢方等点校，中华书局，1988，第471页。

[8] （宋）王溥：《唐会要》卷六七《试及邪滥官》，中华书局，1955，第1180—1181页。

凤阁舍人、给事中、员外郎、侍御史、补阙、校书郎等。其中凤阁舍人、给事中、员外郎、拾遗、补阙等官职，据《旧唐书·职官志》载：

> 职事官资，则清浊区分，以次补授。又以三品已上官，及门下中书侍郎、尚书左右丞、诸司侍郎、太常少卿、太子少詹事、左右庶子、祕书少监、国子司业、为清望官。太子左右谕德……谏议大夫、御史中丞、给事中、中书舍人……国子博士、尚书诸司郎中、祕书丞、著作郎……尚书诸司员外郎……侍御史、祕书郎、著作佐郎……左右补阙、殿中侍御史……左右拾遗、监察御史、四门助教，为清官。[1]

上述这份清要官职的名单在《唐六典》中亦有类似记载。[2] 而评事、校书虽然不在清要官名单内，但据《唐会要·杂处置》收录的神功元年（697）闰十月敕中载：

> 八寺丞，九寺主簿……大理寺司直、评事……校书、正字、詹事府主簿、协律郎、奉礼、太祝等，出身入仕即有殊途，望秩常班，须从甄异，其有从流外及视品官出身者不得任前官。[3]

对于这道敕所列举的官职，毛汉光称之为"次清官"，[4] 赖瑞和称之为"望秩官"[5]。

至于"卫佐"，《通典·职官典》载：

> 凡自十六卫及东宫十率府录事及兵、仓、骑、胄等曹参军，通谓之卫佐，并为美职。[6]

是见，武则天此次十道举人所授官职，不是清官，就是望秩，这些官职在当时唐人眼中皆为美职。《太平广记》载："伪周革命之际，十道使人。天下选残明经进士及下村教童蒙博士，皆被搜扬，不曾试练，并与美职。"[7] 难怪时人讥讽："补阙连车载，拾遗平斗量，欋推侍御史，

---

[1] 《旧唐书》卷四二《职官一》，第1804—1805页。

[2] （唐）李林甫：《唐六典》卷二《尚书吏部·吏部郎中员外郎》，陈仲夫点校，中华书局，2014，第33—34页。

[3] 《唐会要》卷七五《杂处置》，第1359页。

[4] 毛汉光：《唐代荫任之研究》，《"中央研究院"历史语言研究所集刊》第55本第3分，第466—467页。

[5] 赖瑞和：《唐"望秩"类官员与文官类型》，《唐研究》第16卷，北京大学出版社，2010，第428页。

[6] 《通典》卷二八《职官十》，第784页。

[7] （宋）李昉：《太平广记》卷一八六《铨选二·斜封官》，中华书局，1961，第1389页。

盈脱校书郎。"[1] 反观志主魏远望，登科后，授"左执戟"。《新唐书·百官志》载："执戟各五人，正九品下……（注：武后天授二年，诸卫置司阶、中侯、司戈、执戟，谓之四色官。）"[2] 魏远望所授官为低级武职事官[3]，在职望上不如补阙、拾遗以及卫佐等清要。[4] 因此，从时间和授官职望来看，魏远望很可能不是这次十道举人入仕。

如果魏远望入仕与这次十道举人无关，那么他是参加的哪次贡举呢？据《墓志》，魏远望因有诏旁求，登科入仕，授左执戟。可知志主显然是参加了当年的武制举。关于唐代武举，其常举始置于长安二年（702），《通典·选举典》载："长安二年，教人习武艺，其后每岁如明经、进士之法，行乡饮酒礼，送于兵部。"[5] 《通鉴》载："（长安）二年，春，正月，乙酉。初设武举。"[6] 但是武制举的时间较之为早。如贞观三年（629）四月，唐太宗下诏曰："白

屋之内，闾阎之人，但有文武材能灼然可取，或言忠行谨堪理时务，或在昏乱而肆惰，遇太平而克己，亦录名状，官人同申。"[7] 又如显庆二年（657），高宗下"采访武勇诏"曰："宜令京官五品以上及诸州牧守，各举所知，或勇冠三军，翘关拔山之力，智兼百胜，纬地经天之才，蕴奇策于良、平，驰功绩于卫、霍……如有此色，可精加采访，各以奏闻。"[8] 其他还有仪凤二年（677）的"京文武三品每年各举所知诏"和"求猛士诏"等，[9] 清人许松认为《刘仁愿纪功碑》有"应诏举文武高第，升进二阶"的记载，是应显庆二年的武制举。[10] 陈志学指出，从诏书的颁布到具体碑文的印证，说明唐代初期，武制举已经有了实践，并且产生了具体的科目。[11] 金滢坤通过传世文献和出土资料考证出唐代武制举科目有四十种，如五臣科、才堪将帅科、武艺超绝科、武艺绝伦科、穿叶附枝科等，属于将帅类制举，应举这些科目及第后，

---

[1] 《资治通鉴》卷二〇五《唐纪二十一·则天后长寿元年》，第6477—6478页。

[2] （宋）欧阳修、（宋）宋祁：《新唐书》卷四九上《百官志四上》，中华书局，1975，第1281页。

[3] 《旧唐书》卷四二《职官志一》，第1796—1803页。

[4] 关于唐代有哪些官是清要官，哪些官是望秩官，除文中揭取的史料外，赖瑞和有专门的列表。参见赖瑞和《唐"望秩"类官员与文官类型》，第453页。

[5] 《通典》卷一五《选举典三》，第354页。

[6] 《资治通鉴》卷二〇七《唐纪二十三·则天后长安元年一二年》，第6558页。

[7] （宋）王钦若：《册府元龟》卷六七《帝王部·求贤》，周勋初等校订，凤凰出版社，2006，第715页。

[8] （宋）宋敏求：《唐大诏令集》卷一〇二《政事·举荐上》，中华书局，2008，第519—520页。

[9] 《唐大诏令集》卷一〇二《政事·举荐上》，第520页。

[10] （清）徐松：《登科记考》卷二《永徽七年至显庆三年》，赵守俨点校，中华书局，1984，第45页。

[11] 陈志学：《唐代武举述论》，《四川大学学报》（哲学社会科学版）1988年第4期，第94页。

主要授予：一是武职军将，如执戟、司戈、队正、长上等；二是授予卫府参佐；三是授文官；其中授予武职军将主要集中在高宗武则天时期。[1]

如果上述推论不误，那么长寿元年为何要举行武制举，魏远望又是参加了什么样的科目，最终为何会被授予左执戟？对于这些问题的回答，可能要从当时的政治背景和制度背景中寻求答案。

制举，是皇帝亲自下诏选取人才，并且亲临现场策问举人，这在《通典》[2] 和《新唐书·选举志》[3] 中有详细记载，因此有其特殊性。换言之，由于皇帝亲自参与，制举一般会在特定的时间场合下诏举人。哪些时间场合呢？金滢坤先生指出：唐代制举为了凸显皇帝亲试的特点，经常会在皇帝即位、改元、上尊号、封禅等重大政治活动时期，或者派员巡抚地方、发生灾难、战时需要人才时，会颁布举人诏书。[4] 具体实例，如调露元年、永隆元年、神龙元年、景龙元年，下诏举人，[5] 这是改元举人。又如，开元九年（721）玄宗下诏：

"今边境未清、统边须将……乃令州县，具以名进……朕当亲试，不次用之。"[6] 这是国家需要武将人才而举人。类似史料还有很多，不再赘举。

据上述，长寿元年（692）很可能也举行过制举特别是武制举。一方面，公元692年，存在三个年号，也就是说有过二次改元。其中对于改元长寿，《通鉴》有较为详细的记载："太后春秋虽高，善自涂泽，虽左右不觉其衰。丙戌，敕以齿落更生，九月，庚子，御则天门，赦天下，改元。"[7] 皇帝御楼宣赦改元，在唐代是一种重大的政治活动，关于皇帝御楼问题，张凯悦先生有专门研究。[8] 武则天这次御楼，不仅有大赦改元，还涉及"大酺七日和改置北都"等一系列政治决策；另一方面，"边境未清，统边需将"，高宗咸亨元年（670）吐蕃攻占西域十八州，安西四镇陷落，[9] 唐朝西部疆域受到吐蕃严重威胁。武周革命后，武则天谋划经营西域，夺回安西四镇。长寿元年十月，武威道行军总管王孝杰等"大破吐蕃，复取四镇，置安西都护于龟

---

[1] 金滢坤：《中国科举制度通史·隋唐五代卷》下册，上海人民出版社，2017，第552—566页。

[2] 《通典》卷一五《选举典三》，第357页。

[3] 《新唐书》卷四四《选举志上》，第1169页。

[4] 金滢坤：《中国科举制度通史·隋唐五代卷》下册，第567—576页。

[5] 《册府元龟》卷六七《帝王部·求贤》，第718页。

[6] 《册府元龟》卷六八《帝王部·求贤》，第722页。

[7] 《资治通鉴》卷二〇五《唐纪二十一·则天后长寿元年》，第6487页。

[8] 张凯悦：《唐长安城中的皇帝御楼——以御楼宣赦为主》，《唐研究》第21卷，北京大学出版社，2015，第203—215页。

[9] 《资治通鉴》卷二〇一《唐纪十七·高宗咸亨元年》，第6363页。

兹，发兵戍之"[1]。陈志学指出：贞观末年，朝廷已有将帅乏人之忧，到了高宗朝，随着周边吐蕃、突厥相继为患，故而高宗、武后屡次下诏选拔武臣。[2] 因此，从改元以及经营西域这二个层面看，当年很有可能进行过武制举选拔统兵将领。事实上，目前出土的墓志材料中，已有这方面的记载。《唐故正议大夫使持节武州诸军事行武州刺史上柱国公孙府君墓志》明确记载：公孙思观"长寿初祀，□欲搜扬，公以武艺超伦，其年擢第，敕授翊麾校尉行右金吾卫左司戈"[3]。是知，长寿元年曾有"武艺超伦"科的武制举，"武艺超伦"据金滢坤先生研究，又称"武艺绝伦"，是唐代举行将帅科制举的一种，除了长寿元年有是科制举外，天宝改元（742）诏[4]、天宝十三载（754）诏[5]、至德元载（756）即位诏[6]、至德二载（757）收复两京大赦诏[7]等都颁布过"武艺绝伦"科举人。[8] 因此，魏远望也很可能在长寿元年通过"武艺超伦"科制举登第。

魏远望武制举登第后为何会被授予左执戟？《通典·选举典》载："文策高者特授以美官，其次于出身。"[9] 美官的含义，正如前文所论，包含了"清望官"和"望秩官"，《通典》这段记载实际是针对文制举而言，当然武制举也可参用，[10] 但是武职美官除了三品以上高级武官外，中层武官只有中郎将、郎将等寥寥数位，底层武职官几乎没有美职。这可能与当时的社会风气"耻不以文章达"及文官职数高于武官[11]有一定关系。"其次于出身"，是指白身参加制举却未获得高等，只给予出身，即做官的资格。因此，白身参加武制举，所授武官不可能会授予美官，只是官职。我们知道，唐代科举，进士、明经等科是为常举，到长安二年以后，武举常举出现，这些考试及第后，白身可获得出身，即做官资格，但是要想获得官职，还需守选，守选期满参加吏部选合格后，授予官职。

---

1 《资治通鉴》卷二○五《唐纪二十一·则天后长寿元年》，第6487—6488页。

2 陈志学：《唐代武举述论》，第98页。

3 周绍良、赵超：《唐代墓志汇编》上册，上海古籍出版社，1992，第1222页。

4 《册府元龟》卷六八《帝王部·求贤》，第723页。

5 《册府元龟》卷六八《帝王部·求贤》，第723页。

6 《册府元龟》卷六八《帝王部·求贤》，第723页。

7 《唐大诏令集》卷一二三《政事·平乱》，第660页。

8 金滢坤：《中国科举制度通史·隋唐五代卷》下册，第559—560页。

9 《通典》卷一五《选举典三》，第357页。

10 刘琴丽：《唐代武官选任制度初探》，社会科学文献出版社，2006，第101页。

11 据赖瑞和统计，唐代文职事官职数达365种，武职事官有40种。见赖瑞和《唐代的中层文官》，中华书局，2011，第4页。

另外就是参加制举，白身参加制举高等及第后，即可获得官职，已经参加常举及第的举子，守选期未满也可参加制举，及第即可获得官职，王勋成先生对此有系统研究。[1]《太平广记·相二》收有崔圆应武制举之事："崔圆微时，预举进士，于魏县见市令李含章，云：'君合武出身，官更不停，直至宰相。'开元二十三年，应将帅举科……遇敕下，便于试场中唤将，拜执戟，参谋河西军事。"[2]《旧唐书·崔圆传》载："开元中，诏搜访遗逸，圆以钤谋射策甲科，授执戟。"[3] 崔圆以白身参加武制举，甲科及第，被直接授武职事官执戟。结合前论，是知，魏远望也可能是以白身，在长寿元年（692）应"武艺绝伦"制举，高等及第，被直接授予武职事官左执戟。

二 魏远望生卒年考

魏远望生卒年志无明载，现有研究认为生于662年，卒于732年[4]。据《墓志》对魏远望的生平叙述，此观点值得商榷。

首先，《墓志》称魏远望历官"檀、蓟、沙、瓜四州刺史"以及安西大都护府长史，其中蓟州的设立是在开元十八年（730），这在《旧唐书·地理志》中有明确记载，[5] 既然魏远望担任过蓟州刺史，其任职蓟州时间应该是在730年以后。那么前揭学者认为他卒于732年就有缺陷，因为即使蓟州刚设立就任命魏远望担任刺史，随后二年要完成很多事情，即任职安西都护府长史，再转沙、瓜二州刺史，随后还要上疏乞骸骨，被朝廷诏准回长安，最后卒于长安。这一系列事件在两年内完成几乎是不可能的，加之路途遥远，从蓟州到陇外，再到龟兹任职，最后又从瓜州回长安，仅仅路上的时间，都不止两年。

其次，《墓志》载魏远望"中年妄遭流谤，谪居陇外"。是魏远望在蓟州刺史的任上被贬谪，时值中年。关于中年、老年的界限，张国刚指出，唐代60岁以上为老[6]。其依据是唐代有关成丁入老的制度规定。蒋爱花认为：唐人眼中的老人是50岁以上。[7] 王春花亦持相同观点。[8] 其依据是唐代药王孙思邈的解释。无论是60岁，还是50岁为老，至少说明魏远望在730年以

---

1 王勋成：《唐代铨选与文学》，中华书局，2001，245—260页。
2 《太平广记》卷二二二《相二·李含章》，第1705页。
3 《旧唐书》卷一〇八《崔圆传》，第3279页。
4 王庆昱、杨富学：《新见唐瓜州刺史魏远望墓志考屑》，第87页。
5 《旧唐书》卷三九《地理志二》，第1518页。
6 张国刚：《关于唐朝的老人问题》，《光明日报》2005年10月18日。
7 蒋爱花：《唐人寿命水平及死亡原因试探——以墓志资料为中心》，《中国史研究》2006年第4期，第64页。
8 王春花：《唐代老年人口研究》，博士学位论文，山东大学，2011，第19—21页。

后被贬，是 59 岁或 49 岁以下，即所谓"中年"。同时，《墓志》明言魏远望 71 岁卒于长安，前揭学者认为他 732 年卒。如果按此观点，则魏远望 730 年的时候，岁数在 59 岁或 49 岁以下，732 年，即 2 年之后，魏远望就 71 岁了，明显有悖常理。

依据上述，则魏远望不可能死于 732 年。那么，他的生卒年为何年？虽然《墓志》没有明言，但其中一些线索，可供我们大概推定魏远望的生卒年区间。

由于魏远望是中年被贬，且在 730 年以后。如果按 50 岁以上为老，则魏远望最迟贬于 49 岁。前文已论，魏远望是 692 年制举登科，692—730 年，已经 38 年，依此算来，魏远望最晚 11 岁就得登科授官。虽然魏远望出生官宦家庭，又是在武周革命后登科入仕，并且唐代武举以试策为主，选拔将帅之才[1]。但是很难想象一个 11 岁甚至更小的孩子，能在"武艺绝伦"科考试中，以高等及第，直接授武职事官。因此，50 岁的中、老年界限可能并不适用于《墓志》记载的实际情况。

如果以 60 岁以上为老，根据上述推算方式，则魏远望最晚 21 岁登科入仕，此年岁，较为接近当时大多数人的贡举年龄。考虑到魏远望任职蓟州和被贬，很可能不是在同一年（具体论述见下文）。那么，魏远望中年被贬官的年龄应在 50 多岁[2]。其后，他在安西、沙州、瓜州等地任职，直到"悬车之岁"即 70 岁致仕回京，志主在西北任职时间长达十多年，则魏远望总任官年限在 50 年以上。果如是，魏远望当生于唐高宗咸亨二年（671）以后，卒于唐玄宗天宝初年，如此推算当不会有大误。

三 魏远望"妄遭流谤"事件及其历史背景考论

志主中年被贬，所为何事，《墓志》未明示。已有研究认为是开元八年（720）可突干攻陷营州，魏远望因营州失守被牵连[3]。我们已知，蓟州设立于开元十八年（730），魏远望自然是在 730 年以后被贬官，这与十多年前可突干攻陷营州事无关。如此，则魏远望"妄遭流谤"被贬官很可能另有隐情，要从 730 年以后的社会历史背景去考索。

开元十八年（730），可突干杀李邵固，率部胁奚投突厥[4]。对此，唐中央一方面派兵镇压可突干，幽营再起烽烟；[5] 另一方面

1　金滢坤：《中国科举制度通史·隋唐五代卷》下册，第 551—552 页。
2　王庆昱、杨富学：《新见唐瓜州刺史魏远望墓志考屑》，第 87 页。
3　王庆昱、杨富学：《新见唐瓜州刺史魏远望墓志考屑》，第 88 页。
4　《旧唐书》卷一九九下《北狄·契丹传》，第 5352 页。
5　《资治通鉴》卷二一三《唐纪二十九·玄宗开元十八年》，第 6789 页。

分幽州之渔阳、三河、玉田三县设立蓟州。[1]《唐会要》载："开元十八年（按：原文为十一年，当误）闰六月一日，割渔阳、玉田、三河置。"[2]《旧唐书》载："（开元十八年）闰月（六月）甲申分幽州置蓟州。"[3]《通鉴》载可突干是在五月叛乱。[4] 显然，这次幽州的行政区划调整，设蓟州用意深远。

《新唐书》载："（蓟州）东北九十里有洪水守捉，又东北三十里有盐城守捉，又东北渡滦河有古卢龙镇，又有斗陉镇。自古卢龙北经九荆岭、受米城、张洪隘度石岭至奚王帐六百里。又东北行傍吐护真河五百里至奚、契丹衙帐。又北百里至室韦帐。"[5] 新志如此详细地记载蓟州通往契丹、奚、室韦等少数民族地区的路线，显示蓟州地当交通要道。顾祖禹曰："州控卢龙之险，扼柳城之道，襟带郊圻，称为重地。"[6] 严耕望亦指出："唐代蓟州渔阳郡（今蓟县）北当卢龙塞路，东通平州出临渝关路，故在交通军事上居于冲要地位。"[7] 同时，其属县三河，"西北六十里，有孤山陂，灌田三千顷"[8]。《大唐故静塞军司马杜府君墓志铭并序》称：志主杜孚在开元中曾被"引摄渔阳县兼知判营田"[9]。又《唐故龙溪郡太守梁令直墓志》称：志主梁令直曾被"采访裴公又奏充静塞军纳诸郡兵粮兼知屯田"[10]。蓟州还是粮草供应地。可见，无论道路交通，还是后勤保障，蓟州在当时的东北边疆形势中，具有极其重要的战略意义。唐王朝在开元十八年（730）可突干叛乱这个节点，突然设蓟州，一方面控扼东北与内地之间的交通要道，居险而守，防备契丹、奚；另一方面，支撑营州，加强对东北边疆地区的经营。

在幽营地域狼烟再起的形势下，设立如此重要的州郡，必然要选择合适人选担任刺史，所谓："（蓟州）大宁未移，开平未弃，山川完固，风尘可以无警也。"[11] 又顾祖禹引戚继光言："蓟地有三：平易交

1　《旧唐书》卷三九《地理志二》，第1518页。

2　《唐会要》卷七一《州县改置下·河北道》，第1261页。

3　《旧唐书》卷八《玄宗本纪上》，第195页。

4　《资治通鉴》卷二一三《唐纪二十九·玄宗开元十八年》，第6789页。

5　《新唐书》卷三九《地理志三》，第1022页。

6　（清）顾祖禹：《读史方舆纪要》卷一一《北直二》，贺次君、施和金点校，中华书局，2005，第491页。

7　严耕望：《唐代交通图考》卷五《河东河北区·幽州东北塞诸道三》，《"中央研究院"历史语言研究所专刊之八十三》，"中央研究院"历史语言研究所，1983，第1732页。

8　《新唐书》卷三九《地理志三》，第1022页。

9　周绍良、赵超：《唐代墓志汇编》下册，第1405页。

10　周绍良、赵超：《唐代墓志汇编》下册，第1718页。

11　《读史方舆纪要》卷一一《北直二》，第491页。

衡，内地之形也；险易相半，近边之形也；山谷仄隘，林薄翳荟，边外之形也。平原利车，近边利骑，边外利步，三者迭用，可以制胜。"[1] 是蓟州地形复杂，作为守将必须能灵活利用地形与兵种，方可制胜。这就对驻守蓟州的将领提出了较高的要求。那么，魏远望是否在蓟州设立之初，就担任刺史呢？我们认为很有可能，理由如下：

其一，从个人能力上看。魏远望是以白身参加692年制举"武艺绝伦"科，高等及第而直接授官，此在前文已论。武则天革命初，为拉拢士人，大量举人授官，备受时论诟病。史书业已指出"太后虽滥以禄位收天下人心，然不称职者，寻亦黜之，或加刑诛"[2]。魏远望从正九品下的左执戟，逐步当上营州都督府别驾（下都督府别驾从四品下）[3]、檀州刺史（下州刺史正四品下）[4] 等职，仕途较顺，且大多数时间在边疆地区任职，有一定的御边执政能力和经验。《墓志》称他："三副节制，再秉戎旃，凡理军使十三政，虽执兵权，耻在攻袭，伐谋以智料敌未尝师励。芳声益闻，政颂尤著。"虽有溢美之嫌，但从魏远望整个履历来看，反映出他具备一定的能力担任蓟州刺史。

其二，从魏远望檀州刺史、蓟州刺史的转任来看。对比檀、蓟二州，都是下州，[5] 且均为边州，[6] 二州毗邻，与京城的距离也相差较小，职事官品都为正四品下，如果仅这些方面看，如此转任好像对于个人仕途意义不大。然《墓志》载："累迁营府别驾，檀、蓟、砂（即沙）、瓜四州刺史……朝廷知其非罪，寻授安西大都护府长史，转沙、瓜二州刺史。"依志文对魏远望履历的描述，基本上是一个升迁序列。即使中间被贬，起用后仍然是大都护府长

---

1 《读史方舆纪要》卷一一《北直二》，第493页。

2 《资治通鉴》卷二〇五《唐纪二十一·则天后长寿元年》，第6478页。

3 按：有学者以营州都督府是上都督府，没有别驾一职，认为此处别驾应为营州刺史府别驾。见王庆昱、杨富学《新见唐瓜州刺史魏远望墓志考屑》，第88页。但唐代前期营州都督府级别存在一个动态的变化，唐代对于都督府级别的标准有一个从管州数到管户数的转变。对此，宋卿、程妮娜研究指出：公元696年，唐东北边疆爆发了契丹反唐之战，唐政府将很多羁縻州迁往内地，到开元五年（717），当营州都督府迁回辽西时，很多内迁羁縻州隶属幽州，而营州本身管辖户数较少，加之大量羁縻州改属幽州，造成营州都督府管户只能是下都督府的标准，因此在开元年间，营州已沦为下都督府。参见宋卿、程妮娜《唐代营州都督府相关问题探赜》，《求是学刊》2016年第4期，第169页。成书于开元年间的《唐六典》已将营州列为"下都督府"。参见《唐六典》卷三《尚书户部》，第72页。

4 檀州天宝年间有户6064，见（后晋）刘昫等《旧唐书》卷三九《地理志二》，第1518页。据《唐六典》，不满三万户为下州。见《唐六典》卷三《尚书户部》，第73页。

5 《旧唐书》卷三九《地理志二》，第1518页。

6 按：在开元十八年十一月的敕中，檀、蓟二州均被划为边州。参见《唐会要》卷二四《诸侯入朝》，第460页。然，《唐六典》对边州的划分中没有蓟州。参见《唐六典》卷三《尚书户部》，第73页。这可能与《唐六典》该部分撰写时间早于730年有关。

史（正五品上）、[1] 沙州刺史（下州刺史正四品下）、瓜州刺史（下都督府从三品）[2]。而檀州到蓟州的转任，略显突兀。然赖瑞和指出：唐人对职官的评价，并不特别在意官品，还要看是京官还是外官，是剧要还是闲差。[3] 同时，唐中央在选派刺史时，还要考虑州府的定位，如果是边区府州，往往会根据当地的军事需要，选派专业武将。[4] 据此，魏远望从檀州到蓟州的转任，很可能是在契丹、奚叛乱之际，东北局势紧张，蓟州这时处于重要的战略地位，朝廷考虑到魏远望是武制举出身，且在东北边疆任职多年，有丰富的经验。

综上，我们认为，蓟州设立之时，即730年，朝廷考虑到东北边疆形势的需要，很可能选派了魏远望担任该州刺史。如果推论无误，魏远望是因为何事，被"流谤"贬官陇外？根据当时幽营形势，时任幽州长史赵含章进入了我们的视界。

可突干叛乱后，朝廷先后命幽州长史赵含章、信安王李祎、裴耀卿等征讨契丹、奚。开元二十年（732）李祎大破契丹、奚。但是随后的一件事，对当时朝廷颇有震动，即赵含章贪赃案。《通鉴》载："赵含章坐赃巨万，杖于朝堂，流瀼州，道死。"[5]《旧唐书》载："六月……庚寅，幽州长史赵含章坐盗用库物，左监门员外将军杨元方受含章馈饷，并于朝堂决杖，流瀼州，皆赐死于路。"[6] 可见，朝廷对赵含章的处罚特别严厉，杖、流远州、赐死于路，说明案情严重，但正史记载较略，没有透露更多的细节，只知道赵含章是盗用库物，且贿赂他人。幸运的是，碑志中，对赵含章案有较多描述。

《唐宋广平碑侧记》载：

> 开元末，安西都护赵含章冒于赍贿，多以金帛赂朝廷之士，九品以上悉皆有名。后节度范阳，事觉，有司以闻。玄宗将加黜责，公一无所受，乃进谏焉。玄宗纳之，遂御花萼楼，一切释故，举朝皆谢，公衣冠俨然，独立不拜。翌日，玄宗谓公曰："古人以清白遗子孙，今卿一人而已。"公曰："含章之贿，偶不及臣门，非不受也。"[7]

---

1 《唐六典》卷三〇《三府都护州县官吏》，第754页。
2 按，瓜州曾被降级，开元十五年（727），以瓜州为都督府，以守珪为都督。见《资治通鉴》卷二一三《唐纪二十九·玄宗开元十五—十六年》，第6781页。
3 赖瑞和：《唐代高层文官》，中华书局，2017，第359页。
4 赖瑞和：《唐代高层文官》，第364页。
5 《资治通鉴》卷二一三《唐纪二十九·玄宗开元二十年》，第6798页。
6 《旧唐书》卷八《玄宗本纪上》，第198页。
7 （宋）赵明诚：《金石录校证》卷二八，金文明校证，广西师范大学出版社，2005，第482页。

《大唐故静塞军司马杜府君墓志铭并序》载：

> 开元中，幽州节度赵含章特相器重，引摄渔阳县兼知判营田。属林胡不庭，皇赫斯怒，而幽州称天之伐，绝漠以讨……遂转授公静塞军司马假绯鱼袋……而赵将军凯奏未毕，谤书纵横，功归庙堂，身系下狱，对主吏以魂夺，援征骖而骨飞，尸僵路隅，名削勋府，部曲且死，占募何从。岂任安独存；逝虞卿皆去，适免所假，遂安初服。……铭曰：……朝诛上将，府责小吏，不遑启处，敢恧名义……[1]

上揭广平碑虽记载的时间有讹误，但大体揭示出当时赵含章贪赃案涉及面甚广，朝廷九品以上官员均有牵连，当赵含章被查时，朝廷几乎人人自危。杜孚墓志也指出作为蓟州静塞军司马的志主同样受到赵含章案影响。因此，若前文对魏远望任职蓟州刺史时间的论证成立，鉴于赵含章案件牵连面之广，作为蓟州刺史的魏远望很可能也被卷入该案件的旋涡。换言之，所谓魏远望"中年妄遭流谤"，或许是受赵含章案牵连所致。

另《墓志》提到"寻授安西大都护府长史"，"寻"意为时间很短，很快。检《旧唐书》载："（开元二十年）十一月庚午，祀后土于脽上，大赦天下，左降官量移近处。"[2] 此次大赦距离赵含章贬死，仅隔五个月。虽然，史书记载这次大赦，左降官量移近处。但据张艳云指出：左降之官量移，既有移近处的因素，也有转任的因素。[3] 从时间上看，魏远望很可能是在这次大赦中，被量移为安西大都护府长史。因此，可为志主"中年妄遭流谤"是受赵含章案牵连提供佐证。

结　语

《唐瓜州刺史魏远望墓志》虽已有学者研究，但其隐含的一些历史信息仍值得我们进一步去挖掘。首先，通过对长寿元年（692）存抚使举人授官职望的考察，对比魏远望登科入仕所授为左执戟，可知，魏远望是以白身参加的692年制举"武艺绝伦"科，最终以高等及第直接授官。其次，据唐代蓟州设立时间，结合古人对中、老年龄段的界定，可以基本推定魏远望当生于唐高宗咸亨二年（671）以后，卒于唐玄宗天宝初年。再次，通过对730年蓟州设立以后，东北边疆局势的分析，蓟州地理

1　周绍良、赵超：《唐代墓志汇编》下册，第1405页。

2　《旧唐书》卷八《玄宗本纪上》，第198页。

3　张艳云：《唐代量移制度考述》，《中国史研究》2001年第4期，第74页。

位置的考察，结合《墓志》对魏远望生平履历的描述，可知魏远望很可能是在730年蓟州设立当年，朝廷因军事需要，调任魏远望为蓟州刺史。同时，魏远望中年被贬，很可能与时任幽州节度使赵含章贪赃案有关联。最后，唐代檀州、蓟州、瓜州等州刺史史料阙载较多，如前文考论成立，或可有所补充。一是檀州刺史，据郁贤晧《唐刺史考全编》（下文简称《全编》），开元十四年（726）至十五年（727）是管元惠，其后直到天宝初，有何曾。[1] 中间或可补魏远望，开元十六（728）至十七年（729）。二是蓟州刺史，《全编》记有"柳充庭开元中？张某约开元二十五年（约737）"[2]，在柳充庭前或可补魏远望，开元十八年（730）至开元二十年（732）。三是瓜州刺史。[3]《全编》记"乐庭环，天宝中；季广琛，约天宝十三年（约754）"[4]，或可在乐庭环之前补魏远望，天宝初年在任。

附记：感谢审稿专家提出的宝贵修改意见，敬致谢忱！

---

[1] 郁贤晧：《唐刺史考全编》卷一一八《河北道·檀州》，安徽大学出版社，2000，第1623页。

[2] 郁贤晧：《唐刺史考全编》卷一一九《河北道·蓟州》，第1627页。

[3] 按，此时瓜州称晋昌郡。但据《墓志》"以大历九年夏五月四日壬寅，改葬于洛阳邙山之东原，礼也。"可知，该志是魏远望死后多年，在大历九年（774）改葬时撰写，当时晋昌郡已经改回瓜州。

[4] 郁贤晧：《唐刺史考全编》卷四二《陇右道·瓜州》，第495页。

宋墓壁画所见幹人形象初探[*]

■ 孙丰琛（西南大学历史文化学院）

自 20 世纪 60 年代以来，北方中原地区出土了大量的宋代仿木结构砖室墓，此类墓葬以独特的营建方式极力模仿现实世界的生活空间，利用砖雕和彩绘形式描绘了充满浓厚生活气息的家居生活。学界普遍认为这些世俗题材壁画，虽非墓主人现实生活的真实再现，但必然反映了当时社会生活的诸多片段。[1] 鉴于这种高度的写实性特点，墓室中出现的图像成为传统考古学、艺术史学等学科重点关注的对象，由此产生了一系列颇有影响的研究成果。就前者而言，通常侧重于对夫妻对坐、乐舞表演、庖厨备宴、内寝侍奉等壁画内容及其人物的辨别与考证。就后者而言，更多的则是对上述世俗题材壁画进行功能和意义的解读。[2] 就目前的研究看，宋墓壁画所见墓主夫妇、散乐杂剧、男女婢仆等人物形象均清晰可辨，唯独在以反映墓主人治生方式为主题的壁画中，始终有一类人物形象其角色和身份无法辨识，我们认为此类人物便是宋代文献中经常出现的幹人。

关于宋代幹人的研究，主要集中在宋史学界，但所论不多。仅戴静华、王曾瑜、周藤吉之、斯波义信等少数中日学者对幹人的身份、职掌等问题进行了概括性的讨论。[3] 对于宋代幹人的具体形象，宋史学界

---

[*] 本文为国家社科基金青年项目"唐宋社会的收入分配、贫富差距与政府控制研究"（19CZS019）、西南大学"中央高校基本科研业务费专项资金资助"项目"宋墓所见人物图像研究"（SWU1709418）的阶段性成果。

[1] 宿白：《白沙宋墓》，文物出版社，1957，第 104 页。

[2] 考古学、艺术史学界对于宋墓壁画的研究成果颇多，既有通论性的著作，也有图像个案的专题论著。代表性学者有宿白、徐苹芳、周贻白、贺西林、秦大树、李清泉、郑岩、韩小囡、邓菲、袁泉等。限于篇幅，此不赘列。程义对宋代墓葬图像的研究成果进行了全面系统的梳理。详见程义《宋代墓室壁画研究综述》，《陕西历史博物馆馆刊》第二十二辑，三秦出版社，2015，第 211—222 页。

[3] 戴静华：《宋代幹人浅论》，《中国史研究》1982 年第 4 期，第 53—61 页；王曾瑜：《宋朝阶级结构》，中国人民大学出版社，2010，第 318—328 页；［日］周藤吉之『宋代庄园の管理について——特に幹人を中心として』，『东洋学报』1950 年第三十二卷第四号、381—412 页；［日］斯波义信：《宋代的干运与经纪》，《运城师专学报》1985 年第 3 期，第 34—40 页。

未给予足够重视，考古学和艺术史学界则在辨析墓葬所见人物图像时稍显谨慎，而语焉不详。结合前人研究，我们认为所谓"干人"即指宋代的官户和民户家中雇佣的承担管理性工作的"高级代理人"。需要指出的是，官户之家所雇干人具有亦官亦私的双重角色，而本文所依据的墓葬壁画资料大多出自宋代的富民墓，[1] 故所论"干人"仅指宋代富民家中雇佣的干人。下面我们试图通过考古材料，并结合传世文献和绘画资料来考察曾经在宋代社会生活中非常活跃的干人，从宋代干人形象的文献资料和图像资料入手，讨论社会史研究中"文本书写"和"图像书写"存在的差异性问题，以就教于方家。

一　宋墓壁画中的干人形象

在讨论之前，首先要说明的是，宋墓所见治生类壁画题材丰富，其内容主要包括耕作、收获、放牧、纳租、贸易以及粮食加工等。其中，在部分壁画中绘制了干人形象，我们从中选取了能够清晰辨识，并具有典型意义的四幅壁画进行样本研究，相信随着宋墓考古工作的不断开展，以及相关报告的公布，此类人物形象的数量也会随之增加。现逐一介绍如下。

1. 白沙1号宋墓。[2] 该墓甬道东西两壁各绘有彩绘人物壁画，其东壁壁画内容主要表现了两位农民向墓主人贡纳财物的场景。画面左侧所绘二人，与沈从文先生考证的身穿短衣、脚穿草鞋的宋代农民形象极为相似。[3] 具体来说，前者头系皂巾，着圆领窄袖四襟浅蓝衫，衫下襟吊起，系于腰间，下身着窄腿浅蓝裤和草鞋，双手持筒囊，自门外步入墓内。后者衣着大体如前者，头系白巾，肩负钱贯，迈向墓内。画面右侧绘有一老者，似为"司阍人"。此人头系蓝巾，着圆领窄袖浅蓝衫，露半身于砖砌墓门之右，叉手立于门后，并向门外张望，似正在监督清点手持钱贯和筒囊的农民进入墓室。

甬道西壁壁画共绘三人一马，其壁画内容主要绘制了两位农民向墓主人致送酒物的场景。具体而言，画面正中绘有一黑鬃黑尾浅黄色马，马后站立两位农民。前者头系皂巾，着圆领窄袖浅赭衫、窄腿白裤、草鞋，右手执一竿形物，目视画面左侧之人；后者冠着略同前，唯头系蓝巾，双手捧一黑色酒瓶，亦斜视画面左侧之人，头巾上墨书"画上崔大郎酒"。此画中两位农民衣着与东壁壁画大体相似，表现了宋代底层劳动者

1　有关墓主身份，相关研究可参见宿白《白沙宋墓》，第104页；秦大树《宋元明考古》，文物出版社，2004，第141—143页；韩小囡《宋代墓葬装饰研究》，博士学位论文，山东大学，2006年，第137页；[美]洪知希《"恒在"中的葬仪：宋元时期中原墓葬的仪礼时间》，载巫鸿等编《古代墓葬美术研究》第三辑，湖南美术出版社，2015，第201页。

2　宿白：《白沙宋墓》，第34页。

3　沈从文：《中国古代服饰研究》，上海书店出版社，2005，第406页。

"随寓而衣"的衣着习惯。画面左侧绘一人隐半身于墓门之内,亦为"司阍人",他头系蓝巾,着圆领窄袖蓝衫,窄腿蓝裤。此人目视画中右侧农民,目光逼人,其右手微微举起,似正在指派事务,而右侧二农民作酬答状,俯首听命。(见图1)

由上可知,宿白先生将墓门之后站立老者指认为"司阍人",我们认为这种说法是有道理的。不过,笔者反复目检报告原照片认为,该墓前室南壁入口东、西两侧各绘有一手持骨朵的侍卫,据此,"司阍人"除了履行看门之责外,似乎还兼有更多的职掌。此人衣着体面,略带威严,与画中穿着朴素的农民形象,以及前室西壁头戴蓝帽、着圆领蓝袍的墓主人形象完全不同,应是宋代幹人的形象。

2. 新安县石寺李村1号宋墓。[1] 该墓西北壁上饰砖雕花窗,下绘壁画,其壁画内容主要表现了三位农民向墓主人交纳粮食等实物地租的场景。此画自左至右共绘

图1 白沙1号宋墓甬道东壁(左)、西壁(右)壁画

---

[1] 叶万松、余扶危:《中国考古学年鉴》,文物出版社,1985,第173页;洛阳市文物管理局、洛阳市古代艺术博物馆编:《洛阳古代墓葬壁画(上下)》,中州古籍出版社,2010,第398—402页。

图 2　新安县石寺李村 1 号宋墓所绘 "交租图" 及局部

四人。左侧第一人、第三人、第四人，衣着相同，行为近似，为交租农民。在衣着服饰上，此三人头戴黑色无脚幞头，上穿深色长衣，下着浅色长裤，并将长衣下襟吊系于腰间，捋袖露手，以便活动。在动作行为上，此三人均作劳作状，左一男子头顶一盘，盘内有一罩状物；左三男子双手持盛米粮袋，并向地上状如 "敞口大盆" 的斗斛内倾倒粮食；第四人屈身侍立。画中左侧第二人穿着齐整、略显端庄，与上述三位农民形象差异较大。他头戴黑色无脚幞头，身着圆领窄袖白色长衫，腰系黑色角带，叉手站立于三位农民之中，手中掐指算数，并倾身目视用于称量粮米的斗斛。可知，左侧第二人正在监督三位农民交纳佃租，将其与墓室北壁绘制的端坐于靠背椅上的髯须男性墓主形象进行比较也并非一人。我们认为画中左侧第二人身份较为特殊，应为幹人形象（见图 2）。

3. 新安县石寺李村 2 号宋墓。[1] 该墓位于石寺李村 1 号宋墓近旁，应属同一家族墓地，其墓室东北壁上饰砖雕花窗，下绘壁画。壁画内容主要表现了两位仆役向墓主人告禀事宜的场景。画中左侧绘有一髯须老者，头戴皂巾，上着白色圆领衫，下着绛色长裤，足穿白鞋，端坐于靠背椅上，目光凝视右侧二人，应为墓主人形象。画中右侧绘有二人，衣着服饰大体相同。前者年龄稍长，头裹皂巾，着白色圆领衫，下襟撩起，系于腰间，此人面露微笑，手中握持卷起的账簿，屈身叉手作禀告状。后者肩扛一杆，杆头上缠绕绳索等物，此人挺身直立，表情严肃，作凝听状。由图可知，此二人的衣着服饰和动作行为与宋墓壁画中常见的农民、仆人形象有所不同，我们认为此二人应为幹人形象（见图 3）。

---

[1] 叶万松、余扶危：《中国考古学年鉴》，第 173 页；洛阳市文物管理局、洛阳市古代艺术博物馆编：《洛阳古代墓葬壁画（上下）》，第 409—417 页。

图 3　新安县石寺李村 2 号宋墓所绘 "拜谒图"

综上,我们发现上述四幅反映富民治生题材的壁画中,均出现了一类衣着、行为极为相似的干人。他们头戴黑色无脚幞头,着蓝色或白色圆领长衫,并以协助墓主人的管理者或收租人的角色出现于墓葬壁画之中。

二　宋代文献中的干人形象

据王曾瑜先生考证,宋代干人的称谓颇多,有"干当人"[1] "干办人"[2] "干仆"[3] "庄干"[4] "家干"[5] "管庄田人"[6] "管田人"[7] "干当掠米人"[8] 等。其中,"管

1　(宋)李焘:《续资治通鉴长编》卷二百五十一"熙宁七年三月戊午",中华书局,2004,第 6125 页。
2　(宋)谢深甫:《庆元条法事类》卷四十七《违欠税租》,黑龙江人民出版社,2002,第 628 页。
3　(明)张四维辑:《名公书判清明集》卷五《争山妄指界至》,中华书局,1987,第 158 页。
4　(元)黄震:《黄氏日抄》卷七十八《四月十九日劝乐安县税户发粜榜》,元后至元刻本。
5　(宋)洪迈:《夷坚支志戊》卷三《金山庙巫》,中华书局,2006,第 1075 页。
6　(清)徐松辑:《宋会要辑稿》食货一四之二五,上海古籍出版社,2014,第 6278 页。
7　(宋)赵鼎:《忠正德文集》卷十《家训笔录》,清文渊阁四库全书本。
8　(清)徐松辑:《宋会要辑稿》食货六六之二四,第 7873 页。

庄田人""幹当掠米人""管田人"等，仅限于指称富民家中的管理者和收租人。可以说，宋代的幹人以雇佣形式依附于主家，并从事料理财物等管理性工作，从而使其具有了双重身份。对其主人而言，他们虽是奴仆，却是高级奴仆，同主人之间存在着"主仆之分"；但对农民来说，幹人却是地主或地主的代理人。[1] 因此，他们的身份地位和经济条件往往高于一般农民，所从事的职业和衣着打扮自然有所差别。

首先，职业场景中的幹人形象。有关宋代幹人的史料在宋人文集、笔记小说、或法令文书等文献中均有记载。这些史料或以诗文，或以志怪故事，或以理狱争讼之辞的形式记录了幹人在社会生活中的多样实态，为我们进一步理解和认识宋代幹人生活的历史场景提供了较为全面的资料。幹人作为富民家中雇佣的高级仆人，自然需要掌管主人委派的各种事务。据今存史料看，其职掌主要包括处理经济事务和代理词讼两大类。宋人袁采所著《袁氏世范》中专列《淳谨幹人可付托》一条提及了幹人的职掌，其文曰："幹人有管库者，须常谨其书簿，审其见存。幹人有管谷米者，须严其簿书，谨其管钥，兼择谨畏之人，使之看守。幹人有贷财本兴贩者，须释其淳厚，爱惜家业，方可付托。"[2] 这条史料的本意是提示富民之家如何选择勤恳诚实的幹人，但文中也指出了私家幹人主要从事管理主家财务、负责收租、协助经营工商业等工作。正因如此，宋代文献在记录幹人时多将其置于行使职责的场景之中进行描述。如《夷坚志》中记载了湖州沈二八"乃豪家幹者，素有此恶，为人积怨"，由此招致冥官问罪的报应故事，其缉拿缘由为侵吞和勒索农民米粮。按"吴兴乡俗，每租一斗为百有十二合，田主取百有十，而幹仆得其二，唯沈生所用斗为百二十合"，沈二八却"用大斗量租米"，系催收地租的幹人。[3] 宋人刘黻曾作《田家吟》诗，其文曰："豪家征敛纵狞隶，单巾大帕如蛮兵。索钱沽酒不满欲，大者罗织小者惊。谷有扬簸实亦簸，钜斛凸概谋其赢。诟思一粒复一粒，尽是农人汗血成。"[4] 诗中所言身着"单巾大帕"的"狞隶"即指富民家中雇佣的幹人，他们在向农民征收地租的同时，往往也会有"索钱沽酒"的行为。此类记载颇多，不一而足。事实上，上述诗文所描述的景象，是两宋时期乡村社会的常见现象，尤以幹人收租理财表现得最为突出。

此外，富民在处理一些诉讼事件时，往往不亲自出面，而是委派家中幹人办理。明州人夏主簿与富户林氏共买扑官酒坊，林氏负夏主簿钱两千缗，夏诉于州。"吏受

1　王曾瑜：《宋朝阶级结构》，第318页。

2　（宋）袁采：《袁氏世范》卷三《淳谨幹人可付托》，清知不足斋丛书本。

3　（宋）洪迈：《夷坚志补》卷七《沈二八主管》，第1610页。

4　（宋）刘黻：《蒙川遗稿》卷二《田家吟》，清同治光绪间永嘉丛书本。

贿，转其辞，翻以为夏主簿所欠。林先令干者八人，换易簿籍，以为道地。"[1]《名公书判清明集》中记载了不少乡村富民通过干人代理词讼的案例。如富民罗柄去世以后，"其干人黄蕴辄入状于官，归并邹明税钱，攘夺阿邹产业"[2]。又如富民叶渭叟身故，"其家以干人入状，讼宋天赐、李与权脱骗交易钱"[3]。可见，干人代表富民本人进行讼诉是常有之事。综上可知，干人囿于职掌的缘故，频繁地出现在上述两类历史场景之中。

其次，兼服皂白的衣着服饰。如前所述，干人作为高级仆人，属于宋代庶民阶层中的一员。《宋史·士庶人服》记载："旧制，庶人服白，今请流外官及贡举人、庶人通许服皂。"又于端拱二年（989）下诏规定："县镇场务诸色公人并庶人、商贾、伎术、不系官伶人，只许服皂、白衣，铁角带，不得服紫。"[4] 按诏令规定宋代庶人所穿常服只允许使用皂、白二色，对于庶民阶层内部各群体之间的服饰要求，并未进一步做出明确区分。也就是说，属于同一阶层的干人和农民混穿皂、白服饰是极为正常的。需要说明的是，中国古人对颜色的称谓既风雅，又繁复，由此出现了名目繁多的色彩形容词汇，从而导致了语义的模糊性。就皂、白两色而言。白色无须多言，但对于皂色则至少存在着黑色和艳色两种解释。如宋人蔡卞《毛诗名物解》记载："鵰，状似鹰而大，黑色，俗呼皂鵰。"[5] 此处皂色系指黑色，用于服饰时"所衣黑缯因谓之皂衣"[6]。可知，皂衣即由黑色丝织物制成。此外，黑色中又细分有艳色，按《重修玉篇》卷四《色部第四十二》之"艳"，"艳黗，青黑色也"[7]，是一种介于靛蓝色和黑色之间的颜色。

考之文献，其对干人服饰的记载不甚详细。如《夷坚志补》卷五《闻人邦华》中记载了信州贵溪富商闻人氏次子"廉夫"雇佣"两白衣者"为仆，即着白色布衣的干人。[8] 遗憾的是，检索宋代文献，我们并未发现关于富民之家雇佣皂衣干人的记录。但是，宋代的干人除了受雇于富民外，还常被官户之家雇佣。所谓"官户"，即宋代户口分类制度中的品官之家。宋代官员雇佣胥吏或军人等为仆的行为，由来已久。

---

[1] （宋）洪迈：《夷坚支志戊》卷五《刘元八郎》，第1086页。

[2] （明）张四维辑：《名公书判清明集》卷四《罗柄女使来安诉主母夺去所拨田产》，第116页。

[3] （明）张四维辑：《名公书判清明集》卷六《倚当》，第170页。

[4] （元）脱脱：《宋史》卷一百五十三《士庶人服》，中华书局，1985，第3574页。

[5] （宋）蔡卞：《毛诗名物解》卷八《释鸟》，清通志堂经解本。

[6] （宋）史炤：《资治通鉴释文》卷八，清十万卷楼丛书本。

[7] （宋）陈彭年：《重修玉篇》卷四《色部第四十二》，清文渊阁四库全书本。

[8] （宋）洪迈：《夷坚志补》卷五《闻人邦华》，第1592—1593页。

北宋宰执王钦若在亳州担任地方官时，有"厅干"祁睿，"休役之后，始佣于家"，即作为"家仆"使用，而"未除州之役籍"[1]。宋人叶元凯又说："州县形势官户及豪右之家，多蓄停罢公吏以为干人，恃其奸恶，持吏短长，官物抵赖不输，词讼则变白为黑，小民被害。"[2] 可见，富民家中也存在雇佣"停罢公吏，以为干人"的现象。可以说，官户和富民所雇干人在一定程度上具有亦官亦私的双重角色，他们极有可能保持着"官家"收租人形象。因此，文献更多的是对此类干人的记载，他们常身着皂衣出现在农民面前，故多用"皂衣""皂衣吏""皂吏"等泛称指代。如《平江劝农文》记载："今既节其调度，时其力役。皂衣白梃之隶不得扰于田野尔，农民其各安业深尔。"[3] 又如《田父吟》言："晚田再种未可保，早田无秧为出草。皂衣旦暮来槌门，今年苗税催得早。"[4]

值得注意的是，宋代是中国绘画发展史上的全盛时期，创作题材极为广泛，其中不乏描绘市井平民生活的佳作流传至今。通过对传世宋画资料的梳理，我们发现宋人杨威所绘《耕获图》为不可多见的描绘农村劳作场景的绘画作品，成为了解宋代农业生产和乡村人物难得的形象材料。[5] 具体来说，此画内容描绘了青山绿水之间分布一庄园，众多农人辛勤劳作的场景。右上方茅屋下绘一老者，头戴蓑笠悠然持杖而立，似是庄园主人；右下方木桥一侧田埂上，有一手持阳伞者，正凝视周围农民劳作，作督工状。其他人物均为劳作农民，分别从事耕地、耙田、插秧、耘田等不同工作（见图4）。此画对幅还有小楷《耕赋》一篇，其文大致记述了宋代农业的耕作制度。文末感叹道："噫嘻！粒粟之饱，我农之功，一输于债户而无饥，再趣于官赋而已穷，三督于兵饷而尽空。手执耒耜而有雷腹之馁，身居田野而无斗粟之春，安得天下游手之夫尽转而为务本之农。"[6] 作者在申斥农民遭受过度盘剥的同时，也具体指出其搜刮对象主要来自"债户"和"官府"。所谓"债户"即借债之人，而"手执耒耜"者则是指画中劳作的农民。那么，结合《耕获图》来看，画中所绘人物形象的身份便逐渐明朗起来，辛苦劳作的农民极易辨认；"债户"则指拥有田地的富民庄园主，即茅屋之下的持杖老者；而状如"监工"，头戴黑色无脚幞头，身着白布长衫，手持阳伞者应是前文所述的受雇于富民家中的干人（见图5）。

1　（元）脱脱：《宋史》卷四百四十一《洪湛传》，第13058页。
2　（清）徐松辑：《宋会要辑稿》刑法二之一一九，第8347页。
3　（宋）崔敦礼：《宫教集》卷十二《平江劝农文》，清文渊阁四库全书本。
4　（宋）方逢辰：《蛟峰集》卷六《田父吟》，清顺治刻本。
5　浙江大学中国古代书画研究中心编：《宋画全集》第一卷第七册，浙江大学出版社，2010，第37页。
6　（清）庞元济：《虚斋名画录》卷十一，清宣统元年庞氏申江吴兴刻本。

图4 南宋杨威《耕获图》

图5 《耕获图》所见富民、幹人、劳作农民形象

综合上述分析，并与前述墓葬图像相对比，宋墓所见幹人形象在职掌、活动场景、衣着服饰等方面，均与文献和绘画资料的记录基本相符。即白沙1号宋墓甬道东西两壁绘制的是作为"管库者"的皂衣幹人，正在向农民"索钱沽酒"，协助富民收转和结存相关财物的场景；新安县石寺李村1号宋墓西北壁绘制的是作为"管谷米者"的白衣幹人，正在向农民催收地租的场景；新安县石寺李村2号宋墓绘制的是两位白衣幹人与墓主人交谈家计料理等事宜。其中，前者正向墓主人禀报事项，他面带微笑，降颜屈体，流露出逢迎巴结之态；而后者肩扛工具，神情严肃，挺身直立，似乎正在接受墓主人的指派。至于白沙1号宋墓中幹人所穿长衫系浅蓝色而非皂色的问题，极有可能是由于壁画年久涣漫，造成了原有的青黑色逐渐褪色所致。

三 宋墓壁画中幹人形象的功能

如众所知，墓室壁画并不是纯粹的艺术作品，而是丧葬活动的产物。在中国古代，丧葬礼俗深受儒家"事死如生"观念的影响，宋代亦是如此。宋哲宗曾对臣僚言："奉先者事亡如存，追往者送终为大。"[1] 宋代士大夫也有类似观点，如程颐曾说："孝莫大于安亲"[2]，又说："冠昏丧祭，礼之大者……凡事死之礼，当厚于奉先者。"[3] 可以说，宋代的主流意识基于儒家孝道理念的影响，对"事死如生"的丧葬观念大多持赞成和包容的态度，这在一定程度上为士庶丧葬活动中追求"永生"的行为提供了伦理基础。也就是说，在丧葬活动中"以人偶或模型，以及墙壁上的绘画等形式，将墓主人的生活条件准备的无微不至，为的是无论如何一定要让死者能够安居于此"[4]。从宋臣晏殊家老乳妪之例，或可了解此类丧葬行为之于墓主人的功能。晏家老妪托梦曰："冥间甚乐，但衰老须要人挟持，若乏使耳。其家为画二妇人焚之。复梦曰：'赐我多矣，奈软弱不中用何！'其家感异，嘱匠者厚以纸为骨，且绘二美婢。它日来谢曰：'新婢绝可人意，今不寂寞矣！'"[5] 从这条史料看，晏氏族人先后两次绘制婢仆纸人，以满足过世老妪索人侍奉之求。这一方面说明绘有人像的纸明器具有替代"真身"侍奉死者的功能；另一方面也说明宋人意识中的"冥间"，无非是人间生活的翻版，人间的日常活动在此都有迹可循。

此外，宋人相信生命将会在另一个世界中继续生活下去，[6] 认为"幽冥事者，多云人间郡县，阴府悉同"[7]。从宋代有关入冥的资料看，人死之后，或"如州城，若官府所"[8]；或"入大城，市井喧闹"[9]。由此看来，在这个无异于阳间的死后世界，既有等级森严的衙门官署，又有丰富多彩的市井生活。那么，宋代富民墓使用壁画和砖雕形式极力模仿人间生活，既是为了迎合人们追求富贵和留恋俗世的心态，也需要满足死者将要面对未卜的阴司纠纷等问题。有鉴于此，幹人作为富民聚敛财富和处理诉讼必不可少的帮手并出现于宋墓

---

1 （宋）佚名：《宋大诏令集》卷七十《章惇罢相责本官知越州制》，中华书局，1962，第338页。
2 （宋）程颢、程颐：《二程集》卷五《为家君上神宗皇帝论薄葬书》，中华书局，2004，第527页。
3 （宋）程颢、程颐：《二程集》卷十八《刘元承手编》，第240—241页。
4 ［日］林巳奈夫：《刻在石头上的世界》，商务印书馆，2010，第10页。
5 （宋）洪迈：《夷坚甲志》卷第十六《晏氏媪》，第143页。
6 沈宗宪：《宋代民间的幽冥世界观》，商鼎文化出版社，1993，第144页。
7 （宋）张师正：《括异志》卷四《陈省副》，中华书局，2006，第40页。
8 （宋）王巩：《随手杂录》不分卷，清知不足斋丛书本。
9 （宋）鲁应龙：《闲窗括异志》卷一，明刻盐邑志林本。

壁画之中，其作为"真身"的替代品，[1]无疑也肩负着与阳间世界相同的职掌，从而达到供养和协助墓主人的作用。具体而言，其形象有以下三点功能。

其一，打理钱财什物，永保墓主富贵。从图像的内容看，绘有榦人形象的治生类壁画皆以人物故事原型为蓝本，属于"叙事画"的范畴。通常选取了榦人事迹中最具代表性的情节进行单景式的描述，通过绘制一个重要的情景片段来概述整个历史场景。如新安县石寺李村1号宋墓西北壁壁画，直接以图像形式绘制了榦人向三位农民征收实物地租的场景。有时也以图文结合的形式表现出来，如白沙1号宋墓甬道西壁壁画，除了绘制榦人向农民"索钱沽酒"的场景外，还在手持酒瓶的农民头巾上墨书"画上崔大郎酒"字样，明确地表达出墓主人对于财物的渴望，由此体现了榦人在冥间世界打理钱物的功能。

此外，这种特定的图像叙事手法既呈现了榦人事迹的关键情节，也在一定程度上反映了壁画内容所表达的文化指向。即榦人催收地租等行为不仅具有打理财物的功能，而且成为一种象征家庭财富的图像符号。从墓葬材料来看，时至宋代，墓室形制早已完成了由"椁墓"到"室墓"的转变，"阴宅"的面貌更加明确。[2] 审视宋墓出土买地券等文字资料，不难发现在此类程式化的文本中，也将墓室视为墓主的"家"。如河南登封黑山沟宋墓出土的买地券将死者坟墓称为"李守贵住宅"[3]。又如《胡六娘墓止（志）地券文记》写道，人死之后"居于画室，是乃吉兆"。又言：四止之内，"有田园谷食，牛马伏尸，内外回徙，并皆周全所有。其坟界止之内，并是亡人永居之处。安葬之后，阴者永保富贵，在阳者万代富贵"[4]。券文所言"画室"即为考古学术语中的壁画墓墓室。由此看来，宋代富民对于此类墓葬的认知达成了某种共识，即认为具有吉祥征兆的"画室"乃是墓主之"家"，其"家"中"田园谷食"无一不备，是死者"永保富贵"的"永居之处"。

据此，我们将榦人形象置于整个墓室壁画的场景空间中，就会发现其体现了宋墓壁画图像叙述方式中的一种相对稳定的构成关系。即依照学界对于宋墓世俗题材壁画研究的主流观点来看，大多数壁画主要围绕着再现家庭生活而展开，诸如乐舞表演、庖厨备宴、内寝侍奉等极富生活气息的图像，将墓主人渴望永恒世俗生活的希冀表现得淋漓尽致，形成了以侍奉和消遣为中心的图像组合模式。但是，这些意

1　宿白先生认为河南宋墓中常见的剪刀、熨斗、尺子等砖雕用具皆有代替实物之意，经本文研究认为纸明器和世俗壁画亦具有相同的作用。参见宿白《白沙宋墓》，第54页。

2　齐东方：《生与死——墓葬壁画中的世界》，收录于上海博物馆编《壁上观：细读山西古代壁画》，北京大学出版社，2017，第358页。

3　郑州市文物考古研究所、登封市文物局：《河南登封黑山沟宋代壁画墓》，《文物》2001年第10期，第66页。

4　鲁西奇：《中国古代买地券研究》，厦门大学出版社，2014，第322页。

在反映墓主人衣、食、住、娱等内容的场景壁画，均属于一种家庭生活的消费行为。正因如此，墓主人需要寻求一种能够平衡和延续富足生活的方式。那么，将幹人打理财物的场景移植于墓葬壁画中，无疑实现和满足了墓主人对于"永保富贵"的冥间生活的需求。

其二，打点阴吏小鬼，守卫墓主安全。墓葬不仅是埋葬尸骨的地下建筑，而且也是安顿亡灵的庇护之所。有学者指出，墓葬所绘"画像的设计完全是从功利性的目的出发的"[1]。就本文所论幹人形象而言，一方面，造墓者基于幹人的现实职掌将其纳入墓主人追求"永保富贵"的图像叙述程序中，使其与墓主人产生了实质性的联系；另一方面，在宋人的认知中，陌生环境往往令人不安，需有人相伴共济险途，以防不时之需。因此，负责照顾主人日常起居、协助料理家计的仆人往往成为首要人选，这其中也自然包括幹人。如麻源巡检邓琉途经传言闹鬼的云门寺，其表兄王三锡劝告说："深山多怪异，须益置仆从，以备不虞。"[2] 又如楚州巨室张禹，遭乱流离，仅有一仆相依为命。张禹"为贼所掠，求货不得，缚于大木之下，将生啖之"。仆人举身遮护，并言以身相替。贼为其义所感，将主仆二人释去，且遗以钱帛。[3] 由此可见，无论在阴阳两界，仆人常可帮助主人渡过危机，是主人必不可少的重要帮手。

那么，在集中体现宋人幽冥观念的墓葬之中，幹人形象除了以图像形式表现其收租理财的实像之外，理应隐含着宋人对冥界幹人形象的想象。也就是说，在现实中，负责处理诉讼事件的幹人，也需要与冥界的阴吏小鬼，以及"芸芸众生"打交道。如《夷坚志》中记载鄂渚王氏，平日好佛，稍有积蓄则尽买纸钱入僧寺，纳受生寄库钱，"每令爨仆李大代书押疏文"。王氏死后，其仆李大也得疾仆地，生魂入冥。"初为阴府逮去，至廷下，见金紫官员据案坐，引问乡贯姓名讫，一吏导往库所，令认押字。李曰：'某不曾有受生钱，此是代主母所书也。'吏复引还，金紫者亦问，李对如初。"[4] 从这条史料看，雇主王氏长期委托仆人李大负责处理自己的"寄库钱"，以冀死后取用。待两人相继去世，阴府官吏却误以李大"令认押字"，但此时李大未起贪念之心，而以实情相告，道明寄库钱原委。可以说，仆人李大不仅掌管着为雇主供奉冥币的职责，而且也能与阴司官吏交涉，维护雇主利益。如抚州富民邹智明，"暴得疠疾，昏昏不知人"，恍惚入冥间，为驱除厉鬼指派幹人贿赂阴司小鬼。"日将暮，一小鬼来告曰：'我辈

1　郑岩：《魏晋南北朝壁画墓研究》，文物出版社，2002，第228页。

2　（宋）洪迈：《夷坚支志景》卷二《蓬头小鬼》，第889页。

3　（宋）洪迈：《夷坚支志甲》卷九《张禹义仆》，第784页。

4　（宋）洪迈：《夷坚支志甲》卷八《鄂渚王媪》，第775页。

佩佛敕，行当去此，但公头上有钉未拔，愿多烧冥钱与我，便相为除之。'于是呼斡仆饶山散买楮币，聚焚于庭，诸鬼奇形异状以十数，舞谢欢喜。"[1] 又如霸州富民胡煌，好义忘利，雇佣一名叫严安的斡仆，此人"恭谨有信，未尝辄受佣值，煌与之，则云姑储于主家，须欲用乃取。爱惜主物，不妄费分毫"，胡煌待之如兄弟。斡仆严安一日忽言："兄将死，又不以善终，自今七十日，当遭雷震于县市。弟有一术可救，能信之乎？"此后授之以秘呪，并曰："才脱兄厄，吾亦从此逝矣。"及期，风雨雷作，斡仆严安遂施法术，保护雇主胡煌。"一天神披甲仗钺，呼诸鬼物曰：'胡煌无处求，今已失时，此人既免天诛，且延一纪之寿，吾曹将奈何！'霍然而散。"[2] 从上述三例来看，在宋人的冥界意识中，斡人多以忠实的仆人身份出现，并替代雇主与阴吏小鬼进行交涉，甚或使用法术与天神周旋，以解雇主一时危难。有鉴于此，宋墓壁画所绘斡人形象应该也隐含着保护墓主人财物和人身安全的功能。与此同时，上述史料也表明在类人间化的冥界可谓处处用钱，这也进一步强化了斡人形象在墓室壁画图像叙述中扮演的重要角色，巩固了其为墓主人打理财物和创造财富的必要地位。

其三，象征墓主财富，彰显社会身份。需要说明的是，虽然宋代社会结构中出现了斡人这一类新的群体，但如果认为此类群体已成为富民与农民之间普遍存在的中间人，则稍欠妥当。现有研究表明，宋代民户中的富豪，更有条件和需要豢养斡人，而乡村上户和坊郭上户中占田不多的中小地主，更多的是由本人管理田产和催收地租。[3] 从考古资料来看，也大体如此。与同类墓葬相比，绘有斡人形象的富民墓其形制规模和墓室装饰都略显繁复。如白沙1号宋墓最为典型，其墓室结构分为前后二室，并建有较长的甬道和连接前后墓室的过道；新安县石寺李村2号宋墓在墓道东侧建有耳室，形制较为独特；而新安县石寺李村1号宋墓其甬道略长于同类墓葬，且墓门门楼正中嵌有阴刻"宋四郎家处宅坟"等字眼的方形匾额，意在表明墓主名望。可以说，富民墓形制规模的大小之别，以及墓室装饰的繁简之分，显然与墓主人生前的财富多寡和社会地位息息相关。

此外，检诸资料可知，宋代民间厚葬之风盛行，乃至僭越礼制的记载屡见不鲜。程颢在评价时人丧葬行为时，曾感叹说："古者冠昏丧祭，车服器用，等差分别，莫敢逾僭，故财用易给而民有恒心。今礼制未修，奢靡相尚，卿士大夫之家，莫能中礼，而商贩之类，或逾王公。礼制不足以检饬人情，名数不足以旌别贵贱，既无定分，则奸诈攘夺，人人求厌其欲而后已，

1　（宋）洪迈：《夷坚支志景》卷二《孔雀逐厉鬼》，第888页。

2　（宋）洪迈：《夷坚支志甲》卷二《胡煌仆》，第724页。

3　戴静华：《宋代斡人浅论》，第59页；王曾瑜：《宋朝阶级结构》，第319页。

岂有止息者哉？此争乱之道也。"[1] 由此可见，诸如"商贩之类"等拥有了大量财富的富民，试图抓住各种机会打破防僭越、辨等威的传统礼仪，更不惜在"冠昏丧祭"等活动中违礼逾制，用以彰显自己的财富和地位。因此，在某种程度上，宋墓所绘世俗题材壁画也可视为这种行为的表现之一。那么，作为只有富民中的"大富者"才有条件雇佣的幹人，无疑具有了象征墓主财富的功能，以及彰显社会身份的寓意。

四　余论

综上观之，宋墓壁画以独特的图像语言和叙事逻辑，述说着富民对于生命去向的关怀和期望。宋代仿木结构砖室墓中内容丰富的世俗题材壁画，除了用于美观的装饰之外，也传递出诸多历史信息，是我们通过图像了解这一时期社会风貌的一面镜子。因此，从社会史的研究视角来看，将宋墓壁画视为一种史料进行运用具有十分重要的意义。经上文考证，在以宋代富民治生方式为主题的墓葬壁画中绘制有幹人形象。不过，从前文的论述看，我们发现传世文献中的幹人形象和宋墓壁画中的幹人形象存在较大的差异。在传世文献中，关于幹人的记录更多地夹杂了负面性的评价，他们常以欺压良善的爪牙形象出现。但是，在宋墓壁画中，幹人绝非文献中记录得那么"凶恶"，但却也谈不上完全正面，他们往往凌驾于农民之上，表现出一种颇具威严的仪态。

需要指出的是，在现实生活中，幹人因受雇于人，其佣金的多寡完全取决于其收取地租是否足额。如范氏《义庄规矩》规定："义庄勾当人，催租米不足，随所欠分数，克除请受，[谓如欠米及一分，即只支九分请受之类] 至纳米足日全给，[已克数更不支] 有情弊者申官决断。"[2] 因此，幹人善于为雇主谋财的同时，未必不善于为自身谋财。宋人黄震曾说："府第庄幹，多取赢余，上谩主家，下虐租户，刻虐太甚，民怨入骨。"[3] 可见，诸如前述湖州幹人沈二八者私下"吃拿卡要"的现象是非常常见的。事实上，作为雇主的富民始终与幹人保持着紧密的联系，他们对幹人的蛮横行径也并非全然不知，但为了获取更多的利益，往往采取了默许和纵容的态度。也就是说，上述现象固然是基本事实，但是如果从历史书写的角度来看，史料的生成过程其实属于一次社会行为，它从来就不是人们随心所欲的创作，而是附着于整个社会背景中的群体性观念的反映。由此，我们从不同的史料类型中可以重新发现不同的历史线索。如前所述，宋代的幹人形象存在着文献资料和图像资料两种书写形式。虽然同是对幹人群体的书写，但所展现出来的人物形象却大异其趣。究其原因，

---

[1] （宋）吕祖谦编：《宋文鉴》卷五十三《论十事》，中华书局，1992，第808页。

[2] （宋）范仲淹：《范文正公集》卷八《义庄规矩》，中华书局，1985，第100页。

[3] （宋）黄震：《黄氏日抄》卷七十《申提刑司乞免一路巡尉理索状》。

其实是由于两种史料不同的书写逻辑造成的，即"文本书写"与"图像书写"存在的差异性问题。

就"文本书写"而言，今存幹人史料多出自宋人文集、笔记小说等文献中，这些文献均是那些拥有历史书写权利的士大夫所撰写。这些通过科举入仕的宋代士大夫，深受儒家传统道德观念的影响，以重整社会秩序为己任，社会使命感和责任感空前增强。因此，借助"文本"进行书写表达是其宣扬价值观念的重要方式之一。由此，我们看到文献中所记的"凶恶"幹人常与富而不仁的富民形象相伴随，这其实是宋代士大夫将对富民为富不仁行为的指摘和愤恨转嫁到其雇佣的幹人身上的结果，从而塑造了幹人作为"帮凶"的角色，并进一步强化其负面形象。不仅如此，《耕获图》作为一幅描绘宋代乡村劳作图景的文人画也表现出类似的现象。从画作内容看，该画似乎为我们呈现了一派祥和有序的庄园劳作情景，但是，创作者却又在对幅《耕赋》中使用了文字语言进行了脚注，不自觉地表达了对富民及其雇佣幹人的偏见。可以说，"文本书写"表现出强烈的道德性色彩。

就"图像书写"而言，今存幹人图像得益于宋墓考古发现而公之于世，这些图像均出自丧家所雇佣的民间画师之手。画师们由于受人所托，采用了以画叙事的方式颂扬了丧家期望的"富足生活"，也就是说，这些受命而作的图像是民间画师为了迎合富民及其子孙意愿的一种反映。在表现手法上，墓葬图像的示意性远远高于写实性。画师们截取幹人实际职掌中最具代表性的情节片段进行绘制，将画面内容定格在最能反映富民意图的那一刻，这种简明的构图形式消解了现实层面以及文献资料中关于幹人形象的负面记载，同时却凸显了幹人在富民生活中不可替代的重要作用。在画作内容上，墓葬图像提供的"证词"往往具有多义性。如白沙1号宋墓壁画使用了兼具文字和图像表达的形式，其墨书题记"画上崔大郎酒"的出现，充分显示了富民对于财富的渴望。但是，囿于墓葬艺术的特殊性，富民们为了应对冥界凶煞狰狞的阴吏小鬼，有意借用了幹人在现实生活中的负面形象，使之呈现出"威严"的仪态。由此，幹人作为行事干练的"高级代理人"，在墓葬中也肩负着为墓主人处理各种棘手事务的职责，这也正是宋人对冥界充满恐惧的结果。可以说，宋墓壁画所呈现的内容是丧家与民间画师之间相互妥协的结果，一方用钱物以求，另一方为钱物而作，民间画师们通过对富民现实生活场景和精神世界内容的选择性绘制，从而使其符合了世俗认可的价值观念，由此，"图像书写"表现出强烈的功利性色彩。

综上所述，宋代幹人形象在文献资料和图像资料中的差异，其实是历史存在与历史话语的差别。可以说，不论是文本的撰写，还是图像的绘制，其本意并不是为了被后世研究者当作证据来使用。正如我们对宋代幹人形象的考察一样，大多数文本和图像的制作目的都是让它们发挥各自不同的功能。即宋代士大夫和富民作为不同的"历史书写者",根据各自的执笔意图对干人形象进行了有意地塑造。在文献资料中,士大夫基于对现实"道德政治"的诉求,对其形象进行了道德化改造,由此士大夫眼中的干人,常是一个不太道德的"凶恶"形象;在图像资料中,富民与民间画师们一拍即合,为实现世俗社会所信仰的自我认同,对其形象进行了功利性的绘制。由此说明,对富民而言,干人在其生前生活和身后世界中都发挥着重要的实际作用。可以说,宋代文献资料和图像资料所展现出来的干人形象都属于应有的历史真实。因此,我们不能主观地通过两类资料来判断孰真孰假、孰对孰错,这也恰恰符合了宋代干人群体作为一种"高级代理人"身份所应具有的多样实态。

晚明通俗日用类书插图"跪拜现象"探析*

■ 刘 耀（北京师范大学历史学院）

伴随着城镇商品经济与市民文学的兴起，附带插图成为明代书籍出版的普遍情况，其中尤以戏曲、小说为代表，插图质量也越来越高。受社会思潮影响，插图同样大量出现于晚明通俗日用类书之中，内容涉及天文、地理、仪礼、命理、域外、娱乐等诸多方面，成为类书发展史上不可忽视的新现象。得益于图像的直观展示功用，晚明通俗日用类书所附插图与文字巧妙组合搭配，特别是卷前插图，如同类书卷前明信片，对于类书文本起着宣传与推介作用。近来，笔者在察看书中所附插图具体图绘内容时发现，这些标榜服务于四民大众日常生活的实用性指导书籍，其中却收录有数量可观的人物跪拜式场景插图，形成了晚明通俗日用类书插图中的"跪拜现象"。关于日用类书所附插图，学界虽已有涉猎，但相关研究多以插图质量或图景内容变化为重点，探求晚明通俗日用类书的刊刻特点、读者群体与认知观念，[1] 缺乏对具体插图内容特点及其表征之下社会文化思想的关注。并且，相较于内容因袭摘录原文的类书文本，题材可自主选择的类书插图在表露民间社会生态与体现类书编纂思想方面作用更为明显，因而本文在对晚明通俗日用类书跪拜式插图归类整理的基础上，揭示插图"跪拜现象"产生的缘由及其背后所流露的民间社会问题。不足之处，尚祈方家批评指正！

---

* 本文为教育部人文社科基金项目"明清士大夫书籍之交研究"（项目编号：19YJA770023）的阶段性成果。

1 如王正华《生活、知识与文化商品：晚明福建版〈日用类书〉与其书画门》，（台北）《"中央研究院"近代史研究所集刊》2003年第41期；田威《晚明文本插图研究》，博士学位论文，华中师范大学，2014；邵小龙《禽兽之性与蠃虫之相——明代万宝全书诸夷门中图像与观念的互动》，《民族艺术》2017年第6期；[美]何予明《家园与天下——明代书文化与寻常阅读》，中华书局，2019；刘耀《文化橱窗——晚明日用类书卷前插图研究》，《编辑之友》2020年第4期等。

一 跪拜式图景内容

依据具体画面,晚明通俗日用类书中所附跪拜式图景有"君王恩赐""祈神祭拜""百姓状告""仆人拜请"等多种内容情形。

1. "君王恩赐"类。如国家图书馆藏明万历二十一年(1593)建阳书林郑云竹刊本《鼎镌校增五伦金璧故事大全》卷七所附"恩赐蒲萄"插图(见图1)。只见画面中间一名男子双手插袖端坐于椅子之上,其侧后有一人手持日月扇站立,面前有另一男子手持笏板跪立,跪立男子侧前有一头戴内侍帽男子手端一盘葡萄弓身而立,似乎要将手中所捧葡萄递于跪立男子。[1] 再如日本国会图书馆藏明万历三十五年(1607)建阳刘太华刊本《鼎锓崇文阁汇纂士民捷用分类学府全编》"丧祭门类"所附卷前插图(见图2)。只见画面中间摆放着一长条贡案,案桌上放置有蜡烛、香炉等饰品,桌子正中间则是一牌位,牌位上写有"周公瑾"字样。贡桌前端有两名男子,其中一人手持"祭文"作宣读状,另一人双手呈作揖状面朝宣读祭文之人而

图1 恩赐蒲萄 　　　　　　　图2 宣读祭文

---

[1] (明)吴宗札校增:《鼎镌校增五伦金璧故事大全》卷七,国家图书馆藏明万历二十一年建阳书林郑云竹刊本。

跪立。[1]

从上述两幅图中诸人装束与图绘内容来看，图1正中双手插袖端坐于椅者身份应是一位皇帝，皇帝身后持日月扇者与侧前手托葡萄之人均为皇帝侍从，皇帝面前戴璞头官帽双手持笏板跪立男子是名臣子，整幅插图内容是在描绘皇帝赏赐臣子葡萄之图景；图2中正在念读祭文者应是一名皇帝侍臣，双手作揖跪立者应是三国东吴名臣周瑜家人，而插图内容所描绘的则是周瑜去世后东吴君主派内侍宣读朝廷祭文的场景。对比前后两幅插图所呈现的题材内容，虽然均为君王赏赐臣子的画面，但二者在涉及恩赐物品属性上却存在明显不同。前者是葡萄，为实体的物质奖励；后者则是一篇祭文，属于精神层面的奖励。

2. "祈神祭拜"类。如美国哈佛大学燕京图书馆藏明万历四十年（1612）建阳书林刘双松删补重编本《新板全补天下便用文林妙锦万宝全书》"地舆门"所附卷前插图（见图3）。只见画面中间一条蛟龙正在江中肆虐，翻江倒海，使得江中不少船只倾覆，无数船民或坠江，或站在将倾之船上惊恐呼救。江岸边一位中年男子正在焚香祈祷，男子后边有两名卫士装扮者手持长矛并排站立，侍卫身后还停放有一辆华盖辇车。[2] 再如日本京都大学人文研究所藏明万历四十二年（1614）建阳树德堂刊本《新刻搜罗五车合并万宝全书》"祈嗣门"所附卷前插图（见图4），但见画面

图3 "地舆门"卷前插图

图4 焚香求嗣

---

[1] （明）龙阳子编辑：《鼎锓崇文阁汇纂士民捷用分类学府全编》卷八，日本国会图书馆藏明万历三十五年建阳刘太华刊本。

[2] （明）刘子明编辑：《新板全补天下便用文林妙锦万宝全书》卷二"地舆门"，美国哈佛大学燕京图书馆藏明万历四十年刘双松删补重编本。

中间一名妇女于屋内焚香跪地祈祷，画面左上角出现一位怀抱婴儿的男子，且该男子四周有云雾环绕。[1]

从上述两幅祈祷类主题插图内容与人物装扮来看，图3江岸边正在焚香拜祭者应是一名皇帝，后边是皇帝的车队随从，整幅画面看似一个人民受苦，皇帝为其祈福的场景。结合文本主题可知，图4所跪者是一名焚香求子的家庭妇女，云雾环绕的怀抱婴孩之景是该名女子脑中幻想着的内容，怀抱婴儿男子身份应是送子神仙，婴儿则是该女子的诉求目的。对比相同祈神拜祭主题下两图之差异，图3主角身份是君主，祈求结果是保境安民；图4主角身份是一名普通家庭妇女，祈求结果是为追求个人家庭幸福。

3. "百姓状告"类。如日本京都大学人文研究所藏明万历三十八年（1610）建阳杨钦斋刊《新刻全补士民备览便用文林汇锦万书渊海》"状式门"所附卷前插图（见图5）。只见画面中间是一张案桌，桌子上摆放有笔墨纸砚等物品。一名头戴乌纱帽的男子正双手插袖坐于桌子正中，其左侧有一怀抱卷本男子双手插袖立于桌旁，右侧有一身着皂服男子正转身与之交谈。桌前另有一名男子双手持状纸跪于桌前。[2]再如《新板全补天下便用文林妙锦万宝全书》"体式门"所附卷前插图（见图6）。一名官员装束男子端坐大堂正中，左右两边站立有数名皂吏，其中一位正在宣读文书。堂下两边站立两列围观群众和官员随从，其中一个随从举着一块题有"巡风"字样的牌子，堂前则跪着两名告状之人。[3]又如国家图书馆藏明崇祯年间建阳书林刘兴我刊《鼎镌李先生增补四民便用积玉全书》"律法门"所附卷前插图（见图7）。只见画面中间是一长条形案桌，桌子正中端坐有一名身着官服男子正在执笔书写。男子左手桌旁侧立有一名侍从，右手侧立有一位怀抱书卷官员。桌前方并排跪立着两男一女三人，三人身后两边各站立一排手持棍棒的众人。[4]

对比图5—7所绘场景内容可知，三图实为表现同一故事场景，即明代民间社会的基层庭审现场。稍有差异的是，三幅插图画面背景元素的不同及图中人物数量、位置的变化：图5中堂前下跪之人只有一名中年男性，主审官员身旁也仅站有两名

---

1 （明）徐企龙编辑：《新刻搜罗五车合并万宝全书》卷三十一"祈嗣门"，日本京都大学人文研究所藏明万历四十二年建阳树德堂刊本。

2 （明）徐企龙编辑：《新刻全补士民备览文林汇锦万书渊海》卷十七"状式门"，日本京都大学人文研究所藏明万历三十八年建阳杨钦斋刊本。

3 （明）刘子明编辑：《新板全补天下便用文林妙锦万宝全书》卷十七"体式门"，美国哈佛大学燕京图书馆藏明万历四十年刘双松删补重编本。

4 （明）李光裕编辑：《鼎镌李先生增补四民便用积玉全书》卷十五"律法门"，国家图书馆藏明崇祯年间建阳书林刘兴我刊本。

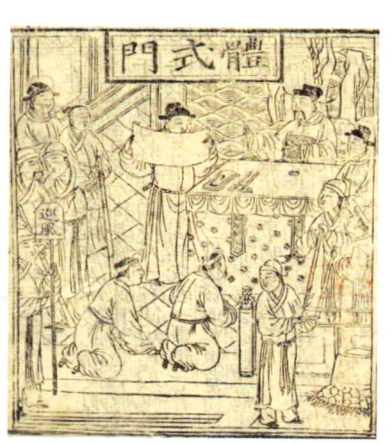

图5 "状式门"卷前插图　　图6 "体式门"卷前插图　　图7 "律法门"卷前插图

助手,图6中下跪中年男性身旁多了一名老者,坐堂官员身边也增添了不少衙役随从和围观群众,图7中下跪申诉之人在中年男性与老者之外又增加了一名中年女性。再结合图中人物装扮及动作可以判断出众人的不同身份:三图中间身着官服所坐之人是主值官员无疑,其中一名助手怀中抱着的(图6正在宣读)应是关于民间律讼的司法条文,桌前下跪之人应是诉求告状民众,下跪民众两侧持杀威棒站立者则是县衙衙役。

4."仆从拜请"类。诸如日本国会图书馆藏明万历三十五年(1607)建阳书林刘太华所刊《鼎锲崇文阁汇纂士民捷用分类学府全编》"书启门类"所附卷前插图(见图8)。只见画面中间一名长须男子倾身坐于案前,双眼注视前方,在其身旁有一名手持长刀卫士侧身而立。桌子正前有一双膝跪立之人,正双手将请柬拱手呈上,但见请柬上写有"鲁肃请"字样。[1] 再如日本山口大学棲息堂文库藏明末建阳詹林我刊本《新刻四民便览万书萃锦》"云笺门"所附卷前插图(见图9)。只见一名头戴巾帽的中年男子坐在桌子正中,侧身正与右手边站立随从交谈。面前桌上摆放有笔墨纸砚等物,展开纸张上写有"请柬"二字。桌子前方跪立有另一名男子,正双手将所持信物交于中年男子。[2]

与前文所列"百姓状告"类主题插图相似,"仆从拜请"类主题所选的两幅插图

---

[1] (明)龙阳子编辑:《鼎锲崇文阁汇纂士民捷用分类学府全编》卷六"书启门类",日本国会图书馆藏明万历三十五年建阳书林刘太华刊本。

[2] (明)赵植吾编辑:《新刻四民便览万书萃锦》卷十一"云笺门",日本山口大学棲息堂文库藏明末建阳詹林我刊本。

图8 "书启门类"卷前插图 　　　　　图9 "云笺门"卷前插图

也是在描述同一件事情，即仆从进呈邀请柬之事。但二者略有区别的是：第一，图8中仆人进呈的请柬上写有"鲁肃请"三字，图9中则变成了桌面纸上的"请柬"二字；第二，图8中在座男子左侧持长刀而立的侍卫变成了图9右侧位置的赤手站立随从。从图8中座椅上男子外貌装束、左手捋长须的动作以及身边侍卫所持长刀与请柬注写的"鲁肃请"文字内容可知，两图正中所坐之人是三国时期著名军事将领关羽。而从衣着扮相来看，桌前跪立之人应是一名进帐传信的士兵，故事场景发生地应是在关羽军营之中。综合上述情形可推测出图绘故事大致内容，即关羽大营中有三国时期东吴名臣鲁肃请柬送来，营外士兵将其呈给主帅关羽翻阅。比较两书所绘同一内容主题的插图手法，相对于图8中的诸多有关关羽身份的青龙偃月刀、"鲁肃请"、左手捋长须等情节暗示，图9在细节处理上则显得粗糙得多。

同上述主题情景相似的跪拜型卷前插图还有不少，例如日本国会图书馆藏明万历三十五年（1607）建阳刘太华刊《鼎锓崇文阁汇纂士民捷用分类学府全编》"天文门"所附卷前插图、日本京都大学人文研究所藏明万历三十八年（1610）建阳杨钦斋刊《新刻全补士民备览便用文林汇锦万书渊海》"劝谕门"所附卷前插图、日本蓬左文库藏明末建阳王泰源刊《新刻眉公陈先生编辑诸书备采万卷搜奇全书》"人纪门""诸夷门"所附卷前插图等。

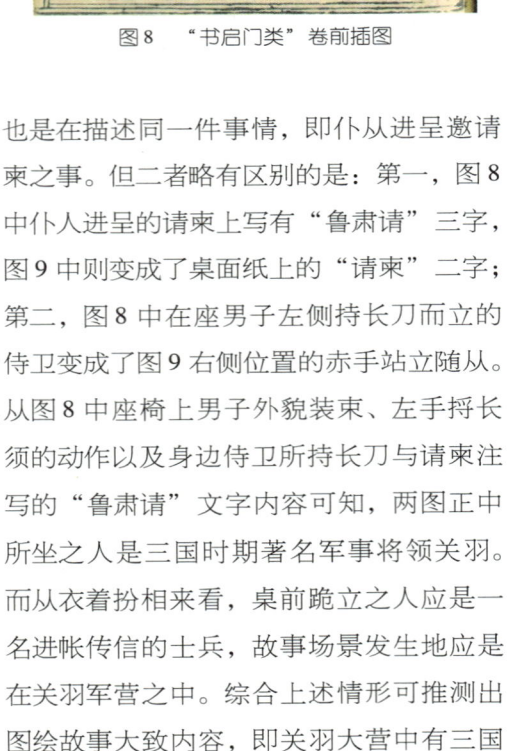

就附图位置来看，前文所列诸图均为

图10 敬顺遵皇训

图11 课劝农桑政

图12 笑折蟾宫第一枝

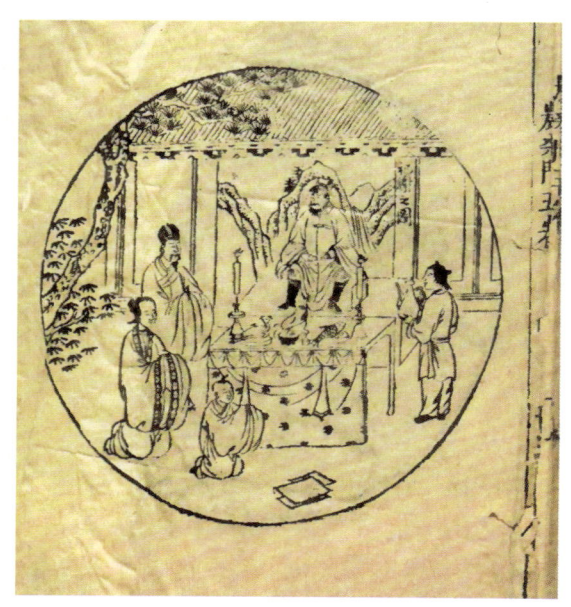

图13 祈祀图

卷前插图，其实，跪拜式图景插图不单出现在晚明通俗日用类书分卷卷前，也常见于分卷正文内所附插图之中。如国家图书馆藏明万历二十一年（1593）建阳书林郑世豪刊《鼎镌校增评注五伦日记故事大全》卷三文本插图"敬顺遵皇训"（见图10）与卷四文本插图"课劝农桑政"（见图11）、日本内阁文库藏明万历二十八年（1600）建阳书商余象斗刊《新刻类编注释便考大魁书言故事》卷七文本插图"笑折蟾宫第一枝"（见图12）、日本蓬左文库藏明崇祯十四年（1641）建阳郑氏刊《新刻人瑞堂补订全书备考》卷五文本插图"祈祀图"（见图13）等。

二 图中的人物关系与形象特点

由上文可知，依托于插图媒介，不同身份的人物组合而成了多主题类型的跪拜式插图，如以君臣身份关系为主的"君王恩赐"类主题插图、以人神身份关系为主的"祈神祭拜"类主题插图、以官民身份关系为主的"百姓状告"类主题插图和以主仆关系为主的"仆从拜请"类主题插图，等等。无一例外，在这些不同内容主题的跪拜式插图场景中，不论出现场景人物的多与寡，都不可避免地存在跪拜礼节的行礼与受礼双方，且在礼节双方关系设定上具有鲜明的尊卑之别。具体如图1中接受赏赐葡萄的臣子为跪拜礼节的行礼方、赏赐臣子葡萄的皇帝为跪拜礼节的受礼方，图2中周公瑾家人为跪拜礼节的行礼方、

宣读祭文的侍臣所代表的君主或国家为受礼方，图5中告状民众为跪拜礼节的行礼方、主值官员为跪拜礼节的受礼方，等等。此外，笔者在对比诸图中的各类人物形象时发现原本就已身份尊卑分化的跪拜式插图，在图中人物布局与构图手法上还存在较为突出的崇尊特点，诸如跪拜式图景插图中的受礼者多居于插图视野中心点位置，且面部以正面朝向读者为主。

以日本东京大学东洋文化研究所藏明万历二十七年（1599）建阳余象斗刊《新刻天下四民便览三台万用正宗》"音乐门"前所附卷前插图"乐奏宫商"为例，该幅插图内容描绘的是宫廷之上皇帝赏乐的画面场景。详情可见图14。

图14 乐奏宫商

细观其画面内容，整幅插图可被划分为三个部分：第一部分是由视野最远端的皇帝与两名大臣构成。只见皇帝端坐于大殿龙椅之上，两位大臣则呈拱手作揖状左右两侧面向而立。第二部分是由画面中部的九名宫廷乐工组成。九人之中，一人居中指挥，其余诸人则怀抱各式乐器于大殿左右对向双膝跪地而列。第三部分是由近景处的两名戎装士兵组成。只见他们手持斧戟长剑，于大殿台阶左右两侧对立而站，威风凛凛。[1] 从构图技巧上来看，此图由近及远，以近景处的宫廷侍卫开始，连接左右两侧乐工和两名大臣，场景视线于龙椅处交汇成点。与之相同，远景处左右两侧加黑墙角线也由近及远交汇于屏风处。龙椅摆放在屏风之前，皇帝坐于龙椅之上，正好占据读者视野焦点。从画面布局来看，整个画面呈现出轴对称布局特点，处于视线中心点的皇帝同样被安排在中轴线上，依托屏风饰物面向读者而坐。对比图中所有人物的动作与形态，唯有皇帝一人正面看向读者方向，其余诸人以皇帝为轴点侧身斜面或跪或立，加之远景处皇帝形象的放大化处理，整幅图绘尽显皇帝的独尊地位。

由情节需要所决定，不同的跪拜式图景插图中时常会出现多种人物形象，而跪拜礼节的参与双方，即行礼者与受礼者可以被视为其中的中心人物。从插图中的构图手法细节来看，晚明通俗日用类书跪拜式插图中的中心人物，尤其是身份对比中的尊者还具有正面化的形象特点。

回看"君王恩赐"类内容主题插图"恩赐蒲萄"（见图1），图绘选景是皇帝赏赐臣子葡萄的瞬间画面，这个看似简单的画面背后其实还隐含着一个感人的孝亲故事。依据正文"葡萄止渴思归奉"词条内容记载可知其故事梗概：一次，唐高祖李渊赏赐臣子陈叔逵食用葡萄，陈叔逵在得到葡萄后却并没有随即食用。高祖好奇问其缘由，陈叔逵回答说因为母亲一直患有口渴之病，自己一直想觅得葡萄却不能如愿，此次承蒙陛下赏赐葡萄，故而想要将其带回家去给老母亲享用。唐高祖听后很是感动，于是就又赏赐给陈叔逵更多的葡萄。[2] 虽然插图依托于陈叔逵的孝亲故事，但观阅文本插图命名、人物配置与场景元素刻画可知皇帝（即唐高祖）实为该插图的灵魂人物，而编者之所以借用陈叔逵的孝亲故事，主要也是为突出唐高祖对臣子的仁爱与对孝行善举行为的赞许，最终起到了烘托唐高祖正面圣君形象的作用。再如国家图书馆藏明万历二十一年（1593）建阳书林郑世豪刊《鼎镌校增评注五伦日记故事大全》卷四文本插图"课劝农桑政"（见图11）。参考文本词条内容可知，此幅插图是描绘周公勤政爱民、指导农桑的故事场景。从图中人物描绘来看，周公

---

1 （明）余象斗编辑：《新刻天下四民便览三台万用正宗》卷九"音乐门"，日本东京大学东洋文化研究所藏明万历二十七年建阳余象斗刊本。

2 （明）吴宗札校增：《鼎镌校增五伦金璧故事大全》卷七，国家图书馆藏明万历二十一年建阳书林郑云竹刊本。

身挺笔直，左手轻提腰间，加之头顶华盖伞，天空祥云掠过，个人亲民气质展现十足。再看其身旁两侧跟随侍卫，一左一右斜向两端突出，画面左端树下老牛正伏地斜首注视着周公一行，表现得异常温顺，更加衬托出周公的端正气派与场面的和谐有序。总体来看，整个画面场景完全围绕周公布局设计，借助关心农桑，鼓励农业种植的细节，展露周公贤明形象。

纵览晚明通俗日用类书所附带的跪拜式内容插图，可发现其中涉及君王、文官、武将、内侍、士兵、胥吏、使节、神仙、农夫、农妇以及儿童在内的多种身份。以书中所附插图为媒介，这些多样的身份又以小场景组合的形式构成了多种关系范畴，虽然从总体上来看图中出现了范围几乎囊括明代社会可见的所有身份类属，但聚焦至单幅插图之中的中心人物身份却具有明显的尊卑差别。诸如在"百姓状告"类主题插图中所主导的官民关系中，官相对于民来说处于身份等级对比中的尊者位置，在跪拜式图景中的直接体现是官处于跪拜礼节中的受礼一方，而民相对于官来说处于身份等级对比中的卑者位置，因而其在跪拜式图景中的直接体现就是民处于跪拜礼节中的行礼一方。同样的情况也见于"君王恩赐"类主题插图中主导的君臣关系、"祈神拜祭"类主题插图中所主导的人神关系、"仆从拜请"类主题插图中所主导的主仆关系，以及其他未曾悉数列举的母子、师生、外节与君王等关系范畴之中。从内容上来看，此类跪拜式插图无论分属何种类别，图景中都存在屈膝下跪场景，

因而相对于一般题材类型的插图，跪拜式插图可谓是具有先天性的尊卑之别。此外，就具体的构图手法与情景内容背景来看，绘者对于这种原本就存在的身份等级差别，不仅在构图手法上予以了强化突出，还在内容构建上对尊者形象进行正面刻画，似乎有意在渲染强调这种身份或阶级的差别，那么绘者，或者直接说是晚明通俗日用类书的编纂者在图绘内容选择上为什么要这般处理呢？笔者认为回答这个问题需要从整个晚明通俗日用类书文本内容与时代背景中寻找答案。

三　封建等级理念的意识灌输

通过对前述诸种跪拜式插图的展示与构图方法的解析，可以清楚地看到这些跪拜式插图中充斥着严格的等级关系与维护正统的思想观念。那么，为什么晚明通俗日用类书中会出现如此之多充满正统元素的跪拜式插图呢？其实，等级观念并非仅限于此。如果将视野扩展至整个类书范畴，就可以发现此种现象不单单存在于书中所附跪拜式插图之中，而是普遍见于类书插图与类书文本内容之中。

诸如日本东京大学东洋文化研究所藏明万历二十七年（1599）建阳书林余象斗刊《新刻天下四民便览三台万用正宗》卷六"师儒门"所附卷前插图"至圣孔宣尼杏坛设教"（见图15）中就有着明显的身份等级差异。该图描绘的是孔子于室外设坛讲学的内容场景。只见图画中的孔子双

手抚琴坐于石台之上,正在向弟子传授知识,众弟子前后分作三排环绕孔子站立,且彼此间呈交头接耳状,似乎正在交流探讨孔子所提问题。[1] 将此图与"乐奏宫商"图(见图14)对比即可发现,二者具有相似的意在突出尊者形象的构图手法。与皇帝位居读者视野中心相同,此图中的孔子不仅被众弟子环绕,居于插图视野的中心位置,而且在个人身形勾勒上,其图像也明显比周围众弟子突出高大。再看众弟子形象,均统一服饰装扮并排拱手作揖状站立,这般处理既显示出弟子们对业师孔子的敬重,也可烘衬出孔子于众人中的独尊地位。即使同为孔子弟子,不同身份地位的弟子也被安排在不同的站位。例如据装扮来判断,虽然众弟子均统一着装,但紧靠孔子身边的四位弟子头饰明显不同于距离孔子稍远的外圈弟子,足见四人地位的特殊性。由此我们也可以推测,绘者在勾勒布局此孔子授课讲学图时有着鲜明的尊卑观念,即孔子弟子们站位排序会遵守明确的先后次序,孔子最得意的门生或入门早者会被安排在紧邻孔子之位,而一般弟子则随同孔子关系亲疏或年龄辈分大小依次站立。观看"至圣孔宣尼杏坛设教"图中孔子众位弟子的形象设定,虽然与"乐奏宫商"图中乐工们双膝跪地演奏有所不同,"至圣孔宣尼杏坛设教"图中的众弟子均为站立作揖,但其与前者却有着异曲同工之妙,整幅图画中也同样充斥着严格的等级秩序。

再如《新刻天下四民便览三台万用正宗》卷二十六"医学门"所附卷前插图"古今历代名医图像"(见图16)。依据插图名称与文本内容可知,该图图绘内容是将民间所流传的古今名医进行集中汇总刻画。图中共出现有13人,其中人皇伏羲手持八卦位居中央,身旁侧坐神农、轩辕二帝,下端岐伯、太乙雷公、扁鹊、张仲景、王叔和、皇甫仕安、葛洪、华佗、孙思邈、俞慈藏10人分左右侧立两边。[2] 依据图绘内容,此图可被细分为上下两个部分:上半部分是由传说中的伏羲、神农与轩辕三帝所组成。从三人座位排序来看,伏羲氏位居中央且正面朝向读者,炎、黄二帝围绕在伏羲氏周围斜向而坐,由此可知三人之中伏羲氏为中心人物,其地位明显要高于炎、黄二帝;下半部分是由岐伯、太乙雷公、扁鹊等10人组成,此10人各分5人为一列,以生活年代早晚为标准于左右两边依次相向而立,生活距现代越久远者离三皇距离越近,同样具有严格的尊卑秩序。对比上下两部分诸位人物形象,上半部中的三皇均为坐姿形态,而下半部中的诸位医家则全为站姿形态,由此可见绘者眼中的三皇地位整体要高于站立诸人。综合图

---

[1] (明)余象斗编辑:《新刻天下四民便览三台万用正宗》卷六"师儒门",日本东京大学东洋文化研究所藏明万历二十七年建阳余象斗刊本。

[2] (明)余象斗编辑:《新刻天下四民便览三台万用正宗》卷二十六"医学门",日本东京大学东洋文化研究所藏明万历二十七年建阳余象斗刊本。

图 15　至圣孔宣尼杏坛设教　　　　图 16　古今历代名医图像

中所绘人物形象及位置可知，明代民间社会对于医者存在较为明显的崇敬心理，不仅将医者形象追溯到传说时代，还把历代名医神仙化，奉为神祇进行敬拜，而这些民间已然神灵化的医者中间仍然存有显著的高低等级差异。

如同将伦理尊卑秩序融合于类书插图之中，封建等级观念也被贯穿于晚明通俗日用类书文本的字里行间。诸如综合性晚明通俗日用类书所载门类，虽然卷次多寡与卷目内容存在些许差异，但总体而言，天文、舆地、人纪、时令、官品、诸夷、武备、书启、律法、星命、相法、医学、

茔宅、琴学、风月、杂览等门类是综合性插图通俗日用类书中的统设门类。在统设门类的具体卷目排序上，偏国家社会层面的天文、地舆门类均位于全书最前列，偏个人休闲层面的风月、杂览门则位于全书的末尾部分，由此可见晚明通俗日用类书的编纂者们对于卷目的安排也存在内在的原则规律，而这种原则与规律正是建立在卷目文本知识的基础之上，即与封建统治阶级联系更为密切的天文、舆地、时令、人纪知识门类会被优先排列。具体至分卷所载文本内容，像书启门类中的"因分称呼"格式、婚娶门类中的"聘仪婚娶"细

则与官爵门类中的"品第月俸"要览等，也无一不充斥着浓厚的等级秩序。可以说，突出等级秩序的现象较为普遍地存在于晚明通俗日用类书之中。然而，备受晚明时期民众青睐的实用性类书中为何普遍强调等级秩序呢？笔者认为造成此现象的根源在于晚明时期封建社会伦理的严重失序。

随着明中后期社会局面的长期稳定与城镇经济的恢复活跃，逐利与崇奢之风在明朝各地区日趋扩散蔓延。不可否认，奢侈的消费理念在短期内对促进商品经济繁荣具有一定的积极作用，然而长此以往势必会对传统社会价值观念产生冲击，继而引发严重的社会统治危机，明嘉靖后期上演的"禁奢之辩"即为当时士大夫群体对于崇奢风气利弊基础上价值观念的争辩[1]。实际上，崇奢的消费理念不单会作用于日常衣、食、住、行，还能延伸至婚丧、崇祀、赌博、嫖妓等行为方面，对传统伦理道德乃至封建等级秩序产生严重破坏。恰如学者徐泓所说，明嘉靖以后的社会风气日渐侈靡。侈靡之风的盛行增加了消费，提供给人民更多的就业机会，促进商品经济进一步发展。但同时，侈奢之风的盛行，又影响到了明末社会秩序的安定，僭礼犯分之风流行，"对'贵贱、长幼、尊卑'均有差等传统社会等级制度，冲击甚大。

尤其是侈靡之风，刺激人们欲望，为求满足私欲，乃以贪污纳贿为手段，破坏嘉靖以前淳厚的政治风气，使贪贿成风，恬不为怪"[2]，在崇奢观念的影响下，世人对经济利益的过分追求严重破坏了旧有的社会伦理秩序，导致封建统治危机愈演愈烈。

当社会危机出现，如何进行化解处置是统治阶级所必须面对的难题。作为民间社会广为流传的实用性书籍，明代通俗日用类书以自己独有的形式给出了答案。且看以耕织图与竹枝词组合搭配为主旋律的"农桑门类"，耕织图主要以图绘的形式展现农业生产的阶段流程，竹枝词主要是以打油诗的形式对相应耕作图进行画面解析，辅助读者理解图绘情景。诸如《新锲全补天下四民利用便观五车拔锦》卷二十八"农桑门"收录的"浸种之图"所配竹枝词："三月清明浸种天，去年包裹到今年；日浸夜妆常看管，只等芽长撒下田。"[3] 通过词文内容，读者可以了解浸种的作业时间与作业方法，辅之浸种作业图示解析，能够实现对浸种工作的全方位掌握。与"浸种之图"所配竹枝词辅助诠释图绘内容所不同，"上仓之图"所配竹枝词并没有提及具体的粮食入仓及保管细节，而是倡导民众积极缴纳官粮："秋成先要纳官粮，好

---

[1] 关于明嘉靖时期出现的"禁奢之辩"问题，详情可参见王卫平《明清时期江南城市史研究》，人民出版社，1999，第313—315页；[美]余英时：《士与中国文化》，上海人民出版社，2013，第546—551页。

[2] 徐泓：《明代社会风气的变迁》，邢义田等主编：《社会变迁》，《台湾学者中国史研究论丛》，中国大百科全书出版社，2005，第318页。

[3] （明）徐三友校增：《新锲全补天下四民利用便观五车拔锦》卷二十八"农桑门"，日本东京大学东洋文化研究所藏明万历二十五年建阳书林郑世魁刊本。

米将来送上仓；销近官司方是了，别无私债挂心肠。"[1] 至于秋后所纳官粮，不仅应该首要操办，而且要保质保量，积极送往官仓，及时了却官私债务，避免不必要的麻烦。

再如专门收录如何教导民众为人处世知识的"劝谕门"[2]，卷中尽载通俗易懂的劝民循良道德说教歌与名家训世孝第诗，像"劝世通俗歌""谕人勤力""谕俗财产不须大""劝先了钱粮歌""莫爱债""谕俗莫斗气歌""邵康节训世孝第诗""睦族歌""和邻敬老""吕状元劝世文"等。对于名利，书中认为应当保持适度之欲，不可过度追求；施恩布德、与邻为善是维持社会世代荣昌的基础。

从说教主题来看，《新刻全补士民备览便用文林汇锦万书渊海》《新刻四民便览万书萃锦》《新刻人瑞堂订补全书备考》《新刻艾先生天禄阁汇编采精便览万宝全书》等书所收录的劝诫类知识，犹如一系列囊括金钱观念、邻里关系、孝悌礼节等做事为人的教条准则。细读诸项礼教条文内容，笔者发现其间隐藏着明确的道德引向性，且这种道德引向具有十分明显的知足顺从特点。例如在善恶观上，认为善有善报，恶有恶报。善报，"祖也，善孙也。善该有善报……善事当行天报君，善人积德荫见孙"[3]；恶报，"祖也，恶孙也。恶该有恶报……恶人自有恶人磨，恶作原来受恶多"[4]，对于作恶之事，劝导众人都不要去做，因为"恶人几见食刀刃，恶者曾闻下鼎锅"，作恶不会有好的结果，"恶人自有恶人磨"，作恶终会自食其果。在金钱观上，书中以为财产不需要很多，因为"财也大，产也大，后来子孙祸也大。借问此礼是何如，子孙钱多胆也大，天来大事也不怕，不丧身家不肯罢"[5]。钱财过多容易使后代子孙恃财而骄，闯下祸患。当钱财比较少时也不要气馁，因为"财也少，产也少，后来子孙祸也少。借问此礼是何如，子孙无钱胆也小，此小生产自知保，俭使俭用也过了"[6]。财产不多，虽然可能给自己的生活带来一些困扰，但较少的财产却也能避免给后世子孙招致灾祸。在个

1　（明）徐三友校增：《新锲全补天下四民利用便观五车拔锦》卷二十八"农桑门"，日本东京大学东洋文化研究所藏明万历二十五年建阳书林郑世魁刊本。

2　部分类书也称为"民用门"，如《新锲天下备览文林类记万书萃宝》。

3　（明）艾南英汇编：《新刻艾先生天禄阁汇编采精便览万宝全书》卷十九"劝谕门·劝善文"，日本蓬左文库藏明末建阳王泰源刊本。

4　（明）艾南英汇编：《新刻艾先生天禄阁汇编采精便览万宝全书》卷十九"劝谕门·劝善文"，日本蓬左文库藏明末建阳王泰源刊本。

5　（明）艾南英汇编：《新刻艾先生天禄阁汇编采精便览万宝全书》卷十九"劝谕门·财产不须大"，日本蓬左文库藏明末建阳王泰源刊本。

6　（明）艾南英汇编：《新刻艾先生天禄阁汇编采精便览万宝全书》卷十九"劝谕门·财产莫嫌少"，日本蓬左文库藏明末建阳王泰源刊本。

人处世心态上，书中主张人们要清心寡欲，"忍为百行本"。遇到不开心的事，不必过分愁肠，要把心放宽，时常将"忍"字挂心头，"何以为忍？夫子曰：'天子忍之国无害，诸侯忍之成其大，官吏忍之进其位，夫妻忍之终其世，兄弟忍之家必富，朋友忍之全其义，自身忍之无患累子'"[1]。故而人们要懂得知足，学会谦逊忍让。同时，晚明通俗日用类书也主张天命论，认为人生来命运即已注定，号召民众要安于现状，学会和邻敬老。所谓"但将就，但将就，人生在世不能勾。古今如山难参透，奉劝今人且将就"[2]，"你若能敬老，老来人敬你；老者见事多，凡事识得透；事有可疑处，好去与穷究"[3]。世人，尤其是青少年要学会忍让将就与睦邻敬老，遵守社会秩序等。

若将关注视角加以扩散，笔者发现文本内容间以和为贵的"隐忍"主张也同样表现在卷前所附插图之中。以日本东京大学东洋文化研究所藏明万历二十四年（1596）福建刻本《新锲天下备览文林类记万书萃宝》"民用门"所附卷前插图（见图17）为例，只见画面中间一名皇帝装扮男子正双手插袖端坐于凳子之上，目光注视前方。皇帝身旁站立有两名侍臣，其中的一位手持日月扇立于皇帝左侧后，另一位近侍双手作揖状站于皇帝右前方，正在回头与皇帝交流些什么。三人面前有一身着官服男子正在伏案书写，桌案纸张上写有"大忍"字样。[4] 从画面场景内容来看，该图应是一幅描绘皇帝口述、臣子执笔撰写诏书的场景。结合插图标题可知，诏书应是关于民间社会大众的处世准则等内容。虽然此插图是类书编纂者们所绘制，场景内容未必真实可信，但通过画面中执笔臣子已经书写的"大忍"二字，可以知晓画

图17 "民用门"卷前插图

---

1 （明）艾南英汇编：《新刻艾先生天禄阁汇编采精便览万宝全书》卷十九"劝谕门·忍为百行本"，日本蓬左文库藏明末建阳王泰源刊本。

2 （明）徐企龙编辑：《新刻全补士民备览便用文林汇锦万书渊海》卷二十四"劝谕门·谕世歌"，日本京都大学人文研究所藏明万历三十八年建阳杨钦斋刊本。

3 （明）徐企龙编辑：《新刻全补士民备览便用文林汇锦万书渊海》卷二十四"劝谕门·和邻敬老"，日本京都大学人文研究所藏明万历三十八年建阳杨钦斋刊本。

4 （明）佚名编辑：《新锲天下备览文林类记万书萃宝》卷十一"民用门"，日本东京大学东洋文化研究所藏明万历二十四年福建刻本。

面中皇帝劝民口谕的思想主旨，也即类书所要传达的劝导民众隐忍谦让的处世哲学。若对晚明日用类书所附卷前插图进行内容归类与功用分析，即可发现卷前插图并非起到单纯的图像美观作用，而是能够作为文本内容的卷前明信片，体现类书编纂者的思想内涵与类书文本编纂主旨，[1] 由此可见，隐忍谦让、教化民众应是该"民用门"的卷目编纂主旨。

可以说，随着明代中后期社会矛盾的日益尖锐，程朱理学受到心学的强烈冲击，人们主张追求个性自由，传统社会伦理道德秩序遭受巨大挑战。面对严峻的社会危机，统治阶级一方面加强政治统治，另一方面则钳制舆论思想，宣扬忠君爱国的儒家正统观念。作为民间社会广为流传的实用性书籍，日用类书自然也成为儒家伦理秩序重建的重要工具，其在文本内容上的主要表现就是大量的礼教知识与道德观念的灌输。[2] 至此便可以理解，晚明通俗日用类书所附插图，尤其是兼具文本内容宣传功用的卷前插图中的等级化现象，其实质是明代中后期社会出现危机后的应对举措，而类书文本中充斥着的等级观念正是该举措主旨思想的体现。通览与文本关系密切的诸种富含等级观念的插图，无论是将差异明面化了的跪拜式插图，还是暗含尊卑观念的"至圣孔宣尼杏坛设教"图与"古今历代名医图像"，都属于编者意识观念于类书文本的外在表象，在这些充满尊卑等级的文化现象背后实则反映出明代，尤其是插图本通俗日用类书大量兴起的晚明时期社会伦理纲常的失序。而频频出现的插图人物跪拜现象、等级秩序分明的人物插图布局和说教意味浓厚的劝谕思想与主张等，均围绕着树立统治阶级权威和巩固封建社会秩序而设，具有鲜明的社会思潮引导作用。如同《鼎镌十二家参订万事不求人博考全编》编纂者对于"人纪门"卷目设定的理解："有一代之兴，必有一代之佐。故自三王而五帝，三王而五霸，溯流穷源，沿秦、汉、唐、宋以迄我皇明。驱胡御宇，相业争光，风云际会，明良喜起。凡礼乐绥太平，干戈戡祸乱，品级森严，不容逾越。至于杂流案牍，无不备载焉。一览是编，而诏爵诏禄，如登官堂矣。"[3] 虽然认为历代王朝的兴衰都有其必然规律，一代王朝的建立离不开圣明的君主，圣明的君主旁边也缺不了贤能的佐臣，但对于社会礼制，不管是在太平盛世，还是在战乱时期，都要秉承坚持，不可越制。这也就不难理解，为何在社会伦理秩序出现危

---

1 刘耀：《文化橱窗——晚明日用类书卷前插图研究》，《编辑之友》2020 年第 4 期。

2 具体内容可参考丛艳姿《明代日用类书中"四礼"教化研究》，硕士学位论文，北京师范大学，2009；刘利美：《明代日用类书与庶民道德教育》，硕士学位论文，北京师范大学，2009；魏志远：《礼秩与实用：从明代中后期的日用类书看儒家伦理民间化》，博士学位论文，南开大学，2013；陈学文：《明清时期乡村的社会治安和社会秩序整治——以日用类书为中心》，《浙江社会科学》2015 年第 3 期。

3 （明）博览子编辑：《鼎镌十二家参订万事不求人博考全编》卷三"官品门"，国家图书馆藏明万历年间建阳萧少渠刊本。

机之时，君臣关系插图会超过晚明通俗日用类书所附跪拜式插图总数的一半，成为其中最为常见的类型。因为在中国古代社会，君王是国家的最高统治者，在一定程度上可被视为封建国家的代表，君王威严的塑造对于宣扬巩固封建社会伦理秩序来说至为关键。即便如"君王恩赐"类图景中作为奖励物质的数串葡萄和一纸诏书，因其直接受赠于君王，便有了特殊的指定含义，因而无论何种奖励形式，都代表着君王，甚至是国家对当事人的认可，无疑是莫大的荣耀。

结　语

从文化商品角度来看，晚明通俗日用类书是明代书坊主为满足市场需求的逐利型产物，与所附插图较文本内容的因袭摘录情况不同，其在插图情景选择方面具有灵活自主性，能够随读者受众的需求变化而转变，体现出日用类书的出版特色与文化意义。得益于自身的镜像功用，晚明通俗日用类书所附插图，尤其是卷前插图如同类书文本明信片，不仅对文本内容起着预示和解析作用，其本身也作为晚明时期民间社会知识的载体，蕴含着丰富的时代文化内涵。从中可以看到，作为广受民众追捧而盛行于明中晚期的实用性书籍充斥着浓厚的封建等级意识与传统的儒家伦理观念，且这种意识观念具有明显的民众思想导向性。因此可以说，带有大量插图的日用类书在一定意义上可被视为封建政权的民间统治秩序的拓展延伸，在文化水平低下的基层社会之中扮演着儒家正统礼法的传播作用，而书中所附插图呈现出的"跪拜现象"，正是晚明时期民间社会传统伦理道德失序的时代背景下，出版者借助插图的直观展示功用配合统治需求所进行的民间封建伦理秩序重建手段。

清代释道信众联袂参拜敦煌佛窟事迹考论*

■ 李博雅（陕西师范大学丝绸之路历史文化研究中心）

一 序言

敦煌石窟壁面上的"游人漫题"，作为一种价值特殊的原始文献史料，百余年来一直备受中外学界的关注和研究，[1] 近40年来，研究者们对它更是钟爱有加，众多学者依据敦煌石窟"汉文游人题记"，在各自的研究领域择其所要，产生了大量的学术成果。[2]

敦煌石窟是世界公认的东方佛教文化

---

* 本文系国家社科基金西部项目"敦煌石窟历代游人题记调查整理与研究"（18XKG008）阶段性研究成果。

1 敦煌研究院编：《敦煌莫高窟供养人题记》，文物出版社，1986。[法] 伯希和著，耿升、唐健宾译：《伯希和敦煌石窟笔记》，甘肃人民出版社，1993。[日] 松井太、荒川慎太郎编：《敦煌石窟多言语资料集成》，东京外国语大学アジア・アフリカ言语文化研究所，2017。

2 刘玉权：《西夏时期的瓜、沙二州》，《敦煌学辑刊》第2集，1981，第100—110页。罗华庆：《莫高窟第444窟龛南后柱题记考辨》，《敦煌研究》总第5期，甘肃人民出版社，1985，第106—110页。孙修身：《西夏占据沙州时间之我见》，《敦煌学辑刊》1991年第2期，第37—43页。李正宇：《敦煌名胜古迹导论》，《阳关》1992年第1期，第39—49页。公维章：《元明清时期的敦煌佛教》，《敦煌学辑刊》1999年第2期，第22—31页。张小刚：《莫高窟第256窟至正年间"大宋国"题记考释》，《敦煌学辑刊》2003年第2期，第93—95页。邵明杰：《莫高窟第196窟"甘州（菩）萨保"题记新考》，《民族研究》2009年第6期，第99—101页。陆离：《安西榆林窟第19窟大礼平定四年题记考》，《敦煌研究》2011年第1期，第53—57页。王力平：《莫高窟汉文游人题记史料价值探析》，《敦煌学辑刊》2014年第3期，第43—59页。刘永增：《瓜州榆林窟第3窟的年代问题》，《艺术设计研究》2014年第4期，第16—23页。陈光文、郑炳林：《莫高窟、榆林窟明代游人题记研究》，《兰州大学学报》2015年第5期，第110—118页。陈光文：《敦煌莫高窟第237窟北元时期汉文游人题记考释》，《敦煌学辑刊》2015年第3期，第88—91页；陈光文：《敦煌莫高窟清代游人题记研究》，《敦煌学辑刊》2016年第1期，第60—72页；陈光文：《莫高窟、榆林窟元代汉文游人题记史料价值述论》，《内蒙古社会科学》2017年第2期，第80—86页。陈玮：《敦煌莫高窟题记所见西夏归义人研究》，《西夏学》第12辑，甘肃文化出版社，2016，第181—188页。张铁山、彭金章：《敦煌莫高窟B465窟题记调研报告》，《敦煌研究》2017年第1期，第246—259页。汪正一、赵晓星：《敦煌莫高窟第150窟清代遗迹考察》，《再获秋实——第二届曲江壁画论坛论文集》，商务印书馆，2017，第285—309页。秦弋然：《从莫高窟游人题记看明清时期敦煌地区的佛教》，《佛学思想与佛教文化研究》（下册），社会科学文献出版社，2017，第452—464页。杨冰华：《敦煌莫高窟第38窟新发现题记探析》，《西部蒙古论坛》2019年第3期，第73—78页。丁淑君：《敦煌石窟张大千题记调查》，《敦煌研究》2019年第5期，第143—148页。

艺术宝库。因为修建在以汉文化为基础的敦煌地区，所以较早地打上中国传统宗教道教的烙印。如莫高窟第249、285窟窟顶的壁画出现了一些中国民间传统的神话题材，类似东王公、西王母、伏羲、女娲、雷神、开明、飞廉、青龙、白虎、朱雀、玄武、方士、羽人等形象，有专家直接判定为道教题材。[1] 又，莫高窟藏经洞出土大量的道教文献，说明道教文化与佛教文化一直在敦煌并存。有清一代，敦煌石窟经历大规模"修缮"，大量的道教神像绘塑和道教信众朝礼圣迹的题记出现于洞窟之中。莫高窟第131、138、150、222、344、366、454窟；榆林窟第1、7、8、11、23、35、37、40窟，在中心佛坛或前室、甬道遗存有道教题材的神像绘塑；榆林窟第23窟主室东、南、北壁马蹄形佛床上彩塑有道教全真七子等神像；窟顶中央还画有乘鹤手捧阴阳鱼老君像一身，四周贴纸画八仙图；北壁、东壁各画道教故事，南壁画八仙传奇等亦为清季绘画佳作。然而对清代以来出现的道教神像绘塑和释道信众联袂朝拜敦煌佛窟的事迹，至今尚无专文讨论，笔者拟通过对部分清代释道弟子联袂参拜佛窟事迹题记资料的考察，以窥清代释道相辅相融的宗教文化之一斑，并求教方家。

二 敦煌石窟部分释道弟子题记概况

敦煌石窟释道弟子联署题壁的时间特点尤为明显，多集中于清乾隆至咸丰百余年间，题者身份毋庸置疑。从地域来源看，除敦煌之外，有来自肃州（今酒泉）、凉州（今武威）、狄道州（今临洮）、龙门洞金符山（今陕西陇县）等地区者。以上诸多地区的释道弟子不远千里来敦煌石窟朝礼，从事建醮、诵经等活动，说明敦煌作为西北地区的宗教活动中心，在清时具有不可替代的地位。

首先，反映了当时释道两教信众崇礼敦煌佛教石窟的状况。

莫高窟第454窟甬道南壁清乾隆十八年（1753）题记（图1）：

临洮狄道州玄门弟子朱成相
大清乾隆十八年四月初八日
诵经　二人虔叩
临洮狄道州报恩寺僧人
照永[2]

---

[1] 段文杰：《道教题材是如何进入佛教石窟的——莫高窟249窟窟顶壁画内容探讨》，《1983年全国敦煌学术讨论会文集》石窟·艺术编（上），甘肃人民出版社，1985，第1—16页。

[2] 敦煌研究院编：《敦煌莫高窟供养人题记》，文物出版社，1986，第172—173页。

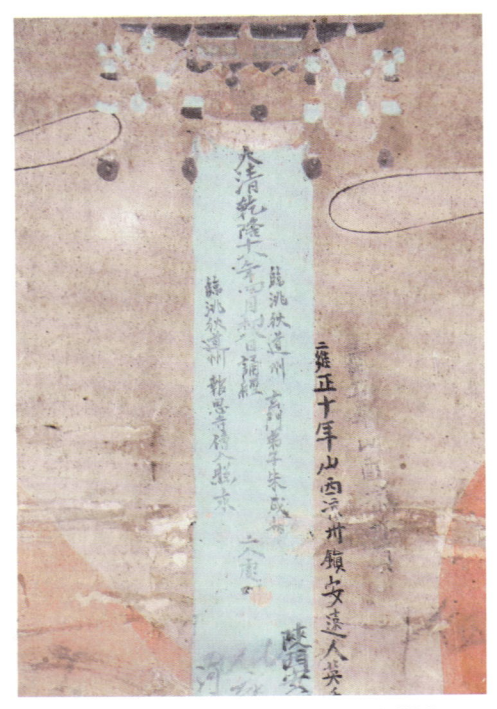

图1 莫高窟第454窟清乾隆十八年题记

狄道,[1] 古地名,今甘肃临洮县。乾嘉时期,敦煌道教活动尤盛。莫高窟第95、148、152、153、175、176、194、196、202、427、454窟遗存23条有关凉、狄道等州县玄门弟子巡礼莫高窟的题记。第454窟"临洮狄道州玄门弟子朱成相"不曾记录道观名,这位玄门弟子到底属于临洮哪座宫观目前尚不清楚,[2] 但"临洮狄道州报恩寺"却是当地较为著名的佛寺,"报恩寺,在州治南"[3]。从释、道弟子结伴同行来敦煌诵经及玄门弟子莫高窟叩佛、巡礼事迹来看,按照许多研究思想史的学者的说法,宋元以来的佛教是在"走下坡路"。而这一时期的道教则进入了一个不断繁衍、不断创新的发展阶段。明清时期佛教在继续其本土化的进程上没有停步,它在思想观念上走向"三教圆融",更加便宜修行。[4] 它在与统治阶级密切关联的同时,越来越多地融入了中国本土文化,渗入了社会中下层民众生活的各个方面,如庙会、法会、祈福、超度法事等活动,逐渐走向世俗化和民间化。这也充分证明了佛道日益交融的事实。

莫高窟第148窟第二道门外南、北两侧清嘉庆十年(1805)题记(图2):

龙门洞金符山授戒弟子张来

---

[1] 狄道,《史记·孝文帝本纪》《后汉书·百官志五》《汉书·百官公卿表》记:"县有蛮夷曰道。"汉代设狄道县,故城在今甘肃临洮县西南。东晋十六国时,属武始郡。隋代以前临洮郡指今天的岷县,隋义宁二年(618)改临洮郡置岷州,复溢乐县名并为州治。之后岷州成为今岷县的稳定称谓延续下来。唐初,置临州,后置狄道郡。安史乱后,陷入吐蕃。五代时吐蕃置武胜军地。宋金时期,曾在狄道县设临洮府,狄道县也长期作为陇西郡的治所。元、明、清均置临洮府,府治狄道。乾隆五年(1740)迁府治于兰州,升狄道州。民国二年(1913)降州为县、十八年(1929)狄道县改称临洮县。

[2] 临洮狄道玄门弟子朱成相在莫高窟落款题记计有二则:分别为第454窟甬道南壁乾隆十八年(1753)一则和第233窟甬道北壁乾隆二十六年(1761)一则。

[3] (清)呼延华国修,吴镇纂:《狄道州志》,清乾隆二十八年(1763)刻,光绪年间官报书局排印本。

[4] 参阅魏道儒《中华佛教史:宋元明清佛教史卷》,山西教育出版社,2013。黄海涛《明清佛教发展新趋势》,云南大学出版社,2008。

德至嘉庆十年九月廿一日朝礼[1]

敕赐文殊寺云门派下洪戒丘比……

龙门洞金符山，位于陕西省陇县西北部、陕甘交界处六盘山南段景福山麓。金符山与景福山音同，或为书者笔误。龙门洞，古名灵仙岩，何时开山建庙，目前缺乏可靠的文献记载。相传，始于春秋，建于西汉，盛于金元，为道教全真教"龙门祖庭"，因而驰誉遐迩，被称为龙门派圣地。周大夫尹喜曾弃职归山，隐居于灵仙岩龙门石室。至元十六年（1279）《陇州龙门洞玉宸宫碑记》载，西汉关内侯娄景曾修行幽居避世于此，景帝刘启下诏："以祠国师之香火，祈国家之景福也，故山以景

图2　莫高窟148窟
1. 莫高窟第148窟第二道内景　2. 莫高窟第148窟第二道门外南侧题记　3. 莫高窟第148窟第二道门外北侧题记

1　敦煌研究院编：《敦煌莫高窟供养人题记》，文物出版社，1986，第71页。

福名之。"[1] 东晋道教理论家葛洪曾在景福山一带炼养。全真派长春真人丘处机于大定二十年（1180）从宝鸡磻溪移此穴居苦修悟道七载。丘处机为全真道在元代的发展作出了重要贡献，门下弟子形成的全真龙门派，为全真道明清以来传承的主要派别，一直流传至今。[2] 据《道教仪范》记载，全真道从王重阳祖师开始便有了传戒授律的传统。全真派自丘祖长春真人接续法统以后，遂据道教已有戒律订立道教全真传戒仪范，戒法逐渐转入龙门一派，为龙门派独有。[3] 故"全真律宗"，又称"龙门律宗"。明末，龙门洞毁于兵燹。康熙二年（1663）重建，道光二十五年（1845）、民国二十五年（1936）又进行大规模整修。

全真龙门派共有百代谱系，其中第十一代刘一明是清中期活动于甘肃的著名道士，第153窟龙门派下第十三代张来德以及王圆箓的师父盛道人是否由刘一明一支下传，目前还没确凿证据可考。但王圆箓及其下传谱系非常清楚——王道士本人为"圆"字辈，系龙门派第十九代；其弟子姚明善和赵明裕，为龙门派第二十代；其徒孙方至福，为龙门派第二十一代，位于敦煌城郊的西云观，所传承的也是龙门派法裔。[4]

文殊寺，位于祁连山主峰素珠链脚下肃南裕固族自治县祁丰镇，为史志所载"三百禅室"之大寺。清《肃州新志》记载："山峡之内，凿山为洞，盖房为寺，内塑佛像。……有古雕无数，旧称有三百禅室，号曰小西天。"[5] 文殊山石窟始建于北凉时期（401—433），现存元泰定三年（1326）《重修文殊寺碑》记："所观文殊圣寺古迹，建立已经八百年矣。"从公元1326年上溯八百年，为公元526年，时在北魏孝明帝孝昌二年。后经唐、五代、宋、西夏、元、明、清凿修扩建，鼎盛时期，前山和后山建筑360余座，70余院，石窟70余所；寺院、庵观、殿阁多建在奇峰异峦之巅，壮丽玄妙。南北朝至明清以来，汉传佛教、藏传佛教、道教等多种宗教荟萃。据传说和《安多政教史》载，文殊菩萨曾显灵于此。文殊菩萨殿、文殊寺、文殊洞年代久远。民间曾有俗语云："先看文殊，后看敦煌"，由此可以想见文殊山寺石窟群旧时的辉煌。[6]《重修肃州志》《肃州新志》《张掖史话》《酒泉史话》等史志文

1　元至元十六年《陇州龙门洞玉宸宫碑记》。（清）罗彰彝等纂修：《陇州志》，清康熙五十二年（1713）刊本。（清）吴炳纂辑：《陇州续志》，清乾隆三十一年（1766）刊本。

2　樊光春：《西北道教史》，商务印书馆，2010。

3　闵智亭：《道教仪范》，宗教文化出版社，2004。

4　樊光春：《敦煌道士王圆箓评传》，《中国道教》2008年第5期，第43—47页。

5　（清）吴人寿纂，何衍庆修：《肃州新志》，清光绪二十三年（1897）抄本。

6　文殊山古迹遗存，《晋书·宋纤传》、《晋书·张骏传》、北魏《十六国春秋》、元泰定三年太子喃嗒失《重修文殊寺碑》、明《肃州志》、清《重修肃州新志》、《肃州新志》等多有记载。

献多有记载描述。

由于文殊山的特殊地位，前辈学者从不同视角对文殊山石窟的断代分期、壁画内容及风格、题记和碑文进行了研究。[1] 1954 年，美术史学家史岩调查文殊山遗迹时，文殊寺院尚存。据记录：前山时代较早的寺院有圣寿寺、台子寺、玉泉阁，元喃嗒失太子重修碑及喇嘛教的几座大经堂。而后山的寺观数量更为可观，其中道观居多，有斗姆宫、三皇宫、无量殿、眼光娘娘殿、灵官殿、三义殿、药王殿、翠云宫、龙王宫、玉皇宫、三清宫、城隍殿、东岳庙、罗祖宫、山神殿、十王殿、仙姑殿、日月宫、玉皇楼、王母宫、五圣宫、百子阁、无极殿、普渡宫、文昌宫、财神庙等。佛教寺院较少，有千佛楼、观音洞、地藏寺、文殊寺、闪佛洞、收圆寺、睡佛寺等。[2] 1956 年酒泉博物馆刘兴义对已废弃的文殊山石窟寺遗址曾有调查，绘制"酒泉文殊山石窟寺观遗迹图"，统计寺院庙宇共计 138 座，石窟 18 所。[3] 由此可知，清初文殊山已成为释、道、儒三教合一文化艺术的胜境，中国传统神仙与藏传佛教混杂的石窟寺群了。

莫高窟第 153 窟拱形甬道顶及北壁清嘉庆十年（1805）题记（图3）：

大清嘉庆十年九月廿一日

五凉玄门
肃州释门　弟　子　传　授

龙门派下第十三代张来德
云门派下第十二代能　舟　朝礼仝叩

云门宗是禅宗五家七宗之一，因开山祖师云门文偃禅师（864—949）而得名。清

---

[1] 张宝玺：《河西北朝石窟》，上海古籍出版社，2016。姚桂兰主编：《文殊山石窟》，甘肃人民美术出版社，2018。甘肃省文物工作队：《马蹄寺、文殊山、昌马诸石窟调查简报》，《文物》1965 年第 3 期，第 13—30 页。耿世民、张宝玺：《元回鹘文〈重修文殊寺碑〉初释》，《考古学报》1986 年第 2 期，第 253—264 页。董玉祥、杜斗城：《北凉佛教与河西诸石窟的关系》，《敦煌研究》1986 年第 1 期，第 90—98 页。董玉祥：《河西走廊马蹄寺、文殊山、昌马诸石窟》，《河西石窟》，文物出版社，1987，第 1—21 页。暨远志：《酒泉地区早期石窟分期试论》，《敦煌研究》1996 年第 1 期，第 59—75 页。杨益民、唐晓军：《肃南县文殊山石窟寺院》，《丝绸之路》1998 年第 1 期，第 49—53 页。李国：《河西几处中小石窟述论》，《敦煌研究》1998 年第 3 期，第 11—22 页。[日] 井上豪：《酒泉・文殊山石窟后山区千仏洞の西域样式壁画について》，《早稻田大学大学院文学研究科纪要》第 43 辑第 3 分册，1998 年，第 117—129 页。郭玉琴：《文殊山石窟艺术初探》，《陇右文博》2004 年第 2 期，第 60—61 页。张宝玺：《河西北朝中心柱窟》，《1987 年敦煌石窟研究国际讨论会文集・石窟考古编》，辽宁美术出版社，1990，第 123—164 页。张宝玺：《文殊山万佛洞西夏壁画的内容》，《1983 年全国敦煌学术讨论会文集》（上），甘肃人民出版社，1985，第 256—271 页。施爱民：《文殊山石窟万佛洞西夏壁画》，《文物世界》2003 年，第 57—59 页。伊斯拉菲尔・玉素甫、张宝玺：《文殊山万佛洞回鹘文题记》，《语言背后的历史——西域古典语言学高峰论坛论文集》，上海古籍出版社，2012，第 94—106 页。杨富学：《酒泉文殊山：回鹘佛教文化的最后一方净土》，《河西学院学报》2012 年第 6 期，第 1—6 页。杨富学：《文殊山万佛洞西夏说献疑》，《西夏研究》2015 年第 1 期，第 25—33 页。张小刚、郭俊叶：《文殊山石窟西夏〈水月观音图〉与〈摩利支天图〉考释》，《敦煌研究》2016 年第 2 期，第 8—15 页。李甜：《文殊山石窟研究的回顾与展望》，《石河子大学学报》2017 年第 1 期，第 29—37 页。李甜：《文殊山石窟研究》，博士学位论文，兰州大学，2019。

[2] 史岩：《酒泉文殊山的石窟寺院遗迹》，《文物参考资料》1956 年第 7 期，第 53—59 页。

[3] 甘肃省酒泉地区酒泉史话编辑组编：《酒泉史话》，1984 年。

图3　莫高窟第153窟清嘉庆十年题记

季，肃州地区佛教繁盛。从莫高窟第148窟雍正九年（1731）"肃州文/殊寺释子权恒仁"到千佛洞朝山焚香；第95窟乾隆五年（1740）"大清国陕西省直隶肃州钟楼寺住持比丘/普印/慧灯/徒通憎"在莫高窟诵大乘妙法莲花经百日；第233、454窟乾隆十九年（1754）"肃州钟楼寺/比丘僧普印偕徒通懿" "大清陕西省直隶肃州钟楼寺/比丘普印徒通憎通懊通憎通懿/孙心观心空心月"到此朝谒流通法华经、金刚注解等经；第194、205窟乾隆十九年"肃州钟楼寺比丘普印偕徒通懿"朝谒；第152窟乾隆十九年"肃州钟楼寺……"；第94窟道光元年（1821）"肃州人氏/延寿寺僧通博朝山"、第454窟道光元年"酒泉/释子通博敬香"；第148窟"钟楼寺僧人普义朝山/通悟通恒叩" "肃州钟楼寺僧……进香"，第176窟"肃州钟楼寺弟子通悟朝拜经进香"，第454窟"肃州钟楼寺弟子通悟拜" "肃州钟楼寺……"，以及第428窟"钟楼寺僧人通恒普义到此"，等等，释教弟子到莫高窟恭诵大乘妙法莲花经，流通法华经、金刚注解等经，朝谒、参佛、敬香礼拜题记就可窥其一斑。

上述莫高窟第148窟雍正九年"肃州文殊寺释子权恒仁"、嘉庆十年"敕赐文殊寺云门派下洪戒丘比……"、第153窟"肃州释门弟子传授云门派下第十二代能舟"三则墨书题记弥足珍贵，从"权恒仁" "洪戒" "能舟"朝谒莫高窟题记来看，文殊寺当为清季禅宗之一云门派主流寺院无疑，亦可补文殊寺史志研究资料过于简略之不足。今前山残存中心柱窟前新建文殊寺是一座藏式寺院建筑，新造与原貌风格迥异，究其原因，虽然文殊山遗存规模宏大，但其完整性较差，绝大多数寺院和洞窟破坏极其严重，历代保护管理不尽完备，古建遗存和石窟绘塑内容又缺少实物纪年和文献资料记载；再者，文殊山古建遗存的考察与研究远未达到系统全面科学的程度，诸多问题还不够清晰。目前寺宇遗址、石窟等从未进行过考古发掘和详细调查，古代壁题文献资料往往又被研究者所忽略，其文化面貌和内涵、价值及与其他寺宇、石窟的关系、营建史等方面的研究仍有待进行。[1]

莫高窟第 196 窟甬道南壁清咸丰十一年（1861）题记：

> 李春云
> 咸丰十一年四月十五日玄门
> 弟子徐　德
> 　　　　　僧人七斤子
> 　　　　　　　　敬叩[2]

也是佛道弟子共同礼拜莫高窟的记录。

三　敦煌石窟释道信众题记中所见释道融合

在中国历史上，儒释道三教鼎立发展历经两千余载，各方此起彼伏，时兴时衰。如果说佛教作为外来宗教曾被深受儒家教育熏染的官宦士大夫们视为"夷狄"之教，而道教则因其汉末与张角黄巾起义和张鲁地方割据势力的瓜葛，曾使统治阶级耿耿于怀，倍加防备。那么，尊奉儒家思想的政权对于佛教、道教的改造、利用，甚至容纳，就以政策法令的形式逐渐提上日程，进入了政治生活。如北魏太武帝推动道士寇谦之改造五斗米道，清整道教，南朝齐梁陶弘景编撰《真灵位业图》，创造与封建等级制度相适应的道教神灵系统；南北朝时期，佛教不仅在民间流传，而且由于它依附玄理，在士大夫阶层的影响也逐渐扩大。可以说，佛教自传入中国之初便开始了本土化的历程。梁武帝笃信佛教，但他并未反对质疑佛学义理的臣子。其时，佛教与中国儒家思想行为的分歧也日益凸显，佛教部分僧俗上层与儒臣自东晋就开始辩论沙门是否礼敬王者，名僧慧远著《沙门不敬王者论》，虽然力陈僧众不必尽敬王者，其目的在于借此抬高佛教的地位，但在实际上并不违背孝亲敬君的礼法。"与儒家的积极入世、鼓励儒生'以天下为己任'不同，佛教、道教分别擅长的是为信仰个体指引超离诸苦、出世解脱和服食炼养、遁迹成仙的道路。"[3] 敦煌石窟释道信众题记史籍文献、方志多无记载，亦无出处可循，多是巡礼者朝山、礼佛后书写在壁面上的感想体会。这些人有的可能是当时主持某一寺庙的高僧大德，有的亦有可能是道家传教布道，堪为众范的道士。在《清史》等正史中是找不到这些人和事迹的，这些记载肯定能够补充正史、方志的遗漏和不足。这些遗存，还或多或少、直接或间接地反映了敦煌乃至西北地区不同时期的社会历史面貌，它对研究清代西北地区政治文化、地方志史、宗教发展史、敦煌

---

[1] 魏文斌：《丝路禅林　边郡西天——文殊山石窟》，《文殊山石窟》，甘肃人民美术出版社，2018，第 1—13 页。

[2] 李国、王海彬：《敦煌石窟研究的新视角——以莫高窟儒、释、道游人题记为中心的考察》，《丝绸之路研究集刊》第五辑，商务印书馆，2020，第 192—193 页。

[3] 张新鹰：《国家权威与"宗教宽容"：儒释道和谐共存的历史启示》，《中国宗教》2014 年第 2 期，第 27—29 页。

石窟兴衰史等诸多方面的问题提供了第一手资料，具有原始性、真实性和唯一性等多方面的历史文献价值和学术研究意义。

明清时期，佛道二教义理上趋于沟通融合。世俗信众，释道弟子一起至敦煌石窟朝拜、诵经，这些宗教活动在敦煌石窟一些题记中亦有反映，投射出当时佛道融合的真实情况。如：

榆林窟第6窟一层甬道北壁清道光十八年（1838）题记：[1]

文□玉满积无量功德
众列成行吾□□□□
信不免无常言□□君
白学□银烧丹炼药苦弗
参吾下金木水火土□或
山林释迦伕[2]雪山修禅苦
行六年功成满吾下生老
病死苦寂灭归空
道光十八年四月初一日朝山
　释子刘理璋沐手叩
　　玄门^{弟子}朱庆寿^{篆名}妙香□□
　　　　　　　　王□□
　　降缘坠庆玄□□杨□□　叩
　　　　　　安　智

该题记内容虽然残损严重，但可以看出，其中既涉及对道教烧丹炼药的学习和对五行理论的参究，也谈到了佛祖释迦牟尼雪山苦修和生老病死、苦集灭道等佛教义理；既有佛教内容，又有道教信息。落款释子和道士联袂题名，这一释一道关系表现得十分融洽，他们在对佛教和道教义理的认知方面也甚为一致。

莫高窟第454窟主室南壁清雍正七年（1729）题记（图4）：

雍正七年四月初八日叩拜
道人赵幾[3]　　　　艸

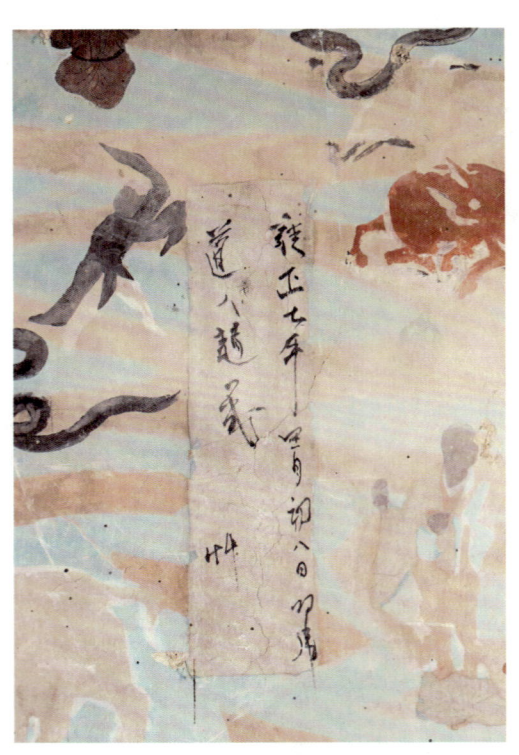

图4　莫高窟第454窟清雍正七年题记

---

[1] 李国：《榆林窟道教游人题记刍议》，《敦煌研究》2020年第3期，第27—36页。

[2] 伕（fó），古同"佛"。

[3] 幾，有识作"幾""武""義"者。与草体字典比对，"幾"字较为贴近，故暂代用。

莫高窟第 237 窟主室东壁门北清道光十六年（1836）题记（图 5）：

  道光十六年四月初七日诵经
  嗣教弟子同叩上祝
  佛祖圣诞之辰建醮讲诵仙经蒙
  神灵永佑万事如意百福千祥
  一诚上达
  百事皆通

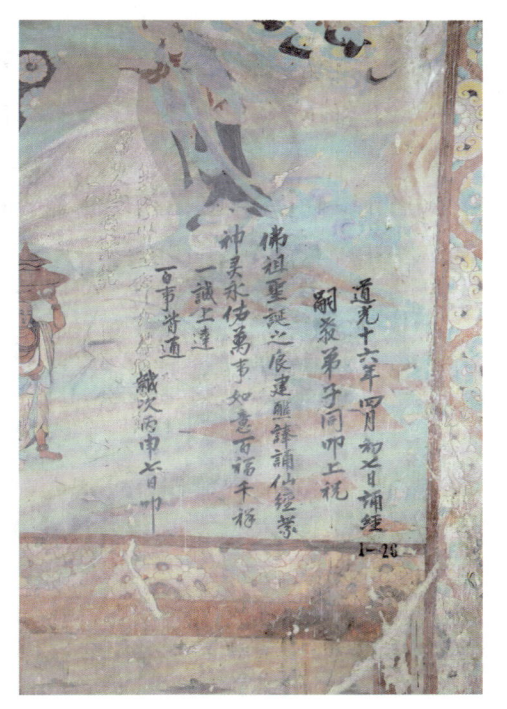

图 5 莫高窟第 237 窟清道光十六年题记

莫高窟第 237 窟主室东壁门南清道光十七年（1837）题记：

  道光十七年岁次丁酉戊申朔
  甲寅日

  嗣教弟子诵经恭祝
  佛祖　万寿无疆

莫高窟第 94 窟主室东壁清道光二十五年（1845）题记：

  佛以慈悲观自在
  我从欢喜见如来
  道光二十五年讽经正乙弟子
  李大福叩

榆林窟第 6 窟一层木制门内北侧木板上渊泉道士题记（图 6）：

  万佛通灵保合境
  一家大小浔安宁
  若要年年来朝佛
  富贵永佑保长生

图 6 榆林窟第 6 窟木门内侧渊泉道士题记

以及莫高窟第 98 窟甬道南壁用铅笔书写民国三十一年（1942）旧时军队组织人力为莫高窟清沙场景的题记，明确指出"僧道两教敬神佛"：

远看青山一片石

来到青山有贵处

千个佛爷在洞里

三大寺院修的新

僧道两教敬神佛

骑五十三国赶沙子

千年古洞见天日[1]

从上述题记亦可看出，中国民众信奉"多种宗教"，见佛烧香、遇神磕头的现象在游人题记中比比皆是。如身为道门人士而期望通过建醮诵经来恭祝佛祖"万寿无疆"，蒙神灵永佑"万事如意，百福千祥"；通过对"万佛"的朝拜，希求保佑一家大小安宁和富贵长生。这些内容充分体现了释道二教在信仰层面的融合，既求来世，又求今生；在世俗信众层面，敦煌乃至河西地区"至少有一大批信仰者对佛教和道教诸神同等崇奉，体现为融合乃至是杂糅"[2]。

四　结论

在中国历史上本土道教与外来佛教相会通，有力地证明文明因交流而多彩，也充分证明在人类发展史上，不同文明间的交流互鉴是文明发展的强大动力。习近平总书记在敦煌研究院同有关专家学者和文化单位代表座谈时强调："敦煌作为中国通向西域的重要门户，古代中国文明同来自古印度、古希腊、古波斯等不同国家和地区的思想、宗教、艺术、文化在这里汇聚交融。中华文明以海纳百川、开放包容的广阔胸襟，不断吸收借鉴域外优秀文明成果，造就了独具特色的敦煌文化和丝路精神。"[3]

敦煌石窟所见清代释道信众联袂参拜佛窟所展现的释、道融合的题记遗迹，作为清代西北部分地区不同层面信仰的一些具体现象，揭示出敦煌佛道融合发展的现象；它不仅反映出这一历史时期的宗教状况，还为我们展示了宗教在近现代社会的演变，真实体现了宋元以降敦煌乃至西北地区佛教与道教日渐融合的历史实景。

（本文撰写承蒙敦煌研究院马德老师指导和帮助，文中插图由敦煌研究院提供，谨此一并表示诚挚谢意！）

1　杨秀清：《敦煌：另类的释读》，甘肃人民出版社，2020，第 254—255 页。

2　刘永明：《论敦煌佛教信仰中的佛道融合》，《敦煌学辑刊》2005 年第 1 期，第 45—55 页。

3　习近平：《在敦煌研究院座谈时的讲话（2019 年 8 月 19 日）》，《求是》2020 年第 3 期，第 4—7 页。

古籍所见法律图像辑佚刍议

■ 孙小雨（中国国学研究与交流中心）

中国古籍有关法律的文字资料十分丰富，但图像资料相对匮乏，这对我们具象解读古代法律的形态会有一定的影响。本文拟从古代各种图书中爬梳剔抉、钩沉索隐，挑选一些与法律相关的图像插页，并借此为今后古代法律图像的辑佚工作，整理一个初步的思路。

一 人物与事迹

皋陶，也作咎繇、咎陶等，传说他历经唐虞夏三个时代，长期担任掌管刑法的"士师"，即理官，其创刑、造狱，倡导"明刑弼教，以化万民"[1]，是与尧、舜、大禹齐名的"上古四圣"之一，被奉为中国司法鼻祖。历代图书画像，皋陶形象比较常见。

图1见于《历代古人像赞》。[2] 该书是现今所见最早的版画人物肖像画集，卷首刊"弘治戊午仲春二月大明宗室七十翁天然书"；不著绘者姓名，朱天然撰写赞辞。

图1 《历代古人像赞》中的皋陶形象

图2、图3、图4 均见于《书经图说》。[3] 此书系清末孙家鼐等奉慈禧太后之旨编纂，以图为主，附以解说。绘图者为江南画师，人物衣冠以及器用，均依据晋顾恺之《列女传图》、宋聂崇义《新定三礼图》、明张居正等《帝鉴图说》。图绘精

---

1 《尚书·大禹谟》，《四部备要》本，中华书局，1936。另，皋陶的事迹多见《尚书·皋陶谟》。

2 《历代古人像赞》，明弘治十一年刊本。

3 即《钦定书经图说》，光绪三十一年校订版，一函五册。

致，刻印细腻，人物肖像，穷态极妍，犹见北宋遗规。图2、图3是皋陶形象，图4是伯夷播刑，即伯夷施行刑法。《尚书·吕刑》："今尔何监，非时伯夷播刑之迪？"孔安国传："言当视伯夷布刑之道而法之。"[1]

图5为茅门之法，见于《养正图解》。[2] 廷理执法，即茅门之法，比喻执法严肃。此典出自《韩非子·外储说右上》："荆庄王有茅门之法曰：群臣大夫诸公子入

图2　皋陶形象

图3　皋陶形象

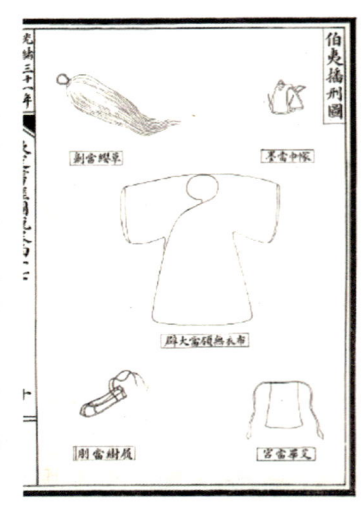

图4　伯夷播刑

图5　茅门之法

图6　商鞅献法

图7　废除肉刑

1　《尚书·吕刑》，《四部备要》本，中华书局，1936。

2　（明）焦竑：《养正图解》，清光绪二十一年武英殿刻本。

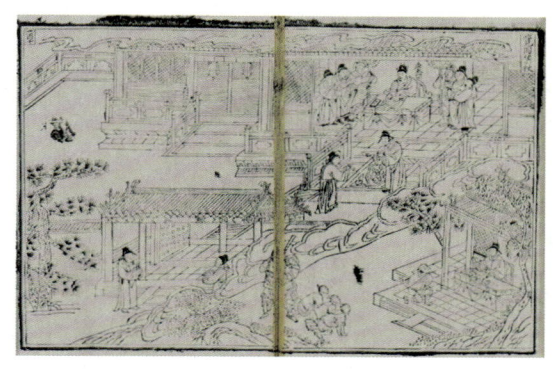

图 8　览图禁杖

图 9　纵囚归狱

朝，马蹄践雷者，廷理斩其辀，戮其御。"[1]《养正图解》是一部蒙学读本，明万历间，焦竑任皇子师，为劝导皇子续道统编就。图 6 中商鞅献法，见于《列国志传评林》[2]。是书为明代余邵鱼撰，余氏善为通俗小说，本书以武王伐纣的故事开篇，分节不分回，各节随事立题。

图 7 中废除肉刑，见于《瑞世良英》。[3] 该书广泛收录历代忠孝贞廉事迹，一事一版，刻工细致。版画右上有文字解读，古代人物的嘉言懿行均标明典籍出处。本图描绘的是汉文帝废除肉刑之事，事缘于"缇萦救父"的故事。据《史记·扁鹊仓公列传》记载，文帝四年，少女缇萦，愿入身为官婢，以赎父罪。"书闻，上悲其意，此岁即除肉刑法。"[4]

图 8 为览图禁杖，图 9 为纵囚归狱，见于《帝鉴图说》。是书明张居正编撰，作为明神宗年幼时的教科书，内容由故事构成，配以插图。全书分为上、下两篇，上篇"圣哲芳规"描述帝王之励精图治，下篇"狂愚覆辙"展示帝王之倒行逆施。书中的插图线条清晰，朴拙天真。图 8 说的是唐太宗览图禁杖事。《新唐书·刑法志》记载，太宗尝览《明堂针灸图》，见人之五藏皆近背，针灸失所，则其害致死，叹曰："夫棰者，五刑之轻；死者，人之所重。安得犯至轻之刑而或致死？"遂诏罪人无得鞭背。[5] 图 9 说的是唐太宗纵囚归狱事，《旧唐书·太宗本纪》说，贞观六年，太宗令将被判死刑的 390 名囚犯释放，让他们回家

---

[1]《韩非子·外储说右上》，中华书局，2011。

[2]（明）余邵鱼：《列国志传评林》，明万历三十四年三台馆重刊本。

[3]（明）金忠、车应魁：《瑞世良英》，明崇祯车应魁刻本。

[4]《史记·扁鹊仓公列传》，百衲本，商务印书馆，1933。文帝四年除肉刑，此记述有误，据《史记·孝文本纪》，废除肉刑当在文帝十三年。又据《史记集解》李奇说，汉初"约法三章"无肉刑，文帝则有肉刑。崔浩《汉律序》云："文帝除肉刑而宫不易。"张斐注云："以淫乱人族序，故不易之也。"

[5]《新唐书·刑法志》，百衲本，商务印书馆，1933。

过年，并跟囚犯约定，明年秋决前自归，结果这些囚犯均守约归狱，听候处决，无一隐匿。于是唐太宗下令免除死刑。[1]

图10 钦使验骨

图10 为钦使验骨，见于《点石斋画报》。[2] 此画报创刊于光绪十年（1884），光绪二十四年（1898）停刊，每十日出版一本，每期八页。内容"选择新闻中可嘉可惊之事，绘制成图，并附事略"，随《申报》附送订户。因画报印刷精美，内容平实，发行畅通，遂风靡一时。本图描述的是"钦使验骨"事。钦差孙、乌奉命查办湖北余姓人家。二位钦差率衙门同僚与刑部仵作，一同抵达验尸地，开设公堂。尸骨被抬到公堂，排列成人形，依序将骨放入大锅中蒸煮，在大锅的旁边另设一个桌子，为臬宪监督蒸煮之地。煮过之后，根据刑部的仵作检验，尸骨有两处伤痕，一在头骨后，一是缺少一颗牙齿，同之前仵作检验的结果一致。验骨的程序是根据南宋宋慈《洗冤集录》而定。此书自问世后，基本被朝廷当作验尸的标准文本。

二　刑法名称

图11 为鞭打督邮，见于《三分事略》。[3] 是书为现存最早的讲史话本，《三国演义》的前身，已经具有较浓厚的"拥刘反曹"意识，突出蜀汉正统。故事来源于《三国志》，杂糅民间传说；叙事简单粗略，文笔粗糙。图中故事是张飞鞭打督邮。其实《三国志》所记述鞭打督邮者是刘备。刘备讨伐黄巾有功，被封为安喜县尉。郡守派督邮巡行到县，刘备求见，督邮不见。刘备便入缚督邮，杖两百，解下自己官印，系在督邮颈上，弃官亡命。[4]《三分事略》与《三国演义》则描写督邮求贿不成，刁难刘备，惹得张飞怒鞭督邮。

图12、图13为跪姿受杖。图12见于

---

[1] 《旧唐书·太宗本纪》说，贞观六年，太宗"亲录囚徒，归死罪者二百九十人于家，令明年秋末就刑。其后应期毕至，诏悉原"。因对纵囚时间、人数等各史籍记述有所不同，后人多有质疑。宋代欧阳修著《纵囚论》认为太宗之举可偶一为之，不可为常法。元张养浩作《非纵囚》，认为此举是"弄天子之法以掠美市恩于下者"。或参见陈爽《纵囚归狱与初唐的德政制造》（《历史研究》2018年第2期）。

[2] 《点石斋画报》甲集八，清光绪石印本。

[3] 《三分事略》，元至元三十一年建安书堂刊本。

[4] 《三国志·蜀书·先主传》，百衲本，商务印书馆，1933。

《李卓吾先生批评忠义水浒传》。[1] 图 13 见于《拍案惊奇》。[2] 二图皆为跪姿受杖，一般认为受杖是趴在地上或条凳上，此二图则为跪姿形象。笞杖是最古老的刑罚之一。《尚书·尧典》有"扑作教刑"句，据郑康成注，"扑为教官为刑者"[3]。笞杖之刑是杖臀，即打屁股。若是妇女犯罪需用笞杖，也是杖臀。宋、元以降都有"去衣受杖"的规定。清宣统二年（1910），政府拟定而未及正式施行的《大清新刑律》中首次废止了笞杖刑罚。

图 11　鞭打督邮

图 12　跪姿受杖

图 13　跪姿受杖

1　《李卓吾先生批评忠义水浒传》第七十四回《李逵寿昌乔坐衙》，明万历三十八年容与堂刊本。
2　（明）凌蒙初：《拍案惊奇》卷十《吴太守怜才主姻簿》，明崇祯间尚友堂安少云刊本。
3　《尚书·尧典》，《四部备要》本，中华书局，1936。

图14　公差起解

图15　公差起解

图16　刺配

图14、图15 为公差起解。图14 见于《国朝明公神断详刑公案》。[1] 该书是一部公案故事集，分十六类，上图下文，共辑录公案故事四十篇。图15 见于《新刻海若汤先生汇集古今律条公案》。[2] 该书共七卷，书前有"六律总括""五刑定律""拟罪问答"等，分为谋害、强奸、奸情、强盗、窃盗、淫僧等类。"起解"汉语指犯人被押送上路。但作为法律用语，应视作"提审"之司法程序。清黄六鸿《福惠全书·刑名·盗贼家口》："若盗惧罪，携家口潜逃他处被获者，未免连妻子起解，解到家口取保。"[3]

图16 为刺配，见于《插增田虎王庆忠义水浒全传》。[4] 图17 为发配，见于《南北两宋志传题评》。[5] 是书为明代历史演义小说，分南宋、北宋两种，各10卷50回。书题"姑苏陈氏尺蠖斋评释"，"绣谷唐氏世德堂校订"。图18 为谪戍，见于《明镜公案》。[6] 是书为明代公案小说。图19 为充军，见于《新刻海若汤先生汇集古今律条公案》。[7] 书名中"海若"为明代著名戏曲家汤显祖之号，撰者署汤显祖当是伪托。刺配，即在犯人脸部刺字并发配边远之地。《宋史·刑法志三》："刺配之法二百余条，其间情理轻者，亦可复古徒流移乡之法，

1　（明）归正宁静子辑：《国朝明公神断详刑公案》，明万历明德堂刘太华刊本。
2　（明）陈玉秀辑：《新刻海若汤先生汇集古今律条公案》，明万历书林萧少衢师俭堂刊本。
3　和刻本《福惠全书》，日本小烟行简训释，据康熙本翻刻。
4　《插增田虎王庆忠义水浒全传》（残本），明刊本。
5　《南北两宋志传题评》，即《新刊出像补订参采史鉴南宋志传通俗演义题评》《新刊出像补订参采史鉴北宋志传通俗演义题评》，日本内阁文库藏明世德堂刊本。
6　（明）葛天民：《明镜公案》，明刻本。
7　（明）陈玉秀辑：《新刻海若汤先生汇集古今律条公案》，明万历书林萧少衢师俭堂刊本。

俟其再犯，然后决刺充军。"[1] 发配，送罪犯去边疆服劳役。谪戍，将罪犯派到边疆守土。充军指把罪犯送到边疆屯田或充实军伍，作为死刑代用刑，"刑莫惨于此"[2]。

图20、图21为绞刑。图20见于《金山县保甲章程》，[3] 图21见于《点石斋画报》。[4] 绞刑，实际上分成缢死和勒死。缢死，俗称吊死，指以绳索将人的脖子吊在半空至死。勒死，是指以绳索勒人脖子至死。绞刑一般是指执行死刑。西方古代多以绞刑处决死囚。一般来说，受绞刑者，均为平民，贵族多用斩首，因身受绞刑被视为一种侮辱。然中国恰恰相反，贵族为保留全尸，通常会要求自缢赐死或绞刑处死，而非导致身首异处的斩首。图22为一绞一斩，见于《新刻海若汤先生汇集古今律条公案》。[5] 图中释文讲到，绞刑与斩首虽均为极刑，但"法比斩者稍轻也"，因为斩首会"身首异处"。

图23、24、25为斩杀。图23见于《唐书志传题评》。[6] 此书是明代作品，作者不可考，所述是隋末王世充怒斩李公逸之事。据《新唐书·忠义传》记载，李公逸初从王世充，知其必败，乃归唐，拜杞

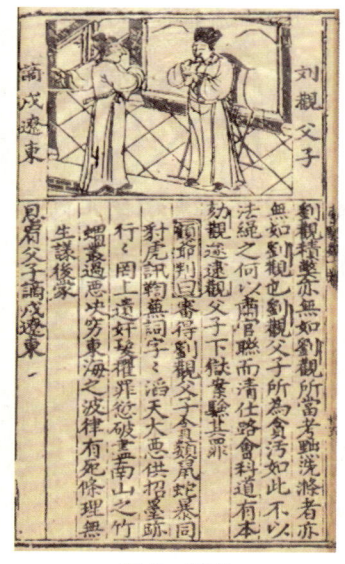

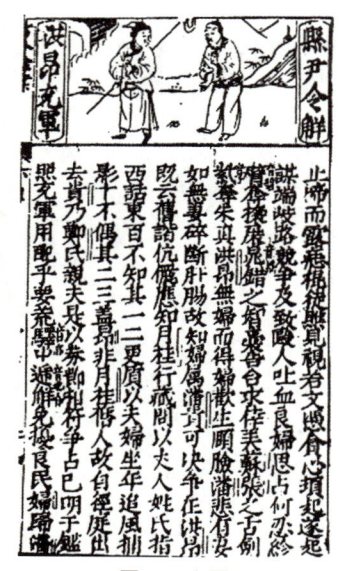

图17 发配　　　　　图18 谪戍　　　　　图19 充军

1　《宋史·刑法志三》，百衲本，商务印书馆，1933。

2　《明史·刑法志一》，百衲本，商务印书馆，1933。

3　《金山县保甲章程》，清末刻本。

4　《点石斋画报》壬集九，清光绪石印本。

5　（明）陈玉秀辑：《新刻海若汤先生汇集古今律条公案》，明万历书林萧少衢师俭堂刊本。

6　（明）钟惺：《唐书志传题评》，明万历年间世德堂刊本。

图 20　绞刑 　　　　　　　　图 21　绞刑 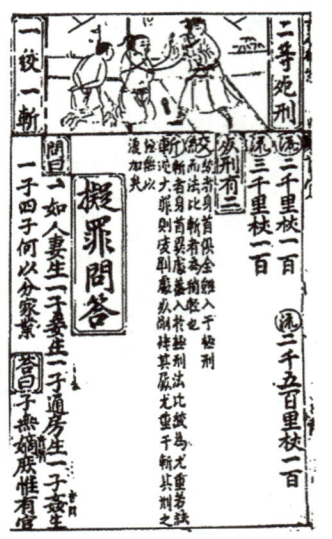　　　　　　　　图 22　一绞一斩

图 23　斩杀 　　　　　　　　图 24　斩杀 　　　　　　　　图 25　斩杀

图 26　悬首 　　　　　　　　图 27　悬首

图 28　悬首　　　　　　　图 29　剐刑　　　　　　　图 30　凌迟

州总管，旋为世充部将俘获，被杀。[1] 图24 见于《按鉴演义帝王御世盘古至唐虞传》。[2] 讲述的是轩辕黄帝杀蚩尤事。此书是明代白话小说，成书于明崇祯年间。图25 见于《金山县保甲章程》，[3] 内容是"斩立决"。隋唐以来，死刑分为斩、绞两种。而明清时又将这两种死刑分为"决不待时""秋后处决"两类，便是文献所称"斩立决""斩监候"。

图 26、图 27、图 28 均为悬首。图 26 见于《皇明诸司公案传》。[4] 该书是明代公案小说，卷下分类，类下分则，一则记一判案故事。图 27 见于《有夏志传》。[5] 该书是明代白话长篇历史小说，虽名为写史，实则多采用民间传说，内容稍偏志怪。图28 见于《四雪草堂重订通俗隋唐演义》。该书是清代汇编的明代演义小说。[6] 悬首也称"悬头"，谓斩杀后挂头示众，以示严惩。辕门是指古时军营的门或官署的外门。

图 29 为剐刑，见于《出像评点忠义水浒全书》。[7] 图 30 为凌迟，见于《金山县保甲章程》。[8] 剐刑与凌迟同，即民间所说

---

[1]《新唐书·忠义传》，百衲本，商务印书馆，1933。

[2]（明）钟惺：《按鉴演义帝王御世盘古至唐虞传》，明末余季岳刊本。

[3]《金山县保甲章程》，清末刻本。

[4]《皇明诸司公案传》，明万历三台馆余文台刊本。

[5]（明）钟惺：《有夏志传》，明末余季岳刊本。

[6]（清）褚人获汇编：《四雪草堂重订通俗隋唐演义》，清康熙年间四雪草堂初刊本。

[7]《出像评点忠义水浒全书》，明万历四十二年袁无涯刊本。

[8]《金山县保甲章程》，清末刻本。

的"千刀万剐",是指将人身上的肉一刀刀割去。凌迟,本义是指逐渐缓慢升高的山坡,借用"凌迟"作刑罚的名称,是"杀人者欲其死之徐而不速也,故亦取渐次之义"[1]。

图31为醢刑,见于《两汉开国中兴传志》。[2] 该书是演义小说,主要讲述东汉与西汉两王朝开国故事。醢刑也称菹醢,是中国古代酷刑之一,指把人剁成醢,即肉酱。图32为炮烙,见于《新刻钟伯敬先生批评封神演义》。[3] 是书为明代许仲琳《封神演义》评释本。炮烙亦称炮格,中国古代酷刑之一,殷纣王所创。《史记·殷本纪》曰:"于是纣乃重刑辟,有炮烙之法。""炊炭其下,使罪人步其上。"[4] 图33为车裂,见于《片璧列国志》。[5] 该书是历史演义小说,作者不可考,有人认为成书在南明弘光时期。[6] 车裂,古时又称为辕或车辕,把人的头和四肢分别绑在五辆车上,向不同的方向拉,这样把人的身体撕裂为五块,名为车裂。亦有直接用五头牛或五匹马来拉,所以车裂又俗称"五牛分尸"或"五马分尸"。

图31 醢刑

图34为焚刑,见于《东西晋演义》。[7] 是书为明万历年间的历史演义小说,分为西晋、东晋两部。焚刑也称火刑,据《周礼》记载,凡伤害亲生父母者,处以焚刑。[8] 图35为锯杀,见于《日记故事》。[9] 是书为流行于明清的蒙学课本,又名《童稚日记故事》,著者不详。[10] 锯杀是罕见的酷刑。此图所讲是唐代孙揆"骂贼至死"之事。史载孙揆讨贼被俘,贼以锯解之,

---

1 沈家本:《历代刑法分考》上册,商务印书馆,1976。
2 (明)黄化宇:《两汉开国中兴传志》,明万历三十三年西清堂詹秀闽刊本。
3 (明)许仲琳:《新刻钟伯敬先生批评封神演义》,明末刊本。
4 《史记·殷本纪》,百衲本,商务印书馆,1933。
5 《片璧列国志》,金阊五雅堂梓行本。
6 龚敏:《〈片璧列国志〉的来源及其成书时间考》,《东华人文学报》第14期,2009年1月。
7 (明)杨尔曾:《东西晋演义》第二十六回《报怨魂柴堆邺北》,明刊本。
8 《周礼·秋官·掌戮》,《四部备要》本,中华书局,1936。
9 《日记故事》,明嘉靖二十一年刊本。
10 或以为是南宋末虞韶所作,参见张建利、杜秀萍《古代蒙书〈日记故事〉作者考》(《鸡西大学学报》2015年第6期)。

图 32　炮烙 　　　　　图 33　车裂 　　　　　图 34　焚刑

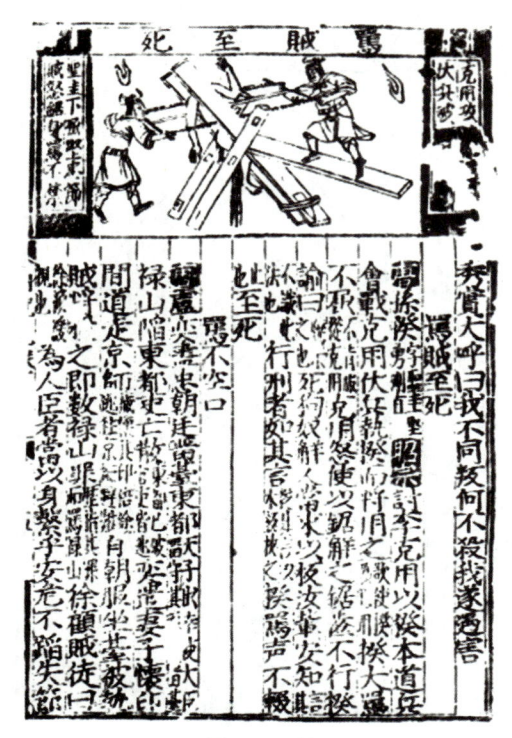

图 35　锯杀

锯齿不行，孙揆骂道："死狗奴，解人当束之以板，汝辈安知？"行刑者如其所言，孙揆骂声不辍至死。[1]

三　刑具

《汉书·刑法志》说："故圣人因天秩而制五礼，因天讨而作五刑。大刑用甲兵，其次用斧钺；中刑用刀锯，其次用钻凿；薄刑用鞭扑。大者陈诸原野，小者致之市朝，其所繇来者上矣。"刑具指审问、拘禁、押解罪犯及行刑时所用的器械，古代的刑具种类较多，对罪犯的手、足、头、颈、背等不同部位各有不同刑具。

图 36 为刑具，见于《三才图会》。[2]

1　事见《新唐书·忠义下》，百衲本，商务印书馆，1933。
2　（明）王圻、王思义编：《三才图会·器用》卷一二《刑具说》，明万历王思义校正本。

是书为明代王圻、王思义父子二人纂集的一部百科全书式的作品，凡 106 卷。图 37 为扑板，见于《新定三礼图》[1]，《三礼图》即为《仪礼》《礼记》《周礼》中的宫室、舆服等物之图，是流传至今解释古代礼制并附有图像的较早文献；聂崇义于五代周显德年间奉诏参照前代六种旧图编就集注八卷。图 38 为拶子，见于《皇明诸司公案传》。[2] 拶子也叫拶指，旧时一种夹手指、脚趾的刑具。

图 39 为夹棍，见于《晋代许旌阳得道擒蛟铁树记》。[3] 该书是明代志怪类通俗小

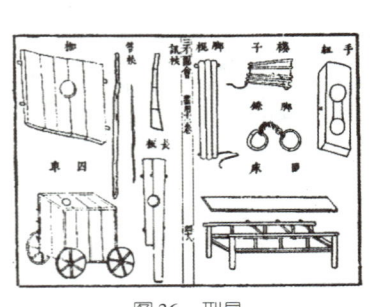

图 36　刑具 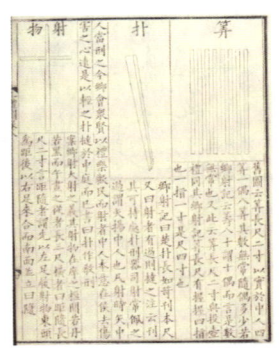　　　　图 37　扑板 　　　　图 38　拶子

图 39　夹棍 　　　　　　　　　　　图 40　枷

1　（宋）聂崇义集注：《新定三礼图》卷八《新定三礼弓矢图》，宋淳熙二年刻本。

2　《皇明诸司公案传》，明万历三台馆余文台刊本。

3　（明）邓志谟编：《晋代许旌阳得道擒蛟铁树记》，明万历萃庆堂余泗泉刊本。

说。清王棠《知新录》："夹棍之说,唐世未闻,其制起于宋理宗之世。以木索并施,夹两股,名曰'夹帮'。又竖坚木,交辫两股,令狱卒跳跃于上,谓之'超棍'。合二者思之,当即今之夹棍也。"[1] 图40为枷,见于《忠义水浒传》。[2] 枷是旧时套在罪犯脖子上的刑具,用木板制成。图41为天牢,见于《潜龙马再兴七姑传》。[3] 是书为志怪类小说,作者与年代不详。天牢,一般指由朝廷直接掌管的牢狱,是关押重犯之地。

图42为足械,见于《点石斋画报》。[4] 足械是禁锢双脚的刑具。图43为囚车,见

图41　天牢

图42　足械

图43　囚车

图44　牢

1　（清）王棠：《知新录》,清康熙燕在阁刻本。

2　（明）施耐庵撰：《忠义水浒传》,芥子园刻本。

3　《潜龙马再兴七姑传》,明刻本。

4　《点石斋画报》书集三,清光绪石印本。

于《有夏志传》。[1] 早期囚车用人推，后来改为马拉。图44 为牢，见于《皇明诸司公案传》。[2]

图45 为锁，见于《皇明诸司公案传》。作为刑具的锁是铁链锁，与公差相扣。[3] 图46 为押盗取赃，见于《明镜公案》。[4] 图47 为木驴，见于《钟馗全传》。[5] 木驴是古代固定犯人手脚的刑具。但在小说中经常被解释为惩罚荡妇罪犯的酷刑，此乃小说家言，无真实文物为凭，更无严肃史料佐证。

图48 为脑箍，见于《活地狱》。[6] 此书是晚清谴责小说，共十五种，各自成篇。脑箍是我国古代法外刑具，出于宋而沿至清。据《宋史·刑法志》载，南宋末年，监司郡守，擅置刑具，"或缠绳子首加以木楔，名曰脑箍"[7]。图49 为红绣鞋、大红袍、过山龙，亦见于《活地狱》，所列刑具闻所未闻。根据该书记载。红绣鞋是"是叫铁匠打一双铁鞋，把它放在火里烧红"，然后让犯人穿上。大红袍"是用牛皮胶熬烊一大碗，把这人浑身涂满，然后以麻皮按着贴上去。等到干了，却一片一片往下撕着问供。这一撕不打紧，这麻皮被胶黏住，撕的时候是连皮一齐下的。他身上的皮去了，自然是只剩下些血肉，那血也就挂了满身都是，所以叫做大红袍"。过山龙"是叫锡匠打一个弯曲的管子，扯直了要够

图45 锁 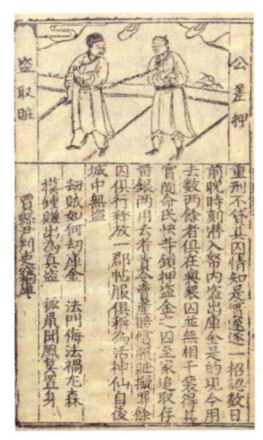　　　图46 押盗取赃 　　　图47 木驴

1　《有夏志传》，明末余季岳刊本。

2　《皇明诸司公案传》，明万历三台馆余文台刊本。

3　《皇明诸司公案传》，明万历三台馆余文台刊本。

4　《明镜公案》，明刻本。

5　《钟馗全传》，明万历安正堂刘双松刊本。

6　（清）李伯元：《活地狱》第十二回《盼佳期巧锡嘉名》，清末印行本。

7　《宋史·刑法志》，百衲本，商务印书馆，1933。

图48 脑箍 　　　　图49 红绣鞋 　　　　图50 连枷

二丈多长，把犯人赤剥了，用管子浑身上下盘了起来，除掉心口及下部两处，锡管子上边开一个大口，下边开一个小口，用百沸的滚水，从这头浇进去，周流满身，从那头淌出去。这个开水却不可间断。任你好汉，到了十壶也就很够受了"[1]。

余　论

中国古代法律图像辑佚是一项很有意义的工作，除了可以更好地解读古代法律名物、典章制度外，还可以通过图像，研究与分析传统史料未能涉猎的问题，比如上述脑箍、红绣鞋、大红袍、过山龙等刑具，有关的记述很少，其具体的形制与用法更难理解，但这些刑具却在古代法律实践中的的确确存在。《清会典事例》曰："捕获强盗，有妄用脑箍。"[2]

我们可以通过图像，纠正对史料的误解。比如古代的连枷，一般认为是由一个长柄和一组并排的竹条或木条构成的农具，用来拍打谷物使其脱粒。实际上，连枷还有另外一个意涵，即一枷锁多人。如图50《新刻全像昙花记》所描述。[3] 有时，枷不仅可以禁锢人，还可以禁锢狗，如图51。[4]

此外，还可以通过图像强化我们对古代法律制度的认识，理解古今法理之异同。比如游街（见图52），押解罪犯游街以示惩戒，是古代严肃法治、变俗易教常见的

1　（清）李伯元：《活地狱》第四十回《制出新刑乡绅助虐》，清末印行本。

2　《清会典事例七四八·刑部·名例律》，中华书局，1991。

3　（明）屠隆：《新刻全像昙花记》，明万历刊本。

4　《点石斋画报》元集十，清光绪石印本。

手段。即使在我国改革开放前，罪犯游街示众仍是常态。古代儒家的法理，刑罚是手段，教化才是目的。同时，我们要注意，古代的法律图像也有很多舛误，不可全部信以为真，征引时要仔细甄别，如图53说"秋录大典"例"每年于三四月间"，就是误会。清代一般不称"秋录"，称"秋审"，这是清代最重要的死刑复审制度，因在每年秋天举行而得名。秋审分地方和中央两级，地方的大致程序是每年二三月，先由按察司拟定罪名，报督抚复勘，然后于五月上报刑部。每年的七八月，是秋审的司议、堂议、九卿会议，这个会才可以被称作"秋审大典"。晚清著名学者沈家本在日记中记载了他办理光绪十九年秋审时的情形，[1] 对"秋审大典"描述得十分清楚。

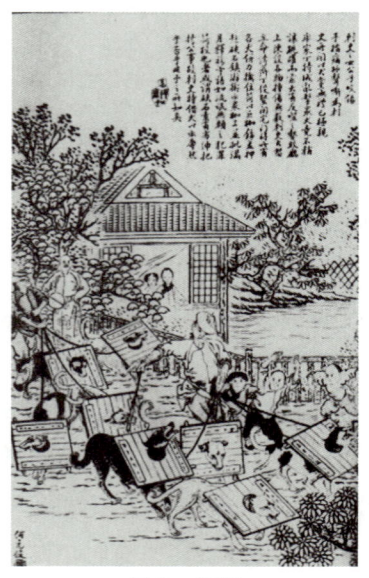

图51　连枷 　　图52　游街 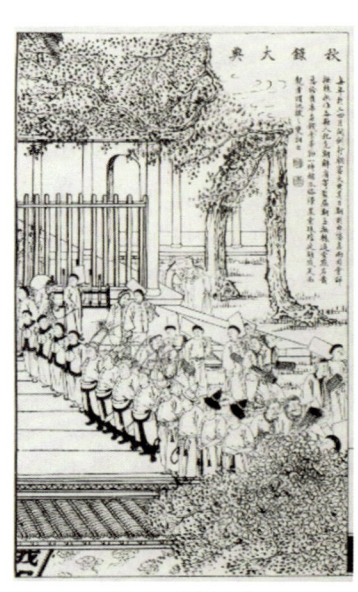　　图53　秋录大典

---

[1]《沈家本全集》第7卷，中国政法大学出版社，2011。

《形象史学》征稿启事

《形象史学》是由中国社会科学院古代史研究所文化史研究室主办、面向海内外征稿的中文集刊，自 2021 年起每年出版四辑。凡属中国古代文化史研究范畴的专题文章，只要内容充实，文字洗炼，并有一定的深度和广度，均在收辑之列。尤其欢迎利用历史上流传下来的各类形象材料进行专题研究的考据文章，以及围绕中国古代文化史学科建构与方法探讨的理论文章。此外，与古代丝路文化和碑刻文献研究相关的文章，亦在欢迎之列。具体说明如下。

一、本刊常设栏目有理论探讨、名家笔谈、器物与图像、考古与文献等，主要登载专题研究文章，字数以 2 万字以内为宜。对于反映文化史研究前沿动态与热点问题的综述、书评、随笔，以及相关领域国外学者的最新研究成果（须提供中文译本），亦适量选用。

二、来稿文责自负。章节层次应清晰明了，序号一致，建议采用汉字数字、阿拉伯数字。举例如下。
第一级：一 二 三；
第二级：（一）（二）（三）；
第三级：1. 2. 3.；
第四级：（1）（2）（3）。

三、中国历代纪年（1912 年以前）在文中首次出现时，须标出公元纪年。涉及其他国家的非公元纪年，亦须标出公元纪年。如清朝康熙六年（1667），越南阮朝明命元年（1820）。

四、来稿请采用脚注，如确实必要，可少量采用夹注。引用文献资料，古籍须注明朝代、作者、书名、卷数、篇名、版本；现当代出版的论著、图录等，须注明作者（或译者、整理者）、书名、出版地点和出版者、出版年、页码等；期刊论文则须注明作者、论文名、刊物名称、卷期等。同一种文献被再次或多次征引时，只须注出书名（或论文名）、卷数、篇名、页码即可。外文文献标注方法以目前通行的外文书籍及刊物的引用规范为准。具体格式举例如下。

（1）（清）张金吾编《金文最》卷一一，光绪十七年江苏书局刻本，第 18 页 b。

（2）（元）苏天爵辑《元朝名臣事略》卷一三《廉访使杨文宪公》，姚景安点校，中华书局，1996，第257—258页。

（3）（清）杨钟羲：《雪桥诗话续集》卷五上册，辽沈书社，1991年影印本，第461页下栏。

（4）（唐）李隆基注，（宋）邢昺疏《孝经注疏》，载李学勤主编《十三经注疏》，北京大学出版社，1999，第3页。

（5）金冲及：《二十世纪中国史纲（简本）》上册，社会科学文献出版社，2012，第295页。

（6）苗体君、窦春芳：《秦始皇、朱元璋的长相知多少——谈中学〈中国历史〉教科书中的图片选用》，《文史天地》2006年第4期，第46页。

（7）林甘泉：《论中国古代民本思想及其历史价值》，《光明日报》2003年10月28日。

（8）（英）G. E. 哈威：《缅甸史》，姚楠译，商务印书馆，1957，第51页。

（9）Marc Aurel Stein, Serindia（London: Oxford Press, 1911）, p. 5.

（10）Cahill, Suzanne, "Taoism at the Song Court: The Heavenly Text Affair of 1008." Bulletin of Sung-Yuan Studies 16（1980）: 23 – 44.

五、（1）请提供简化字（请参照国家语言文字工作委员会1986年重新发布的《简化字总表》）word电子版。如有图片，需插入正文对应位置。（2）同时提供全文pdf电子版。（3）另附注明序号、名称、出处的高清图片电子版（图片大小应在3M以上），并确保无版权争议。（如为打印稿，须同时提供电子版）。（4）随文单附作者简介（包括姓名、单位、职称、研究方向）、生活照（电子版）、联系方式、通讯地址、邮编。

六、如获得省部级及以上项目基金资助，可在首页页下注明。格式如：本成果得到××××项目（项目编号：××××）资助。项目资助标注不能超过两项。

七、邮箱投稿请以"文章名称"命名邮件名称和附件名称。请用文章全名命名，副标题可省略。

八、请作者严格按照本刊格式规范投稿，本刊将优先拜读符合规范的稿件。

九、来稿一律采用匿名评审，自收稿之日起三个月内，将通过电话或电子邮件告知审稿结果。稿件正式刊印后，将赠送样刊两本。

十、本刊已入编知网，作者文章一经录用刊发即会被知网收录，作者同意刊发，即被视为认可著作权转让（本刊已授权出版方处理相关事宜）。

十一、本刊地址：北京市朝阳区国家体育场北路 1 号中国历史研究院 2 号楼 220 房间，邮编：100101。联系电话：010-87420859（周一、周二办公）。电子邮箱：xxshx2011@yeah.net。